Leonard Cohen
Partisan der Liebe

CHRISTOF GRAF

LEONARD COHEN

Partisan der Liebe

MIT VORWORTEN VON
BOB GELDOF
UND KLAUS HOFFMANN

vgs

Für I., mein Yang, wem sonst, wenn nicht für dich?

Die Deutsche Bibliothek – CIP-Einheitsaufnahme
Graf, Christof:
Leonard Cohen – Partisan der Liebe / Christof Graf.
Mit Vorw. von Bob Geldof und Klaus Hoffmann. – 1. Aufl. – Köln
: vgs, 1996
ISBN 3-8025-2349-0

1. Auflage 1996

Lektorat: Albrecht Piltz
Titelfoto: © Christof Graf
Schutzumschlag: Papen Werbeagentur Köln
Produktion: Wolfgang Arntz
Satz: ICS Communications-Service GmbH, Bergisch Gladbach
Druck und Verarbeitung: Kösel, Kempten
ISBN 3–8025–2349–0

Inhalt

Anhang I

Anhang II

Vorwort von Bob Geldof

Ich erinnere mich noch sehr gut an die Zeit, in der ich die Zeilen »*When they poured across the border I was cautioned to surrender. This I could not do . . .*« zum ersten Mal hörte. Diese Zeilen schleppte ich lange mit mir herum. Aber auch andere Songs wie zum Beispiel »Bird On The Wire« gingen mir nicht aus dem Kopf. Irgendwann waren sie weg, und Cohen wurde vergessen. Es schien, als passe er nicht mehr in unsere Zeit. Und die Presse machte sich über ihn lustig, schrieb was von Suizidmusik und ähnliches Zeug.

Dann aber, ganz plötzlich, war er wieder da. Startete ein Comeback, obwohl er nie weg gewesen war. Vielleicht war es auch nur deshalb ein Comeback, weil sich die Zeiten geändert hatten und die Leute wieder anfingen, Cohen zuzuhören. Wahrscheinlich als eine Art Gegenreaktion auf die musikalische und textliche Übersimplifizierung von Pop und Techno. *Sein* Material war immer großartig.

Alben wie *Songs From A Room* oder *Songs Of Love And Hate* sind zeitlos und werden wohl noch in 50 Jahren von unseren Kindern gehört werden. Bei Cohen ist es wie mit den Beatles: man hört aus den alten Songs immer wieder Neues heraus. Cohen ist wie eine Bestätigung für das, was man mal gut gefunden hat und was auch heute noch gut ist. Es ist wie mit einer klassischen Statue oder einem guten alten Freund.

Musikalisch mochte ich an Leonard Cohen, daß man seine Songs leicht nachspielen konnte, daß man sie schnell im Ohr hatte. Das habe ich an Songwritern immer bewundert. In seinen Texten beschrieb er die ersten romantischen Gefühle – Gefühle, die einen bewegen, wenn man dabei ist, erwachsen zu werden. Auch wenn die Presse was von einem Soundtrack zum Selbstmord schrieb, spürte ich bei ihm immer Hoffnung, nie Verzweiflung. Abgesehen davon zeugen seine Songs von seinem Sinn für Humor und von einer großen Liebe und großem Verständnis für alle Frauen.

Manchmal war es ein romantisches, manchmal ein männliches Verständnis. Und sollte es je nur ein männliches gewesen sein, dann war es jedenfalls ein sehr akkurat beschriebenes. Ich liebe die Bilder, die er dabei verwendet.

Als er anfing, Musik zu machen, beschritt er einen schweren Weg. Poeten sollen nicht Populisten werden, sie sollen nur schreiben. Aber Leonard Cohen wurde ein Star. Das war schon mal verdächtig. Aber er war wirklich ein Star, die Leute haben das nur lange Zeit vergessen. Ich erinnere mich noch an das Konzert auf der Isle Of Wight. Ich sah damals Hendrix, The Who und Leonard Cohen. Und er *war* ein Star. Sechs Motorräder eskortierten ihn aufs Festivalgelände. Ich habe viele gute Auftritte gesehen, aber der von Cohen auf der Isle Of Wight war einer der besten und erfolgreichsten. 1993 bin ich ihm zum ersten Mal persönlich begegnet, im Sunset Marquee in Los Angeles. Menschlichkeit kann manchmal auch ein »transzendentaler« Erfolg sein. Cohen ist eine Kombination aus großer Persönlichkeit und spirituellem Geist. Diesen Eindruck bekommt man, wenn man ihm begegnet.

Und dann erinnere ich mich noch an einen Samstagabend, an dem ich mich mit meinem Freund Sean Finnegan betrank. Als ich schon im Bett lag, saß Sean noch bis fünf Uhr morgens wach, spielte seine Leonard Cohen-Platten und weinte.

Vorwort von Klaus Hoffmann

Wir hockten zu fünft in diesem engen Passat und sollten irgendwo einen Keller ausfindig machen für unsere Band oder das, was wir dafür hielten. Es sollte ein Partyraum sein. Die Adresse hatte einer von uns wieder mal nur im Kopf und so weiter und so fort. Ich fand unsere Band zum Überleben gut. Ich war der einzige, dem sie das Singen zutrauten. Wir spielten in dieser Zeit sehr viel Van Morrison und Them und all das Beatnikzeug. Kurzum, ich war wohl der, dem sie Texte zutrauten, weil ich Ginsberg und Burroughs und Butler Yeats und Genet und all das Zeug gelesen hatte. Ich war der Pessimist bei uns. So ein Graufalter.

Jedenfalls war es ein Regentag, und wir klebten in diesem Passat, und dann fanden wir dieses kleine Reihenhaus, und die beiden Brüder stiefelten rein und wollten den Hobbykeller begutachten, in einer Welt, die mir so miefig vertraut war, daß ich nicht einen Schritt über die Schwelle getan hätte. Die mit den kleinen Vorgärtchen und den Männern in Westen hinter den Gardinen und den kleinen Frauen mit sorgenden Blicken, dem ängstlichen Schweigen und all dem Kleinbürgerscheiß, dem ich doch entkommen wollte.

Als ich mit dem Kopf an der nassen Scheibe in dem Passat klebte, da machte Rolly das Radio an, und Cohen sang. Natürlich Suzanne. In A-Dur, glaube ich. Suzanne, dieser Engel, der den Schlüssel der Kindheit besitzt, der zu dir kommt, wenn du am Fluß des Lebens sitzt, verloren, mutterseelenallein, mit den Füßen im Fluß, wie der Idiot, an dem neverending river, mit dem ich aufbrechen wollte, mitziehen, irgendwohin, bloß ganz weit weg. Wie Rimbaud, trunkenes Schiff, wie Brel, Baudelaire, wie alle Sänger, die Erzähler, die Suchenden, wie die, dir mir doch »Vater« sein sollten. Da sang einer von dem, was wir alle zu verbergen versuchten.

Ich weiß nicht, zum Heulen war mir immer, aber der Mann sang so verdammt hart und sanft, mehr sanft, mehr weiblich, ohne dieses Schnulzengehabe. Wie einer, der wußte, ohne zu wissen, und ich hab in diesem engen Passat an einem Regentag meine Zukunft, mein ganzes kleinmütiges Leben in drei Minuten an mir vorbeisegeln sehen.

Als die beiden Brüder zurückkamen, war Suzanne schon lange fort, und in meiner Birne flitzen nur 'ne Menge Pläne, die meine Traurigkeit und meinen Zorn ablösten. Ich sagte nur noch, als alle von dem Partyraum schwärmten und ihre Verstärker sortierten und das Programm für den Abend verplanten, ich sagte, ich würde heute abend in der Tanzpause ein eigenes Lied singen, ich sagte, ich würde es so wollen, zwischen Them und den anderen Songs, und ich sagte wohl auch noch, es wäre ein sehr stilles Lied und es hätte noch keinen Titel.

Einleitung

Hamburg, 28. Juni 1994. Ein Dienstag und ein wolkenloses Blau am Himmel über der Hansestadt. Ein Dienstag und ein weiterer Tag, an dem das Thermometer knapp 35 Grad Celsius anzeigt. Wenn dieser Sommer vorbei ist, wird man von einem Jahrhundertsommer sprechen. Ich sitze im Wintergarten des Hotels Kempinski an der Alster und erinnere mich an das Jahr 1992. Damals war Leonard Cohen ebenfalls anläßlich einer Promotion-Reise für sein Album *The Future* in Hamburg. Damals, im Oktober, ebenfalls nur sehr kurz, weil ihn ein Grippevirus kurzfristig zum Abbruch der Pressegespräche zwang, die er dann im November nachholte.

Ich sitze in diesem Wintergarten, warte auf ein weiteres Interview-Gespräch, erinnere mich an so manche Jahre vor dem Jahr 1992 und stelle fest, daß vieles, was mit meinen Erinnerungen zu tun hat, irgendwie auch mit Leonard Cohen zu tun hat.

Viele Erinnerungen mache ich an Cohen fest. Die an meine ersten Konzerte, die an meine ersten Reisen, die an meine ersten Lieben. Und ich merke, daß ich mit diesen Klischees nicht alleine dastehe, wenn ich in Interviews mit Künstlern der Populären Musik nach Leonard Cohen frage und ähnliche Erinnerungen als Antwort bekomme.

Enttäuscht bin ich allerdings immer wieder, wenn ich erfahre, wie wenig man doch von diesem großen Songwriter und Poeten weiß. Den meisten fällt natürlich »Suzanne« ein. Die, die ein wenig mehr wissen, erzählen, daß Cohen zunächst Lyriker und Poet war, bevor er durch Bob Dylan (oder war es Judy Collins?) zur Musik kam. Aber auch die, die ein wenig mehr wissen, komplettieren ihre Kenntnisse lediglich mit den gängigen Klischees. Klischees aus mehr oder weniger verläßlichen Rock-Lexika. Klischees, die meist vom »schwarzen Romantiker« (Time), vom »traurigen Poeten« (Stern) und immer wieder vom »Klassiker der 60er« (Rolling

Stone) erzählen. Was und wer Leonard Cohen tatsächlich ist, erzählt mir jedoch niemand. Vielleicht ist die Antwort darauf so wie die, die einst Bob Dylan auf die Frage »Wer ist Bob Dylan?« gegeben hat: »Ich bin nur Bob Dylan, wenn ich Bob Dylan sein muß. Die meiste Zeit bin ich einfach nur ich selbst. Bob Dylan denkt nie über Bob Dylan nach. Ich halte mich selbst nicht für Bob Dylan. Es ist so, wie Rimbaud gesagt hat: ›Ich ist ein Anderer.‹«

Vielleicht ist es wirklich so: Leonard Cohen ist nur Leonard Cohen, wenn er Leonard Cohen sein muß. Die meiste Zeit ist er nur er selbst. Leonard Cohen denkt nie über Leonard Cohen nach. Er hält sich selbst nicht für Leonard Cohen. »Leonard ist ein Anderer«, würde Cohen möglicherweise auf die Frage antworten, wer Leonard Cohen eigentlich ist. Aber Cohen mußte nie auf diese Frage antworten. Was also bleibt, sind eine weitere Spekulation, eine weitere Vermutung und eine weitere offengebliebene Frage, die bei oberflächlicher Betrachtung auch kaum einer Antwort bedarf, gibt man sich doch schon lange genug und immer wieder mit den alten Klischees zufrieden.

Gibt man sich nicht mit ihnen zufrieden, begegnet man zahllosen Gleichgesinnten, die mehr von Leonard Cohen wissen möchten und danach fragen, wer Leonard Cohen ist, was er gemacht hat und was er jetzt macht. Fragen, die nie bloß mit dem Hinweis auf »Suzanne« oder einem der bekannten »Klischees« beantwortet werden können, sondern nur mit Cohens bisherigem Werk. Dieses Werk umfaßt Material, das sowohl für eine Schriftstellerkarriere als auch für eine Karriere als Songwriter der Populären Musik ausgereicht hätte und in beiden Bereichen von einzigartigem Wert ist. Material, das über einen Zeitraum von vier Dekaden entstanden ist und Leonard Cohen zu einer jener Figuren der Populärkultur gemacht hat, die neben die Geschichte der harten Rhythmen »weiche« Texte und Klänge gestellt haben. Zudem ist es Cohen, der – mit Ausnahme von Dylan vielleicht – dem Begriff des »Songpoeten« überhaupt erst Gewicht verliehen hat.

Doch auch der Hinweis auf seine bislang elf Bücher und zwölf Schallplattenalben wird dem Künstler Leonard Cohen nicht gerecht. Denn mit diesem »Material« hat er den an seiner Kunst Interessierten weit mehr gegeben: Erinnerungen eben und damit auch Jugend, auf jeden Fall aber Musik zum Zuhören und Texte, die zum Nachdenken anregen. Darüber hinaus zahlreiche weitere, wenngleich weniger bekannte Veröffentlichungen. Ohne in die Regionen einer elitären Kunst abzuheben, hat der Künstler Leonard Cohen (der Autor möchte sich nicht wieder zwischen dem Songwriter, Rockpoeten oder Schriftsteller entscheiden müssen!)

einen großen Beitrag zu jener kulturellen Revolution beigetragen, die die Populäre Musik wesentlich mitausgelöst hat, und er hat damit auch selbst ein Stück Kultur geschaffen. Man muß nicht akademische Definitionen und Interpretationen der Begriffe Kunst und Kultur bemühen, um festzuhalten, daß uns Leonard Cohen die Möglichkeit gegeben hat, unsere eigenen Erinnerungen als Teil eines umfassenden Ganzen zu verstehen – sofern wir uns darauf einlassen. Cohens künstlerisches Werk ist die sichtbar und hörbar gemachte Deutung seiner und unserer Lebenswirklichkeit. Cohens große Gabe ist die Fähigkeit, unsere Erinnerungen, indem er sie artikuliert, einer kaum greifbaren Geisterwelt zu entreißen und uns auf diese Weise unsere eigene Biographie und individuelle Verfassung verständlicher zu machen. Wie sich »Kultur« und »Gegenkultur« als voneinander abhängige Phänomene bedingen, so lockt ja auch jedes Gedicht aus seinem Rezipienten etwas hervor, und sei es nur eine persönliche Erinnerung, die es ihm wie einen Spiegel vorhält und auf die der Empfänger reagiert.

Seit Beginn seiner musikalischen Karriere am 16. Juli 1967 – auf dem Newport Folk Festival, Rhode Island/New York – hat Leonard Cohen knapp 500 Konzerte gegeben, von denen etwa die Hälfte als private Tape-Mitschnitte und nur 24 (davon allein neun von seinem '93er Konzert in Zürich) als »inoffizielle« Tonträger in Sammlerkreisen kursieren. Und er hat zahlreiche faszinierende Interviews gegeben, die besten in französischen, britischen, amerikanischen und kanadischen Medien. Dank der allgemeinen TV-Verkabelung und der damit einhergehenden Multimedialisierung seit Mitte der 80er Jahre sind heute Mitschnitte von Cohens Fernsehauftritten aus der ganzen Welt erhältlich.

Aber Leonard Cohen hat auch Theaterstücke und Kurzgeschichten geschrieben. Er hat in Filmen mitgewirkt, Filmmusik geschrieben und auch selbst Filme gedreht. Er hat mit zahlreichen Musikerkollegen wie Bob Dylan, Elton John oder Dave Stewart zusammengearbeitet; seine Songs sind von ebenso zahlreichen Musikern, von Johnny Cash über Nina Simone bis hin zu Suzanne Vega, gecovert worden. Die Band The Sisters Of Mercy hat er zu ihrem Namen inspiriert und seiner langjährigen Backup-Sängerin Jennifer Warnes den Weg zu ihrer eigenen Karriere geebnet.

Cohen hat also weit mehr geschaffen als zwölf Alben, elf Bücher und öffentliche Klischeebilder von seiner Person (die er nicht selbst zu verantworten hat). Grund genug also, noch einmal zu fragen, wer Leonard Cohen, der Künstler, eigentlich ist. Aber Grund genug auch, ein Buch über Leonard Cohen zu schreiben? Den Gedanken daran habe ich in mir schon oft zum Leben erwachen und ebensooft sterben sehen. Aber er hat immer wieder eine Renaissance erlebt – immer dann, wenn ich selbst in Erinnerungen schwelgte oder von den Erinnerungen anderer hörte.

Zum ersten Mal kam mir Leonard Cohen mit einem Konzert nahe, das er am 2. Mai 1976 in der Saarbrücker Saarlandhalle gab. Ein Konzert, das ich nicht besucht habe; ich war zu jung dafür. Was mir blieb, war, seinen Auftritt anhand einer Konzertkritik unter dem Titel »Einer, der aus der Reihe singt« (Saarbrücker Zeitung) zu rekonstruieren, und das Tourneeplakat, das ich damals von einer Litfaßsäule herunterkratzte.

Am 7. November 1980 erlebte ich Leonard Cohen in der Frankfurter Jahrhunderthalle zum ersten Mal live; nach diesem Auftritt erhaschte ich von ihm mein erstes Autogramm und erste persönliche Worte. 1985 wohnte ich während der »Various Positions«-Tour mehreren seiner Konzerte bei; und am 31. Januar desselben Jahres, nach seinem Auftritt im Mannheimer Rosengarten, nahm ich im gegenüberliegenden Hotel Maritim meinen ersten Drink mit ihm.

1988 war ich zugegen, als der Konzertveranstalter Rainer Zosel (Z-Concerts) Leonard Cohen am Frankfurter Rhein-Main-Flughafen abholte und ihn zu einer Pressekonferenz im Flughafengebäude führte. Anschließend begannen die Proben für die am 5. April in der Mainzer Rheingoldhalle startende »I'm Your Man«-Tour. Wieder besuchte ich die Deutschland-Konzerte und einige weitere in europäischen Nachbarländern. Ab und zu ergab sich dabei ein kurzer Backstage-Talk mit Cohen.

Seit ich 1988 erstmals Gelegenheit bekam, Leonard Cohen auch als Journalist zu begegnen, endete jedes unserer Gespräche mit der Feststellung, daß die Zeit, die eine Plattenfirma für solche Promotiongespräche einräumt, stets viel zu knapp bemessen ist, als daß sich der Interviewer mit einem Künstler, der wohlüberlegt und bedächtig und nahezu druckreif spricht, philosophische Wortgefechte liefern könnte.

Am 23. November 1992 erhielt ich von der Firma Sony Music die Bestätigung für ein Cohen-Interview in Frankfurt anläßlich der Veröffentlichung seines Albums *The Future*. Cohen ließ durch Sony zehn Exemplare meines Buchs *So Long, Leonard* kaufen, gab mir seine Telefonnummer und lud mich zu weiteren »solchen« Gesprächen ein. 1993 reiste ich seinem Tour-Treck durch Deutschland nach, dokumentierte die Konzerte in Wort und Bild, hatte dabei Gelegenheit, Cohen mehrmals hinter der Bühne sowie bei Interviews mit anderen Medienleuten zu erleben, und besuchte seine Konzerte in Gent, Paris, Zürich und anderen europäischen Städten.

Feststellen konnte ich während meiner manchmal allzu kurzen Begegnungen mit Leonard Cohen, daß unser Dialog immer dann besonders reizvoll verlief, wenn er merkte, daß man sich mit seinen Werken und Gedanken bereits näher befaßt hatte. Feststellen mußte ich beim Zusammenstellen von Pressespiegeln zu seinen Veröffentlichungen und Tourneen aber auch, daß viele Journalisten kaum vorbereitet in die Auseinandersetzung mit ihm gingen.

Auf einen Künstler, den man, ohne zu übertreiben, als einen Meister des Wortes bezeichnen kann, muß eine solche Vorgehensweise wie eine Beleidigung wirken. Trotzdem hat es auch großen Unterhaltungswert, Cohen im Umgang mit solchen Journalisten zu beobachten. Cohen gibt sich dann nicht selten als ein Mann mit Humor, der es sogar schafft, manch unvorbereiteten Pressemann mit einem schlüpfrigen Witz während einer Live-Sendung aus der Fassung zu bringen: *Do you know the story about the old bull and the young bull? There are two bulls, an old one and a young one walking down the prairie. When they're coming to the top of a hill, they see a crowd of female bulls. And the young bull says to the old bull: »Hey, let's run down to the valley to fuck some of these female bulls.« And the old bull says to the young bull: »Hey, why don't we walk down to the valley to fuck them all?«*

Doch Humor äußert sich bei Cohen nicht nur im Witzereißen, sondern auch in Ironie und Sarkasmus – eine Haltung, die sich in seinem gesamten Werk nachweisen läßt. Aber diese Haltung erkennt man als Charakterzug erst im Detail, wenn man Cohen im persönlichen Gespräch erlebt oder live auf der Bühne beobachtet. Dort erst bekommt man jenes realistische Bild von Leonard Cohen, das durch die Medien und die immer wieder hervorgeholten Klischees verzerrt wird.

Cohen paßt sich jeder Situation souverän an. Begegnet er interessierten Pressevertretern, steht er Rede und Antwort und gibt dabei nicht selten poetisch anmutende Antworten. Stupide Fragen wie zum Beispiel »How do you feel as a rock-star?« kontert er mit einem »Very well«. Leonard Cohen weiß sich branchen- und szenegerecht zu präsentieren.

Was Leonard Cohen zudem auszeichnet, ist, daß er irgendwann den Sprung vom Interpreten der Beat-Generation zum Chansonnier mit dem Auftreten eines Gentleman geschafft hat und, auch wenn er heute selbst im schwarzen Zweireiher auf der Bühne steht, ein Publikum anzieht, das ältere Damen in Abendgarderobe und Stöckelschuhen ebenso umfaßt wie Jeansträgerinnen in Turnschuhen. Leonard Cohen, der Liebling der Frauen? Eine weitere Frage, ein weiteres Klischee.

Aber dies alles sind nur Annäherungen an einen Künstler, über den man bis heute viel zu wenig erfahren hat. Es gibt zwar einige TV- und Film-Dokumentationen über Leonard Cohen, doch nur wenige gute biographische und kaum vollständige. Auch Bücher über Leonard Cohen sind bereits erschienen, doch die meisten decken nur einen Teil seiner Biographie ab. Kaum ein Autor ist Cohen bisher über einen längeren Zeitraum begegnet, und die meisten Veröffentlichungen liegen Jahre zurück. In deutscher Sprache existiert bis dato – mit Ausnahme meines 1990 erschienenen Bild-Text-Bandes, einer ersten literarischen Annäherung an Leonard Cohen – kein Buch, das sein Leben und Werk bis zur Gegenwart dokumentiert. Das knapp 400 Seiten starke *Prophet Of The Heart* des englischen Autorengespanns Dorman/Rawlins aus dem Jahre 1990 war der erste Versuch einer Cohen-Biographie. Leider endet sie im Jahre 1988, zudem ist ihr Inhalt nicht unumstritten. Grund genug also, ein neues Buch über Leonard Cohen zu schreiben.

Doch wie sollte ich es angehen? Ich habe Leonard Cohen nicht sein ganzes Leben lang begleitet; auch kenne ich niemanden, der das von sich sagen könnte. Diejenigen, die in Frage kämen, würden kein Buch schreiben, und diejenigen, die ein Buch schreiben würden, könnten nur einen Teil der Geschichte erzählen. Am besten wäre es wohl wirklich, Cohen würde eine Autobiographie verfassen. Doch auch er würde darin nicht alles erzählen. Auch hat er niemals den Gedanken an ein solches Vorhaben erwähnt.

Leonard Cohen beschränkt sich wohl lieber auf das Schreiben seiner poetischen Lieder und Texte, die er als »Reporter meines eigenen Ichs« mit autobiographischen Zügen versieht und mit denen er – je nachdem, von welchem Standpunkt aus man es betrachtet – den Rohbau oder die Innenarchitektur einer möglichen Biographie liefert. Sie zu formulieren, überläßt er anderen Autoren. Doch die wenigsten ihrer Werke hat er gelesen. Zu wenig scheint Cohen an der Dokumentation seines Lebens interessiert. Er lebt es lieber. Und schließlich ist auch sein gesamtes Werk bereits eine Art Autobiographie.

Leonard Cohens Gesamtwerk als seine »Biographie« zu betrachten, reicht jedoch nicht aus, um den Menschen hinter dem Künstler zu begreifen. Zu viele Lücken weist Cohens künstlerisches Werk auf, als daß man sich nur aus ihm ein Bild von dem Menschen machen könnte, der es geschaffen hat. Zu oft erliegen wir auch Irrtümern. Jahrelang pflegen Fans ihr eigenes Bild von ihren Idolen und sind, wenn es ihnen gelungen ist, sie persönlich kennenzulernen, enttäuscht. Nur die wenigsten haben das Glück, daß das Bild, das sie sich von ihrem Idol gemacht haben, bestätigt wird.

Leonard Cohen ist gottlob weit entfernt von jeder Idolisierung. Mit dem 1985 von Yvonne Hakze in den Niederlanden ins Leben gerufenen

»Intensity« existiert nur ein Fanclub. Jim Devlin hat den von Gerhard Schinzel und Michael Lohse um die gleiche Zeit entstandenen »Leonard Cohen Information Service« bis 1994 weitergeführt. Bis auf die in der jüngsten Zeit entstandenen Internet-Channels sind weitere Vereinigungen dieser Art nicht bekannt. Beide Institutionen informieren bzw. informierten in ebenso liebevoller Detailarbeit wie distinguierter Distanz über Cohens Gesamtwerk und seine aktuellen Veröffentlichungen. Von Idolisierung auch hier keine Spur, Gott sei Dank! Cohen gehört nicht in die Welt der Pop-Stars und -Sternchen. Er hat sich von der sogenannten Szene stets ferngehalten. Außerdem hat er sich in den letzten beiden Dekaden zunehmend zurückgezogen; und er benötigt für Alben und Bücher im Vergleich zu anderen Künstlern der Populären Musik enorm viel Zeit. Zeit, die weitere Lücken für offene Fragen entstehen läßt.

Dies sind die Gedanken, die mir durch den Kopf gehen und in denen ich von Nicole Maschmeyer vom Hamburger Sony-Büro unterbrochen werde, während ich auf meinen Interviewtermin mit Leonard Cohen warte. Es ist 13.45 Uhr, und die wenigen schattigen Plätze im Wintergarten des Kempinski sind begehrt. »Cohen ist nur einen Tag in Hamburg«, erklärt die Promoterin, sichtlich angetan von dem durch und durch »wie ein wahrer Gentleman« wirkenden Künstler. Am Abend zuvor sei er angekommen; aus Skandinavien sei er angereist. »Er muß noch heute weiter nach Holland. Also heißt es wieder mal, einen viel zu engen Terminplan einzuhalten.«

Leonard Cohen, der während seiner Deutschland-Tour '93 aufgrund eines dichtgedrängten Tourneeplans und zur Schonung seiner Stimme kaum Interviews geben wollte, sich dann aber doch spontan immer wieder zu kurzen Gesprächen bereit erklärte, agiert bei seinem diesjährigen Abstecher genauso. »Zum Mittagessen hat er sich hier in Hamburg mit Freunden verabredet. Mit den Interviews hat er um ein Uhr angefangen«, erzählt Nicole und deutet auf die Uhr. Es ist soweit.

Wir gehen hinauf in eine der vollklimatisierten Suiten mit Blick auf die Alster. Ich nehme auf der Couch Platz. Das Bandgerät ist auf Betrieb geschaltet und auf dem Beistelltisch plaziert. Ich muß keine Minute warten; pünktlich um 14 Uhr betritt Leonard Cohen die Suite. Er trägt einen grauen Einreiher, darunter ein schwarzes, bis zum Hals zugeknöpftes Polo-Shirt und dazu braune Westernstiefel und eine getönte Sonnenbrille im Pilotenstil, die er während des Interviews nur abnimmt, um sich mal die Augen zu reiben. Cohen wirkt relaxt, frisch und ausgeruhter, als ich ihn 1993 erlebt habe. Äußerlich bietet er mitsamt seinem kurzgeschnittenen Haar im dichter werdenden Grau das Bild, das er im Jahr zuvor abgegeben hat. Er begrüßt mich mit einem festen Händedruck und einem »Hey, man, how are you?«, bietet mir einen Kaffee an und schenkt sich auch selbst eine Tasse ein. Schwarz und ohne Zucker. Bevor ich ihn zu seiner letzten Tournee und dem am Vortag veröffentlichten Album *Cohen Live* befrage, überreiche ich ihm eine Auswahl meiner Fotos vom letzten Jahr. Interessiert schaut er sich jedes einzelne an und erkundigt sich nach den Objektiven, mit denen ich die Schnappschüsse gemacht habe. Aber dann, in Anbetracht unserer knapp bemessenen Zeit von kaum 45 Minuten, kommt er ohne Umschweife auf die von mir als »euphorisch« beschriebenen Konzertkritiken zu sprechen . . .

Interview

Cohen: Grundsätzlich habe ich gute Erinnerungen an die vorige Tournee. Alle Konzerte verliefen sehr erfolgreich, was sich auch auf die Musiker in der Band ausgewirkt hat, die sich von Konzert zu Konzert steigerten. Besonders das Hamburger und das Frankfurter Konzert habe ich noch gut in Erinnerung. Hinter der Bühne trafen wir dort sympathische und interessante Menschen. Die Open-Air-Konzerte verliefen, ehrlich gesagt, nicht ganz so glücklich. Obwohl die Musiker gut drauf waren, sind ja Konzerte unter freiem Himmel immer schwierig – gerade für unsere Musik. Außerdem gibt es dort oft Soundprobleme. Beim »Rock am Ring«-Festival war es zwischen all den Heavy-Bands nicht einfach, den richtigen Ton zu treffen, vor allem, wenn man mit seinen Songs die Aufmerksamkeit auf etwas lenken möchte, das durch das Massengefühl leicht verlorengehen kann – erst recht dann, wenn aufgrund all der Außengeräusche und der Lautstärke die Spiritualität leidet. Am Ring, denke ich, war das egal, weil zu dem Zeitpunkt die Mehrheit sowieso schon betrunken war. Ich meine das Publikum, nicht die Musiker.

Wie empfindest du auf der Bühne das Feedback vom Publikum, und gibt es, was das Publikum betrifft, überhaupt Unterschiede zwischen den einzelnen Ländern? Lange Zeit bist du ja zumindest in den Staaten eher stiefmütterlich behandelt worden.

Cohen: Ich mag es nicht besonders, irgend etwas zu kategorisieren. Alles hat seinen eigenen Wert, gerade dann, wenn es um Menschen geht. Ich würde auch nie versuchen, zum

Beispiel Frauen zu kategorisieren; dazu sind sie zu verschiedenartig.

Das neue Live-Album enthält mit »Suzanne« auch deinen wohl größten Hit. Wie stehst du heute, 25 Jahre nach seiner Entstehung, zu diesem Song? Es gab ja in der Vergangenheit auch Konzerte, in denen du ihn nicht gespielt hast.

Cohen: »Suzanne« ist der schönste Song auf dem Album, weil er am besten den Unterschied zwischen Heute und Gestern aufzeigt. Die Stimme hat sich verändert, das Tempo ebenso, und die Erfahrung, ihn über 25 Jahre gesungen und gelebt zu haben, drückt sich in dieser Version aus. »Suzanne« ist heute evidenter. Das »Suzanne« von heute beschreibt einen Mann »im Vorübergehen«, einen Mann, der nicht mehr derselbe ist. Die Version von gestern ist voller Hoffnung, voller Mitleid, voller Idealismus. Die Version von heute zeigt einen Bruch, zeigt Striemen.

Es scheint einmal mehr, als wäre dein Schreiben eine Form der Selbstanalyse.

Cohen: Es wäre falsch, das leugnen zu wollen. Aber das bezieht sich nicht nur auf diejenigen, die schreiben, oder auf das Schreiben selbst. Jede Form von Arbeit führt zur Selbstanalyse. Darin liegt der Sinn und die Bedeutung von Arbeit, und darum ist sie für jedes menschliche Individuum lebensnotwendig. Darin liegt der Sinn des Lebens. Das Schlimmste, was diesem symbiotischen Kreislauf widerfahren kann, ist, daß er zum Stillstand kommt. Wenn ich schreibe, erwarte ich jedoch als Ergebnis keine Selbsterkenntnis. Ich betrachte das Schreiben als meine Arbeit.

Am 21. September [1994] feierst du deinen 60. Geburtstag. Wie begegnest du diesem Ereignis und vor allem der Aufmerksamkeit, die deiner Person und deiner Arbeit in den letzten Jahren wieder entgegengebracht wird, nachdem sie Ende der 70er, Anfang der 80er eher »bescheiden« war?

Cohen: Das ist etwas, worüber ich mir gar keine Gedanken mache, weil ich es auch nicht richtig verstehe. Schließlich arbeite ich heute mit denselben Mitteln und in derselben Form wie schon vor dreißig Jahren. Ich schreibe und mache Musik. Das nimmt noch immer sehr viel von meiner Zeit in Anspruch. Der einzige Unterschied besteht darin, daß man sich gegenwärtig auf eine ernsthaftere Art und Weise damit auseinandersetzt. Von den Klatschspalten ins Feuilleton sozusagen!

In diesem Jahr erscheinen über dich in den USA, in Kanada und in Europa einige mehr oder weniger »authentische« Biographien. Was empfindest du, wenn du so etwas über dich liest? Schließlich schreibst du ja selbst und möchtest, daß deine Bücher gelesen werden.

Cohen: Auch wenn ich nicht alles lese – das betrifft vor allem die Bücher, die nicht in *meiner* Sprache geschrieben sind! –, schmeichelt es mir. Als Künstler ist man natürlich abhängig von der Öffentlichkeit. Die Menschen, die sich für einen interessieren, suchen nach dem, was andere – Kritiker, Journalisten und Schriftsteller – zusammengetragen haben. Das heißt, auch ich bin darauf angewiesen, daß über mich geschrieben wird. Schließlich ist meine Karriere nie so »übersichtlich« gewesen, daß meine Arbeit Leuten, die sich plötzlich für mich interessierten, leicht zugänglich war. Zwischen vielen meiner Veröffentlichungen lagen einfach zu lange Pausen; zieht man alle Umstände in dieser schnellebigen Musikbranche in Betracht, ist das nicht gerade von Vorteil. Außerdem hat auch die Plattenfirma immer nur ein Minimum an Einsatz gezeigt. Das ist nun mal die Realität. Es kann also nur bedeuten, daß ich mich über jedes Buch, das über mich geschrieben wird, sehr freue, nicht zuletzt, weil es mir hilft, in der Öffentlichkeit präsent zu bleiben. Was nicht heißen soll, daß ich meine pausenreiche Karriere nur für recherchierende Journalisten begonnen habe! Ich kann nur sagen, es ehrt mich. Ohne die Aufmerksamkeit der Journalisten und derer, die über mich lesen, kann ich als Künstler nicht überleben.

Wie gehst du mit negativen Kritiken um?

Cohen: Es steht jedem frei, etwas gut oder schlecht zu finden. Liest man aber falsche Interpretationen über sich oder über seine Werke, bedrückt einen das natürlich immer. Trotzdem lese ich sowohl die Dinge, die den Tatsachen entsprechen, als auch die, in denen ich falsch interpretiert werde, und die, die mich vielleicht sogar verletzen. Aber alles – egal, ob Positives oder Negatives – empfinde ich als gleichermaßen inspirierend. Ich erinnere mich noch gut an das Buch von Dennis Lee, einem bedeutenden kanadischen Dichter, der über *Beautiful Losers* auf eine Art und Weise herzog, daß es fast einer Demütigung gleichkam. Er lieferte eine vernichtende Kritik über meinen ersten Auftritt als Schriftsteller. Trotzdem war es wichtig, daß er über mich schrieb.

Prophet of the Heart *von Dorman/Rawlins, ein Kompendium von über 400 Seiten, das die Autoren selbst zur einzig lesenswerten Leonard-Cohen-Biographie erklärt haben, ist von einigen Kritikern recht zwiespältig aufgenommen worden. Was hältst du von dieser Biographie?*

Cohen: Ich habe sie nie gelesen, sie ist mir zu umfangreich. Ich weiß, daß viele Leute das Buch nicht mögen, weil es von den Autoren aus einer zu persönlichen Perspektive geschrieben wurde, und weil sie sich wohl auch zu sehr mit ihm identifiziert haben. Vielleicht liegt es auch an der Art und Weise, wie die Autoren das Buch präsentiert haben. Dennoch waren mir die beiden Autoren unglaublich sympathisch. Wir hatten zuvor vereinbart, daß sie mir keine zu weitgehenden persönlichen Fragen stellen würden, und daran haben sie sich gehalten. Keine Fragen darüber, wen ich geliebt und wen ich nicht geliebt habe, mit welchen Frauen ich geschlafen oder nicht geschlafen habe! Das sollte niemanden etwas angehen, der sich für mich oder meine Arbeit interessiert; ich würde auch nicht darüber sprechen. Die beiden haben das akzeptiert und ihr Buch geschrieben. Obwohl ich immer wieder höre, es sei zu umfangreich und zu trocken geschrieben, finden sich immer wieder Leute, die darin etwas Neues entdecken. Und das sollte dem Anspruch, den man an eine Biographie stellen kann, genügen. Aber, wie gesagt, ich habe das Buch nie gelesen. Meine Schwester hat es getan.

Und was denkt sie darüber?

Cohen: Auch ihr ist es zu weitschweifig. Ihrer Meinung nach wurde zuviel Wert auf den jüdischen Hintergrund meiner Familie gelegt. Trotzdem sollte man die Arbeit der Autoren würdigen; es ist ja schwer, allen Ansprüchen gerecht zu werden.

Hast du je daran gedacht, eine Autobiographie zu schreiben?

Cohen: Ich ziehe es vor, kürzere Sachen zu schreiben; das bin ich gewohnt. So wie es die alten Zen-Meister zu tun pflegen, bevor sie sterben. Sie schreiben ein Gedicht über den Tod. Ein paar bescheidene Zeilen, ehe sie uns verlassen. Mehr wäre mein Leben auch nicht wert, eine Autobiographie schon gar nicht. Vielleicht fünf oder sechs Zeilen. Mehr nicht. Etwas ganz Kurzes, das genügt.

Welche Worte würdest du gern auf deinem Grabstein sehen?

Cohen: »Trinkt einen auf mein Wohl!« Oder das, was Johnny Cash auf dem seinen lesen möchte: »Jetzt gibt's eine kleine Pause. Ich bin gleich wieder zurück.«

Liebe, Tod und Religion waren stets deine Themen. Wie denkst du über den Tod?

Cohen: Zunächst einmal denke ich, daß er nicht mehr weit weg ist. Zum ersten Mal habe ich Angst davor, nicht mehr an der menschlichen Gesellschaft teilhaben zu können.

Was bedeutet »Tod« für dich?

Cohen: Der Mensch nimmt sich viel zu wichtig. Das Leben ist ein Zimmer, der Tod ist nur ein anderes. Der Tod ist nur der Übertritt von einem Raum in einen anderen.

Wenn du in der Vergangenheit über den Tod gesprochen hast, klang das oft zynisch.

Cohen: Zynisch bin ich, glaube ich, nie gewesen. Zynismus bedeutet, daß man etwas nicht ernst nimmt. Vielleicht hat man Zynismus mit Skepsis verwechselt. Die kleinen Arrangements des Lebens sind zu wertvoll, als daß man ihnen zynisch gegenüberstehen könnte.

Du hast lange Zeit als Frauenschwarm gegolten. Hast du jemals gleichzeitig Liebe für zwei Frauen empfunden?

Cohen: Ist das eine rein technische Frage?

Eher eine intim-aufdringliche.

Cohen: Mit Sicherheit bin ich schon mal mit zwei Frauen allein in ein und demselben Raum gewesen. Aber eine intime Beziehung habe ich immer nur mit einer Frau gehabt. *Zwei* Beziehungen zu pflegen, endet in purer Konfusion – etwas, das ich hasse und mir schon deshalb nicht vorstellen kann. Aber auch wenn ich nur den rein sexuellen Aspekt betrachte – was ich mir schon eher vorstellen kann! –, ist es konfus. Sowohl vom Kopf her als auch vom Herzen.

Dir haftet das Image vom einsamen Mann im schwarzen Anzug an, der von der Einsamkeit singt. Bist *du einsam?*

Cohen: Ja, natürlich. Genauso, wie es andere auch sind. Hätten wir diese Erfahrung nicht, wüßten wir nicht, wie es anderen in dieser Phase erginge. Fühlen wir uns einsam, versuchen wir, auf andere zuzugehen. Und da man mit ihr umzugehen lernt, ist Einsamkeit für mich eine Art von Mitgefühl und somit auch eine Triebfeder für alle sozialen Aktivitäten.

Fühlst du dich heute einsam?

Cohen: Ich bin in der glücklichen Lage, daß viele Menschen in mein Leben getreten sind, die mir etwas bedeuten, die mir mein Leben damit einfacher gemacht haben und die mich heute keine Einsamkeit mehr fühlen lassen.

Einsamkeit, Frauen, Krieg und Religion sind die bestimmenden Themen deines Werks; Melancholie und ein gewisser Zynismus kennzeichnen deine Grundhaltung. Sind für dich Melancholie und Zynismus notwendig, um überleben zu können?

Cohen: Melancholie ist das falsche Wort dafür.

Ich meine nicht die guten Seiten der Melancholie . . .

Cohen: Über die wir nicht sprechen müssen, wie ich sehe. Aber Melancholie ist das falsche Wort, um es zu beschreiben. »Melancholie« ist ein Gemütszustand, keine Überlebensweisheit. Ich denke, auf meinem neuen Album ist keine Spur von Melancholie. Melancholie ist auch ein zu umfassendes Gefühl, um es zu beschreiben; den Rahmen eines Songs oder eines Albums würde es sprengen. Und Zynismus ist zu vernichtend, als daß man ihn zum Überleben brauchen könnte.

Schon der Name Leonard Cohen reizt zu Fragen nach deiner Vergangenheit; und dein Werk reizt zu Fragen nach dem Menschen, der sich dahinter verbirgt. Stört es dich nicht, wenn man dir mit solchen Fragen sehr nahe tritt?

Cohen: Wie gesagt, ich lebe nicht in der Vergangenheit. Und du fragst ja nicht wie »jeder«. Es kommt auch auf die Art und

Weise an, wie man miteinander umgeht. Du zum Beispiel hast eine bestimmte Vorstellung vom Verlauf dieses Gesprächs, genauso wie ich. Und jeder versucht sie zu realisieren – du mit deinen Fragen, ich mit meinen Antworten. So lange, wie sich unsere Vorstellungen decken, stört mich das überhaupt nicht.

Wir haben schon darüber gesprochen, daß du 1994 sechzig wirst. Auch Bob Dylan, Joni Mitchell, Neil Young und Van Morrison sind in die Jahre gekommen – alles Songwriter, die die Geschichte der Rock- und Popmusik wesentlich beeinflußt haben. Denkst du, daß ihre Bedeutung heute noch dieselbe ist wie in der Zeit ihrer ersten großen Erfolge vor zwanzig, dreißig Jahren?

Cohen: Ich weiß nicht, ob man das so sagen kann. Ich empfinde es immer wieder als sehr angenehm, von ihnen und ihrer Arbeit zu hören. Das hat nicht nur damit zu tun, daß sie prominente Namen tragen. Es sind Menschen wie du und ich, die auch älter werden und uns dank ihres Werks wie Freunde oder Bekannte ein Leben lang begleiten. Man interessiert sich für sie; sie sind einem vertraut. Von Joni Mitchell höre ich immer wieder gern, obwohl sie stets unterbewertet worden ist. Von Dylan höre ich auch immer gern, auch wenn man meinen könnte, daß er heute ruht, statt nur mal zu rasten. Dylan braucht auch eigentlich keine Songs mehr zu schreiben. Aber ich denke, daß er nicht aufhören kann, Songs mit Botschaften zu schreiben, so wie wir es von ihm kennen. Das hat nichts mit ihrer Bedeutung vor zwanzig, dreißig Jahren zu tun, sondern mit ihrer Präsenz, die ich wie viele andere nicht missen möchte.

Zurück zur Gegenwart! Auf deinem letzten Studio-Album The Future *hast du ebenso konkrete wie bedrohliche Zukunftsvisionen an die Wand gemalt: »I've seen the future, brother: it is murder«, heißt es im Titelsong. Mal abgesehen von dieser apokalyptischen Vision: welches aktuelle Thema würdest du zur Zeit noch gern in einem Text verarbeiten?*

Cohen: *The Future* war eines der objektivsten Alben, das ich bis jetzt geschrieben habe. Es zeigt all die Gedanken auf, die mich während des Schreibens bewegten, vom Fall der Mauer in Berlin über den aufkommenden Fremdenhaß bis hin zu einem demokratischen Denken – all das eben, was zur Zeit des Schreibens um mich herum geschah. Grundsätzlich beeinflußt mich das beim Schreiben immer. Bei *The Future* umgab mich außerdem eine Art von beängstigender und zugleich realistischer Bedrängtheit. Setze ich mich mit dieser Frage ganz ehrlich auseinander, stelle ich fest, daß ich über all die Jahre immer über das gleiche geschrieben habe. Egal, ob ich heute schreibe »*Take the only tree that's left and stuff it up the hole in your culture*«, oder ob ich damals im Song »The Gypsy« »*These are the final days. This is the darkness. This is the flood*« geschrieben habe, es geht immer um dasselbe. Ich beschäftige mich mit Dingen, die stets präsent sind. Es ist nicht Schwarzmalerei, wie mir Journalisten damals in bezug auf »The Gypsy« vorgeworfen haben, es ist die Realität. Das, was ich damals schwarzgemalt habe, ist auch heute schwarz. Schau dir nur all die Katastrophen an, die um uns herum passieren! Es geht nicht darum, alles schönzureden, nur damit man sich keine Gedanken machen muß; es geht um die Auseinandersetzung mit der Realität.

Welches Thema würdest du auf keinen Fall in einem Song verarbeiten? Gibt es irgendwelche Tabus für dich?

Cohen: Aus dem Song »The Future« habe ich Hitler herausgenommen. Die Zeile »*If you could see what is coming next. The hidden takes. Give me love or give me Adolf Hitler*« wurde geändert.

Dennoch hast du Figuren wie Stalin darin erwähnt.

Cohen: Stalin habe ich nur erwähnt, weil in letzter Zeit wieder viele Menschen nach solchen Figuren rufen, obwohl es eigentlich vielleicht nur der Ruf nach Ordnung ist. Unsere Zeit ist zu problembeladen, da hat es die Rechte leicht, ihr Netz auszuwerfen. Ich mache nur darauf aufmerksam.

Was würdest du gerne an der Realität ändern?

Cohen: Wenn ich dazu in der Lage wäre: all denen Freiheit und Erlösung gewähren, die sie nicht erfahren, und all das im Keim ersticken, was dies zu verhindern sucht.

Wann überkam dich das letzte Mal eine so große Traurigkeit, daß du geweint hast?

Cohen: Es bedarf dazu keines besonderen Ereignisses. Manchmal genügt eine ganz alltägliche Situation, um mich zu Tränen zu rühren.

Welches war die meistgestellte Journalistenfrage während deiner letzten Interview-Tour?

Cohen: Was ich mit »*I've seen the future, baby: it is murder*« gemeint habe. Manchmal schien es mir, als würde man die Redewendung nicht verstehen. In den Staaten sagt man oft, daß es »mörderisch« heiß ist oder daß ein »mörderischer« Verkehr herrscht. Trotzdem ist »*It is murder*« durchaus wörtlich zu nehmen: Die Bereitschaft zu töten ist größer geworden.

Gibt es etwas in deinem Leben, das du – hättest du die Möglichkeit, es zu ändern – heute anders machen würdest? Bereust du irgendwas?

Cohen: Es hat nichts mit Bereuen zu tun. Aber ich denke, darüber zu sprechen, kann nicht im Rahmen eines solchen Gespräches geschehen. Für mich ist es unmöglich, so etwas mit ein paar Worten oder Sätzen, wenn überhaupt, zu beschreiben.

Als Songschreiber und Buchautor werden dir sicher auch manchmal Texte von fremden Autoren angeboten. Wie reagierst du darauf?

Cohen: Sicher, das kommt vor. Doch meistens verstehe ich die Texte nicht, kann nichts mit ihnen anfangen. Das passiert mir sogar bei vielen Songtexten der aktuellen Popmusik, auch wenn sie in meiner Muttersprache geschrieben sind. Ich habe Schwierigkeiten, den Sinn mancher Texte zu begreifen.

Wie denken deine Kinder über dich?

Cohen: Ich glaube, sie machen sich weniger Gedanken über mich als alle, die nach ihnen fragen. Meine Tochter Lorca – sie trägt einen Ring durch die Zunge und hat blaugefärbtes Haar – weiß noch mehr mit meiner Arbeit anzufangen als Adam, der sich vorwiegend für *black dance music* interessiert und mit der Generation der Grateful Dead überhaupt nichts anfangen kann. Lorca ist eher folk- und rock-orientiert. Sie findet zum Beispiel das Album *The Future* besser als *I'm Your Man.*

Wie denkst du über das, was zur Zeit in der Welt passiert, den Aufschwung des Neofaschismus zum Beispiel?

Cohen: *The whole world is blowing up*, nicht nur in Deutschland. Kaum ein anderes Land hat derart mit seinem Erbe zu kämpfen und damit solche Probleme wie Deutschland. Und irgendwie ist es ganz natürlich, daß dadurch Disharmonie entsteht. Aber ich glaube fest an die deutsche Demokratie und an den Willen des Volkes, diese Probleme in den Griff zu bekommen.

Bist du als Jude nicht – bewußt oder unbewußt – befangen, wenn man dich auf die aktuellen Geschehnisse anspricht?

Cohen: Natürlich unterliegt man als Jude einer gewissen historischen Voreingenommenheit, wenn man an Deutschland denkt oder in diesen Tagen nach Deutschland kommt. Aber es ist nicht nur das Problem Deutschlands. Der Faschismus ist die Extremform einer politischen Idee, die in anderen Ländern ebenso auf der Tagesordnung steht. Ich denke, Rechtsradikalismus oder Faschismus ist ein Problem aller demokratischen Staaten.

Du bist Jude und praktizierst Zen. Ist das kein Widerspruch?

Cohen: Ich bin als Jude geboren. Das ist meine Familie, Tradition, Theorie. Man muß zwischen Religion, Tradition, Theorie und Praxis differenzieren. Zen ist keine Religion, liegt aber der Shinto-Theorie zugrunde. Zen ist Praxis. Es ist wie mit Golf; du spielst zwar, weil es dir gefällt, aber du glaubst nicht daran. Ich betrachte es auch nicht als eine Art von Meditation. Aber vielleicht beginnt man mit dem Wort »Meditation«, sich langsam der Zen-Praxis anzunähern. Man hat damit die Möglichkeit, sich selbst zu studieren, von Anfang bis Ende.

Glaubst du an ein Weiterleben nach dem Tod?

Cohen: Nicht in diesem Sinne.

In welchem dann?

Cohen: Natürlich bedeutet der Tod die endgültige Lösung aller Probleme im diesseitigen Leben. Ob man aber danach ganz ohne Probleme leben kann, ist sehr fraglich.

In den letzten Jahren kam in Interviews immer wieder deine Amnesie zur Sprache. Leidest du wirklich daran, oder ist es nur eine originelle Strategie, allzu aufdringlichen Journalisten auszuweichen?

Cohen: Sie gehört wohl zu dem mir vorbestimmten Lebensplan. Es gibt etwas in mir, das verbissen an der Vergangenheit festhält. Aber es ist etwas, das nichts mit Nostalgie oder Erinnerungen zu tun hat. Diese zumindest verliere ich in zunehmendem Maße – vielleicht, weil ich zu sehr in der Gegenwart lebe. Ich vermisse die Qualität der Erinnerungen, obwohl ich nicht weiß, woher das kommt.

Ende der 70er, Anfang der 80er Jahre hast du deine Interviews ebenso wie deine journalistischen Gesprächspartner auf Tonband aufgenommen. Aus welchem Grund?

Cohen: Ich hatte vor, jedes meiner Interviews aufzuzeichnen. Ich war von der Idee geradezu besessen. Der Grund dafür war aber lediglich, daß ich mich in Interviews zu oft mißverstanden fühlte. Das wollte ich kontrollieren. Ich habe es aber sehr schnell wieder aufgegeben, mit dem Hintergedanken, irgendwann einmal ein Buch über mißverstehende Journalisten zu schreiben.

Worin liegt für dich der Unterschied zwischen Egoismus und Egozentrik?

Cohen: Ich denke, daß beides zu einem Künstler gehört, damit er überleben kann. Ein Künstler lebt ja im ständigen Austausch mit seinen Gedanken und denen der Öffentlichkeit, die sich selten decken. Das kostet ihn ebensoviel Kraft, wie es ihm Kraft zurückgibt. Die beiden Kräfte, die diese Gedanken entstehen und Gestalt annehmen lassen, sind Egozentrik und Egoismus. Und da die Aufgabe eines Künstlers darin besteht, zu überleben und auszuharren, braucht er ein starkes Ego. Niemand schert sich darum, wenn es dir schlechtgeht – eine der schlimmsten und unkreativsten Erfahrungen überhaupt. Um das zu überstehen, brauchst du dich selbst am meisten. Ich habe einen Freund, einen kanadischen Schriftsteller, der mir einmal gesagt hat, daß es zwei grundlegende Charakteristika für einen jungen Dichter gibt: Unerfahrenheit und Arroganz.

Du hast gesagt, daß deine aktuellen Arbeiten, das Cohen- Live In Concert-*Album und das Buch* Stranger Music, *den Hauptteil deiner Karriere zusammenfassen. Kommen nun nur noch die letzten fünf oder sechs Zeilen eines Zen-Meisters?*

Cohen [lacht]: Nein, so ist es nicht gedacht. Aber es ist nun mal nicht zu leugnen, daß ich sechzig bin und sehr lange an meinen Texten arbeite. Und bevor ich etwas Neues anfange, möchte ich das Alte abschließen. So sind das Buch und das Album zu verstehen. Sie schließen lediglich das Kapitel eines bestimmten Lebensabschnitts ab, der gelebt worden ist. Sie dokumentieren meine Ideen und Vorstellungen in dieser Phase, so konkret wie keine andere meiner Arbeiten je zuvor. Aber sie sind nicht das Gesamtwerk. Ich weiß nicht, was kommen wird. Ich mache keine Pläne. Wenn du Pläne machst, ist es nur der Teufel, der sich ins Fäustchen lacht.

Was nun wirklich wie die Weisheit eines alten Zen-Meisters klingt.

Cohen: Ich lebe das Leben eines Menschen, der Zen praktiziert, nicht das eines Meisters. Aber ich lebe zur Zeit in einem Kloster – ein Zen-Zentrum in Südkalifornien, auf einem 6000 Fuß hohen Berg, auf dem Schnee liegt. Kaum zu glauben, daß ein Mann aus Montreal in den Süden zieht, um dem Winter zu begegnen!

Nach Griechenland zieht es dich nicht mehr?

Cohen: Ich komme nicht mehr dazu. Ich habe zwar noch immer mein kleines Haus auf Hydra, aber ich lebe nicht mehr dort. Gegenwärtig verbringt mein Sohn seine Zeit auf Hydra.

Du hast The Future *ein Zitat aus dem 1. Buch Mose vorangestellt [*Genesis 24: *»And before I had done speaking in mine heart, behold, Rebecca came forth with her pitcher on her shoulder; and she went down unto the well, an drew water; and I said unto her, Let me drink, I pray thee. And she made haste, and let down her pitcher from her shoulder, and said, Drink, And I will give thy camels drink also: so I drank, and she made the camels drink also . . .«], mit dem du das Album Rebecca de Mornay [Schauspielerin; Hauptrolle im Film* Die Hand an der Wiege*] widmest . . .*

Cohen: . . . dem Edelmut, den sie für mich verkörpert hat, und natürlich auch dieser [alttestamentarischen] Geschichte.

Bist du noch mit Rebecca de Mornay zusammen?

Cohen: Sie war weise genug, mich zu verlassen.

Auch wenn du keine Fragen magst, die dein Privatleben betreffen, möchte ich dir zum Schluß doch noch eine stellen. Was machst du, wenn du nicht schreibst, keine Alben aufnimmst, nicht auf Tournee gehst? Wie sieht ein ganz normaler Tag im Leben von Leonard Cohen aus?

Cohen: In diesem Jahr arbeite ich, bis auf diese knapp zwei Wochen dauernde Promotion-Tour für das Live-Album, überhaupt nicht. Ich lebe wirklich in einer kleinen Klosterzelle, was ich mir schon sehr lange vorgenommen hatte und nun verwirklichen kann. Ich befasse mich mit meinen Zen-Studien. Ich stehe sehr früh auf, esse, trinke, schlafe, sitze in der Meditationshalle und führe ein einfaches Leben. So lebe ich seit Ende der »Future«-Tour.

Die Zeit für das Interview ist um. Ich bedanke mich, und Leonard Cohen erwidert meinen Dank, indem er in ein Exemplar meines Buches *So long, Leonard* eine Widmung schreibt: »*To Christof, with appreciation for your kind attention to my work over the years – Leonard, Hamburg 1994 – I've seen the future baby – it is murder. But cheer up, anyway.*« Dann stempelt er noch sein »Zeichen«, das Herz im Judenstern, hinzu.

Zum Abschluß äußere ich die Bitte, noch einige Fotos machen zu dürfen. Oft schon habe ich darauf verzichtet, mal, weil es die Atmosphäre gestört hätte, mal, weil sich Cohen mit dem Satz distanzierte: »Wenn es dir nichts ausmacht, würde ich lieber davon absehen.« Diesmal jedoch steht er meinem Vorschlag, noch eine kurze Foto-Session zu veranstalten, ungewohnt aufgeschlossen gegenüber. Der Journalist Dr. Fritz Werner Haver wird Cohens nächster Gesprächspartner sein. Wie zuvor mit ihm abgesprochen, teilen wir uns die knapp bemessene Zeit für unser Shooting und überreden Cohen, kurz auf die Brüstung eines Vordaches zu steigen, um gute Motive zu bekommen. Auch diesmal willigt Cohen ein. Die Session kommt zustande; danach verabschiede ich mich.

Im Foyer des Kempinski begegne ich Günther Rammoser, einem befreundeten Journalisten aus Hamburg, der im Anschluß an mein Gespräch mit Cohen zusammen mit Andrew Eldritch, Mitbegründer und Kopf der in den 80er Jahren als Gruft-Rock-Band bekanntgewordenen Sisters Of Mercy, ein unkonventionelles Interview in Form eines Gedankenaustausches zwischen zwei Songwritern inszenieren wird (das er freundlicherweise für dieses Buch zur Verfügung gestellt hat).

Während andere Medienkollegen bereits zu ihren nächsten Terminen hetzen oder die Heimreise antreten, verweile ich noch ein wenig im Foyer des Kempinski. Die Liebe zu Hotels teile ich mit Cohen; darum lasse ich das Gespräch mit ihm an diesem Ort noch einmal Revue passieren. Vor dem Eingang warten Fans und – vielleicht auch – Groupies. Nicht auf Leonard Cohen warten sie allerdings, sondern auf Steven Tyler und Joe Perry von der Metal-Band Aerosmith, die einen Tag zuvor im Rahmen ihrer Deutschlandtournee in der Kieler Ostseehalle aufgetreten ist und deren Mitglieder gerade durch die Hotelhalle huschen. Einer Blondine gelingt es, sich Tyler an den Hals zu werfen und ein Autogramm auf ihrem Busen und ein gemeinsames Foto mit ihrem Idol zu ergattern. Ich denke dabei an Cohen und frage mich, wie er wohl in einer solchen Situation reagieren würde.

Als ich das Kempinski verlasse, weiß ich: ich werde »mein« Buch über Leonard Cohen schreiben. Nicht die definitive, womöglich autorisierte Biographie, sondern einen Versuch der Annäherung an diesen einzigartigen Künstler auf der Basis der Interviews, die ich vorwiegend selbst mit ihm geführt habe.

So oft wie möglich werde ich also in diesem Buch Leonard Cohen selbst zu Wort kommen lassen in der Hoffnung, daß aus seinen Äußerungen ein authentisches Bild des Künstlers und Menschen, nicht des »Idols«, entsteht. Indem ich aus seinen Liedern und Gedichten zitiere, vor allem jedoch aus seinen oftmals »philosophischen« Antworten auf Fragen, möchte ich dem Leser Gelegenheit geben, sich sein eigenes Bild von der Art und Weise zu machen, wie Cohen seine Gedanken zu Leben, Liebe, Tod, Religion, Politik und Gesellschaft formuliert, wie er dabei nicht zuletzt seine eigene Person und Biographie immer wieder in Frage und zur Diskussion stellt und welche Antworten er für sich persönlich auf diese uns alle bewegenden Fragen gefunden hat.

Dabei distanziere ich mich von der unkritischen Praxis der *Yellow Press*, noch dem unbedeutendsten Popstar Gelegenheit zur Nabelschau zu geben, ebenso bewußt wie von der Methode mancher Biographen, eigene Recherche und möglichst objektive Darstellung durch spitzfindige Textinterpretation oder die öde Aneinanderreihung nicht immer verifizierbarer Lebensdaten zu ersetzen. Meine Absicht ist es vielmehr, Leben und Werk von Leonard Cohen durch die Wiedergabe authentischer Statements aus seinem eigenen Munde anschaulich zu machen.

Damit aber auch die »Fans« auf ihre Kosten kommen, habe ich in dieses Buch zahlreiche bisher unbekannte Fotos aus den Jahren 1967 bis 1994 aufgenommen, darunter Schnappschüsse, die ich während der Cohen-Tourneen von 1988 bis 1994 *backstage* und *frontstage* gemacht oder aus den Archiven der Plattenfirma Sony/CBS sowie befreundeter Journalisten »entwendet« habe.

Es würde den Autor freuen, wenn der Leser am Ende seiner Lektüre den Eindruck gewonnen hätte, daß ihm ein Bild von Leonard Cohen vermittelt wurde, das anders als die eingangs erwähnten Klischees der Realität entspricht und mit Leben erfüllt ist.

Gewidmet ist dieses Buch niemand anderem als Leonard Cohen selbst (»Wem sonst als dir«); womit ich mich den Worten anschließe, die Bob Dylan am 4. Dezember 1975 während eines Live-Auftritts mit seiner »Rolling Thunder Revue« gesprochen hat: »This is for Leonard – if he is still here.«

Das Schlußwort überlasse ich dem amerikanischen Journalisten Larry Sloman, Autor des legendären Buches *On The Road with Bob Dylan* (New York, 1978) und Verfasser des Begleittextes im Programmheft zu Leonard Cohens »The Future«-Tour, der Cohens Bedeutung für die Geschichte der Populären Musik und zeitgenössischen Literatur auf den Punkt gebracht hat: »Leonard Cohen has taken us down to that place by the harbour and our world has become that much richer for the journey.«

Thanks for the »song«, Mr. Sloman.

1. Kapitel

Die 30er, 40er und 50er Jahre – Kindheit, Jugend und erste literarische Gehversuche

Der Tag vor dem Sabbath ist für Juden von besonderer Bedeutung. Kindern, die an einem Freitag geboren werden, gebührt eine besondere religiös motivierte Beachtung. Der Geburtstag von Leonard Cohen, der am 21. September 1934 im kanadischen Montreal das Licht der Welt erblickte, war ein Freitag. Cohen selbst war zwar nie eine solche Frömmigkeit eigen, wie es vielleicht im Sinne seines *wohlbehüteten jüdischen Elternhauses mit Traditionspflege* gewesen wäre; dennoch hat ihn nicht nur das Gedankengut seiner Väter in seinem Denken und Wirken wesentlich geprägt, sondern auch die Bedeutung seines Familiennamens, der mit »Priester« zu übersetzen ist.

Mir ist oft bewußt geworden, wie sehr sich meine Familie um ihre Traditionen kümmerte. Sie war sich darüber im klaren, daß sie aufgrund ihres Namens etwas zu repräsentieren hatte. Meine Familie nahm die Bedeutung des Namens »Cohen« sehr ernst und lebte in dem Glauben, einer Kaste von Priestern anzugehören. Von meiner Familie weiß ich, daß sie für die Bestimmung lebte, Verantwortung für die Gemeinschaft zu tragen. Sie gründete Synagogen, Krankenhäuser und Zeitungen. Mit diesem Gedankenerbe wuchs ich auf.

In der Geschichte der Juden spielt der Name »Cohen« eine wichtige Rolle, weil er neben den Namen »Levi« und »Israel« die Priesterstämme des jüdischen Volkes bezeichnet. Ohne auf die über 3000jährige Geschichte des Judentums einzugehen, sei hier nur in Grundzügen die Entstehung und Bedeutung des Namens »Cohen« dargestellt. Das Reich Israel bestand ursprünglich aus zwölf Stämmen. Im Laufe der wechselvollen Geschichte (und der zahllosen Kriege) zerfiel dieses Reich, um schließlich im 7. Jahrhundert v. Chr. unter König Josiah vorübergehend geeint zu werden. In dieser Phase der Restauration ließ Josiah auch den Tempel von Jerusalem neu aufbauen. Bei den Bauarbeiten stieß man auf ein altes Gesetzbuch, das als Deuteronomium bzw. 5. Buch Mose Eingang in das Alte Testament fand. In diesem Buch ist unter anderem festgelegt, daß allein im Tempel von Jerusalem die zentrale rituelle Handlung, das Hochopfer, vorgenommen werden dürfe. Dies führte dazu, daß die religiöse Bedeutung der Tempel anderer Regionen nachließ und die dortigen Priester sich nach Jerusalem orientierten. Für die leitenden Priester in Jerusalem galt nun, daß sie direkte Nachfahren des Aaron, dem Bruder Moses‹, sein sollten; ihre Abkömmlinge tragen seither den Namen »Cohen«, um den priesterlichen Rang hervorzuheben. Im Gegensatz hierzu verweist der Name »Levi« auf eine Abstammung von jenen ländlichen Priestern, die seinerzeit nach Jerusalem wanderten, um dort nachgeordnete Funktionen zu bekleiden. Neben diesen beiden existierte noch eine dritte, ein wenig untergeordnete Gruppe, die man Israel nannte. Diese Hierarchie hat auch heute noch Bestand. So wird beispielsweise am Sabbath der erste Teil der Thora immer von einem »Cohen« gelesen. Überdies lassen sich noch heute Abwandlungen dieser drei Namen finden, etwa Kaplan, Katz oder Katan für »Cohen« und Levy, Lewisson oder Loewe für »Levi«

Die Wurzeln des kanadischen Stammbaums der Familie Leonard Cohens lassen sich bis ins Jahr 1869 zurückverfolgen. Damals wanderten die Vorfahren von Leonards Vater Nathan Bernhard Cohen (geboren 1887) aus einem Teil Polens, der heute zu Rußland gehört, nach Nordamerika aus. Die Familie von Leonards Mutter Masha Klinitsky (geboren 1907) emigrierte in den 20er Jahren aus Litauen.

Aus Leonard Cohens Erinnerungen ergibt sich ein recht konservatives Bild seiner Familie. *Als ich noch nicht bekannt war, mokierte sich meine Familie darüber, daß ich Schriftsteller werden wollte. Aber da mein Vater starb, als ich neun Jahre alt war, gab es niemanden, der mir in meinem Bestreben ernsthaft widersprechen konnte. Heute, glaube ich, wären mein Vater und ich uns sehr nahe. Früher hätte er Schwierigkeiten damit gehabt, mich mit der Gitarre in irgendwelchen Clubs zu sehen.*

Leonards Vater Nathan B. Cohen war wohl tatsächlich zu stark in der Tradition verwurzelt gewesen, als daß er sich seinen Sohn als Musiker oder Literaten hätte vorstellen können. Leonards Urgroßvater Lazarus war schließlich Lehrer an der Rabbiner-Schule in der einstigen europäischen Heimat gewesen, und dessen Bruder Hirsch hatte es gar zum Ober-Rabbiner der jüdischen Gemeinschaft in Kanada gebracht. Zwar hatten beide – ebenso wie später Leonards Großvater Lyon, der von Beruf Kaufmann war – auch schriftstellerische Ambitionen gehegt, doch dominierte bei den Cohens stets die Pflege der Tradition. Das hieß, daß der Erhalt des gesellschaftlichen und geschäftlichen Status quo im Vordergrund stand. »L. Cohen und Sohn« wurde auf diese Weise bald zu einem Markenzeichen, das für die Entwicklung von der Textil-Kaufmanns- zur Textil-Großhändler-Familie stand, die von allen geachtet wurde.

Mit Achtung spricht Leonard Cohen auch heute noch von seinem Vater, der bemüht war, dem Sohn seine eigenen Wertvorstellungen zu vermitteln und ihm eine Ausbildung im edwardianischen Stil angedeihen zu lassen. Allerdings stammt das meiste, was Leonard von seinem Vater weiß, aus Erzählungen seiner vier Jahre älteren Schwester Esther und seiner Mutter, die den Vater, der in Leonards Kindheitsjahren häufig krank war, zu Hause gepflegt hatte.

Mein Vater war oft im Krankenhaus. Sein Tod kam nicht überraschend. Er war schwach und starb. Vielleicht habe ich ein kaltes Herz, wenn ich sage, daß ich geweint habe, als mein Hund starb. Aber beim Tod meines Vaters hatte ich irgendwie das Gefühl, daß das so sein mußte.

Die große Leidenschaft meines Vaters war das Filmen. In seiner Freizeit hielt er mit seiner Kamera das Familienleben fest und schnitt die Filme selbst zusammen, um sie regelmäßig vorzuführen. Nachdem er gestorben war, fand ich die Filme in einem Kellerschrank meines Elternhauses. So erfuhr ich vieles, was man sonst eigentlich vergißt und aufgrund von Erzählungen nicht so bildhaft wahrnimmt, erinnerte sich Leonard Cohen später in der von D. Brittain und Don Owen 1964 gedrehten und 1965 vom National Filmboard of Canada veröffentlichten Dokumentation *Ladies and Gentlemen, Mr. Leonard Cohen.*

Cohens charismatische Erscheinung, auf der Bühne wie auch privat, scheint auf eine Veranlagung in der Familie zurückzugehen. Seinen Vater, der Mitglied der Royal Canadian Legion war und im Ersten Weltkrieg gekämpft hatte, beschreibt er als einen äußerst korrekten, stolzen und pflichtbewußten Mann. *Ich habe nicht viele Erinnerungen an meinen Vater. Aber ich erinnere mich noch sehr gut an seinen Stil – an seine Art, sich zu kleiden, wenn er mit meiner Mutter zu gesellschaftlichen Anlässen ging oder offiziellen Einladungen folgte. Dann trug er Monokel, militärische Ehrenabzeichen und Gamaschen und achtete darauf, daß alles elegant saß.* Zugleich beschreibt Cohen seinen Vater als einen warmherzigen Mann. *Zu mir war er immer sehr warm und herzlich, auch wenn er sich nach außen hin reserviert gab.* Und immer wieder betont Cohen die Souveränität und Belesenheit seines Vaters: *Als er noch gesund war, las er meiner Schwester und mir am Abend oft aus Büchern vor.* Viel mehr will das Erinnerungsvermögen Leonard Cohens nicht her- oder er selbst nicht preisgeben. Spricht man ihn auf vergangene Tage an, verweist er auf seine »Amnesie« – vielleicht die beste Strategie, den immer wiederkehrenden Fragen der Journalisten diplomatisch zu begegnen und seinen ihm in die Wiege gelegten Stil zu wahren. Auf diese Weise gibt Cohen seinem Gesprächspartner das Gefühl, nicht ohne eine Antwort dazustehen, auch wenn er im Grunde nichts verrät.

Ich bin wirklich sehr glücklich darüber, daß es einiges in meinem Leben gibt, an das ich mich heute nicht mehr erinnern kann. Ich erinnere mich zum Beispiel noch sehr gut an die Arbeit an den Alben, die ich in den 80er Jahren veröffentlicht habe. Aber von bestimmten Dingen in meinem Leben davor weiß ich nichts mehr. Meine Erinnerung ist weg.

In einem Interview mit Christian Fevret aus dem Jahr 1991 sagte Leonard Cohen über den Verlust seiner Erinnerungen, daß er *weder ihr Gewicht noch ihren Reichtum* spüre. *Ich erinnere mich zwar noch daran, wie damals die Sonne auf- und unterging, aber in der Vergangenheit lebe ich einfach nicht mehr,* bekräftigte er zwei Jahre später sein Verhältnis zum Gewesenen. *Heute denke ich kaum noch an meine Kindheit. Ich glaube nicht, daß sie für die Erklärung meines Lebens herangezogen werden kann.*

Damit erstickte der mittlerweile über 60jährige Cohen sämtliche Versuche, den Sozialisationsprozeß eines heranwachsenden Kindes zur späteren Persönlichkeitsanalyse heranzuziehen. Seine Lebensauffassung lautet, *daß man wiedergeboren werden muß, um zu überleben. Bei dieser Auffassung geht es mir um die Überwindung solcher Sozialisationsfaktoren, die ebenso in vorteilhaften wie in nachteiligen Situationen Wirkung zeigen können.* Fevret gegenüber beschrieb er dies mit den Worten: *Man kann sich nicht seiner Vergangenheit als Alibi bedienen. Im Orient sagt man dazu »Aufwachen«, im Okzident ist es das »Wiedergeborenwerden«.*

Dem allgemeinen Begriff der Vergangenheit setzt Cohen seinen eigenen entgegen. *Ich benutze den Begriff »Vergangenheit« äußerst ungern, weil ich das Gefühl habe, keine Vergangenheit zu besitzen. Seit Mitte der 80er Jahre beziehe ich mich nicht mehr auf Vergangenes und denke auch nicht darüber nach.*

Äußerungen, die sich, selbst wenn man auf das spekulative Moment der Interpretation verzichtet, in Cohens musikalischen und literarischen Werken widerspiegeln. *Ich finde die Gespräche über meine Vergangenheit zuweilen sehr interessant, weil ich mir dann vorkomme, als müßte ich über etwas sprechen, von dem ich gar nicht mehr viel weiß.*

Hilfestellung leisten dem Künstler die Recherchen von Journalisten, die immer wieder den Versuch unternehmen, die Zeit vor seinem Schritt in die Öffentlichkeit zu dokumentieren, oder auch Freunde, die sich mit

Cohen über vergangene Tage unterhalten. *Ich habe in Los Angeles einen Freund aus meiner Kindheit, der über ein sagenhaftes Gedächtnis verfügt. Wenn er über Dinge spricht, an die ich mich wirklich nicht mehr erinnern kann, verfestigt sich mein Eindruck, daß ich nicht das Produkt meiner Vergangenheit bin. Vergangenheit und Gegenwart sind zwei verschiedene, weit voneinander entfernte Landschaften, in denen ich lebe.*

Aufgrund des frühen Todes seines Vaters stand Leonard seiner Mutter sehr nahe. Masha Cohen, 19 Jahre jünger als ihr Gatte und ausgebildete Krankenpflegerin, ließ ihren beiden Kindern sämtliche Freiheiten und erzog sie in Verbindung mit der jüdischen Religion ihres Mannes im Sinne ihres eigenen, von einer römisch-katholischen Religionsauffassung beeinflußten Judaismus. Vermutlich wurde schon zu dieser Zeit der Grundstein dafür gelegt, daß sich Cohen später eingehend mit den Mythologien der verschiedensten Religionen befaßte.

Auch die Zweisprachigkeit – 80 Prozent der Bevölkerung Montreals sprechen aufgrund der im 16. Jahrhundert begonnenen Kolonisation durch Frankreich Französisch – wirkte sich auf Leonard Cohen aus. Sie erlaubte ihm den Zugang zur französischen und englischen Literatur. Hinzu kam sein Studium der Heiligen Schrift in hebräischer Sprache, das er begann, als er im Alter von sechs Jahren lesen lernte.

Doch zunächst stand er unter dem Einfluß der alleinerziehenden Mutter, die mit 36 Jahren ihren Mann verlor und Jahre später eine zweite, eher unglückliche Ehe einging. An seine Mutter erinnert sich Cohen auf eine andere Art und Weise als an seinen Vater. Mit dem Gedanken an sie verbindet er nicht einzelne Ereignisse, sondern das Bild einer herzlichen Frau, der es nach dem Tod des Gatten nur darum ging, ihren Kindern den rechten Weg zu weisen.

Will man sich mit Leonard Cohen auseinandersetzen, benötigt man eine ähnliche Geduld, wie er sie wohl damals beim Anhören der Geschichten seiner Mutter aufbringen mußte. *Anfangs konnte ich ihren Gedankensprüngen nie folgen. Ich wurde ungeduldig und drängte zum Ende der Geschichte, noch bevor sie begonnen hatte. Als ich älter wurde, war ich von ihren Erzählungen fasziniert, weil sich diese einst so schwer verständlichen Geschichten auf einmal zu einem wunderbaren Ganzen fügten. Und nach vier bis fünf Kannen Tee wurde klar, was mir vorher nie klar gewesen war. Jeder erzählt seine Geschichte denen, die ihm nahestehen. Jeder hat seine Geschichte, und sie verändert sich von Tag zu Tag. Die Zeit verändert sie, wie Runzeln, die sich auf unserem Gesicht zeigen, wie unser Haar ergraut und unser stolzer Körper zu welken beginnt. Die Geschichte ver-*

ändert sich und nimmt diese Merkmale auf. Erst dadurch wird sie interessant und zu unserer eigenen.

Finanzielle Probleme hatte Cohens Mutter nicht; im Notfall konnte sie noch immer in ihrem erlernten Beruf arbeiten. Dennoch bedeutete es für sie eine gewaltige Umstellung, die Rolle der Frau eines angesehenen Mannes gegen die seiner Witwe einzutauschen, zumal sie nie die Stellung einer »Cohen« innegehabt hatte. Diesbezügliche Bemerkungen der Verwandtschaft versuchte Masha Cohen von ihren Kindern fernzuhalten. Wie Leonard Cohen diese Empfindungen verarbeitet hat, läßt sich in seinem ersten Roman *The Favourite Game* und in seinem ersten Gedichtband *Let Us Compare Mythologies* nachlesen, wo er mit der für ihn typischen Liebe zum Detail davon erzählt.

Aber das, was eine jüdische Erziehung ausmacht, ist nicht nur das Heim, das als kleiner Tempel angesehen wird, dem auch und vor allem die Einführung der Kinder in die Religion des auserwählten Volkes obliegt; auch andere pädagogische Instanzen spielen eine Rolle. Außer der öffentlichen Roslyn School besuchte der junge Leonard die Hebrew School in Montreal, um die Lehren des Judentums kennenzulernen. Diese Einweisung findet ihren Abschluß mit dem wichtigsten Ereignis im Leben eines jeden Juden, dem Bar-Mizwa, der in etwa der christlichen Konfirmation entsprechenden Feier der religiösen Mündigkeit, die jeder männliche Jude mit Vollendung des 13. Lebensjahres erreicht und die den Übergang vom Kind zum Mann bedeutet.

Die Lieder, alte russisch-jüdische Wiegenlieder, gesungen mit einer zarten eindringlichen Stimme, die in meinem Kopf Bilder von Geborgenheit hervorriefen, habe ich noch heute manchmal im Ohr. Was mich noch im nachhinein sehr beeindruckt, ist das Gefühl meiner Mutter für Rhythmus und Melodie, und daß sie nach so vielen Jahren immer noch Lieder sang, die man ihr selber als Kind vorgesungen hatte.

Neben Leonard Cohens Mutter spielte auch deren Vater, Rabbi Solomon Klinitsky-Klein, eine wichtige Rolle für den Sozialisationsprozeß seines Enkels. Ihm und seiner Großmutter väterlicherseits, Mrs. Lyon Cohen, widmete Cohen seinen 1961 erschienenen Gedichtband *The Spice-Box Of Earth*. Großvater Solomon vermittelte dem jungen Leonard die nicht immer ohne Grausamkeit und Härte auskommenden Geschichten des Alten Testaments.

Die Konfrontation mit den Bildern der Bibel, die Inhalt der Wiegenlieder seiner Mutter gewesen waren, verarbeitete Cohen in seinem Werk ebenso wie die äußere Realität, mit der er konfrontiert wurde, so die nach Kanada dringenden Berichte über die Leiden, die das Nazi-Regime seinem Volk zufügte. *Als die ersten Berichte mit den schrecklichen Nachrichten über das, was in Deutschland passierte, nach Kanada drangen, war ich etwa zehn Jahre alt und konnte also schon lesen. Ich war sehr erschüttert.*

1945, im Alter von elf Jahren, stieß Leonard in einer Zeitung auf Fotos von Konzentrationslagern; für ihn war es *der Moment, in dem meine wahre Erziehung begann.* Was ihn jedoch wirklich erwachsen werden ließ, war seine eigene Geschichte, auf die er in dem Roman *The Favourite Game* anspielt, indem er dessen Hauptfigur Breavman auf die von einem naiven jungen Mädchen gestellte Frage »Wie ist es, ohne Vater aufzuwachsen?« antworten läßt: »Du wirst schneller erwachsen.« Wenn man später von Cohen als dem großen Melancholiker und Mystiker der Beat-Generation spricht, wird er sich mit den Themen Trauer, Verlust und Tod bereits eingehend auseinandergesetzt haben.

Leonard Cohens Werk und Philosophie sind das Resultat einer ständigen Selbstbefragung. Stets ist er auf der Suche nach Helden, die er in Liedern und Gedichten zu beschreiben versucht. Helden wie in den biblischen Geschichten, die ihm seine Mutter Masha in seiner Kindheit vor dem Einschlafen erzählte? Gehörte damals etwa auch Gott zu seinen »Helden«?

Von Gott hat man mir nicht viel erzählt, obwohl er in den Geschichten und Gebeten vorkam. Ernstzunehmender war das, was sich hinter diesen Geschichten verbarg: Familie, Treue, Loyalität gegenüber der Vergangenheit, die diese Geschichten mit der Gegenwart verbinden. Damals waren das für mich sehr mystische Dinge.

Aber auch den Mythologien der Menschheit galt von jeher Cohens besonderes Interesse. Mythologien sind es, die für ihn, neben seinen »Helden«, Religiosität ausmachen, egal, auf welcher Kultur sie fußt. *Wenn man unter einem religiösen Menschen jemanden versteht, der seine göttliche Herkunft ergründen will, dann bin ich zweifellos religiös*, gestand er in einem ausführlichen Gespräch über sein Judentum mit Ascher Ben-Shmuel und Ilan de Beer, das 1976 in der Süddeutschen Wochenzeitung erschien. *Insgesamt bin ich aber doch eher von der Sensitivität der Bibel beeinflußt, von ihrem prophetischen Gehalt, von den Propheten und vom Hohelied Salomos. Mich beeindrucken auch der lyrische Gehalt der Bibel und der Gerechtigkeitssinn, der sie auszeichnet. Im Grunde beeinflußt mich alles – ja, oft wirkt die Umwelt sogar zu stark auf mich ein.*

In vielen seiner Songtexte, zum Beispiel in »Who By Fire«, das an das Yom Kippur-Gebet »mich bacharev, umi bamajim« erinnert, greift Cohen auf religiöse Motive zurück, was er jedoch nicht unbedingt als »typisch jüdisch« betrachtet wissen möchte. *Jede kulturelle Gemeinschaft beeinflußt das Schaffen ihrer Mitglieder. Als Jude bin ich mir eben nur dieser Tradition bewußt; sie ist das einzige, das ich gelehrt wurde und das mich darum geprägt hat. Ich weiß, daß ich Jude bin; ich weiß, woher ich stamme; aber ich bewege mich nicht ausschließlich in einem jüdischen Kontext.*

Vor einer Definition dessen, was es bedeutet, Jude zu sein, scheut Cohen bis heute zurück. *Ich gehe von der Tradition aus*, erklärte er de Beer. *Die Beschneidung ist für mich das Wesentliche, und zwar die Beschneidung des Gliedes und des Herzens – ich meine damit die wahre Herzensbildung. Um dieses Ziel zu erreichen, braucht das Judentum Menschen, die eine eigene Weisheit und Erfahrung entwickelt haben und die innerhalb der Familie oder durch Erziehungseinrichtungen den Erfahrungsschatz des gesamten Volkes der nachfolgenden Generation vermitteln können. Wenn der Faden reißt und die jüdische Erziehung bloß oberflächlich ist und gerade noch zu der Erkenntnis führt, daß man Jude ist, so genügt das nicht. Der Faden muß an die Geschichte anknüpfen, und diese Erfahrung muß weitergegeben werden, so wie es die Haggada* [hebräisch: Schriftdeutung, die jüdische Auslegung des Alten Testaments] *vorschreibt: du mußt den Auszug selbst erleben. Wenn diese Bedingungen erfüllt sind und dadurch jeder Generation von neuem dieses Erlebnis vermittelt wird, dann gelingt auch diese Herzensbildung. Selbst in kleineren Gemeinden, die ihre Erziehungsarbeit ernst nehmen, wird es möglich sein, Herzen zu beschneiden. Im Rahmen dieser Definition muß aber auch jenen die Tür geöffnet werden, die ihr Los mit den Juden zu teilen wünschen. Ich denke, Herzensbildung erfolgt durch spezifisch jüdisches Erleben, aber auch durch die Erfahrung derer, die außerhalb der jüdischen Gemeinde stehen, sich aber mit der jüdischen Tradition identifizieren möchten.*

In vielem, was Leonard Cohen gesagt und geschrieben hat, läßt sich diese geistige Basis nachvollziehen. Cohen war nie ein geistiger Mitläufer; er suchte – in der Religion, in der Liebe und im Leben – stets seinen eigenen Weg und wurde so zum Vordenker einer ganzen Generation.

Leonard Cohens Lebensphilosophie ist vom frühen Verlust des Vaters gleichermaßen geprägt wie von intensiver mütterlicher Liebe, von den Mythologien der jüdischen Religion ebenso wie von seinen eigenen grundsätzlichen Zweifeln an jeder Religion – ein Gedankengut, das er bereits als Vierzehnjähriger in Worte zu fassen und niederzuschreiben begann. Trotz seines Interesses an geistiger Auseinandersetzung ging der junge Leonard denselben Freizeitbeschäftigungen nach wie seine gleichaltrigen Freunde. *Ich spielte Eishockey in der Schulmannschaft und fuhr gern Rad. Besonders interessierte ich mich auch für Boxen und Ringen.* Zu dieser Zeit erwachte aber auch sein Interesse für das weibliche Geschlecht. *Während der Pubertät verbringt jeder Heranwachsende die meiste Zeit damit, sich zurechtzufinden.*

Im Roman *The Favourite Game* beschreibt Leonard Cohen das Empfinden der ersten sexuellen Gefühle mit den Worten: »*Unsere Leidenschaften sind wie Reisende. Zuerst machen sie eine allumfassende Rundreise. Dann sind sie wie Gäste, die oft zu Besuch kommen. Schließlich werden sie zu Tyrannen, die uns beherrschen.*«

In dieselbe Zeit fällt auch Cohens erster Kontakt mit der Welt der Musik. In den sommerlichen Jugendlagern erlernte er das Gitarrespiel. Ein Folksänger namens Irving Morton brachte ihm Lieder aus dem »People's Song Book«, einer Sammlung zeitgenössischer Volkslieder, bei.

Zu Beginn der 50er Jahre steckte die Popmusik, wie wir sie heute kennen, noch in den Kinderschuhen; doch nach der großen Weltwirtschaftskrise und den beiden Weltkriegen begannen sich Blues, Jazz, Gospel, Country Music und Folksong als Basis für sie herauszukristallisieren. Vor allem vom Rhythm & Blues und von der Country Music, den wichtigsten Vorläufern des Mitte der 50er Jahre aufkommenden Rock'n'Roll, ließ sich Cohen inspirieren.

Im Jahr 1993 beschrieb Leonard Cohen seine Haltung zur Popmusik folgendermaßen: *Die aus vielen Stilen entstandene Popmusik nimmt eine ähnliche Stellung ein wie die Malerei des 19. Jahrhunderts vor Picasso und Matisse. Deren Arbeiten hat man anfangs auch nicht geschätzt, heute will man sie nicht mehr missen. Es waren einfach neue Ausdrucksformen. Ich denke dabei nicht an Zwölfton-Musik oder atonale Musik; selbst das wäre noch 19. Jahrhundert. Ich meine die Einstellung, mit der eine neue Geschichte erzählt, eine Vision entwickelt wird. Gerade jetzt sind wieder Ansätze dazu erkennbar.*

Aber auch für die klassische Musik, für Jazz und Walzer hegte der junge Leonard eine Vorliebe. Noch heute bezeichnet Cohen als eines seiner größten musikalischen Idole den schwarzen Sänger und Pianisten Ray Charles, dem er auf dem Elton-John-Album *Duets* (1993) mit dem Song »Born to Lose« seine Reverenz erwiesen hat.

Mit 15 Jahren nahm Leonard Cohen Klavierunterricht, und von einem in Montreal lebenden Spanier lernte er seine ersten Gitarrengriffe. *Meine erste Gitarre habe ich für 12 Dollar in Montreal gekauft. Damals gab es noch keine Gitarrenkultur. Das einzige, was man darüber wußte, war, daß nur Kommunisten Gitarre spielten. Im Park hinter dem Haus meiner Mutter hing oft ein spanischer Flamenco-Gitarrist herum. Er war einsam und spielte fantastisch. Ich bat ihn um Unterrichtsstunden, und er brachte mir Tremolos, Flamenco-Akkorde und die Kombination von Dur und Moll bei. Er lehrte mich die Grundlagen des Komponierens. Die Leute denken nämlich, ich kenne nur drei Akkorde; in Wahrheit kenne ich fünf. Darauf beruhen Songs wie zum Beispiel »Suzanne«, »Stranger Song« und »Master Song«. Zu meiner vierten Unterrichtsstunde blieb er aus. Ich rief in seinem Hotel an, fragte, wo er sei, und mußte hören, daß er Selbstmord begangen hatte.*

Weiterhin von Mythologien und dem geschriebenen Wort angezogen, *fiel mir zu dieser Zeit in einem Antiquariat ein Buch des spanischen Dichters Federico García Lorca in die Hände* (*unglücklicherweise*, wie Cohen Jahre später ironisch anmerkte). *Lorca hat meine Weltanschauung enorm beeinflußt. Seine surrealen Schriften, geprägt von transzendentaler Romantik – Romantiker waren wir zu der Zeit schließlich alle – haben mein Tun und Denken auf die radikalste Weise verändert. Ich mußte mehr – alles! – von ihm lesen. Seine Bücher machten mir deutlich, daß Poesie jungfräulich und tiefgründig und zugleich volkstümlich sein kann.*

Seine Liebe zu García Lorca verewigte Cohen im Jahr 1986 auf dem Album *Poets in New York*, einer Compilation mit Aufnahmen verschiedener Künstler, die zum 50. Todestag des spanischen Dichters veröffentlicht wurde. In seinem Song »Take This Waltz«, ein Jahr später in leicht veränderter Abmischung auch auf dem Cohen-Album *I'm Your Man* erschienen, verarbeitete er Lorcas Gedicht »Little Viennese Waltz«. Neben Religion und Musik ist García Lorca somit die dritte bedeutende Inspirationsquelle für Cohens Werk. In Interviews anläßlich seiner Beteiligung an dem »Poets in New York«-Projekt faßte Leonard Cohen seine an Idolatrie grenzende Verehrung in die Worte: *Mit den ersten Gedichten, die mir von ihm in die Hände fielen, hat García Lorca mein Leben ruiniert.*

Diese Art von Idolisierung hat Leonard Cohen später selbst erfahren, und auch sein Werk weist einige Parallelen zu dem García Lorcas auf. Für den aufstrebenden jungen Dichter aus Kanada war der am 19. August 1936 wegen seines Engagements im spanischen Bürgerkrieg ermordete Poet das Vorbild für das Schriftstellerleben schlechthin. Lorcas Überzeugung, daß in seinen Adern das Blut von Zigeunern und Juden fließe, verstärkte noch Cohens Identifikation mit ihm.

Leonard Cohen bewunderte García Lorca für seine Fähigkeit, mit sprachlichen Mitteln surrealistische Bilder zu entwerfen. Darüber hinaus schätzte er ihn, weil er erklärt hatte, Lyrik könne zugleich »elitär« und »populär« sein. Einen weiteren Bezugspunkt fand Cohen darin, daß Lorca im ungefähr gleichen Alter mit ernstzunehmenden literarischen Aktivitäten begonnen hatte. Cohen fing mit 16 Jahren an zu schreiben, Lorca mit siebzehn.

Der 21. September 1951 war für Leonard Cohen in zweifacher Hinsicht von Bedeutung. Zum einen war es sein 17. Geburtstag, zum anderen der Tag seiner Immatrikulation an der McGill University von Quebec, der ersten Hochschule Kanadas, an der auf Englisch gelehrt wurde und die großen Anteil an der Verbreitung der Kultur des englischen Sprachraums hatte.

Die Diskutierfreude der Studenten und die ebenso fruchtbare wie von Fürsorglichkeit geprägte Auseinandersetzung mit den Professoren Hugh MacLennan und Louis Dudek von der Englischen Fakultät bestärkten Cohen in seinem Entschluß, sich mehr und mehr der Literatur zu widmen. Zur ersten wichtigen Bezugsperson während seines Studiums, das er später als *Wiedergutmachung an meiner nicht am künstlerischen Leben teilhabenden Familie und an der Gesellschaft* bezeichnete, wurde jedoch ein Professor namens F. R. Scott, der Leiter der Juristischen Fakultät der McGill University. Scott, von Leonard Cohens Talenten überzeugt, veranlaßte ihn dazu, seiner Fakultät beizutreten, da er der Auffassung war, Cohen könne ebenso die Laufbahn eines Anwalts wie die eines Schriftstellers einschlagen. F. R. Scott war von Leonard Cohens künstlerischem Engagement derart begeistert, daß er mit seiner Frau des öfteren dessen Lesungen in den Montrealer Cafés besuchte und ihn sogar zu sich nach Hause einlud. Mit seinem »Sommer-Haiku« widmete Leonard Cohen der Familie, die ihm ihr Cottage in North Hatley für seine ersten schriftstellerischen Versuche zur Verfügung gestellt hatte, ein Gedicht in seinem Buch *The Spice-Box Of Earth*. Im Cottage der Scotts begann Cohen seine Arbeiten an diesem Gedichtband; dort schrieb er auch seinen ersten Roman *The Favourite Game*.

Sommer-Haiku

Stille
und eine tiefere Stille
wenn die Grillen
zögern

© *Leonard Cohen*

Aus dem ersten Kontakt zu Scott entwickelte sich mit der Zeit eine enge Freundschaft. In einem Interview aus den 70er Jahren gestand Cohen, er habe *so viele Freunde wie Finger an der Hand*. Zu diesen »fünf Freunden«, zu denen sich bis heute eigentlich alle zählen möchten, die Leonard Cohen irgendwann einmal kennengelernt haben, gehört auf jeden Fall F. R. Scott. Einer Episode aus dem Jahr 1966 zufolge könnte man Scott beinahe als Wegbereiter für die oft zitierte Seelenverwandtschaft Leonard Cohens mit dem anderen großen Songwriter der Populären Musik, Bob Dylan, bezeichnen, die Ira Nadel in seinem Buch *A Life In Art* in epischer Breite schildert. Am 8. Januar 1966, während einer von Scott organisierten *All Day Poetry Party*, packte Cohen seine Gitarre aus und schwärmte von Bob Dylan als dem »neuen Poeten Amerikas«. Da noch niemand von ihm gehört hatte, suchte Scott den nächsten Plattenladen auf, um zwei seiner Alben, *The Times They Are A-Changin'* und *Highway 61 Revisited*, zu kaufen und sie sogleich vorzuspielen. Doch keiner der Anwesenden fand Gefallen daran – außer Cohen. Er machte sich über die allgemeine Entrüstung lustig, indem er sich als »kanadischer Dylan« bezeichnete. Niemand kommentierte diese Aussage, und die Party nahm ihren Fortgang mit der Vorführung zweier Filme, darunter *Ladies And Gentlemen, Mr. Leonard Cohen*«, jenem von D. Brittain und Don Owen produzierten 30minütigen Porträt des jungen Dichters aus dem Jahr 1964, das 1965 vom National Filmboard Of Canada veröffentlicht wurde. Gegen Ende der Party legte Scott noch einmal Dylan auf. Diesmal bestand die Reaktion nicht aus Ablehnung, sondern aus Tanz und allgemeiner Ausgelassenheit.

Als die Beatles auf der Szene erschienen, waren wir zunächst nicht sehr beeindruckt, weil sie uns als Teil des Kommerzbetriebs erschienen. Howlin' Wolf und andere »Wurzeln« beeindruckten uns sehr viel mehr. Sogar aus Homer und Shakespeare hörten wir Musik heraus. Beeindruckt waren wir auch von François Villon und Robert Burns, mit deren Werken wir Musik und Bewegung im Ohr hatten. Dylan vereinte unsere Anliegen schon eher, obwohl er uns nicht so berührte wie sein damals für ihn typisches Publikum. Wir waren ja schon »gebildet«. Trotzdem waren wir uns bewußt, daß Dylan ein Genie war, wie es nicht alle Tage auftaucht. Er gab uns sozusagen die Initialzündung.

Auch wenn Leonard Cohen zu Beginn seines Studiums in den naturwissenschaftlichen Fächern bessere Noten hatte als in den geisteswissenschaftlichen, wurde er dank seiner Beschäftigung mit der klassischen und zeitgenössischen Weltliteratur als Autor immer »professioneller«. Außer García Lorca sah er sich vor allem dem irischen Dichter William Butler Yeats geistig verbunden. Die Saat seines allerersten literarischen Mentors, des Englischlehrers Waring von der Westmount High School, begann aufzugehen. Bei Professor Hugh MacLennan belegte Cohen überdies einen *Creative Writing*-Kurs, in dessen Verlauf er sich von den Lehren Professor Dudeks, wenn auch nicht von seinen Aktivitäten, zunehmend distanzierte.

Auch Irving Layton, ein weiterer lokaler Dozent und ein Autor, der in der kanadischen Literaturszene der 50er Jahre den Ruf eines Enfant terrible genoß, gehörte damals zu Leonard Cohens geistigen Förderern. Über Layton, den Cohen 1954 kennenlernte und der, ebenso wie der Kommilitone Morton Rosengarten, zu einem Freund über viele Jahre wurde, äußerte er sich später ähnlich wie über García Lorca, indem er erklärte, Layton sei stets das gewesen, *was ich mir unter einem Dichter vorstellte. Er war einer jener Charaktere, deren Persönlichkeit weit über die ihrer Zeitgenossen hinausragt. Seine Dichtung ist umfassender als das Leben selbst, wahrer als die Wahrheit und so lebendig wie er selbst. Seine Poesie lebt das Leben und sein Leben die Poesie.*

Auch wenn Cohen von sich sagt, er habe sich im Grunde selbst erzogen und keine Bezugsperson in dem Sinne gehabt, wie man sie sich in einer Vater/Sohn- oder Bruder/Bruder-Beziehung vorstellt, wurde Irving Layton, der zu Beginn ihrer Freundschaft bereits zwei Bücher veröffentlicht hatte, zu einer Art Vaterfigur für den 23jährigen Leonard. So sieht es zumindest Jennifer Warnes, die Leonard Cohen über seine Schwester Esther kennenlernte und die als Backgroundsängerin zu seiner langjährigen Weggefährtin werden sollte.

Laut Irving Layton war das, was Cohens damalige Persönlichkeit ausmachte, »die Tradition des Lernens«, »der Unternehmungsgeist der Familie Cohen«, eine »spürbare Güte« und nicht zuletzt »das Selbstbewußtsein eines Cohen«, das sich aus dem großen Namen seiner Familie ableitete, die sich ihrer Priesterrolle und Vorbildfunktion stets bewußt war.

Nach seinem Einzug in die Kaffeehäuser Montreals, die zu Beginn der 50er Jahre wie Pilze aus dem Boden schossen und zum Ort der literarischen und musikalischen Begegnung der Jugend wurden, fand Leonard Cohen rasch Zugang zu einem literarischen Kreis, der ihn trotz des Altersunterschieds als gleichberechtigten Autor ansah. Die Gruppe um Professor Dudek, zu der auch dessen spätere Frau Aileen Collins, Betty Sutherland (die spätere Mrs. Layton), Anna Azzulo, Robert A. Currie, Jackie Gallagher, Yaffa Lerner, Buddy Rozynski und Wanda Staniszewska gehörten, brachte von April 1953 bis März 1954 insgesamt fünf Ausgaben der Literaturzeitschrift »CIV« heraus. Cohen, der zu dieser Zeit ständig seine Gitarre bei sich trug und für eine Miete von drei Dollar pro Nacht ein Hotelzimmer bewohnte, da er sich einen kosmopolitischen Anstrich geben wollte, beteiligte sich rege an den Diskussionen über all das, was in diesem Kreis geschah. Dudek und Layton – letzterer nahm das zwanzig Jahre jüngere literarische Findelkind häufig auf seine eigenen Lesungen mit – erkannten Cohens Interesse an diesen Gesprächen und nährten seinen Wissensdurst stets von neuem.

Leonard Cohen wollte damals seinen Erfahrungshorizont erweitern. Louis Dudek, auch selbst als Schriftsteller hervorgetreten, war ihm dabei eine Hilfe; eines Tages schlug er Cohen auf dem Flur des Universitätsgebäudes – symbolisch und ohne Zeugen – zum »Ritter« innerhalb der Dichterrunde. Nachdem sich Dudek von Cohens ersten literarischen Gehversuchen, die er schon zwei Wochen nach Beginn seiner *Modern Poetry*-Vorlesungen zu lesen bekam, sehr angetan gezeigt hatte, legte ihm dieser weitere Kostproben seines Könnens vor. Das Gedicht »The Sparrows« (veröffentlicht in *Let Us Compare Mythologies)* war für Dudek der Beweis, daß er es mit einem jungen Poeten zu tun hatte, dem eine Karriere mit Lesungen, Workshops und Publikationen bevorstand. »Poème En Prose« und »A Halloween Poem To Delight My Younger Friends« – zwei Gedichte, die später ebenfalls in den Band *Let Us Compare Mythologies* aufgenommen wurden –, waren Cohens erste Veröffentlichungen in der vierten Ausgabe der von Dudek redigierten »CIV/n«. Bevor die in einer Auflage von jeweils 250 Exemplaren erschienene Gedichtbandreihe Ende 1955 eingestellt wurde, hatte Cohen in ihren sieben Ausgaben vier eigene Gedichte, darunter »The Sparrows«, publiziert.

Die Spatzen

Beim ersten Hauch von Winter in ihren eingekerbten Nasenlöchern
ließen uns die treulosen Vögel im Stich,
zurück blieben nur die unansehnlichen braunen Spatzen
für Verhandlungen mit dem Frühling.

Ich habe dir gesagt, daß es dumm von uns war,
sie in unsere Spiele zu lassen,
doch du hast geantwortet:

Es sind nur Vögel zum Aufziehen,
die auf scharlachroten Füßen herumstelzen
so hoffnungslos außer Reichweite
für unsere gekrümmten Finger.

Ich wollte dich warnen,
doch du hast nur deine Frisur gerichtet
und gemeint:

Ihre Flügel sind aus Glas und Gold
und wir können von Glück sagen
wenn wir nicht hören müssen, wie sie
an der Sonne zerschellen.

Jetzt sind die hohlen Nester
wie Tumore oder versteinerte Blüten
im dünnen Geäst,
und du, ein unschuldiger Wissenschaftler,
stellst mir Fragen über diese braunen Spatzen:
ob wir in unseren Höfen Brotkrumen auslegen sollen als Köder
oder sie markieren mit den schwarzen hartnäckigen Krähen,
die wir hassen und steinigen.

Doch was soll ich dir von Vogelwanderungen erzählen,
wenn die scharf umrissenen Geister von entschwundenen Sommervögeln
immer noch alte Zeichen ritzen
in diesen leeren Himmel;
oder von verzweifelten Flügen
wenn das geringste Flattern eines bunten Flügels
all unsere Lieblingsstraßen verzückt
einen imaginären Frühling erleben läßt.

Was Leonard Cohens literarische Ziehväter Dudek und Layton voneinander unterschied, war ihre Auffassung über die recht direkte, bisweilen auch »vulgäre« Sprache, die Cohen in seiner Lyrik verwandte. Dudek sah in ihr einen Verrat an der Kunst, die für ihn stets auf hohem Niveau angesiedelt sein sollte. Layton, der hartgesottene Realist, hatte hingegen für Cohens Beschreibungen menschlicher Leidenschaften in all ihren Schattierungen großes Verständnis. Er ermunterte ihn zur ständigen Hinterfragung des menschlichen Seins ebenso wie dazu, auf eine moderne, lebendige Sprache nicht zu verzichten.

Schon damals zeichneten sich in Leonard Cohens Texten die Fragen ab, die er sich sein Leben lang stellen sollte: War er ein Heiliger oder ein Sünder, Musiker oder Schriftsteller, Poet oder Kaufmann? Sollte er nach den Traditionen handeln oder seinen Gefühlen folgen? Antworten darauf fand er nur in seiner Lyrik.

Leonard Cohens musikalisches Engagement zu jener Zeit gipfelte im Zusammenschluß eines Trios namens The Buckskin Boys, in dem er, wie er es schon in den Sommerlagern getan hatte, zu Gitarre, Banjo und Mundharmonika Country-Songs sang. Die stets mit Cowboyhüten und in Trapperjacken auftretende Band bestand aus Cohen an der Rhythmusgitarre, Mike Doddman, einem Freund aus seinen Kindertagen, an der Harmonika, und einem Freund Doddmans namens Terry, der Mundharmonika spielte. *Wir hielten uns für unsterblich. Alles, was wir taten, war ungeheuer wichtig. Wir dachten – und das ist nur in der Provinz möglich –, wir hätten den mystischen Sinn unser aller Leben erfaßt.* Erste öffentliche Auftritte gab das Trio in den Cafés von Montreal und während Cohens Studienzeit an der McGill University von 1951 bis 1954 auf studentischen Veranstaltungen, wo schon einmal an die 200 Zuhörer zusammenkamen.

Was mich am Leben erhielt, war die Tatsache, daß wir alle Teil einer Gruppe waren, einfach eine Anzahl von Leuten, die in Montreal lebten. Wir waren Freunde und pflegten unsere Traditionen. Man ging zur Uni, weil alle zur Uni gingen. Ich wohnte in der Südstadt von Montreal und führte im Grunde nur ein Leben wie das des Schoßtiers eines chinesischen Mandarins. Es war die Zeit, in der man Erziehung und Bildung – und seine Jugend überhaupt – noch nicht sehr ernst nahm. Ernst nahm man nur sich selbst.

Viele von Leonard Cohens Gedichten weisen eine Liedstruktur auf, und so ist es nicht verwunderlich, daß er später auf die immer wiederkehrende Frage, ob er denn nun Songwriter oder Dichter sei, antwortete: *Ich war schon immer an der Art von Sprache interessiert, die sich gut mit Musik kombinieren läßt. Ich selbst trenne Musik und Text zunächst nicht. Schreibe ich einen Text, höre ich für mich im Hintergrund bereits die dazu passende Musik, ohne auch nur eine Note komponiert zu haben.*

Neben all den Erfahrungen, die er im Alter von 14 bis 23 Jahren machte – der Tod seines Großvaters Nathan, die erneute Heirat seiner Mutter –, schrieb Cohen ständig Gedichte, die anfangs noch unveröffentlicht blieben.

Die Fliege

In ihrem schwarzen Panzer
marschierte die Hausfliege über die Fläche
von Freias schlafenden Schenkeln,
unbeeindruckt von der weichen Hand
die vage dazu ansetzte
dieser Leibesübung ein Ende zu machen.

Und es ruinierte mir meinen Tag,
daß diese Fliege, die nie die Absicht hatte
sie zu umwerben oder ihr zu gefallen
so kühn einherging auf jenem Grund
in den ich so sehr versuchte
meine zitternden Knie zu betten.

© Leonard Cohen

Auch die Auflehnung und der Umbruchgeist einer neuen Generation, die alles Etablierte in Frage stellte, waren damals Themen von Leonard Cohens Lyrik. Professor Scott nahm in diesem Zusammenhang Einfluß auf Cohen, indem er seinen Gerechtigkeitssinn schärfte – eine weitere Erfahrung, die Cohen mit traditionellen Normen machte und die ihn auf seiner Gratwanderung, dem ständigen Fragen nach »Gut« und »Böse«, bestärkte.

Darüber hinaus rief aber auch noch das Familienunternehmen, in dem er als Student während der Ferien jobbte. Etwas, das er dabei sehr schnell herausfand, war, daß er diesen Job nicht für die nächsten fünfzig Jahre machen wollte. Cohen war vielmehr überzeugt, daß er der Welt etwas zu sagen hatte.

Dabei ging es mir gar nicht mal so sehr um Anerkennung. Ich habe nie daran gedacht, Dichter zu werden oder Dichter zu sein. Ich war ja von anderen Dichtern fasziniert. Aber eine Vorstellung von dem, was ich wollte, hatte ich lange Zeit auch nicht. Ich schrieb nur ununterbrochen, vorwiegend mit der linken, also mit der unkonzentrierteren Hand. Dabei ging es mir noch nicht einmal um das, was ich schrieb, sondern vielmehr darum, daß *ich schrieb – und daß andere davon wußten!*

Leonard Cohen lebte damals – um den Titel eines späteren Konzert-Bootlegs zu zitieren – das Leben eines der »letzten Bohemiens«. In der Lower Stanley Street von Montreal mietete er zusammen mit Morton Rosengarten, den er bereits seit 1949 aus einem der Sommerlager kannte, ein Apartment. Mit ihm hatte er schon in diesen Camps musiziert, mit ihm hatte er zwei Jahre an der »McGill« verbracht, und auch in den Folgejahren verloren sich die beiden nie aus den Augen. Die Figur des Krantz in Cohens Roman *The Favourite Game* hat den ein Jahr älteren Rosengarten zum Vorbild, mit dem Cohen damals oft im Café André, einem beliebten Treff junger Künstler nahe der McGill, herumsaß.

Auf der Suche nach sich selbst entschloß sich Leonard Cohen, nach seinem Abschluß an der McGill im Jahr 1955 ein Stipendium der New

Yorker Columbia University anzunehmen, jener Hochschule, an der Dudek promoviert und auch García Lorca studiert hatte. Was ihm anfangs an New York mißfiel, war die Anonymität der Stadt. »Wer kann all die Wolkenkratzer nur ernst nehmen«, läßt er Breavman, die Schlüsselfigur seines ersten Romans, fragen. Cohen vermißte seine Clique aus Montreal. Was ihm New York jedoch näherbrachte, waren die Literatur und die Musik der Beat-Generation. Cohen las Ginsberg und Burroughs, hörte Chuck Berry, Edith Piaf, Frank Sinatra und immer wieder Ray Charles. Die multikulturelle Atmosphäre der Stadt faszinierte ihn ebenso wie ihre Anonymität, die er im Laufe der Zeit zu schätzen lernte. Leonard Cohen wurde sich zunehmend bewußt, daß er Schriftsteller werden wollte und zum Lyriker berufen war. In diesem Vorhaben wurde er 1955 durch die Verleihung zweier Literaturpreise, des MacNaughton Prize und des Peterson Prize, bestärkt – Auszeichnungen für die Gedichte, die er von 1949 bis 1954 geschrieben hatte. Den MacNaughton Prize erhielt er für seine Leistungen im Fach »Kreatives Schreiben«.

Unter dem Obertitel *The Sparrows: Thoughts Of A Landsman* erschienen schließlich »A Statement: For W(ilf) And His House«, »A Criticism: Ste. Catherine Street«, »A Criticism: Lord On Peel Street«, »An Alternative: The Song Of The Hellenist« sowie die Gedichte »The Fly«, »Just The Worst Time«, »To Be Mentioned At Funerals« und weitere Texte, die Cohen zunächst vereinzelt in kleineren Zeitschriften veröffentlicht hatte.

Für Wilf und sein Haus

Als ich jung war, erzählten mir die Christen
wie wir Jesus ans Holz pinnten
wie einen wunderschönen Schmetterling,
und ich weinte neben Bildern vom Kalvarienberg
über samtene Wunden
und zarte verkrümmte Füße.

Doch lange konnte er so schlaff nicht hängen,
eure stolzen Streiter kamen mit Trompeten,
die Blumen bogen sich unter ihrem silbernen Schall,
und als ich zur Arche ging, um mich zählen zu lassen,
zitternd unter dem brennenden Öl,
wurde die Wiese sauer vom fliehenden Fleisch,
und ich küßte zum Abschied meine gütigen Lehrer,
warnte meine jüngeren Brüder.

Bei den Jungen und Aufstrebenden
der großen Nationen, unschuldig
am durchbohrten Wunsch und glorreichen Kreuzzug,
da konnte ich singen meine heidnischen Tränen
zwischen den Purzelbäumen und Kastanienschlachten,
den fernen Heiligen lieben
der seinen Arm den Fliegen fütterte,
die zertretene Ameise betrauern
und verachten den Stiefel und seinen Grund.

Zorn und Tränen bleiben zurück auf der frühen Straße.
Die glanzvollen und schmerzlichen Tage,
jeder nun in seinem heiligen Berg, sind fast zu Ende.
Dann laßt uns Mythologien vergleichen.
Ich habe gelernt meine gut durchdachte Lüge
von ragenden Kreuzen und vergifteten Dornen
und wie meine Väter ihn angenagelt
wie eine Fledermaus an eine Scheune
damit er grüße den Herbst und die letzten hungrigen Raben
als hohles vergilbtes Zeichen.

Louis Dudek hatte ein neues literarisches Magazin mit dem Titel »McGill Poetry Series« ins Leben gerufen, und Leonard Cohen war einer der ersten, der sich dafür interessierte. Als erster Band der Reihe, die es bis 1966 auf ingesamt zehn Ausgaben brachte, erschien im Frühjahr 1956 seine Gedichtsammlung *Let Us Compare Mythologies*. 300 Dollar kostete die Herstellung des 79 Seiten starken Bändchens, das in einer Auflage von 400 Exemplaren veröffentlicht wurde und neben 44 Gedichten fünf Illustrationen von Freda Gutman enthielt. Dabei kamen Cohen die kaufmännischen Kenntnisse, die er sich während seiner Tätigkeit im familieneigenen Unternehmen angeeignet hatte, zugute.

In Kanada veröffentlichten wir unsere Gedichte gewöhnlich selbst. Auch Dudek und Layton taten das mit ihren Erstlingen. Wir warteten nie, bis sich die konventionelle Presse oder Verleger für uns interessierten. Das kam erst viel später. Wir waren alle Selbstverleger und bezahlten unsere Druckerrechnungen selbst. Sogar den Vertrieb organisierten wir selbst. An den Straßenecken wurden die Bändchen ebenso verkauft wie per Postversand oder in den Cafés. Es gab eine kleine, treue Lesergemeinde in Kanada, die allmählich größer wurde und wohl auch heute noch existiert.

Mit seinem Aufruf »Laßt uns Mythologien vergleichen!« etablierte sich der 22jährige Cohen als einer der Hoffnungsträger der kanadischen Literatur. Ausgehend von christlichen, hebräischen und griechischen Mythen begann er seine eigene Mythologie zu entwickeln; dabei griff er auf die surrealistische Bildsprache zurück, auf die er bei García Lorca gestoßen war.

Was jedoch den jungen Leonard Cohen zu einem intellektuellen Vorreiter der Postmoderne werden ließ, war vor allem die Tatsache, daß er sich vor dem Hintergrund des kalten Kriegs zwischen Ost und West, des Schicksals der Juden im Nazi-Deutschland und aktueller politischer Geschehnisse wie dem militärischen Engagement der USA in Korea und am Suez einer »Sprache des Herzens« bediente.

Brief

Wie du deine Familie ermordet hast
bedeutet mir nichts
während dein Mund sich über meinen Kopf bewegt

Und ich kenne deine Träume
von einstürzenden Städten und galoppierenden Pferden
von der Sonne, die zu nahe kommt
und der Nacht, die nie endet

doch das bedeutet mir nichts
neben deinem Körper

Ich weiß, daß draußen ein Krieg wütet
daß du Befehle gibst
daß Babies erstickt und Generäle enthauptet werden

doch Blut bedeutet mir nichts
es ändert nichts an deinem Fleisch

Blut auf deiner Zunge zu schmecken
schockt mich nicht
während meine Arme in dein Haar wachsen

Denk nicht, ich würde nicht verstehen
was geschieht
wenn die Truppen massakriert sind
und die Dirnen umgekommen durchs Schwert

Und ich schreibe dies nur, um dir etwas zu nehmen

daß wenn eines Morgens mein Kopf
triefend neben den anderen Generälen
von deiner Toreinfahrt hängt

daß mit alledem gerechnet wurde
und damit du weißt, daß es mir nichts bedeutet hat.

Bereits mit seinen ersten Veröffentlichungen erwies sich Leonard Cohen als ein Autor, der aus einem ungewöhnlich reichen Sprachschatz schöpfte. Bis heute experimentiert er in seinen Texten mit surrealistischen Bildern, die mitunter zynisch anmuten. Wegen dieses »Zynismus«, der sich durch Cohens gesamtes Werk zieht, bezeichneten ihn Kritiker schon damals als einen »Frankenstein des Wortes«.

Die Texte in Cohens erstem Lyrikband *Let Us Compare Mythologies* kreisen um Themen wie die Frage nach Gott, das Wesen der Frauen und die Melancholie des Dichters. Auch Liebe und Tod spielen in Cohens wortgewaltig entworfener Traumwelt eine Rolle. Stets stellt er dabei jedoch die eigene Person in den Mittelpunkt; denn wie Salvador Dalí in seine Gemälde, so projiziert sich Cohen in all seine Gedichte hinein. Die Rolle des ständigen Beobachters wird dem Wortsüchtigen dabei zur Lebensaufgabe. Außenstehende mögen Cohens Lyrik aus diesem Grund als exhibitionistisch und egozentrisch empfinden; Gleichgesinnte bezeichnen sie als »introvertiert«. Wie der walisische Dichter Dylan Thomas, der ebenfalls eine eigene assoziative Bildsprache entwickelte, so wird auch Leonard Cohen in seinem späteren Werk immer wieder zu den Inhalten und dem Stil seiner ersten literarischen Arbeiten zurückkehren. Wiederholen wird er sich dabei nie.

Ich betrachte Worte nie als pittoresk. Man versucht zwar, Kontrolle zu erlernen, aber Kontrolle ist immer etwas Rezeptives und Passives, eher »beobachtend« als »befehlend«. Man durchforscht das, was durch den Geist wandert, und fragt sich, woher es kommt. Aber das führt unweigerlich zu einer theologischen Diskussion. Ich kann nicht genau sagen, woher ich die Energie für einen Text nehme. Auf jeden Fall ist es nichts, das ich auf Befehl abrufen kann. Normalerweise sind meine Gedanken sehr konfus; ich habe immer Schwierigkeiten beim Schreiben. Aber dann gibt es diese glücklichen Momente, in denen mir plötzlich Verse oder ein ganzes Gedicht oder sogar die Konzeption für ein Buch in den Sinn kommt. Aber wenn es an die konkrete Arbeit des Schreibens geht, sind die Schwierigkeiten meist wieder da.

Leonard Cohen gesteht, daß er oft aus einer spontanen Stimmung heraus schreibt. Vor diesem Hintergrund scheinen viele Untersuchungen seiner Texte unter einer theoriebefrachteten Überinterpretation zu leiden. Cohen selbst erklärt: *Es ist wie mit einem Tagebuch. Man führt es, um gedankliche Assoziationen festzuhalten und sich auf diese Weise von ihnen zu befreien, statt sie zu verdrängen. Oft kann ich mich später nicht mehr an die Situation erinnern, in der ein Gedicht entstanden ist. Manche meiner Gedichte erscheinen dem Leser als zusammenhanglos. Mir geht es genauso, denn alles Niedergeschriebene ist aus seinem Kontext herausgelöst. Oft weiß ich selber nicht mehr, was ich ausdrücken wollte. Ich glaube, daß die Leute, die meine Gedichte später lesen, ihre eigenen Konflikte hineininterpretieren und ihre eigenen Probleme in meinen Gedichten artikuliert finden. Sie sehen in mir den gequälten, zwiegespaltenen Menschen, der vielleicht in ihnen selber steckt.*

Auch *Let Us Compare Mythologies* ist ein aus spontanen Stimmungen entstandenes Buch. Die beschriebenen Menschen tragen keine Namen, und die Frauen sind durchweg von großer sexueller Attraktivität. »Schönheit« steht im Mittelpunkt von Cohens Lyrik, und wenn Gewalt dargestellt wird, so ist sie lediglich ein besonders auffällig morbides Element – der Grund, weshalb Leonard Cohen immer wieder der literarischen Tradition der Schwarzen Romantik zugerechnet wird. In »Suzanne« hingegen dreht sich alles um den schönen Körper der Besungenen, den man lediglich berühren muß, um Zugang zu dieser multidimensionalen Traumwelt zu finden. Um Schönheit geht es auch in Cohens frühem Gedicht »Lied«.

Lied

Das nackte weinende Mädchen
denkt an meinen Namen
dreht meinen gebräunten Namen
immer und immer wieder
mit den tausend Fingern
ihres Körpers um
und reibt sich die Schultern ein
mit dem erinnerten Geruch
meiner Haut

Oh ich bin der General in ihrer Geschichte
ich peitsche die großen Pferde
über die Schlachtfelder

in goldene Gewänder gehüllt
Wind auf meinem Brustpanzer
Sonne in meinem Bauch

Mögen sanfte Vögel
sanft wie eine Geschichte für ihre Augen
ihr Gesicht schützen
vor meinen Feinden
und mögen Raubvögel
deren scharfe Schwingen
in metallenen Ozeanen geschmiedet wurden
ihr Zimmer schützen
vor meinen Mördern

Und möge die Nacht sanft zu ihr sein
und hohe Sterne das Weiß
ihres nackten Fleisches bewahren

Und möge mein gebräunter Name
immer ihre tausend Finger berühren
heller werden unter ihren Tränen
bis ich unauslöschlich
wie eine Milchstraße
in ihren geheimen und zerbrechlichen Himmeln stehe.

Der Erfolg von *Let Us Compare Mythologies* veranlaßte die CBC, eine Filmdokumentation über die kanadische Literaturszene in Auftrag zu geben. Das Ergebnis war der Kurzfilm *Six Montreal Poets* (1957), in dem neben Louis Dudek, Irving Layton und F. R. Scott auch die Autoren A. J. Smith, A. M. Klein und, nicht zuletzt, Leonard Cohen vorgestellt wurden – ein ungeheurer Erfolg für den gerade 23jährigen, denn die übrigen Autoren waren bereits zwischen 40 und 60 Jahre alt. Insgesamt acht Gedichte trug Cohen zu diesem Projekt bei, darunter eines, das er schlicht »Poem« (»Gedicht«) nannte. Nachzulesen ist es in dem Band *Let Us Compare Mythologies*. Eine Live-Rezitation enthält die im selben Jahr bei Folkways Records veröffentlichte Schallplatte *Six Montreal Poets*, auf der Cohen darüber hinaus seine Gedichte »The Sparrows«, »For Wilf And His House«, »Beside The Shepherd«, »Lovers«, »Warning«, »Les Vieux« und »Elegy« vorträgt.

Gedicht

Ich hörte von einem Mann
der Worte so wunderschön aussprechen kann
daß sich Frauen ihm hingeben
wenn er nur ihren Namen sagt.

Wenn ich stumm bin neben deinem Körper,
während das Schweigen wie ein Tumor auf unseren Lippen blüht,
dann deshalb, weil ich höre, wie ein Mann die Treppe heraufsteigt
und sich räuspert vor unserer Tür.

© *Leonard Cohen*

Zur selben Zeit schrieb Leonard Cohen auch Songs für Bands wie The Stormy Clovers. Größere Aufmerksamkeit erlangte er jedoch mit seiner Poesie, die er, begleitet von einem Pianisten, in mehreren Montrealer Jazzclubs vortrug. Noch immer im ungewissen über seine Zukunft, doch bestärkt durch seine ersten Achtungserfolge, ließ er sich von seiner Mutter Mut machen. *Hör auf Dein Herz, hat mir meine Mutter immer wieder gesagt.*

1957, nach seiner Rückkehr aus New York, führte Cohen in seiner Heimatstadt Montreal etwas ein, das er in der Metropole an der Ostküste erlebt hatte: Jazz-Lesungen. Die erste gab er mit dem Pianisten Maury Kaye in »Dunn's Birdland«, einer Kneipe auf der Ste. Catherine Street. Später, bis 1958, trat er mit einem aus Winnipeg stammenden Gitarristen namens Lenny Breau auf.

Auch mit seinem alten Freund Irving Layton arbeitete Cohen wieder verstärkt zusammen. Er schrieb Texte für Theaterstücke, die allerdings kaum beachtet wurden. Aus der gleichen Zeit stammt sein bislang unveröffentlichter Roman *A Ballet Of Lepers* – die Geschichte eines Mannes, der an der Alzheimerschen Krankheit leidet und irgendwann nicht einmal seine Frau mehr erkennt.

Im Herbst 1958 beschloß Leonard Cohen, nach Europa zu gehen. Eine Entscheidung, die zur Folge hatte, daß er sein Faible für das Reisen entdeckte, und mit der er eine alte Familientradition fortführte: *Mein Großvater war ein wahrer Weltenbummler. Er unternahm Reisen nach Ägypten und ins Gelobte Land. Und mein Onkel, meine Cousine und mein Vater zogen während des Ersten Weltkriegs nach Europa.*

Ein Stipendium in Höhe von 1000 Dollar, das Leonard Cohen im April 1959 vom Canadian Arts Council im Rahmen eines zwischen Kanada und Großbritannien geschlossenen Abkommens über den Austausch von Autoren bewilligt wurde, half ihm, bei diesem Unterfangen finanziell über die Runden zu kommen. Bevor Cohen, der sich nun ebenso in Aufbruchs- wie in Abschiedsstimmung befand, nach London zog, gab er noch zusammen mit Irving Layton und F. R. Scott eine Lesung, die am 12. November 1959 im New Yorker Hebrew Association Center auf der 92. Straße stattfand.

London erwies sich nicht als das, was sich Leonard Cohen unter »Europa« vorgestellt hatte. Weder die englische Küche noch die Menschen, noch die dortige Künstlerszene entsprachen dem, was er gewohnt war: *Irgendwie vermißte ich dort alle Inspiration.* Aber der Aufenthalt in London hatte auch sein Gutes, denn Cohen erstand dort jenen *famous blue raincoat*, der ihn einige Jahre später zu einem seiner klassischen Songs inspirieren sollte.

Unterkunft fand Leonard Cohen im Haus der Pullmans im Londoner Vorort Hampstead, einer am kanadisch-britischen Austauschprogramm beteiligten Familie, die ihm von seinem alten Freund Morton Rosengarten vermittelt wurde; Rosengarten hatte während seiner Ausbildung zum Bildhauer selbst bei ihr gewohnt. Cohen beschreibt die Pullmans als *eine äußerst nette Familie, die mich wie ein Familienmitglied behandelte. Mrs. Pullman war außerordentlich streng. Ich mußte täglich drei Seiten schreiben. Erfüllte ich mein Soll nicht, ließ sie mich nicht vor die Tür.*

In London lernte Leonard Cohen eine Engländerin namens Elizabeth Kenrick kennen. Aus der Bekanntschaft entwickelte sich eine Liebesbeziehung, die jedoch nicht sehr lange hielt und über die auch kaum etwas bekannt ist; Cohen selbst hüllt sich in Schweigen. Nur Irving Layton, der damals von Leonard oft Postkarten aus London erhielt, erkennt in dem, was ihm sein Freund über London und Elizabeth berichtete, erste »Schwärmereien«. Aber bei Schwärmereien sollte es bleiben, denn London war trotz aller Herzlichkeit, auf die er dort letztendlich noch traf, nicht Cohens »Ding«.

An einem Nachmittag im Jahr 1960 lief ich im Regen durch das East End von London. In der Bank Street blieb ich vor der National Bank Of Greece *stehen. Ich warf einen Blick hinein und entdeckte hinter einem Schalter einen braungebrannten Typen, der eine Sonnenbrille trug. Ich ging rein, fragte nach dem Wetter in Griechenland und erfuhr, daß dort gerade die Frühlingssonne schien. Da beschloß ich, nach Griechenland zu gehen.*

Innerhalb weniger Tage brach Leonard Cohen seine Zelte ab und entkam auf diese Weise, wie er es im Film *Ladies And Gentlemen, Mr. Leonard Cohen* formuliert, *der eher tristen Landschaft Londons*.

2. Kapitel

Vom Underground-Literaten zum Rock-Poeten – Die 60er Jahre

Nach seiner Ankunft in Griechenland machte Leonard Cohen zunächst in Athen Station, einer Stadt, die ihm von Anfang an nicht fremd erschien und die ihm sogar ein gewisses Heimatgefühl vermittelte. *In mancher Hinsicht fühlte ich mich sogar an Montreal erinnert*, faßte Cohen seine ersten Eindrücke später zusammen. *Wahrscheinlich war es die Vielfalt der Kulturen, auf die man dort trifft.*

Schon bald hörte Cohen von der Künstlerkolonie auf Hydra, und nach wenigen Tagen machte er sich auf den Weg dorthin. Autofahren war auf der Insel allerdings nicht erlaubt: *Mulis waren die einzigen Transportmittel.*

Was Leonard Cohen an der Insel am meisten fesselte, war die Lebensart der Menschen, die von ihrer Geschichte, Kunst und Religion geprägt war und deren Einfluß sich auch in seinen folgenden Werken widerspiegeln sollte. Obwohl von der Welt der Ägäis fasziniert, versuchte Cohen jedoch, seiner »englischen Regel«, pro Tag drei Seiten zu schreiben, treu zu bleiben. Er bezog ein Haus etwas oberhalb der Dorfmitte, das eines der wenigen ohne direkten Ausblick auf das Meer war; nur von einem einzigen Fenster aus konnte man es bei gutem Wetter sehen. Die Inneneinrichtung war sehr spartanisch und ist bis heute fast unverändert geblieben. Betritt man das Haus, bemerkt man gleich links im ersten Zimmer einen Arbeitstisch. An der gegenüberliegenden Wand steht ein schmales Bett, und dazwischen, an der Stirnseite, befindet sich ein Fenster, das mit zwei Holzläden verschlossen werden kann und von dem aus man über die Dächer der benachbarten Häuser schaut.

Leonard Cohen traf mit nur wenig Gepäck auf Hydra ein. Mitgebracht hatte er allerdings seine Olivetti-Schreibmaschine, die er in London erworben hatte.

Bald nach seiner Ankunft lernte Cohen Marianne Jensen kennen, eine der beiden Frauen, mit denen er mehrere Jahre seines Lebens verbringen sollte. Marianne stammte aus Norwegen und war mit dem Schriftsteller Axel Jensen verheiratet. 1960 war sie mit ihm nach Hydra gesegelt und dort hängengeblieben. Hin- und hergerissen zwischen ihrem Ehemann und Leonard Cohen, kehrte sie zunächst nach Norwegen zurück, um wenig später wieder auf Hydra zu erscheinen und die nächsten sieben Jahre mit Cohen zusammenzuleben.

Marianne und ihren damaligen Mann habe ich nicht nach einem Streit zwischen den beiden kennengelernt, wie gelegentlich behauptet worden ist, erinnert sich Cohen, der bis zum heutigen Tag immer wieder auf Marianne angesprochen wird. *Zwar habe ich die beiden das erste Mal wirklich während eines Streits in einer Bar auf Hydra erlebt; danach aber verließen sie die Bar wieder glücklich und Arm in Arm. Ich schaute ihnen nach, wie sie über den Marktplatz gingen, fühlte mich sehr einsam dabei und dachte: Wie glücklich diese beiden Menschen doch sind, daß sie einander haben! In diesem Moment hatte ich wirklich noch keine Ahnung, daß ich fast zehn Jahre mit dieser Frau zusammenleben würde. Später erfuhr ich, daß sich ihr Mann in eine andere Frau, eine Malerin aus Amerika, verliebt hatte und mit ihr auf seinem Schiff nach Athen gesegelt war. Und irgendwie fand Marianne den Weg in meine Arme.*

Marianne Jensen – die blonde Schönheit, die auf der Rückseite des Covers von Cohens Album *Songs From A Room* (1969), nur mit einem weißen Handtuch bekleidet, an der Schreibmaschine sitzt – ist auf vielen, zum Teil recht freizügigen Fotos aus jener Zeit zu sehen. *Marianne brachte zum ersten Mal Ordnung in mein Leben*, bekannte Cohen 1994 in einem Radio-Interview der BBC. *Sie lebte nach Traditionen. Sie war ebenso Hausfrau wie elegante Dame. Es war ein großes Privileg für mich, mit dieser Frau in ein und demselben Haus zu leben. Sie hatte keine leichte Kindheit gehabt. Während des Kriegs war sie bei ihrer Großmutter auf dem Land aufgewachsen; vielleicht rührte daher ihr hausfrauliches Talent. Was mich für sie so einnahm, war zum Beispiel die Art, wie sie das Besteck auflegte. Meine Arbeit brauchte damals einen solchen Gegenpol. Aber ihre Aktivität war nicht nur auf diese »weiblichen« Tätigkeiten beschränkt. Sie war einfach die Muse, sie war die Sonne für den Dichter. Allen Ginsberg hat es mal mit den Worten »Sex is the sport of the young« auf den Punkt gebracht.*

Zunächst versuchte Cohen, auf Hydra ein geregeltes Schriftstellerleben zu führen. Abgesehen davon, daß er täglich drei Seiten mit neuer Lyrik oder Prosa füllte, überarbeitete er noch einmal seine alten, zuvor teilweise in verschiedenen Zeitschriften erschienenen Texte. Zu ihnen zählt auch »For Anne«, ein Gedicht, in dem er sich mit der zeitweiligen Trennung von seiner ersten großen Liebe auseinandersetzt und das dem seelischen Schmerz und jener Trauer Ausdruck verleiht, die einen großen Teil seines späteren Werks prägen sollte.

Für Anne

Ohne Annie neben mir,
wessen Augen soll ich vergleichen
mit der Morgensonne?

Nicht, daß ich es je tat,
Doch jetzt tue ich's –
jetzt, da sie fort ist.

© Leonard Cohen

Aber auch die Gewalt und deren Umfeld – Grausamkeit und Zynismus, die scheinbar im Widerspruch zu Liebe und Empfindsamkeit stehen –, begannen für Cohen zunehmend literarisch interessant zu werden. Ein Beispiel dafür ist sein Gedicht »The Failure Of A Secular Life«:

Das Scheitern eines weltlichen Lebens

Der Schmerzenmacher kam nach Haus
Nach einem schweren Foltertag.

Er kam nach Haus mit seinen Zangen.
Er stellte seine schwarze Tasche ab.

Sein Weib trat ihm mit einem offenen Nerv entgegen
Und einem Schrei, den die Branche nie gehört.

Er sah sich ihr waschechtes Dachau an,
Wußte, seine Karriere war ruiniert.

Was gabs da noch zu tun?
Er verkaufte seine Tasche, seine Zangen,

Ging kaputt. Ein Mann muß
seiner Frau was bieten können.

© März Verlag

Im Frühjahr 1960 schickte Cohen ein erstes Manuskript seiner »griechischen« Gedichte an den New Yorker Verlag McClelland and Stewart (der ein Jahr später sein Buch *The Spice-Box Of Earth* veröffentlichte), und gegen Ende des Jahres flog er zurück nach Montreal, um seine Freundschaft mit Irving Layton aufzufrischen. Die Wiederbegegnung mit dem alten Freund führte zu einem *Co-Writing* an mehreren Theaterstücken – eine Zusammenarbeit, in deren Verlauf Cohen seine in London und auf Hydra eingeübte Schreibdisziplin zugute kam. An fünf Tagen in der Woche, so der Plan von Leonard und Irving, wollten sie jeweils vier Stunden an ihren Bühnenwerken schreiben. Heraus kamen dabei neben dem 1977 in der Canadian Theatre Review abgedruckten *A Man Was Killed* (ein Bühnenstück in sechs Akten) drei weitere, bislang unveröffentlichte Werke, *Enough Of Fallen Leaves*, *Lights On The Black Water* und *Up With Nothing*.

Bis Anfang 1961 blieb Leonard Cohen in Montreal. Für das nächste Jahr hatte er sich vorgenommen, zusammen mit Irving Layton nach Griechenland zu gehen. Zuvor jedoch unternahm er noch eine Reise nach Kuba, von der er im August 1961 nach Hydra zurückkehrte. Dort erwarb er für 1500 Dollar das kleine Haus, das sich bis heute in seinem Besitz befindet. *Zunächst wollte ich es nur für zehn Tage mieten, schließlich blieb ich fast zehn Jahre dort.* Hydra sollte von nun an Cohens Fluchtburg sein. Die Insel ermöglichte ihm und Marianne, anders als Montreal und New York, ein alternatives und ruhiges Leben, über das bis heute kaum Informationen an die Öffentlichkeit gedrungen sind.

Eine erneute Verleihung des Canada Council Arts Scholarship, diesmal für die »Gewürzdose«, brachte Leonard Cohen 1961 noch einmal rund 1000 Dollar pro Monat ein. Er schrieb weiter Gedichte, nahm aber zugleich die Arbeit an seinem 1958 begonnenen Roman *Beauty At Close Quarters: An Anthology* wieder auf, der schließlich unter dem Titel *The Favourite Game* erscheinen sollte.

Das nicht gerade abwechslungsreiche gesellschaftliche Leben auf Hydra wurde durch Kontakte mit ebenfalls dort lebenden Künstlern wie zum Beispiel George Johnston bereichert, aber auch durch Besuche von Dichtern wie Allen Ginsberg, die sich häufiger mal auf der Durchreise befanden. Ebenso dürfte die von Cohen immer wieder eingestandene Liebe zu einem Glas guten Rotweins ihm den Aufenthalt auf Hydra versüßt haben. In Kuba hatte er zudem angefangen, Haschisch zu rauchen – eine Neigung, der er auch auf Hydra nachgab.

Seine Eindrücke und Erlebnisse auf Hydra ließ Leonard Cohen in *The Favourite Game* noch einmal Revue passieren. Um sich seinen Lebensunterhalt zu verdienen, bot er einzelne Romankapitel diversen Magazinen zum Vorabdruck an. Auf dieselbe Weise fand er auch eine Strategie, seine Lyrik einem größeren Publikum bekanntzumachen. Doch nicht bei allen Zeitschriften stieß er mit seinen Texten auf Gegenliebe; der Playboy etwa schickte sie ihm zurück. Dafür erhielt Cohen vom Cavalier 750 Dollar für einen Vorabdruck.

Im Frühsommer 1962 stattete Leonard Cohen seiner zwischenzeitlich nach Norwegen zurückgekehrten Lebensgefährtin Marianne Jensen einen Besuch ab. Auf der vierwöchigen Rückreise, die ihn im Mai per Schiff von Oslo in die nordgriechische Hafenstadt Patras führte, entstanden viele der Gedichte, die er 1964 in den Band *Flowers For Hitler* aufnahm.

Anläßlich der Veröffentlichung seines ersten Romans *The Favourite Game* in den USA machte Cohen im Oktober 1963 auf seiner Reise nach Kanada in New York Zwischenstation, um einen mit 500 Dollar dotierten Ersten Preis der CBC entgegenzunehmen, die einen Wettbewerb für junge kanadische Autoren ausgeschrieben hatte. Den Winter 1963/1964 verbrachte er in Montreal. Erst im Januar 1965 kehrte er für einen längeren Aufenthalt nach Griechenland zurück, wo er bis zum Februar 1966 blieb.

Als Leonard Cohen Anfang April 1961 von den Unruhen in Kuba hörte, beschloß er, umgehend nach Havanna zu fliegen. Seinem Freund Irving Layton, der ihn in seinen Briefen immer wieder auf die Gefahren hinwies, die mit einem Aufenthalt in Kuba verbunden waren, begründete er die Reise damit, daß *mich auf einmal eine ungeheure Sehnsucht nach Gewalt überkam*. Cohen harrte auch dann noch auf Kuba aus, als am 17. April die US-Invasion in der Schweinebucht begann. Innerhalb von zwei Tagen landeten 1300 GIs, von denen binnen kürzester Zeit 1200 in Gefangenschaft gerieten. Mit dem von einem beißenden Sarkasmus geprägten Poem »The Only Tourist In Havanna Turns His Thoughts Homeward«, in dem er seine kubanischen Eindrücke schilderte, machte Cohen in dem 1964 erschienenen Gedichtband *Flowers For Hitler* seinen Gefühlen Luft. Von der Faszination des Gedankens, *selbst zu töten oder getötet zu werden,* ist in diesem Gedicht keine Rede mehr. Cohen interpretiert seinen Aufenthalt auf Kuba nun weniger als Ausdruck seiner persönlichen Suche nach Gewalt, sondern stellt ihn, indem er sich selbst als »lebendes Denkmal« eines irrenden US-Imperialismus präsentiert, in einen politischen Kontext.

Der einzige Tourist in Havanna wendet seine Gedanken heimwärts

Kommt, meine Brüder,
wir wollen Kanada regieren,
wir wollen unsere ernsten Köpfe finden,
wir wollen Asbest abwerfen über dem Weißen Haus,
wir wollen die Franzosen zwingen, Englisch zu reden,
nicht nur hier, sondern überall,
wir wollen den Senat Mann für Mann foltern, bis sie gestehn,
wir wollen die New Party säubern,
wir wollen die farbigen Rassen unterstützen,
damit sie nett sind,
wenn sie ans Ruder kommen,
wir wollen der CBS Englisch beibringen,
wir wollen uns alle in eine Richtung lehnen
und hinuntertreiben
zur Küste Floridas,
wir wollen Tourismus haben,
wir wollen mit dem Feind flirten,
wir wollen Roheisen einschmelzen in unsren Hinterhöfen,
wir wollen Schnee verkaufen
an unterentwickelte Nationen,
(Stimmt es, daß einer unsrer nationalen Führer
Katholik war?)
wir wollen Alaska terrorisieren,
wir wollen Kirche und Staat vereinen,
wir wollen uns nicht unterkriegen lassen,
wir wollen zwei Generalgouverneure
auf einmal haben,
wir wollen eine neue offizielle Landessprache haben,
wir wollen bestimmen, welche es sein soll,
wir wollen eine Canada Council Fellowship
für den originellsten Vorschlag vergeben,
wir wollen die Eltern Sex in den eignen vier Wänden
lehren,
wir wollen drohen, uns den USA anzuschließen
und im letzten Moment aussteigen,
meine Brüder, kommt,
irgendwo warten unsre ernsten Köpfe auf uns
wie im Stich gelassne Diplomatenköfferchen

nach einem Staatsstreich,
wir wollen sie ganz schnell aufsetzen,
wir wollen eisernes Schweigen wahren
auf dem Sankt-Lorenz-Seeweg

Am 3. Mai 1961 war Leonard Cohen wieder in Montreal, wo sein zweites Buch *The Spice-Box Of Earth* gefeiert wurde. *In Kuba habe ich versucht, die Welt im Sturm zu erobern,* erinnerte er sich später. *Das war auch das Motiv für die meisten meiner Aktivitäten. Ich dachte, daß sich mir irgendwann die Chance bieten würde, dem Universum meinen Stempel aufzudrücken. Deshalb habe ich die verschiedenen Bewegungen und Veränderungen studiert, um gegebenenfalls meine Chance zu nutzen.*

Dennoch war Cohen keineswegs unzufrieden mit dem, was auf Kuba vorging. *Ja, und dazu stehe ich immer noch. Für mich ist Leiden nie eine politische Frage gewesen, obwohl ich zugeben muß, daß bestimmte politische Systeme mehr Leid erzeugen als andere. Auf der anderen Seite ahnte ich immer, daß Leiden keinen politischen Ursprung hat, daß es etwas Tiefergehendes ist, das der menschlichen Natur innewohnt. Ich glaube nicht an politische Meinungen. Sie interessieren mich auch nicht, ich selber ändere sie häufig. Ich war nie besonders begeistert von Meinungen, nicht mal damals auf Kuba. Zu einer bestimmten Zeit war ja auch jeder französische Intellektuelle Maoist. Als ob China eine Alternative zur Industriegesellschaft wäre! Diese Positionen waren absurd, all diese Gedankenspeicher völlig entleert. Die Linke hat nur in Frankreich überlebt und in Italien, wo Ideen wie die des Kommunismus noch eine wirkliche Bedeutung haben. Diese Ideen waren einmal attraktiv, aber die der Bibel auch. Ich selber war immer von messianischen Ideen fasziniert. Die Idee einer menschlichen Bruderschaft, einer mitfühlenden Gemeinschaft, von Menschen, die im Dienste einer Sache leben, hat mich immer angezogen.*

Hatte Leonard Cohen in *Let Us Compare Mythologies*, der 1956 in geringer Auflage erstmals veröffentlichten und im Jahr 1966 neu aufgelegten Sammlung seiner ersten Gedichte, den individuellen Sozialisationsprozeß eines von verschiedenen Kulturen geprägten Jugendlichen beschrieben, so dokumentierte sein Lyrikband *The Spice-Box Of Earth* (1961) die Weiterentwicklung eines talentierten Jungpoeten; das Buch fand allerdings in den USA und in England erst 1965 beziehungsweise 1973 einen Verleger. Cohens semi-autobiographischer Roman *The Favou-*

rite Game hingegen kam 1963 im Londoner Verlag Secker And Warburg und im Viking Press-Verlag in New York heraus. In Kanada konnte man sich nicht so recht damit anfreunden, daß dieser L schrieb; *The Favourite Game* wurde dort erst 1970 verö

Mit *The Spice-Box Of Earth* bewies Leonard Cohen jed eine Ausnahmeerscheinung auf der kanadischen Literat und auch jenseits der Grenzen Kanadas fand der Gedich Cohen zeigte sich darin zwar noch als eher »konserva sich an traditionellen Gedichtstrukturen orientierte; abe ren mit Lobeshymnen sofort zur Stelle und zeigten sich Sprache des 27jährigen Poeten ebenso beeindruckt wie schen Vielseitigkeit.

Der dem Andenken an Leonard Cohens Großeltern entführt den Leser schon mit dem ersten Gedicht, »A in eine Welt der Mystik. Der junge Dichter geht in die Gedanken und teilt die Ergebnisse dem Leser mit.

In seinem Gedicht »Untersuchung über das Wesen (Inquiry Into The Nature Of Cruelty) schreibt Cohen *trank in meinem Urin/Ihr mehliger Körper endlich* *Augen glitzerten in der Porzellanschüssel/Wie winzige tanzende Krematorien./Die Geschichte ist auf meiner Seite, sagte ich entschuldigend/Während ihre Flügel kreisten im Sog/(Wäre sie nicht in Urin gebadet gewesen/Ich hätte sie gerettet, damit der Wind sie trocknet).* In »Das Genie« (The Genius) verarbeitet er ein weiteres Mal den Widerspruch zwischen Religiosität und Liebe auf der einen Seite und seiner Abneigung gegenüber Traditionen auf der anderen. Und in den Anfangszeilen eines schlicht »Song« betitelten Gedichts formuliert er, lange bevor es Realität wurde, das Programm der sexuellen Revolution der späten 60er Jahre: *Wenn mich Lustgefühle übermannen/Dann lenk' ich mich ab mit meinen Büchern [. . .]/Ich werfe die heiligen Bücher hin/Und lasse meine Blicke schweifen [. . .]/Ich lebe mit dem sterblichen Geräusch/Von Fleisch auf Fleisch im Dunkeln.* Noch deutlicher wird Cohen in seinem Gedicht »Celebration« mit der Beschreibung einer Fellatio:

Fest

Wenn du unter mir kniest
und in deinen beiden Händen
meine Männlichkeit wie ein Zepter hältst,

Wenn du deine Zunge um
das Bernstein-Juwel windest
und nach meinem Segen verlangst,

Versteh ich jene römischen Mädchen
die um eine Säule aus Stein tanzten
und sie küßten bis der Stein warm war.

Knie, Liebste, tausend Fuß unter mir,
so weit, daß ich kaum Mund und Hände sehen kann
wie sie die Zeremonie vollziehen,

Knie, bis ich auf deinen Rücken falle
mit einem Stöhnen, wie jene Götter auf dem Dach
das Samson einriß.

© Leonard Cohen

Im Oktober 1963 erscheint *The Favourite Game*, Leonard Cohens erster Roman, der schon bald ins Deutsche, Dänische, Französische, Italienische und Spanische übersetzt wird. Der Roman wird von der Literaturkritik der einzelnen Länder sehr positiv aufgenommen und sogar mit James Joyces *A Portrait Of The Artist As A Young Man* und Thomas Manns *Doktor Faustus* verglichen. Die New York Times würdigt das 244 Buchseiten füllende Porträt eines jungen Künstlers der 60er Jahre mit den Worten, Cohen sei damit nicht nur »ein Roman über die Jugend auf der Suche nach Zielen« gelungen, er habe darüber hinaus auch eine neue Romanform geschaffen.

In *The Favourite Game* ist all das eingeflossen, was Leonard Cohen bis zu diesem Zeitpunkt erlebt hat; zugleich gibt der Roman Auskunft darüber, auf welche Weise er seine Erfahrungen verarbeitet hat. Das Grundthema bildet Cohens Abrechnung mit den starren Traditionen seiner Vergangenheit. So schreibt er in Buch II/19:

»Manche sagen, daß keiner Montreal je ganz verläßt, denn diese Stadt, wie Kanada selbst, ist dazu bestimmt, die Vergangenheit zu bewahren, eine Vergangenheit, die sich anderswo ereignet hat.
Diese Vergangenheit wird nicht in den Gebäuden oder Denkmälern bewahrt, die leicht dem Profitstreben zum Opfer fallen, sondern im Bewußtsein seiner Bürger. Die Kleider, die sie tragen, die Berufe, die sie ausüben, sind nur modische Verkleidungen. Jeder Mann spricht in der Zunge seines Vaters.

Genau so, wie sie nicht Kanadier sind, so sind sie auch nicht Montrealer. Frage einen Mann, wer er ist, und er nennt seinen Volksstamm.
So ändern sich zwar die Straßen schnell, die Silhouetten der Wolkenkratzer klettern vor dem St. Lorenz-Strom empor, aber das ist irgendwie unwirklich, und keiner glaubt es, weil es in Montreal keine Gegenwart gibt, nur die Vergangenheit beansprucht ihre Siege.
Breavman floh aus der Stadt.«

© März Verlag

Ein weiteres zentrales Thema sind Leonard Cohens erste Erfahrungen mit Sex und Liebe. In Buch III/11 schreibt er:

»Breavman dachte die ganze Zeit an sie, aber er empfand keine Begierde nach ihr. Das war neu. Er dachte an ihr Dasein ohne Verlangen. Sie lebte, ihre Schönheit existierte, sie zog eben ihre Handschuhe an, strich ihr Haar zurück oder schaute mit ihren riesigen Augen einen Film an. Er wollte seine Phantasiebühne nicht niederreißen und sie von ihrem dunklen Romandasein erlösen. Sie war da. Sie war in der Stadt oder in irgendeiner Stadt, irgendeinem Zug, einem Schloß oder Büro. Er wußte, daß ihre Körper sich aufeinander zubewegen würden. Das zum mindesten. Er hielt sich nicht für einen Liebenden. Er wußte, sie würden Mund an Mund liegen, glücklicher, sicherer, wilder als je zuvor.«

© März Verlag

Schon in *The Favourite Game* deutet sich an, daß Leonard Cohens Liebe zu Frauen nur in der Theorie vollkommen ist; in der Praxis kann er als Mensch und Autor nur überleben, wenn er »sie« verläßt. Daß Cohen seinen ersten Roman in der dritten Person schrieb, ist vielsagend: er wollte die autobiographischen Bezüge kaschieren. *Ihn* [den Roman] *in die dritte Person zu ändern, war eine schwere Entscheidung für mich. Ich glaube, es geschah mit dem dritten Entwurf, einfach um Distanz zu finden. Aber ich denke, daß es ein Fehler war. Die erste Fassung besaß eine gewisse besondere Lebendigkeit.*

Mit seinem Gedichtband *Flowers For Hitler* stieß Leonard Cohen bei den Kritikern auf wenig Gegenliebe. Die Rezensenten bemängelten die Wiederholung von bereits Gesagtem und sprachen von der Vergeudung eines bereits anerkannten literarischen Talents. Sie wollten von Figuren wie Hitler, Goebbels und Göring nichts mehr hören, über Sex und Drogen nichts lesen, die Literatur der jungen Gegenkultur Nordamerikas nicht akzeptieren. Sie konnten oder wollten sich auf die Welt, in der sich Cohen bewegte – zwischen Europa und Amerika, Krieg, Marihuana und Orgasmen – nicht einlassen. Sie wollten nicht erkennen, was Cohen meinte, wenn er – wie zuvor schon in seinem Gedicht »Lovers« (in: *Let Us Compare Mythologies*) – erklärte, daß der Holocaust noch immer »allgegenwärtig« sei. Vielleicht hätte Cohen »Blumen für Hitler« wirklich in »Sonnenschein für Napoleon« oder in »Mauern für Dschingis Khan« umbenennen sollen, wie er in »A Note On The Title« ironisch anmerkte.

Mit *Beautiful Losers* (Schöne Verlierer), seinem 1966 veröffentlichten zweiten Roman, gelang Leonard Cohen jedoch ein allseits akzeptiertes »Konglomerat« seiner bisherigen literarischen Arbeit. Diesmal fielen die Kritiken durchweg positiv aus. Auch wenn das Werk von einigen Rezensenten als Beschreibung einer »perversen« Dreiecksbeziehung getadelt wurde, priesen es die meisten doch als *die* Beschreibung einer Liebesaffäre zu dritt schlechthin.

Aber *Beautiful Losers* läßt sich auch anders lesen: als »kanadische Anthropologie« im Sinne der Beschreibung des gesamten Erfahrungsschatzes dieses Landes oder als historische Beschreibung der politischen Unterdrückung der nicht zuletzt aufgrund ihrer Sprache benachteiligten französischen Minderheit Kanadas. (Noch heute sprechen nur 25 Prozent der Einwohner Französisch; 40 Prozent sprechen Englisch; beide Sprachen sind Amtssprache. Nur 1 Prozent der Bevölkerung ist jüdischer Abstammung.)

». . . arme Tagelöhner die wir die Welt auf unseren Knien schrubben das ist wirklich Prosa das ist das tägliche Mysterium ich setze in Keilschrift Gesicht Mund der Sphinx ein denn meine Zunge war nur ein Testspiel auf dem rosigen Loch der Sphinx ich stelle meinen Mund nur auf Gespräche ein nagende saugende Anbetung Scheißgefahr Liebesmut auf zu auf zu macht die Oberfläche Blütenblätter schließen sich um das Öffnen ihrer eigenen kleinen Muskelwände zu fühlen in schrecklicher Preisgabe rot verzweifelt wie die Kehle eines Vögelchens oh Edith Arschhäutchen keucht der ganze Speichel meines Mundes badend sich putzend flatternd in einem sonnigen Vogelbad auf einer Säule barmherzigen Mitgefühls wo bin ich jetzt jetzt geh nicht weg hier bin ich einfach mit meinem Gesicht zwischen ihren Arschbacken die Hände auseinandergezogen haben mein Kinn tut automatisch der Fotze Gutes nun laß ich die Backen los sie klem-

men mich ein ich klemme mich ein ich zerquetsche meine Nase versiegele die Säfte Kinderspiele mit Scheiße im Sinn . . .«

Auch diesmal stellt Cohen wieder die Frage, wer und wie ein Heiliger ist, wer und wie der »Neue Jude« ist. Ein »Konglomerat« ist *Beautiful Losers*, weil Cohen verschiedene Sprachstile und -formen verwendet. Lyrik und erzählende Prosa werden durch Briefe, Artikel, Fußnoten und geradezu filmische Sequenzen ergänzt. Verweise auf Stars wie James Dean oder Marilyn Monroe zeigen Cohens Liebe zum Film.

Schon auf den ersten Seiten des Romans erfährt der Leser, was mit den Personen geschehen wird; anschließend beschreibt der Autor die Beziehungen der Charaktere zueinander. Auf die Frage von Thomas Lasarzki, ob es ihm eher darum gehe, *wie* etwas passiert, als darum, *was* passiert, antwortete Cohen, er habe in dieser Hinsicht zunächst »überhaupt kein Konzept« gehabt, sondern das Buch »in einer Art Fieber« geschrieben. *Im Unterbewußtsein muß ich gewisse Vorstellungen gehabt haben, aber es wurde auf eine sehr gewagte Weise geschrieben. Und ab einem bestimmten Punkt bewegte ich mich in eine falsche Richtung.* Cohen hatte damals 30 bis 40 Seiten geschrieben, die er vernichtete, nachdem er erkannt hatte, daß er in eine Sackgasse geraten war.

Das war ein großes Zugeständnis. Ich mußte also zu dem Punkt vor diesen 30 bis 40 Seiten zurückkehren und von vorne beginnen. Mit der Gewißheit des Unbekannten, sich einfach Tag für Tag vorwärts zu bewegen. Es war mehr ein Akt des Suchens als ein Konzept. Ich war sehr zuversichtlich, daß ich dieses Werk vollenden konnte, aber ich wußte nicht, wie ich es Tag für Tag gestalten sollte. Ich spürte nur, daß es sich, wenn ich jeden Tag daran arbeitete und konzentriert am Thema blieb, entwikkeln würde. Wenn ich nur lange genug an der Geschichte dranblieb, würde sie eine organische Gestalt annehmen. Ich spürte, daß es da diese Geschichte der Catherine Tekakwitha gab und ihre Beziehung zu den Gelehrten der Neuzeit, die sich mit ihr beschäftigt haben. Ich mußte nur die alte und die neue Zeit zueinander in Bezug bringen. Die beste Studie über diesen Roman stammt übrigens von einem kanadischen Dichter und Kritiker namens Dennis Lee. Sie ist in dem Buch Savage Fields *erschienen, eines der besten mir bekannten Werke der Sekundärliteratur.*

Catherine Tekakwitha war eine Indianerin, die Leonard Cohen, indem er ihre Geschichte in den Roman aufgenommen hatte, dazu diente, den autobiographischen Aspekt zu relativieren. *Am Stadtrand von Montreal gab es ein Indianerreservat namens Cauganawaga, ein Reservat der Mo-*

hawk-Indianer. Mein Vater nahm mich als Kind oft mit dorthin. Das hatte für mich eine besondere Bedeutung. Hinzu kommt, daß einen, wenn man in Nordamerika groß wird, die Cowboy-Indianer-Mythologie prägt. Außerdem erschienen mir die Indianer immer als die auf eine ganz besondere Weise unterdrückten Menschen Nordamerikas. Das sind einige Momente, die mich dazu bewogen haben, mich für diese Geschichte zu entscheiden.

»Alle meine Arabesken sind für die Öffentlichkeit bestimmt«, notierte Cohen in *Beautiful Losers* – ein Bekenntnis, das sein im Oktober 1966 veröffentlichter Lyrikband *Parasites Of Heaven* bestätigte. Viele dieser Gedichte stammten noch aus den Jahren 1957 und 1958; andere waren ganz offensichtlich den Erfahrungen entsprungen, die Cohen in der Zwischenzeit mit Haschisch und Marihuana gemacht hatte und die wohl nur von Lesern mit eigener Drogenerfahrung nachzuvollziehen sind. Die meisten erinnern an die assoziative Prosa von *Beautiful Losers.* Aus manchen dieser Gedichte wurden später Songs, so zum Beispiel aus den damals noch unbetitelten Texten »Avalanche«, »Master Song«, »Suzanne« und »Teachers«. In allen deutete sich jedoch schon die Richtung an, die Cohen nun einschlagen sollte: die eines Dichters, der in mitunter rätselhaften Bildern die Anfänge jener neuen Generation zeichnete, die man später die erste Pop-Generation nennen sollte.

Leonard Cohens *Selected Poems 1956–1968*, im Jahr 1968 gleichfalls von McClelland And Stewart verlegt, war wieder eine Sammlung zuvor bereits veröffentlichter sowie – in diesem Fall zwanzig – neuer Gedichte; Anlaß dieser Publikation war das Erscheinen von Cohens erstem Songalbum. Die Auswahl für den Band traf Marianne Jensen, eine Ehre, die Cohen keiner anderen Frau mehr zuteil werden ließ. Das Buch entwickelte sich in den USA und in Kanada zu einem Bestseller, der binnen kurzem eine zweite und dritte Auflage erlebte. Innerhalb von drei Monaten wurden von diesem Werk mehr als 200 000 Exemplare verkauft; Anfang der 70er Jahre wurde es darüber hinaus in mehrere europäische Sprachen übersetzt und Leonard Cohen von zahlreichen namhaften Zeitungen als »Autor, Sänger und Songwriter« hoch gelobt. Doch obwohl Cohen im Jahr 1972 mit *The Energy Of Slaves* einen weiteren Gedichtband folgen ließ, hatte er aufgrund des Erfolgs seiner ersten Platte den Ruf des »Rockpoeten« weg.

The Energy Of Slaves, ursprünglich unter dem Arbeitstitel »Songs Of Disobedience« (Lieder des Ungehorsams) entstanden, dokumentierte den Wandel, der in Leonard Cohens Lyrik vonstatten gegangen war. Hatten in seinen ersten beiden Büchern noch Mythologien und im dritten das Thema der Entmenschlichung den Inhalt seiner Texte bestimmt, und war im vierten an die Stelle einer eher distanzierten Beschreibung von Historie und Gesellschaft ein »subjektiver« Ton getreten, so hatte Cohen mit seinem fünften Gedichtband geradezu eine Art Gegen-Lyrik geschaffen. Wieder trugen die Gedichte keine Titel; statt dessen hatte sie der Autor schlicht von »1« bis »116« durchnumeriert. Fast konnte man meinen, Cohen habe es aufgegeben, den Dingen Namen zu geben. Er schrieb nun nicht mehr, »um ein Lächeln in das Gesicht einer Frau zu zaubern«, sondern um das Lachen der Frau seiner einstigen Träume, Suzanne, wiederzufinden. Was er fand, waren Gefühle des Zorns und der Verlorenheit und unverblümte Selbstironie – als sei er aus dem Gelobten Land vertrieben, ins Ägypten des Alten Testaments zurückgejagt und auf die »Energie von Sklaven« zurückgeworfen worden. Unverkennbar war vor allem, daß Cohen nun vornehmlich für sich selbst und erst in zweiter Linie für ein Publikum schrieb.

Das Gedicht »95« gibt die Stimmung wieder, in der sich Leonard Cohen in den Jahren 1971 und '72 befand:

Liebe ist ein Feuer
Es verbrennt jeden
es entstellt jeden
Es ist ein Vorwand für die Welt
häßlich zu sein

In Gedicht »27« bekennt Cohen:

Ich ließ eine Frau wartend zurück
Ich traf sie später wieder
sie sagte, deine Augen sind tot
Was ist mit dir geschehn mein Lieb

Und weil sie mir die Wahrheit gesagt hatte
versuchte ich aufrichtig zu antworten
Was mit meinen Augen geschehen sein mag
das ist mit deiner Schönheit geschehen

Leg Dich zur Ruh mein treues Weib
sagte ich recht grausam ihr
Was mit meinen Augen geschehen sein mag
das ist mit deiner Schönheit geschehen

Leonard Cohen attackiert und verteidigt, klagt an und verurteilt – meist sich selbst. Er macht Vorwürfe (Gedicht »15«: »Hast du je unter mir gestöhnt/Jungfrau der Betäubung«) und Eingeständnisse (Gedicht »27«: »Ich ließ eine Frau wartend zurück«), bilanziert Erfolge und Verluste, hält sich und seiner Geliebten den Spiegel vor und läßt Dritte das Bild betrachten; denn sie sind es, die letztlich urteilen sollen über den »Sklaven«, der alles verloren zu haben scheint. In Gedicht »5« faßt er zusammen:

Dich entzücken alle Männer

Wenn du dies jemals liest
Denk an den Mann der es geschrieben hat

Um deinetwillen hat er die Welt gehaßt.

In »112«, einem der letzten Gedichte des Bandes, zeigt sich Cohen zwar immer noch desillusioniert, aber zugleich auch versöhnlich. Er konstatiert seine »Berufung zum Propheten«: »Die Mystiker haben wohl doch recht/ wenn sie sagen wir sind alle Eins«.

Leonard Cohens Lyrik und seine Songs deuten nach Ansicht vieler Kritiker auf den Einfluß von Charles Baudelaire oder Jean Genet hin. Aber weit näher steht Cohen wohl Beat-Autoren wie Allen Ginsberg oder Frank O'Hara, den der 1975 verstorbene deutsche Dichter Rolf Dieter Brinkmann, ein intimer Kenner der literarischen Beat-Szene, in der von ihm mitherausgegebenen legendären Anthologie *Acid* (März Verlag, 1969) mit einem Zitat charakterisiert, das auch aus Leonard Cohens Feder hätte stammen können: »Werde ich liederlich, als sei ich eine Blondine? Oder religiös, als sei ich ein Franzose?«

Literaturwissenschaftlich gesehen ist Cohen demnach ein Vertreter der amerikanischen Gegenkultur der späten fünfziger und frühen sechziger Jahre. Sozialwissenschaftlich betrachtet greift seine Lyrik subversive Gedanken im Sinne Herbert Marcuses, dem Theoretiker der Subversivität, auf.

Dabei ist seine subversive Lyrik fast zeitlos, da sie unabhängig von der jeweiligen Gesellschaftsform alles Bestehende in Frage zu stellen oder gar umzustürzen versucht und damit einen Teil der jeweils gegenwärtigen Gesellschaft widerspiegelt. Die subversive Phantasie, die in dieser Lyrik zum Ausdruck kommt, beschwört die Erinnerung an das Glück und die in ihr enthaltene Hoffnung. Die Hoffnung, das Glück wiederzufinden, zeigt sich auch in Cohens Bereitschaft, immer wieder Leiden dafür in Kauf zu nehmen. Cohen nimmt anhand von Visionen individuell wahr, erfährt, empfindet und leidet, weil er sich selbst nur noch im Leiden als Ich erfahren kann. Seine Visionen eröffnen ihm zunächst einen Weg, seinen »Melancholismus« positiv und nicht als etwas Störendes oder Negatives zu empfinden; aber sie sind für ihn auch eine Form der Meditation, in der er sich ausleben kann. Cohens Lyrik offenbart eine Melancholie, die aus der Ohnmacht des Individuums gegenüber der Gesellschaft entsteht und zugleich eine Lösungsperspektive anbietet: die Gleichzeitigkeit der Ablehnung von und des Festhaltens an Traditionen, Wertvorstellungen und gegebenen Strukturen: »Dies Lied mach ich für dich/Herr der Welt/dem alles eigen ist auf dieser Welt/außer diesem Lied« (aus: *The Energy Of Slaves*).

Allein hierin liegt also begründet, warum Leonard Cohen der »Schwarzen Romantik« ebenso wie der »Beat-Generation« zugerechnet wird. Zum einen schreibt er im Sinne der kulturpessimistischen Atmosphäre des späten 19. Jahrhunderts, zum anderen bietet er mit seinen Texten einen gedanklichen Nährboden für die Beat-Generation. Er macht den »Beats« mit seinen paranoiden, schizophrenen, paradoxen und suizidlüsternen Bildern und aufgrund seiner rein individuellen Erfahrung eines in Melancholie mündenden Ohnmachtsgefühls lediglich – und, wie gesagt, rein zufällig – das Angebot, die herrschende Ordnung zu zerstören.

Eine andere als die primär schöngeistige Definition von Kultur ist die, daß Kultur all das ist, was dem menschlichen Individuum erlaubt, sich gegenüber der Welt, der Gesellschaft, dem eigenen Erbe und den eigenen Traditionen zu behaupten, und somit alles, was dem Menschen ermöglicht, seine Existenz zu begreifen, um sie unter Umständen verändern zu können. Kultur kann mithin auch die Entwicklung eigenständiger Lebensformen sein, die den sozialen und materiellen Erfahrungen des Individuums Ausdruck verleihen. Diese Eigenständigkeit erfordert aber auch die Bereitschaft des Individuums, Widerstand zu leisten, womit aus Kultur »Gegenkultur« und, im Falle von Cohens Lyrik, »Anti-Lyrik« wird, eine Art Neuerschaffung von Kultur.

Leonard Cohens Lyrik ist ein Paradebeispiel für diese »Neuerschaffung«. Ähnlich wie die Beat-Protagonisten Allen Ginsberg, Gary Snyder und William Burroughs setzt Cohen mit seinen frühen Texten alles daran, die traditionelle Ordnung zu zerstören, auch wenn er diese Zerstörung nicht leichtfertig propagiert, sondern in gewisser Hinsicht sogar bedauert. Die ihm dennoch notwendig erscheinende Zerstörung wird in seinen Gedichten zum beherrschenden Thema. Cohens »Heilige« sind dabei die

Personifizierung eines Wegs des Leidens und der Vernichtung des Ichs; am deutlichsten wird dies in den beiden Gedichten »It Swings Jacko« und »The Cuckold's Song« aus *The Spice-Box Of Earth*. Aber auch mit formalen Mitteln treibt Cohen das Werk der Zerstörung voran, indem er – was sich nicht zuletzt anhand vieler der in diesem Buch vorgestellten Gedichte nachvollziehen läßt – traditionelle lyrische Formen und Strukturen radikal demontiert. Der Autor Stephen Scobie, der bereits 1978 in seiner schlicht *Leonard Cohen* betitelten Analyse von Cohens Texten anmerkte, daß »die Rolle des Anti-Dichters nie etwas anderes als die eines Paradoxons sein kann«, unterstreicht diesen Befund mit seiner Aussage, daß jedes Gedicht, das die Dichtung per se angreift, aus Kultur »Gegenkultur« mache. Aber Scobie merkt auch kritisch an, dieses Unterfangen sei »always less successful in its aim the more successful it is in its execution«. (Scobie weigert sich übrigens, eine aktualisierte Neuauflage seines Buchs herauszubringen, weil er der Meinung ist, dies sei nicht notwendig, da sich Cohens Lyrik bis heute nicht verändert habe.)

Die Subversivität Leonard Cohens zeigt sich auch in Gedichten, in denen er nicht von Heiligen, sondern von Lehrern und Schülern, Meistern und Sklaven spricht, wie etwa in dem zunächst im Band *Flowers For Hitler* und 1968 auf seinem Debütalbum auch als Song veröffentlichten Text »Teachers«.

Lehrer

Ich traf eine Frau vor langer Zeit
Ihr Haar war schwarz, so schwarz wie keins.
»Bist du ein Lehrer des Herzens?«
Leise sagte sie »nein«.

Ich traf ein Mädchen überm Meer
Ihr Haar war gold, wie Gold nur glänzt.
»Bist du ein Lehrer des Herzens?«
»Ja – aber nicht für dich.«

Ich traf einen Mann, der verlor seinen Geist
An einem verlorenen Ort, den ich finden mußte,
»Folge mir«, sprach der weise Mann
Aber er ging hinter mir.

Ich kam in ein Krankenhaus
Wo keiner krank war und keiner gesund.

Als zur Nacht die Schwestern fort waren
Konnt' ich nicht mehr gehen.

Der Morgen kam, und dann kam der Mittag,
Essenszeit, ein Skalpell
lag neben
meinem Silberlöffel.

Manche Mädchen treten aus Versehen
in den Schmutz den Skalpelle hinterlassen.
»Seid ihr der Lehrer meines Herzens?«
»Wir lehren alte Herzen brechen.«

Eines Morgens wachte ich auf allein
Das Krankenhaus, die Schwestern fort.
»Hab' ich mein Messer gut geführt?«
»Kind, du bist aus Bein.«

Ich aß und aß und aß
Nein, ich ließ keinen Teller aus,
»Nun, was kosten die Mahlzeiten?«
»Wir halten uns schadlos mit Haß.«

Ich vergab meinen Haß überall
Für jede Arbeit, für jedes Gesicht.
Jemand gab mir Wünsche frei
Und ich bat um eine Umarmung.

Manches Mädchen umarmte mich, dann
wurde ich von Männern umarmt.
»Ist meine Leidenschaft vollkommen?«
»Nein, tu es noch einmal.«

Ich war schön und ich war stark
ich kannte die Lieder und die Worte.
Gefiel dir mein Gesang?
»Nein, die Worte, die du sangst, waren falsch.«

Wer ist es, den ich anrufe?
Wer schreibt auf, was ich gestehe?
»Seid ihr die Lehrer meines Herzens?«
»Wir lehren alte Herzen ruhen.«

»Ihr Lehrer, sind meine Lektionen gemacht?
Ich kann nicht weiterlernen.«

Sie lachten laut und sagten:
»Nun, Kind, sind deine Lektionen gemacht?
Sind deine Lektionen gemacht?
Sind deine Lektionen gemacht?«

© *Leonard Cohen*

»In ihrer phantastischen, surrealen Bildhaftigkeit unterlaufen die Antworten jede vernunftmäßige Zweckbestimmung«, stellte Hans-Peter Rodenberg in seiner *Untersuchung zur Lyrik der amerikanischen Gegenkultur 1960–1975 – Subversive Phantasie* zutreffend fest, denn »Antworten« sind bei Leonard Cohen in Wahrheit immer neue Rätsel. Rodenberg fügt hinzu, daß sie »damit den ›koans‹« gleichen, »die die Zen-Meister ihren Jüngern stellen, um deren ich-bezogene Denkstrukturen daran zerbrechen zu lassen«. Wenn Cohen also die Frage beantwortet, ob »deine Lektionen gemacht« sind, so tut er dies nicht nach den Gesetzen der Logik; vielmehr »zielt [die Antwort] auf die Änderung der undeterminierten Erfahrung selbst ab« (Rodenberg). Cohens »Lektionen« öffnen damit das Tor zu einer neuen Wirklichkeit. »Wenn der Protagonist sich dabei zudem am Ende seiner Kräfte sieht (›Ich kann nicht weiterlernen‹), deutet er damit jenen Zustand der psychischen Verzweiflung an, der in der Unterweisung im Zen meist kurz vor dem des ›satori‹ steht.« Das »satori« bezeichnet jene Phase im Lernprozeß eines Zen-Schülers, in der es, wenn das Bewußtsein ausgelöscht ist und das Unterbewußtsein an seine Stelle tritt, zu einer Verschmelzung des Außen und Innen, zum sogenannten »samadhi« (Versenkung) kommt. Dieses »satori« kommt bei Cohen jedoch nie zustande. Er sucht weiter, nicht immer ohne einen Anflug von Zynismus: »*Child, you've just begun*« (*Parasites Of Heaven*).

»St. Leonard« findet den Erfolg also im ständigen Scheitern. Er wird im ständigen Versuch, die bestehenden Regeln zu durchbrechen und so zur allumfassenden Erfahrung zu kommen, zum »schönen Verlierer«. Nur in der Freiheit des Ichs wird dann der Verlierer zum Gewinner. Verwunderlich daran ist, daß Cohen mit der Vernichtung des Ichs dafür einen hohen Preis zahlt; paradoxerweise erhält man dafür keinen Gegenwert außer dem kontinuierlichen Prozeß selbst. Um das Gleichgewicht zwischen gegenwärtiger Frage (die drohende Vernichtung) und greifbarer Antwort (die rettende Erleuchtung) zu beschreiben, verwendet Cohen stets wiederkehrende Bilder. In dem Song »Stories Of The Street« lehnt sich der Erzähler über den Fenstersims hinaus, in »Teachers« legt er ein Skalpell neben den Silberlöffel. Die Zurückweisung der profanen Alltagserfahrungen, die die materielle Welt zu bieten hat, gipfelt in Cohens Texten entweder im Suizid oder in sexueller Ekstase, die beide als Auflösung des individuellen Ichs erfahren werden.

Der »Master Song« (auf dem Album *The Songs Of Leonard Cohen*) ist ein dafür typisches Beispiel: In einer sexuellen Meister-Schüler-Beziehung sind drei Personen miteinander verbunden. Cohen ist »*sick in bed*«, während die »*you*«, die ihn als Gefangenen hält, von einem Meister instruiert wird, der selbst ein »schöner Verlierer« ist. In Cohens »Master Song« wird der Meister zum Schüler, der Schüler zum Gefangenen, der Gefangene zum Meister – eine Rollenverteilung, die sich mit der Wiederholung der ersten Strophe am Ende des Songs gleichfalls wiederholt. Zum Akt der Liebenden gehört also eine dritte Person. Die transzendierende »Sainthood« ist erreicht, wenn die klar umrissene Form der Zweierbeziehung gestört wird. »Sie« werden der »andere«. Die Vernichtung des Ichs spiegelt sich im allgegenwärtigen Geschlechtstrieb wider. Für den, der sich dessen bewußt wird, ist es demzufolge leicht, in »eine« oder »die« Melancholie zu verfallen, die Leonard Cohen irrtümlicherweise oft nachgesagt wird.

Schon Freud hatte die Regression der Libido ins Ich als Charakteristikum der Melancholie beschrieben. Damit einher gehen Interesselosigkeit für die Außenwelt und eine Herabsetzung des Selbstwertgefühls, die sich in Selbstvorwürfen und -beschimpfungen äußert und in der wahnhaften Erwartung von Bestrafung endet.

Ein weiteres damit verbundenes Paradoxon findet sich in Cohens Liebeslyrik, wenn er etwa in *The Favourite Game* schreibt, er wisse erst, daß er sich mit ihr getroffen hat, »*when I see a woman transformed by the orgasm we have reached together [. . .] Anything else is fiction.*« Der Orgasmus ist die Lösung und dient als Gegenpol zur Verlorenheit des Individuums in Melancholie. Doch diese Lösung ist nur von kurzer Dauer. »*I had it for a moment*«, schreibt Cohen in »Flowers For Hitler«. Das Gefühl der im Orgasmus erreichten Nähe löst sich in Nichts auf.

»Alle zentralen Themen der Lyrik Cohens finden sich schließlich in ›You Have The Lovers‹ (*The Spice-Box Of Earth*) vereinigt«, faßt Rodenberg zusammen, »die Liebenden als ›*Saints*‹, die den normalen Wert der Individualität überwunden haben, in eine andere Ebene jenseits der erfahrbaren Realität eingetreten sind, und ein Protagonist, der zu ihnen als ›*Disciple*‹ kommt, um seine Initiation in der Ekstase ihrer sexuellen Vereinigung zu erfahren.

Finden wir in den Gedichten Cohens so eine tantrische ekstatische Einheit im Liebesakt als Transzendenz der physischen Realität von Trennung und Leiden betont, so dominiert in den Songs, wie zum Beispiel in ›You Know Who I Am‹, ›So Long, Marianne‹ oder ›Hey, That's No Way To Say Goodbye‹, die Problematik des Fremdseins, der nur kurzen temporären Begegnung.« Die Trennung zweier Liebender betrachtet Cohen als einen natürlichen Prozeß. Sie ist für ihn kein Anlaß zur Traurigkeit, sondern Grund zur Erinnerung »an das gemeinsame Erlebnis, das sie mit der Welt in Verbindung gebracht hat«. Dies ist der »Gnadenzustand«, von dem Cohen in *The Favourite Game* spricht. Dort befindet sich »St. Leonard« im Gleichgewicht des existentiellen Chaos.

In »Suzanne«, seinem wohl bekanntesten Song, illustriert Leonard Cohen dieses Konzept von Weltablehnung, Ich-Vernichtung und sexueller Transzendenz, indem er seine mystische Idee einer Verschmelzung von Außen und Innen, Körper und Geist, Realität und »Surrealität« anhand einer konkreten Situation nachvollziehbar macht. Bereits mit der ersten Zeile zeichnet er dort das Bild einer anderen, friedlicheren Welt als unserer irdischen alltäglichen, von Disharmonie geprägten: »*Suzanne takes you down to her place near the river* . . .« Verstärkt wird der Traumcharakter dieses poetischen Bildes dadurch, daß der Dichter seine Suzanne als »halbverrückt« bezeichnet und von ihr sagt, daß ihr Tee und ihre Orangen aus dem fernen China kommen. Mit den Zeilen »*And just when you mean to tell her/That you have no love to give her/Then she gets you on her wavelength/And she lets the river answer/That you've always been her lover*« löst sich das »*you*« – das Ich des Sängers – ebenso auf wie seine Beziehung zu dieser feenhaften Suzanne. Die Auflösung findet jedoch nicht in einem Liebesakt statt, sondern auf einer höheren spirituellen Ebene: ». . . *for he's touched her perfect body with his mind*«.

Denkt man Rodenbergs Interpretationsansatz weiter, erkennt man in der Zeile »*And Jesus was a sailor*« nicht nur biblische Referenzen – Jesus, der auf dem Wasser wandelt (Matthäus 14, 25), seine Jünger als Seelenfischer (Lukas 5, 10) –, sondern auch Bezüge zu Baudelaires »Bateau Ivre«, Bob Dylans »Ship Of Fools« oder jenem »mittelalterlichen Narrenschiff, auf das mit beginnender Exterritorialisierung der wahnhaften Erfahrung aus dem gesellschaftlichen Erlebnisbereich die zu Geisteskranken erklärten Individuen verbannt wurden«. Legt man bei der Interpretation des Songs vor allem letztere Deutung zugrunde, erschließt sich zugleich der nicht immer auf Anhieb erkennbare »Leidensaspekt« in Cohens Lyrik, der hier eine geradezu programmatische Dimension erhält. Jesus wird als gebrochener Mensch geschildert (»*he himself was broken [. . .]/Forsaken, almost human*«), der erst spricht, als er sicher weiß, daß ihn nur Ertrinkende sehen können (»*when he knew for certain/Only drowning men could see him*«). Denn »nur nach Verlust der ordnenden, begrenzenden Struktur des Selbst im Leiden [wird] jene gemeinsame archaische Ebene verfügbar [. . .], auf der die definierende (und dadurch trennende) Ordnung der äußeren Realität nicht mehr erlebt, sondern nur noch innere Einheit über den psychischen Prozeß der narzißtischen Identifikation mit ihr erfahren wird. Die psychische Regression im selbstquälerischen Leiden wird hier erneut als eine Voraussetzung transzendenter Erfahrung, d. h. der ›Sainthood‹, herausgestellt und mit einer religiösen Aura versehen« (Rodenberg).

In der dritten und letzten Strophe des Songs stellt Cohen sein Konzept von Weltablehnung und Selbstauflösung des Individuums in Frage, indem er ihm die poetische Schilderung eines (körperlichen oder geistigen) Orgasmus entgegenstellt. Der Sänger (»you«) erlebt ihn, weil Suzanne in der Gestalt eines »Hippiemädchens« fleischgeworden ist. »Der Spiegel, den Suzanne ihm entgegenhält, ist weniger in seiner Bedeutung als Vanitas-Motiv zu deuten, als daß er den Liebenden auf sich selbst zurückwirft und ihn seine sinnliche Schönheit erkennen läßt«, schreibt Rodenberg und stellt fest, daß Cohen hier das »Hippiemädchen« als Inkarnation der sich in Innerlichkeit und Sexualität vollendenden »Sainthood« feiert: »In schon bekannter Manier kehrt sich die anfängliche Lehrer/Schüler-Beziehung zwischen ›Suzanne‹ und dem ›You‹ um, beide treffen sich im Lebenszusammenhang der ›hip-culture‹ zu einer die Realität transzendierenden Einheit psychischer und physischer Art.« Kein Wunder also, daß Leonard Cohen mit diesem Song genau das Lebensgefühl der damaligen Hippie-Jugend traf, die auf der Suche nach neuen Zielen und Lebensformen war.

Wer jedoch aufgrund der zahlreichen politischen Anspielungen in Leonard Cohens bilderreicher Poesie auf ein gesellschaftliches Engagement oder eine Parteinahme des Dichters schließt, befindet sich auf einem Irrweg, denn diese sind anhand von Cohens Werk kaum belegbar. Leonard Cohen steht der »Politik« ebenso reserviert gegenüber wie den traditionellen Welterklärungssystemen der Philosophen. Zwar läßt sich aus seinen Texten – von »Flowers For Hitler« bis »First We Take Manhattan« (auf dem Album *I'm Your Man*) oder »Democracy« (*The Future*) – ein politisches Interesse herauslesen, doch nie bezieht Cohen eine eindeutige Position. Allenfalls macht er sich, wie etwa in seinen Gedichten »All There Is To Know About Adolph Eichmann« und »Folk«, über den Sadismus der Nazis (den er in »A Migrating Dialogue« auch als ein amerikanisches Phänomen beschreibt) auf eine geradezu makabre Weise lustig.

Cohen ist in der Lage, die ihn umgebende politische Gewalt zu erkennen und ihre Auswüchse anzuprangern, nicht jedoch, ihr entgegenzutreten. Sein Gedicht »The Only Tourist in Havanna Turns His Thoughts Homeward« (*Flowers For Hitler*) macht deutlich, daß er sich eher von der Welt abwendet; er besucht die Insel während der Kuba-Krise und nimmt ihre politische Realität wahr, doch seine potentiell vorhandende Bereitschaft zu einer Parteinahme verendet in einer »Handlungshemmung«. Nicht ohne Grund nannte ihn darum ein Kritiker der New York Times einen »Anarchisten, dem es unmöglich ist, eine Bombe zu werfen«. Die »Sainthood«, die nur in körperlichem oder geistigem Orgasmus erreicht werden kann, läßt politische Stellungnahmen nicht zu. Cohens persönliches Credo läuft darauf hinaus, zu erkennen, was vorgeht, sich dessen bewußt zu werden und sich dann zu verweigern, um den Dingen ihren Lauf zu lassen. Besonders deutlich wird diese distanzierte Haltung in seinen 1978 und 1984 veröffentlichten Werken *Death Of A Lady's Man* und *Book Of Mercy*.

Allen Texten Leonard Cohens ist jedoch eines gemeinsam, wie bereits Michael Ondaatje in seinem 1970 bei Cohens Verlag McClelland And Stewart veröffentlichten Bändchen *Leonard Cohen* resümiert und richtig erkannt hat: »Der Schwerpunkt liegt nicht in dem, was Leonard Cohen sagt, sondern wie er es sagt.« Gleichgültig, ob wir Cohen damit ernst nehmen oder uns über ihn amüsieren – ihn selbst kümmert es nicht. »Er hat die Maske so oft aufgesetzt und wieder abgenommen, daß sie ein Teil von ihm geworden ist.« Wenn auch nur, um über sich selbst lachen zu können. Vielleicht ist es nur Cohens Vision, daß man selbst mit den Masken umgehen kann.

Als endlich etablierter, wenn auch nicht unumstrittener Autor konnte Leonard Cohen von seiner Kunst gut leben. Bereits 1964 verdiente er mit seinen Veröffentlichungen und Lesungen 7000 Dollar. Weitere 4000 Dollar erhielt er als Hauptpreisträger in einem Wettbewerb für englischsprachige Literatur, dem »Prix Littéraire du Québec«. Dieser war mit einer Lesetournee verbunden, die Cohen zusammen mit Earle Birney und Phyllis Gottlieb sowie seinem alten Freund Irving Layton absolvierte. Aus dem auf dieser Reise gedrehten Filmmaterial entstand unter dem Titel *Ladies And Gentlemen, Mr. Leonard Cohen* und unter der Regie von Donald Brittain und Don Owen ein Porträt der damaligen Literaturszene Kanadas. Der 1965 vom National Filmboard Of Canada veröffentlichte und sich weitgehend auf Leonard Cohen konzentrierende Film zeigt den Alltag des Dichters – wie er frühmorgens aufsteht, in Hotelzimmern seinen Gedanken nachhängt, sich in Restaurants bewirten läßt und durch die Straßen von Toronto und Montreal läuft.

Für Freunde der frühen Literatur Leonard Cohens sind vor allem seine während einer Lesung vorgetragenen oder im Off rezitierten 15 Gedichte echte »Live«-Raritäten: »I have Not Lingered In European Monasteries«, »Prayer For Messiah«, »A Kite Is A Victim«, »Disguises«, »Beneath My Hands«, »Here Was The Market«, »Twelve O'Clock Chant«, »As The Mist Leaves No Scar«, »The Genius«, »On Hearing A Name Long Unspoken«, »Three Good Nights«, »Alexander Trocchi Public Junkie Priez Pour Nous«, »Hydra 1963«, »The Only Tourist In Havanna Turns His Thoughts Homeward«, »The Music Crept By Us«.

Was den Film zudem interessant macht, sind Leonard Cohens Äußerungen über Sex, seinen Versuch, als Vegetarier zu leben, und seine Lebensphilosophie, die er noch dreißig Jahre später in Interviews mit ganz ähnlichen Worten erläutern sollte. Sein wohl am häufigsten vorgetragener philosophischer Gedanke, den er in *Ladies And Gentlemen, ...* im Zusammenhang mit dem »I-Ging« präzisiert, läßt erkennen, daß er sich bereits damals eingehend mit fernöstlichen Religionen beschäftigt hatte: *Der Gnadenzustand ist die innere Balance, aus der heraus man das Chaos beschreibt, das man um sich herum vorfindet. Es geht nicht darum, eine Lösung für das Chaos zu finden, denn es wäre ziemlich arrogant, die Welt verbessern zu wollen. Aber es ist eine Möglichkeit, der Wirklichkeit zu entfliehen.*

Der mit Unterstützung von Cohens Verlag McClelland And Stewart entstandene Schwarzweißfilm beginnt mit einer Lesung. Cohen steht mit weißem Hemd, dunkler Krawatte, Pullover und schwarzem Ledersakko und seinem Buch unter dem Arm vor einem wie gebannt lauschenden Publikum. Der Film macht rasch deutlich, daß hier Gegenwart und Vergangenheit eines Künstlers anhand seines literarischen Werkes präsentiert werden sollen. Der Kommentator schildert – anhand von alten Fotos und Filmen und unterstützt von zahlreichen O-Tönen – Leonard Cohens Kindheit und Jugend. Man erlebt den Dichter auf gemeinsamen Lesereisen mit Freunden wie Irving Layton; man erfährt, daß er während seiner Zeit in den Montrealer Hotels drei Dollar für ein Zimmer zahlte, daß er pro Jahr 750 Dollar aus einer Erbschaft erhielt, die ihm den Lebensunterhalt sicherte, und daß er in der Tat das Leben eines Bohemiens führte. Leonard Cohen stand damals spät auf, zündete sich zunächst eine Zigarette an, nahm einen ersten Drink, ließ sich viel Zeit für seine Rasur und pflegte auch im übrigen das Image jenes Dichters, über den die kanadische Presse urteilte, er sei »the finest poet of his generation«, auch wenn der so Gelobte über sich selbst urteilte, er sei lediglich »*infinitely wild and without direction*«.

Erstmals bekommt man auch Fotos von Leonard Cohens damaliger Lebensgefährtin Marianne und Bilder von Hydra zu sehen. Darüber hinaus gibt Cohen kleine Anekdoten zum besten, begründet, warum er kein Fleisch ißt, und erläutert in einer mit fünf Teilnehmern – unter ihnen Irving Layton – besetzten Talkrunde zur kanadischen Literaturszene seine Definition des »Gnadenzustands«. Dann begleitet ihn das Filmteam in Aufnahmestudios, wo er seine Texte ins Mikrophon spricht, und in die Kaffeehäuser von Montreal, wo er mit Bekannten und Freunden trinkt und diskutiert. Nicht zuletzt bekommt man dank der verwendeten privaten Filmaufnahmen von Cohens Vater, die mit O-Tönen von Cohens Gedichtrezitationen oder einem Off-Kommentar unterlegt sind, ein Bild von der Kindheit und der Jugend des Autors.

Mit seinem Gedicht »Twelve O'Clock Chant«, das Leonard Cohen, sich selbst auf der Gitarre begleitend, vorträgt, zeigt er sich erstmals auch als Sänger. In weiteren Szenen steht er im Mittelpunkt von Gesellschaftsabenden, stets umringt von Freunden und Freundinnen, »unter denen immer sehr attraktive Frauen waren«, wie er im Film bekennt, um sich gleich darauf über die sexuelle Anziehungskraft von Frauen auszulassen. *Viele Frauen sind für mich sexuell sehr attraktiv. Glücklicherweise ist Sexualität »Allgemeingut«, wofür wir auf Knien danken müßten. Denn erst wenn ein Mann die Gunst einer Frau empfängt, gehört sie ihm. Darunter verstehe ich die wundervolle Großzügigkeit der Frauen und des Schöpfers, der es so eingerichtet hat, daß es keine einseitigen Abkommen über Sexualität gibt.*

Schon in diesem Film wird Leonard Cohen als Stimme seiner Generation bezeichnet, als jemand, der dieser Generation zuhört, erkennt, was sie zu sagen hat und es in eine künstlerische Form kleidet. Der Kommentator resümiert: »Dichter zu sein, ist demzufolge kein Beruf, sondern ein Opfer.« Leonard Cohen berichtet über seine Schul- und Universitätsjahre, und man erfährt mehr über seine Arbeitstechnik: »In kleinen Notizbüchern, die ich überall mit mir herumtrage, halte ich meine Gedanken fest.« Fünf Stunden am Tag widme er sich dem Schreiben, erklärt er, »meistens bei Nacht, in erster Linie für mich selbst, mit Tinte und Feder auf weißen A4-Bögen«.

»In erster Linie für mich selbst« kam es 1961 wohl auch zu Leonard Cohens »Invasion« in der Schweinebucht. *Der wahre Grund dafür*, gesteht er im Film, *war mein starkes Interesse an Gewalt – Interesse an den Gedanken eines Mannes, der Waffen trägt, um einen anderen zu töten. Ich interessierte mich für den gedanklichen Prozeß, den ein Mann durch-*

macht, bevor er tötet. Diese Umschreibung kommt meinem Motiv sehr nahe. Der wahre Grund aber war, dabei selbst zu töten oder getötet zu werden. Was ich nicht bedacht hatte, waren die Konsequenzen dieser Gefahr. So gab ich das Motiv wieder auf.

Denselben Gedanken formuliert Cohen nicht nur in seinem Gedicht vom »einzigen Touristen in Havanna«, sondern auch in der selbstironischen Einleitung, die er ihm während einer Lesung vorausschickt: »Dieses Gedicht habe ich in Havanna geschrieben, als Kämpfer auf beiden Seiten.«

Ladies And Gentlemen, Mr. Leonard Cohen endet mit einer Szene, die später am Anfang der 1972 gedrehten Tournee-Dokumentation *Bird On A Wire* stehen wird: Cohen schaut sich die gedrehten Szenen an, kommentiert sie und trägt anschließend sein Gedicht »The Music Crept By Us« vor. Der Erfolg des Films verstärkte seine zunehmende Popularität; zugleich festigte sie sein Image als Enfant terrible der kanadischen Literaturszene. Nicht zuletzt brachte sie ihm weitere kleine Aufträge vom National Filmboard Of Canada ein.

Seine Popularität nutzend und vom Wunsch beseelt, mehr Menschen mit seiner Literatur bekanntzumachen, kündigte Leonard Cohen noch für dasselbe Jahr sein nächstes Werk an, einen ursprünglich »Plastic Birchbark«, später »The History Of Them All, A Pop Gothic Novel« und schließlich *Beautiful Losers* betitelten Roman, den er 1964 in Kanada begann und 1965 auf Hydra unter nicht unbedingt optimalen Bedingungen beendete: *Eine große Beichte wollte ich schreiben, verrückt, pornographisch, humorvoll und spannend zugleich und trotzdem unter Beibehaltung eines konventionellen Schreibstils.* Doch eine Sonnenallergie und Fieberanfälle fesselten Cohen für fast zwei Monate ans Bett. Hinzu kam, daß einer seiner Freunde wegen Drogenkonsums in Athen inhaftiert worden war und sich Cohen um seine Freilassung bemühte.

1965 war eines meiner schlechtesten Jahre. Ich haßte mich selbst und sah das Schreiben von Beautiful Losers *als eine Charakterprüfung an. Ich sagte mir, wenn ich nicht schreibe, bin ich es nicht wert zu leben. Aufgeputscht durch Haschisch und andere leichte Drogen brachte ich es auf bis zu 20 Stunden am Tag, in denen ich an* Beautiful Losers *schrieb. Außerdem ließ ich mich durch nichts anderes ablenken als von dem, was in dem Raum war, in dem ich schrieb.*

Neben seinem Bett, dem Schreibtisch und einem Stuhl waren dies nur einige Bücher, darunter ein damals schwer erhältliches Werk über Catherine Tekakwitha, das ihm seine Freundin Alanis Obamsawin in Montreal ausgeliehen hatte, sowie ein amerikanischer Comic mit dem Titel »Blue

Beetle« (eine frühe Version des »Spider Man«) und ein Radio – »die einzige menschliche Stimme zur damaligen Zeit«.

Im April 1965 hatte Cohen *Beautiful Losers* beendet. Er schickte das Manuskript an seinen Verleger, der ihm jedoch nahelegte, es an mehreren Stellen umzuschreiben. Erst im März 1966 war der Roman druckreif; noch im selben Frühjahr wurde er veröffentlicht.

Seit seiner Rückkehr aus Griechenland hatte Leonard Cohen wieder mit Lesungen begonnen. So trat er am 14. Februar 1966 mit Irving Layton im Young Men's/Young Women's Hebrew Association Poetry Center in New York auf, wo er bereits Ende der 50er Jahre Gedichte vorgetragen hatte. Unter anderem stellte er vor: »There! Done! Dear Old Friend«, »What Bravado Impelled Me«, »You Plagued Me Like The Moon«, »Now It Is Time For Edith To Run« (aus Buch I und II des Romans *Beautiful Losers*) sowie die Texte »You All In White«, »For E. J. P.«, »You Have The Lovers« und »The Stranger Song«.

Als Cohen hörte, daß die Regisseure Otto Preminger, Ulu Grosbard und Alexander Cohen zusammen mit der Firma MCA planten, *Beautiful Losers* zu verfilmen – vermutlich waren sie beeindruckt durch die Erstauflage von 120 000 Exemplaren –, reagierte er enthusiastisch. Schließlich war er von dem Medium Film ungemein fasziniert; auch *Beautiful Losers* enthielt viele Filmzitate. Doch das Vorhaben scheiterte.

Noch im selben Jahr legte Cohen seinen Gedichtband *Parasites Of Heaven* vor, in dem Selbstanalyse und Vergangenheitsbewältigung einer unverhohlenen Egozentrik gewichen waren. In einem der sämtlich unbetitelten Texte schreibt er:

»Ich werde dir sagen, warum ich gern allein sitze: weil ich ein Sadist bin; deshalb sitzen wir gern allein, weil wir Sadisten sind, die gern allein sitzen [. . .] Und jetzt bist du in der mathematischen Abteilung deiner Seele, von der du behauptet hast, du hättest sie nie gehabt. Ich nehme an, daß dir das, und das gebrochene Herz, die Überzeugung eingibt, du hättest jetzt das gute Recht, loszugehen und die Sadisten zu zähmen [. . .] Selbst wenn wir unseren Fall sehr einleuchtend vortragen und alle, die unserer Meinung sind, uns zu Hilfe kommen, alle zusammen: wir wären trotzdem noch sehr wenige . . .«

Leonard Cohen hatte seinen Weg gefunden. Mochte er sich auch selbst über seine künftige Rolle noch im unklaren sein, so umschrieb sie Louis Dudek in seiner Anthologie *Poetry Of Our Time: An Introduction To Twentieth-Century Poetry Including Modern Canadian Poetry* zutreffend mit den Worten, Cohen gehöre »einer neuen Generation« an: »Einer Generation, die Avantgardisten, Straßen- und Kneipen-Musiker und Pop-Stars vereint. Einer Generation, die die Beatniks, die Beatles und die ›Boîtes à chanson‹ beinhalten wird. Einer Generation, die für Leonard Cohen wie prädestiniert zu sein schien, weil er sich keiner dieser Typologien zuordnen ließ und doch zu allen dazugehörte.«

Erwähnt man heute den Namen Leonard Cohen, fällt fast immer der Titel seines wohl berühmtesten und einflußreichsten Songs. Denn wie jede populäre Figur der Rockgeschichte, so hat auch Cohen seine »Hymne«; bei ihm heißt sie »Suzanne«. Von keinem Cohen-Song existieren mehr Coverversionen, und kaum ein Konzert, in dem ihn sein Autor nicht selbst vorträgt.

Die Episode, auf der der Text beruht, ist schon oft, aber nicht immer vollständig erzählt worden. Hinweise zur Entstehung des Songs finden sich in zahlreichen Interviews, die Cohen gegeben hat, aber auch auf der Cover-Rückseite seines Albums *The Greatest Hits* von 1975. Um die Pointe der Geschichte vorwegzunehmen: nicht um einen Song für Cohens (spätere) Liebe Suzanne Elrod handelt es sich, wie oft behauptet wurde, sondern um ein Lied für eine Tänzerin, die Cohen 1963 in Montreal kennenlernte. Der Nachname dieser »ersten« Suzanne lautete Verdal. Ihr ist der weniger bekannte Text »Suzanne trägt einen Ledermantel« gewidmet, den Leonard Cohen im Jahr 1963 schrieb und 1966 in *Parasites Of Heaven* veröffentlichte: die Hommage an eine Frau mit zahlreichen Amouren, in der die Gefahr beschworen wird, die von einer Femme fatale in Gestalt einer »Frau im Ledermantel« ausgeht.

Suzanne trägt einen Ledermantel.
Ihre Beine sind versichert durch viele Brücken, die sie hinter sich abbrach.

Ihre Waden sind prall wie Spinnaker
in voller Fahrt, hart vom Wippen im Takt der Musik,
jenseits der Koordinaten jedes Publikums.

Suzanne trägt einen Ledermantel,
denn sie ist kein Zivilist.
Nie schlendert sie leger die Ste. Catherine entlang,
denn mit jedem Schritt muß sie erlösen
die klumpfüßigen Mengen und über den Acker staken
voll riesiger Hagelkörner, die nie schmolzen,
ich meine den Friedhof.

Steht auf! Steht auf!
Suzanne geht vorbei.
Sie trägt einen Ledermantel. Sie hält nicht an,
um die Brüche zu bandagieren, zwischen denen sie hindurchgeht.
Sie darf nicht anhalten, sie darf kein
Geld bei sich haben.
Groß ist die Zahl der Mildtätigen.

Wenige dienen dem Flieder,
wenige heilen mit Dunst.
Suzanne trägt einen Ledermantel.
Ihre Brüste sehnen sich nach Marmor.
Der Verkehr stockt: Leute fallen aus
ihren Autos. Ihre geilsten Gedanken
sind nicht wild genug
um die ameisen-wimmelnde Kristallstadt zu bauen,
die sie zersplittern würde mit dem Klang ihrer Schritte.

Einen zweiten »Suzanne«-Text schrieb Leonard Cohen zur gleichen Zeit; auch diesmal diente ihm Suzanne Verdal als Vorbild. »Die Akkorde zu diesem Song waren mir klar, bis eine Frau ins Spiel kam«, gesteht der Autor. Die Urfassung seines populären Songs wurde jedoch nie veröffentlicht; erst der Text einer weiteren Version mit umgeschriebenen Passagen, die auf seiner Begegnung mit einer anderen Suzanne (Vaillancourt) basierten, erschien 1964 unter dem Titel »Suzannes Takes You Down« im Band *Flowers For Hitler*. In Liedform wurde »Suzanne« erstmals im Jahre 1966 in einer Coverversion von Judy Collins veröffentlicht.

Suzanne

Suzanne nimmt dich mit
an den Fluß dort, wo sie wohnt
du kannst die Schiffe fahren hören
du kannst die Nacht an ihrer Seite sein.
Und du weißt, sie ist halb verrückt
aber deshalb willst du bleiben
und sie gibt Orangen dir und Tee
der weither aus China kommt.
Und willst du ihr endlich sagen
nein, ich hab dir nichts zu geben

hebt sie dich in ihre Wellen
und der Fluß gibt dir die Antwort
du warst immer ihr Geliebter.

Und du gehst mit ihr auf Reisen
die man blinden Auges reist
und du weißt, sie kann dir trauen
denn du berührtest ihren makellosen Körper
mit deinem Geiste.

Jesus war ein Seemann
wenn er auf dem Wasser ging
und lange stand er da und blickte
von einem einsamen Turm aus Holz
und als er sicher wußte
daß nur Ertrinkende ihn sehen
sprach er: Jeder wird ein Seemann sein
bis einst das Meer ihn freimacht
doch er selbst war schon zerbrochen
lang bevor der Himmel aufging
verachtet, fast menschlich
sank er in deine Weisheit wie ein Stein.

Und du gehst mit ihm auf Reisen
die man blinden Auges reist
und vielleicht wirst du ihm trauen
denn er berührte deinen makellosen Körper
mit seinem Geist.

Suzanne nimmt deine Hand
und sie führt dich an das Ufer
sie trägt Lumpenzeug und Federn
aus den Lagern der Heilsarmee.
Und die Sonne schmilzt wie Honig
auf der Madonna unseres Hafens
und sie zeigt dir, wo du suchen sollst
zwischen dem Abfall und den Blumen.
Da sind Helden in dem Seetang
da sind Kinder früh im Morgen
sie mühen sich um Liebe
sie werden sich für immer müh'n
und Suzanne, sie hält den Spiegel.

Und du gehst mit ihr auf Reisen
die man blinden Auges reist
und du weißt, sie wird dich finden
denn sie berührte deinen makellosen Körper
mit ihrem Geist.

Die wahre Geschichte von »Suzanne« ist die von Suzanne Vaillancourt, Berufstänzerin und Frau des Montrealer Bildhauers Armand Vaillancourt, deren »makellosen Körper« Leonard Cohen tatsächlich nur »mit seinem Geist« berührt hat, denn zwischen ihm und Suzanne stand ihr Ehemann. Suzanne bat Leonard zwar in ihre Wohnung, doch lediglich, um ihm »Tee und Orangen« aufzutischen. Der Fluß, der »die Antworten« gibt, fließt durch St. Marks; man konnte ihn von Suzannes Fenster aus sehen. Entschlüsselt man die Bilder, die Cohen in diesem Song verwendet, erweist sich sein Welthit somit als eine einzige Liebeserklärung und ein Extrakt aus den vielen Erinnerungen, die Cohen mit dieser Frau verbindet. Das Bild von Jesus als Seemann, das zunächst nicht in die Liebesgeschichte zu passen scheint, steht für Cohens Heimatstadt, die für ihn untrennbar mit seiner jüdischen Herkunft verbunden ist. Von welcher Bedeutung »Suzanne« für Leonard Cohen bis heute ist, dokumentiert die Tatsache, daß der Song auf drei seiner Alben – *The Songs Of Leonard Cohen*, *Greatest Hits* und zuletzt *Cohen Live* (1994) – auftaucht.

Mit der Veröffentlichung des Textes verlor Cohen jedoch zugleich alle Rechte an dem Song. *Ich unterschrieb ein Stück Papier, das ich nicht sorgfältig genug durchgelesen hatte. Ich vertraute dem Typ nur, weil er lange Haare und Stiefel trug.* Reich wurde Cohen durch »Suzanne« also nicht. Erst Anfang der 90er Jahre, nachdem die Urheberrechtsfrist abgelaufen war, konnte er sie zurückgewinnen, um den Song nach 25 Jahren erstmals wieder als Urheber zunächst in seinem in deutscher Sprache nicht erschienenen Buch *Stranger Music – Selected Poems And Songs* (1993) zu veröffentlichen.

Nach der um 1968 zu Ende gegangenen Beziehung mit Marianne Jensen lebte Cohen bis Ende der 70er Jahre mit Suzanne Elrod zusammen, seiner zweiten großen Liebe und Mutter seiner beiden Kinder Adam und Lorca. »Er kam herein, und ich ging gerade hinaus«, erinnert sich Suzanne Elrod an ihre erste Begegnung irgendwo in Manhattan. Schon kurze Zeit später zog sie zu ihm ins Chelsea Hotel. Für beide war es eine Zeit der Veränderungen. Suzanne, damals gerade neunzehn, wollte weg von den Kneipen, und Cohen wollte weg von den Drogen. »Deshalb ging er nach seiner New Yorker Zeit auch wieder zurück nach Montreal zu seiner Mutter, die großen Einfluß auf ihn hatte. Das einzige, was mich an ihr störte, war, daß sie mich immer Marianne rief. Danach gingen wir nach Tennessee. Es war sehr romantisch. Ich war ihm ergeben. So lange es jemanden wie ihn im Universum gab, war es für mich okay, hier zu sein. Aber wir stellten fest, daß unsere Beziehung wie ein Spinnennetz konstruiert war.«

Das Fundament der in ihrer Kompliziertheit nie genauer beschriebenen Beziehung bestand aus einem Arrangement: Man lebte und arbeitete zusammen in Montreal und auf Hydra; Leonard schrieb Songs und Gedichte, Suzanne arbeitete für ein Magazin und verfaßte den Anfang eines pornographischen Romans, »nur um uns zum Lachen zu bringen«. Verheiratet war Cohen jedoch weder mit Marianne noch mit Suzanne oder einer anderen Frau. Er steckte Suzanne lediglich einen jüdischen Hochzeitsring an den Finger, ein offizielles Papier unterschrieb er jedoch nie.

1978, im selben Jahr, als Cohens Mutter starb, endete auch seine Beziehung zu Suzanne, die mit den Kindern nach Avignon zog. Sprach man ihn zu dieser Zeit auf die Trennung an, antwortete er nur, daß niemand mit ihm leben könne. *Ich werde nie wieder mit jemandem zusammenleben. Ich habe kein Privatleben mehr.*

Von Journalisten nach zwölf Alben und fast dreißigjähriger Zugehörigkeit zum Musik-Business noch immer darauf angesprochen, weshalb er damals den Schritt vom Schriftsteller zum Singer/Songwriter getan habe, gibt Leonard Cohen immer wieder dieselbe Antwort. *Es hatte vor allem wirtschaftliche Gründe. Mitte der 60er Jahre war mir klar, daß ich mir meinen Lebensunterhalt nicht als Schriftsteller verdienen konnte. Nachdem ich* [das Buch] Beautiful Losers *veröffentlicht hatte, wurde es von den Kritikern zwar wunderbar besprochen; trotzdem löste es nicht das Problem, daß ich auf dem Existenzminimum lebte. Die einzige Möglichkeit, mit meinen Texten mehr Menschen zu erreichen, war die Vorstellung, nach Nashville zu gehen und ein Country & Western-Sänger zu werden.*

Mit dieser düsteren Aussicht blieb Leonard Cohen 1966 in New York hängen. Seine »Wohnung« befand sich in Manhattan auf der 23. Straße; die Nummer des roten Backsteinhauses mit seinen Erkern und gußeisernen Balkongittern lautete 222. Cohen bewohnte ein Zimmer auf der sechsten der insgesamt elf Etagen des Chelsea Hotel.

Wer heute in New York auf Leonard Cohens Spuren wandelt und dabei das Chelsea aufsucht, trifft auf ein Hotel, das im Jahr 1884 das höchste Gebäude von New York war und bis heute nur 100 seiner insgesamt 400

»Einheiten« vermietet. Die nobelste ist eine Luxussuite (Nr. 600), die mit Parkettboden und einem Kamin aus Bronze ausgestattet ist und in der heute zwei homosexuelle Autoren leben, die unter dem Pseudonym Judith Gould Liebesromane verfassen. Wer im Chelsea unterkommen will, muß schon ein einfaches Zimmer mindestens zwei Monate im voraus buchen. Bezahlt wird dabei weniger für das Zimmer, als für die Berühmtheit des Hotels.

Berühmt war das Chelsea schon zu jener Zeit, als Mark Twain eines der Zimmer bewohnte. Auch die Autoren Thomas Wolfe und Arthur Miller lebten und arbeiteten dort. Miller, der sechs Jahre im Chelsea verbrachte, beschrieb die legendäre Künstlerherberge mit den Worten: »Das Hotel gehört nicht zu Amerika; dort gibt es keinen Staubsauger, keine Regeln, keine Scham ... Es ist die Bastion des Surrealen. Ich stieg vorsichtig über blutverschmierte Betrunkene, die auf dem Gehweg lagen – und war glücklich. Ich beobachtete, wie die neue Zeit, die sechziger Jahre, mit blutunterlaufenen jungen Augen in das Chelsea taumelten ...« Leonard Cohen hat sich über das Hotel nicht weniger liebevoll geäußert: *Es ist eines der Hotels, die das haben, was ich an Hotels am meisten liebe. Ich liebe Hotels, in denen ich ohne Aufsehen morgens um vier einen Zwerg, einen Bären und vier Frauen aufs Zimmer mitnehmen kann.*

Jedes Chelsea-Zimmer hat seine eigene Geschichte. In Nr. 205 fiel der walisische Dichter Dylan Thomas – nach dem sich Bob Dylan angeblich benannt hat – nach dem Genuß von 18 Glas Whisky in ein tödliches Koma. Nr. 100 bewohnten einst Sid Vicious, der Bassist der Punk-Band The Sex Pistols, und seine Freundin Nancy Spungeon. Spungeon wurde am Morgen des 11. Oktober 1978 erstochen im Badezimmer aufgefunden; der wegen Mordverdachts verhaftete Vicious starb kurz darauf an einer Überdosis Heroin. Auch Jimi Hendrix lebte, liebte und übte hier – nicht zuletzt mit Drogen. Janis Joplin pflegte hier nicht nur das Verhältnis mit ihrem heißgeliebten Southern Comfort, sondern ließ sich auch auf eine kurze Affäre mit Leonard Cohen ein. Die Liste der Größen aus der Literatur-, Musik- und Kunstszene, die im Chelsea ihr Quartier aufschlugen, ist endlos. Auch Leonard Cohen gehört dazu; mit seinem Song »Chelsea Hotel No. 2« hat er seinem damaligen Quartier ein Denkmal gesetzt.

Der Song ist jedoch nicht im Chelsea entstanden. *Ich begann ihn 1971 in einem polynesischen Restaurant in Miami und beendete ihn in Asmara, Äthiopien, kurz bevor dort der Putsch stattfand. Ron Cornelius half mir, die ursprüngliche Version umzuschreiben*, merkt Leonard Cohen in »Some Notes On The Songs« seines *Greatest Hits*-Albums von 1975 an. Cohen nahm den Song erst für sein '74er Album *New Skin For The Old Ceremony* auf, brachte ihn aber live bereits am 23. März 1972 in seinem dritten Konzert in der Londoner Royal Albert Hall zu Gehör.

»Chelsea Hotel No. 2«? Der Titel provoziert die Frage, ob es auch ein »Chelsea Hotel No. 1« gibt. Die Antwort lautet: Nein, nicht »offiziell« jedenfalls! Doch so, wie Bob Dylan von Konzert zu Konzert nicht nur seine *song list*, sondern auch die jeweilige Interpretation ändert und damit seine Fans in Spannung versetzt, trägt auch Leonard Cohen seine Songs nicht selten in sehr unterschiedlichen Versionen vor, mit zusätzlichen Versen oder geänderten Zeilen. Die nachfolgend wiedergegebene, vom Original abweichende Version ist allgemein als »Chelsea Hotel No. 1« bekannt und unter anderem in Tony Palmers Tournee-Film *Bird On A Wire* von 1972 zu hören. Auch in seinem Frankfurter Konzert vom 6. April 1972 trug Leonard Cohen diese Version vor. (Die mit * gekennzeichneten Zeilen entsprechen der auf dem Album *New Skin For The Old Ceremony* veröffentlichten »No. 2«-Version.)

Chelsea Hotel No. 1

*I remember you well in the Chelsea Hotel**
*You were taking so brave and so free**
*Giving me head on the unmade bed**
*While the limousines wait in the street**

*(And) Those were the reasons and that was New York**
*I was running for the money and the flesh**
*That was called love for the workers in song**
*Probably (It) still is for those of us/them left**

*But You got away, didn't you baby**
You just threw it all to the ground
You got away, they can't pay you now
For mailing your sweet little song

*I remember you well in the Chelsea Hotel**
In the winter of sixty-seven
My friends of that year they were all trying to go queer
And me I was just getting even
And me I was just getting even
And me I was just getting even

*(And) those were the reasons and that was New York**
*I was running for the money and the flesh**

*That was called love for the workers in song**
*Probably (It) still is for those of us/them left**

*But you got away, didn't you baby**
You just threw it all to the ground
You got away they can't pay you now
For making your sweet little sound

Drogen spielten in Leonard Cohens Jahren auf Hydra und in New York eine große Rolle. *Heute lebe ich nicht mehr in der Agonie, die meine jungen Jahre überschattete*, erklärte er 1988. *Mit den Drogen hatte ich mein physisches und elektro-chemisches Gleichgewicht verloren. Meine Drogenerfahrungen hatten zwar auch ihre guten Seiten, aber in physischer Hinsicht wirkten sie sehr destruktiv. Ich war froh, als ich von ihnen loskam und mich erholen konnte. Zu viele meiner Bekannten sind an ihnen gestorben. Nach dem Drogenkonsum – auch dem der milden wie Amphetamine und Marihuana – braucht man lange, um sich zu erholen, manchmal 10 bis 15 Jahre, wenn man empfindlich ist.*

Kunst und Drogen gingen in den 60er Jahren – ähnlich wie bis heute Kunst und Geld – Hand in Hand. *Aber inzwischen scheinen die Leute es müde geworden zu sein, nur zu tanzen. Sie wollen sich wieder hinsetzen und zuhören, ähnlich wie in den 60ern*, zieht Cohen dreißig Jahre später Bilanz und fügt hinzu: *Heute spielen Drogen für mich keine Rolle mehr . . . Aber vielleicht werden sich Stimmen erheben, die eine andere Sichtweise proklamieren. Aber ich denke, dies wird nicht durch Songs geschehen. Bob Dylan hat es auf eine politische Weise getan, Joni Mitchell auf eine persönliche. Ich sehe es zur Zeit so, daß eine Menge Drogen um uns herum kursieren, die recht interessante Effekte bewirken. Vielleicht geht es genau darum, einfach nur Effekte zu erzielen, egal, welcher Drogen sich die Kultur bedient. Ich möchte zu Drogen keine Stellung beziehen, aber es scheint, daß sie eine bestimmte Art von Ausdruck erzeugen, wobei einige von ihnen zu großartigen Ergebnissen führen können. Psychedelika erzeugen ganz unterschiedliche Arten von Visionen, die offensichtlich in Beziehung zu religiösen Visionen stehen. Egal, ob Drogen, wie Terence McKenna glaubt, nur unter Anleitung im Rahmen einer zeremoniellen Selbsterforschung genommen werden sollten oder, wie nach Collins' Meinung, als eine Art* »recreational sport« *– egal, wie man zum Gebrauch psychedelischer Drogen steht:* it's got to have a real effect if the thing takes off. *Ich finde, man vergißt, daß Acid der wahre Brennstoff der Sechzi-*

ger war. Es war diese Vision, die Leute befähigt hat, die Energie zu bündeln, um die Oberfläche der Dinge zu zerstören, zumindest in ihrem eigenen Kopf. Viele von ihnen haben dabei nur ihren Geist zerstört, und das äußere Gefüge ist weitgehend intakt geblieben.

Ich denke, daß ich mit allen Drogen experimentiert habe, gestand Cohen auch in einem Gespräch mit dem englischen Journalisten Adrian Deevoy. *Speed mochte ich sehr. Kokain habe ich nie sonderlich geschätzt. Ich habe es versucht, aber ich mag es grundsätzlich nicht, irgend etwas durch die Nase einzunehmen. Aber darüber möchte ich nicht viel sagen. Ich möchte die Jugend nicht dazu animieren.*

Doch zurück ins Jahr 1966, als Cohen ins Chelsea einzog. Jugendrevolte, Individualismus und musikalische Experimentierfreude waren die Kennzeichen jener Zeit. Die Popmusik hatte seit ihren Anfängen in der Nachkriegszeit bedeutende Fortschritte gemacht. Die von akustischen Gitarrenklängen dominierten Genres Blues, Country und Folk waren zunehmend in den Hintergrund getreten, Rhythmus und Elektrizität des Rock'n'Roll hatten immer mehr an Einfluß gewonnen. Bill Haley und Elvis Presley hatten mit ihren Millionenhits »Shake, Rattle and Roll« (1954) beziehungsweise »Hound Dog« (1956) gute Vorarbeit geleistet. Die beiden Künstler hatten das Startsignal zum Aufbruch einer Jugend geliefert, die bis dahin bloß als »noch nicht erwachsen« und somit auch als »nicht kompetent« angesehen wurde. Die neuen Klänge, die sich von der Musik älterer Generationen grundlegend unterschieden, vermittelten den Jugendlichen ein eigenes Lebensgefühl und Selbstbewußtsein; sie wurden zum Soundtrack einer Generation, in der nicht zuletzt die afroamerikanische Kultur und die bis dahin vom Musikmarkt der Weißen ausgegrenzten Schwarzen eine Rolle spielten. Zuvor hatten Songs, die von schwarzen Musikern geschrieben und gespielt wurden, nur in den Coverversionen weißer Musiker eine Chance gehabt. Neben Rock'n'Roll-Idolen wie Bill Haley, Elvis Presley, Buddy Holly und Jerry Lee Lewis war es nun auch einem Chuck Berry, Little Richard oder Fats Domino gelungen, die dem Rock'n'Roll zuströmenden Massen zu begeistern. Rock'n'Roll, meist in der Standardbesetzung Schlagzeug, Bass-, Rhythmus- und Leadgitarre gespielt, erregte die Jugend durch seine schnellen Rhythmen, seine unter konservativen Moralhütern als »obszön« verschrieenen Tanzbewegungen, einen betont »schmutzigen« Gesang und nicht zuletzt durch Textinhalte, die sich oft auch den Anliegen unterdrückter Minderheiten widmeten, zu denen sich große Teile der weißen Jugend zählten. Mit der »Tutti Frutti«-Zeile »A-wop-bop-a-loo-bop-a-lop-bam-boom« hatte Little Richard ihnen allen einen Schlachtruf geliefert.

Authentische Rock'n'Roller, wie man sie in den USA seit den späten 50er Jahren kannte, gab es im Europa der Sechziger allerdings kaum; der englische »Presley« Cliff Richard war kaum mehr als eine blasse Kopie seines Vorbilds. Aber Liverpool wurde rasch zum europäischen Zentrum der neuen Populären Musik. Die Infrastruktur der Stadt ähnelte jener der amerikanischen Schwarzen-Ghettos, und aufgrund ihrer hohen Kriminalitäts- und Arbeitslosenrate suchten viele Jugendliche ihr Heil im Rock'n'Roll, die einen als Musiker, die anderen als deren Publikum.

Die 60er Jahre sind zweifellos die aufregendste Zeit in der Geschichte der Popmusik; damals wurden die Grundsteine für den Pop der 70er und 80er Jahre gelegt. Nach Elvis Presley & Co. betraten neue Idole die Szene, allen voran die Beatles, die nach ihren noch der Rock'n'Roll-Tradition verhafteten Anfängen ab Mitte des Jahrzehnts mit Texten, die zu Recht als Protest gegen Gewalt und kleinbürgerliches Denken verstanden wurden, dafür sorgten, daß man Popsongs mit einemmal zuhörte. Der Text eines Songs wie »All You Need Is Love« war genauso wichtig wie die Musik.

Bands wie die Beatles oder die Rolling Stones verschafften sich aber nicht nur mit ihrer Musik und ihren Texten, sondern auch durch die Art ihres Vortrags Gehör. Härtere Rhythmen, gitarrenlastige Arrangements und ein Gesangsstil, aus dem der Protest gegen das spießige Kleinbürgertum sprach, luden die auch in politischer Hinsicht erwachende Jugend zur Identifikation ein. Großen Einfluß hatte natürlich Bob Dylan, der als Folksänger auf den Pfaden des legendären Woody Guthrie begonnen hatte. Als Dylan auf dem Newport Folk Festival 1965 seine Gitarre an einen Verstärker anschloß, galt er seiner alten Gefolgschaft als Verräter; weitsichtigere Kritiker priesen ihn als den »Erfinder des Folk-Rock«. Ähnlich experimentierfreudig war Frank Zappa, der mit seinen Mothers of Invention *die* Freak-Band schlechthin aus der Taufe hob. In den Londoner Underground-Clubs begründete ein Quartett namens Pink Floyd mit seinem von elektronischen Effekten durchsetzten Psychedelic Rock ein neues Genre, und Bands wie Deep Purple – damals als angeblich lauteste Band der Welt im Guinness-Buch der Rekorde verzeichnet – experimentierten ebenso wie das Trio The Nice mit Elementen der klassischen Musik. Ziel und Motiv waren dabei stets der Protest gegen das Establishment und der Ruf nach Mitbestimmungsrechten für die Jugend, wie er sich auch in der Studentenrevolte von 1968 widerspiegelte. In Musik, Mode und Haartracht brachte die Jugend ihre Auflehnung gegenüber den »Alten« zum Ausdruck.

Ihren kulturellen Höhepunkt erreichte die Revolte mit der Hippie-Bewegung, die gegen den Vietnamkrieg ebenso protestierte wie gegen die sozialen Ungerechtigkeiten der westlichen Industriegesellschaften. Leonard Cohen beschreibt sie als *meist recht friedliche junge Leute, mit langen Haaren, ausgeflippter Kleidung und ohne richtigen Job, die mit der Gitarre in der Hand durch die Welt zogen und glaubten, mit Blumen im Haar, einem Lied auf den Lippen, der Botschaft von Toleranz, Liebe und Abkehr von materiellen Gütern und dem unvermeidlichen Joint die Welt verändern zu können.*

In der zweiten Hälfte der 60er Jahre fanden in Monterey und Woodstock die ersten großen Open-Air-Festivals statt, an denen nahezu alle namhaften Rock- und Folkmusiker teilnahmen, von Jimi Hendrix und Janis Joplin über Jefferson Airplane und The Who bis zu Country Joe McDonald und Joan Baez.

Zur selben Zeit jedoch entwickelte sich die Rockmusik zu einem riesigen Geschäft. All ihre Stilvarianten wurden rasch »genormt« und zu Schablonen, die nur noch dazu dienten, möglichst große Käuferschichten anzulocken.

Leonard Cohen hat sein eigenes Bild von dieser Zeit: *Das, was wir heute die 60er Jahre nennen, hat eigentlich nur 15 Minuten gedauert. Es war ein Moment, der den Anschein erweckte, als habe die Welt einen Sinn für »Freizügigkeit« entwickelt. Aber das änderte sich sehr schnell mit dem Einzug des Kommerzes. Sogar die Medien ließen sich davon einnehmen, und ich habe Auseinandersetzungen mit Theoretikern gehabt, die die Fahnen der 60er Jahre weiter – vergeblich! – hochhalten wollten. Meiner Ansicht nach waren viele Ideen sehr unrealistisch und gegen eine organisierte Gesellschaftsform gerichtet, vor der ich immer Respekt gehabt habe.*

Vielleicht sind es aber gerade »organisierte« Gesellschaftsformen, die ein Geschichtenerzähler wie Leonard Cohen braucht, weil seine mitunter anarchischen Geschichten erst vor einem solchen Hintergrund ihre volle Wirkung entfalten. Die Geschichte, die hinter Cohens Song »Chelsea Hotel No. 2« steckt, gibt der Autor auch 25 Jahre, nachdem er sie erstmals live vorgetragen hat, noch immer gern zum besten, sei es in TV- und Film-Dokumentationen oder in Konzerten wie jenem, das am 10. Mai 1993 in der Londoner Royal Albert Hall stattfand und in dem er sie besonders ausführlich geschildert hat.

Es ist über tausend Jahre her, als ich in diesem sehr guten Hotel in New York City wohnte, wo ich am späten Nachmittag – das war für mich damals so gegen fünf Uhr morgens – im Aufzug immer dieser Frau begegnete. Ich drückte auf den Knopf des Aufzugs und hielt es für ein großes Mysterium. Manchmal drückte ich sogar auf den richtigen Knopf, die einzige Technologie, die ich damals beherrschte. Ähnlich empfand es wohl auch diese Frau, Janis Joplin. Obwohl ihr in ihren Konzerten Tausende von Menschen zu Füßen lagen, schien sie dieser Aufzug ebenso zu faszinieren wie mich. Nach ungefähr einer Woche gab ich meinem Herzen einen Stoß und fragte sie: »Verzeihen Sie meine Kühnheit, aber darf ich fragen, ob Sie jemanden suchen?« »Ja, ich suche Kris Kristofferson«, sagte sie, und ich erwiderte: »Lady, Sie haben Glück, ich bin *Kris Kristofferson.« Das war zu einer Zeit, als man es damit nicht so genau nahm. Und obwohl sie wußte, daß ich etwas kleiner als Kris Kristofferson war, spielte sie das Spiel mit. Und die Beziehung nahm ihren schicksalhaften Gang. Sie hat nie erwähnt, daß ich nicht Kris Kristofferson war. Vielleicht* war *ich in diesem Moment Kris Kristofferson; bis dahin hatte ich jedenfalls nie Cowboy-Stiefel getragen. Ein paar Jahre später saß ich in einem polynesischen Restaurant in Miami – ein Ort, den ich niemandem empfehle. Aber das ist eigentlich überall so in Miami Beach: man bekommt seine Drinks in Kokosnüssen serviert; den tieferen Sinn habe ich nie verstanden. Während ich in Erinnerungen schwelgte, wurde mir Janis plötzlich unheimlich gegenwärtig, und ich begann den Song zu schreiben. Eigentlich tut es mir leid, daß ich diese Geschichte immer mit Janis Joplin verbinde. Ich wollte nie indiskret sein und meine intimen Erlebnisse mit einer Frau nach außen tragen.*

Ebensowenig wie Informationen über Leonard Cohens Affäre mit Janis Joplin nach außen drangen, sind Einzelheiten über seine Begegnung mit der Sängerin Nico an die Öffentlichkeit gelangt. Erst in einem Gespräch, das Cohen 1994 mit Joe Walsh führte, äußerte er sich über die ehemalige Velvet-Underground-Chanteuse, die dem Chelsea Hotel ihr erstes Solo-Album gewidmet hatte (*Chelsea Girl*, 1967). Cohen erinnert sich an die »düstere Drogenprinzessin« (New Musical Express) aus dem Umfeld von Lou Reed und John Cale wie an einen Koitus interruptus: *In New York und vor allem im East Village, wo die verrücktesten Typen herumhingen, hielt man mich anfangs sicher für sehr provinziell. Trotzdem landete ich eines Tages im »Dome«-Club, wo eine wunderschöne blonde Frau mit einem Typ, der sie auf der Gitarre begleitete, sang. Die Frau war Nico, und der Typ hieß Jackson Browne. Ich wußte damals nicht, wer sie war. Ich wußte nicht, daß schon Dylan und Lou Reed für sie komponiert hatten. Aber ich mußte sie kennenlernen, das wußte ich. Ich arrangierte was, und nach fünf Minuten ließ sie mir die Nachricht zukommen, ich solle es vergessen; sie sei nur an jüngeren Männern interessiert, würde mich aber gern als Freund haben. Und so sind wir Freunde geworden.*

Mit der Freundschaft kamen jedoch sogleich auch Gerüchte auf. *Ich tat alles, um sie für mich zu interessieren. Aber sie erwiderte meine Verliebt-*

heit nicht; nur unsere Freundschaft wurde enger... Ein paar Jahre später – ich war wieder im Chelsea abgestiegen – traf ich sie an der Bar. Zu dieser Zeit war das Chelsea nicht ungefährlich. Dealer und Zuhälter gaben sich die Klinke in die Hand. Außerdem war kurz zuvor ein Mord geschehen, so daß überall Polizisten herumliefen, die nach dem Mörder suchten. Wir hingegen unterhielten uns über die alten Zeiten. Und als die Bar schloß, schlug Nico vor, oben auf dem Zimmer weiterzureden. Ich wußte nicht, ob es der Drink war oder sonstwas, jedenfalls ging ich mit. Oben legten wir uns aufs Bett und redeten. Wir waren uns sehr nah, und irgendwann begann ich sie zu streicheln – ich glaube, an ihrer Schulter. Plötzlich fuhr sie auf, schrie mich an und hörte nicht mehr auf damit. Genauso plötzlich sprang die Tür auf. Zwanzig Polizisten standen im Zimmer, und alle dachten, ich sei der gesuchte Mörder.

Denkt man vor dem Hintergrund dieser Anekdote noch einmal über die Zeile »*You told me again you preferred handsome men*« aus Cohens »Chelsea Hotel«-Song nach, der meist mit Janis Joplin in Verbindung gebracht wird, kann man aus ihr auch eine Anspielung auf Nico herauslesen. Leonard Cohen selber, darauf angesprochen, bestreitet dies nicht.

Mit der allmählich in Mode kommenden Popmusik und den vielen Musikern, die in kleinen Bars, Cafés und Kneipen auftraten, schien die Zeit reif zu sein für Leonard Cohens Wandel vom Literaten zum Songpoeten. Zugute kam Cohen dabei, daß Bob Dylan bereits den Weg geebnet hatte, indem er seit Beginn der 60er Jahre dem Protestsong entscheidende Impulse gegeben hatte und mitverantwortlich war für den Abschied vom traditionellen Folk-Song. Wenn damals ein Kritiker des Rolling Stone schrieb, Dylan habe in den Jahren 1965 und 1966 die Rock-Geschichte revolutioniert, so war dies in zweierlei Hinsicht zu verstehen. Zum einen hatte Dylan seit seinem ersten Erscheinen im Jahr 1961 der Populären Musik durch seine Texte dazu verholfen, daß sie auch von Intellektuellen zur Kenntnis genommen wurde; zum anderen war er mit seinem Auftritt in Newport zum Vorreiter aller künftigen Folkrocker geworden.

Judy Collins, neben Joan Baez die zweite herausragende Gestalt des US-Folkrock der 60er Jahre, unterstützte Leonard Cohen auf ganz besondere Weise. Die 1939 in Seattle/Washington geborene Sängerin, die ihre Karriere 1955 in der Folk-Tradition begonnen hatte und sich später am französischen Chanson orientierte, konnte sich zwar als Singer/Songwriterin nie etablieren; dafür nahm sie sich als Interpretin wie kaum eine zweite der Songs junger Songwriter an. Leonard Cohen und auch Joni

Mitchell haben ihr viel zu verdanken. »Ich glaube«, erklärte Collins 1967, »daß unsere Massengesellschaft ihren besten und wahrhaftigsten Ausdruck in der Popmusik gefunden hat. Und ich versuche stets Lieder zu finden, in denen man das Wesen unserer Gesellschaft wie in einem Spiegel erkennen kann.«

In finanzieller Hinsicht noch immer nicht völlig auf dem Trockenen, zog es Leonard Cohen im Jahr 1966 mit etwas Geld, das er sich von seinem Freund Robert Hershorn geliehen hatte, nach Nashville. Er wollte, wie bereits erwähnt, »Country & Western-Sänger« werden. Doch dann blieb er im New Yorker Chelsea hängen, in einem kleinen Zimmer mit zwei Einzelbetten, von denen eines für seine Gitarre reserviert war. Ein Glücksfall, der seinem Leben eine neue Wendung gab, denn in New York machte ihn die ebenfalls in Montreal geborene Mary Martin, Assistentin von Bob Dylans damaligem Manager Albert Grossman, mit Judy Collins bekannt. »Ich fühlte, daß wir in vielen ungewöhnlichen Situationen sehr intim waren, aber nicht im Sinne eines Paars«, erinnert sich Judy Collins an ihre Zeit mit Cohen. In ihrem Wohnzimmer sang er ihr einige seiner Songs vor.

Ich traf sie damals, als ich durch New York kam, um nach Nashville zu gehen. Ich lernte sie kennen, weil mich Mary Martin ihr vorstellte. Ich spielte ihr einige Songs vor, die sie zu Anfang nicht besonders mochte. Aber irgendwie fand sie dann doch Gefallen an ihnen und sagte: »Weißt du, wenn du wieder etwas geschrieben hast, dann ruf mich an!« Als ich »Suzanne« fertig hatte, rief ich sie von Montreal aus an und sang es ihr am Telefon vor.

Noch im selben Jahr erschien der Song auf Judy Collins' Album *In My Life*, und schon im Jahr darauf nahm sie für ihre nächste und bis heute bestverkaufte LP *Wildflowers*, die sich 75 Wochen in den US-Charts behaupten sollte und auch den von Joni Mitchell geschriebenen Hit »Both Sides Now« enthielt, drei weitere Cohen-Songs auf: »Sisters Of Mercy«, »Priests« und »Hey, That's No Way To Say Goodbye«.

Judy Collins erinnert sich: »Leonard hatte noch keine Plattenaufnahme gemacht, als ich ihn traf. Er fing gerade erst an. Er sah sich nicht einmal als Sänger; er war geradezu das Gegenteil, er war sehr verschlossen. Trotzdem empfahl ich ihm zu singen, weil ich ihn mir als Sänger vorstellte. Ich hörte in ihm eine einzigartige charmante Musikalität – eine *große* Musikalität. Und so habe ich ihn dazu überredet, wofür er mir wohl heute noch nicht dankbar ist.« Auch an Cohens Auftritt vom 30. April 1967 in der New Yorker Town Hall, während des »Sane«-Konzerts gegen den Vietnamkrieg, das auch live im Radio übertragen wurde, erinnert sich Judy Collins noch gut. »Ich überredete ihn mit starken Argumenten, auf die Bühne zu kommen und mit mir zu singen. Es war eine Stadthalle oder so etwas. Dann schleppte ich ihn auf die Bühne und stellte ihn vor. All die Leute, die den Song ›Suzanne‹ bereits kannten – der Song war damals schon sehr populär! –, waren sehr gespannt, den wirklichen Leonard Cohen kennenzulernen. Und er kam heraus, stand da und begann das Lied zu singen. Ich weiß, daß er wie Espenlaub zitterte; ich sah seine Hände auf der Gitarre. Und dann schaffte er gerade mal die erste Strophe, als er innehielt, sich zu mir herumdrehte und sagte: ›Ich kann nicht weitermachen.‹ Und er verließ die Bühne. Die Leute waren begeistert. Es war sehr ›Avantgarde‹, so etwas zu tun – lange bevor Philip Glass so etwas eingefallen ist. Egal, er kam zurück und beendete das Lied, und es wurde ein großartiger Auftritt, auch für ihn als Sänger, der er niemals sein wollte und ab diesem Moment dennoch war – ein Sänger, der begeistern kann. Ich bin mir sicher, daß er nicht viel darüber nachdenkt, aber wenn er es tut, ist er mir dafür bestimmt nicht besonders dankbar.«

Ein ähnlicher Auftritt fand kurz darauf auf dem Rheingold Music Festival im New Yorker Central Park statt. Doch der folgenreichste war wohl jener vom 16. Juli 1967 auf dem Newport Folk Festival. Zehn Jahre bevor im Jahr 1969 das »Love, Peace & Music«-Festival von Woodstock zum Vorbild für sämtliche Open Air-Veranstaltungen der Popmusik wurde, hatten sich 1959 zum ersten Mal Künstler, die über Jahrzehnte aufopferungsvolle Pionierarbeit geleistet hatten, auf dem ersten Newport Folk Festival versammelt. Um in einem breitgefächerten Programm ihre Musik einem ebenso breiten Publikum zu präsentieren, versuchten sie das 1954 begründete Newport Jazz Festival in Newport, Rhode Island, durch eben dieses 1. Newport Folk Festival noch attraktiver zu machen. Zur Stilrichtung des Jazz kamen die des Blues und Folk hinzu. Das von George Wein und Albert Grossman initiierte Festival sollte alljährlich eine Reihe populärer Künstler und Newcomer präsentieren. John Lee Hooker, Pete Seeger und die damals erst 17jährige und nahezu unbekannte Joan Baez waren die Gäste. Im Jahr darauf platzte das Festival mit über dreißig Solisten und einem guten Dutzend Gruppen schon aus allen Nähten, wurde aber nach Tumulten, zu denen es während des Jazz Festivals wenige Wochen später kam, zusammen mit diesem von den erschrockenen Behörden für zwei Jahre auf Eis gelegt. Beim dritten Festival dieser Art im Jahr 1963 zählten die Veranstalter schon über 40 000 Zuschauer, 1964 waren es 70 000 und 1965 über 80 000. Etwa ebenso viele fanden sich 1967 ein, als neben dem Namen Joan Baez auch der von Leonard Cohen auf den

Plakaten stand. »Cohen war äußerst nervös«, erinnert sich auch sein Anwalt Marty Machat. »›Ich kann nicht singen, ich bin kein Sänger‹, hatte er mir noch kurz vor dem Auftritt hinter der Bühne gesagt, und er war kurz davor, den Auftritt abzusagen.«

Leonard Cohen selbst erklärt dazu: *Ich erinnere mich, daß ich zu meinem Anwalt sagte: »Weißt du, ich gerate in Panik; ich weiß nicht, was ich hier soll.« Und er sagte: »Keiner von euch kann gut singen. Wenn ich einen guten Sänger hören will, gehe ich in die Metropolitan Opera.« Das war damals für uns alle irgendwie die Einstellung schlechthin. Wir hielten uns alle nicht für Sänger, wirklich! Wir hatten keine musikalischen Standards. Ich fand, es hatte etwas mit Wahrheit zu tun, daß man seine Geschichte erzählt und daraus einen Song macht, dem die Leute genauer zuhören als der Geschichte.*

Das Publikum, das Cohen bereits vor dem Auftritt bejubelte, brach nach seinem Konzert in Beifallsstürme aus. Der Auftritt, bei dem er auch »Suzanne« vortrug, gilt als Cohens Eintritt in die Welt der Populären Musik.

John Hammond, Blues-Produzent und Talentsucher bei Columbia Records, der schon mit Count Basie gearbeitet und Bob Dylan produziert hatte und der später auch Bruce Springsteen und Patti Smith fördern sollte, meinte in Cohen einen zweiten Bob Dylan zu erkennen. Er war der Ansicht, wenn ein Sänger zum Dichter werden könne, könne ein Dichter auch zum Sänger werden. Auf seiner Suche nach dem »neuen Dylan« wurde Hammond indirekt von Judy Collins unterstützt, die Cohen mehr und mehr in die Pop-Szene New Yorks einführte. Sie stellte ihn Bob Dylan, Andy Warhol, Lou Reed und der Clique um The Velvet Underground und Nico vor. Angesichts dieser Erfahrungen wollte Cohen so schnell wie möglich eine Platte machen, *um etwas Geld zu verdienen, das ausreichte, um bis zum Ende meines Lebens Bücher zu schreiben. Statt dessen lebte ich fortan in Hotels, in denen ich mit dem Kopf gegen die Wand lief, um die richtigen Akkorde zu finden.*

Tatsächlich betrachtete Cohen seinen Einstieg in die Musik zunächst nur als einen »Ausflug«. *Ich sah es wirklich nur als eine Möglichkeit an, Geld zu verdienen, um damit das Leben eines Schriftstellers leben zu können. Es schien mir ein besserer Weg zu sein, als an der Universität Vorlesungen zu halten.* Und so ließ sich Cohen im September 1966 auf seinen ersten Plattenvertrag ein.

Bevor Leonard Cohen an die Arbeit zu seinem ersten Song-Album ging, erschien jedoch noch ein von der CBC 1966 in Toronto produziertes Album mit dem Titel *Canadian Poets 1*, auf dem neben Gedichten von

Earle Birney, George Bowering, Irving Layton, Gwendolyn MacEwen, John Newlove, Alfred Purdy und Phyllis Webb auch sieben Cohen-Poeme zu hören waren, die der Autor selbst rezitierte: »What I'm Doing Here«, »You Have The Lovers«, »Now Of Sleeping«, »Style«, »Two Went To Sleep«, »Nothing Has Been Broken« und »These Heroics«.

Außerdem kam 1967 unter dem Titel »Poen« ein vom National Filmboard Of Canada in Auftrag gegebener Film heraus, ein knapp zehnminütiger bescheidener Vorreiter der zwanzig Jahre später in Mode kommenden Video-Clips. Den »Soundtrack« bildete ein wieder von Cohen selbst vorgetragener Auszug aus »Buch 9« seines Romans *Beautiful Losers*, »My Mind Seems To Go Out On A Path«. Die das Gedicht illustrierenden Bilder waren eine Mischung aus surrealistischer Malerei sowie Kriegs- und Horror-Szenen. Für Regie und Schnitt zeichnete Josef Reeve verantwortlich, Produzent war Tom Daly.

Leonard Cohens Bühnenauftritte und seine von Judy Collins, Joan Baez und Noel Harrison (der im Oktober 1967 mit »Suzanne« ebenfalls einen Hit hatte) gecoverten Songs boten natürlich wie zuvor schon seine Bücher wieder Stoff für Kritik. Die an den harten Beat der Stones, Beatles, Who oder Jefferson Airplane gewöhnten Musikkritiker ebneten mit ihren teils zynischen Bemerkungen den Weg für Cohens künftiges Image als Musiker, das sogar seine eigene Plattenfirma dazu verleitete, ihn mit der Frage zu bewerben: »Hatten Sie je das Gefühl, sie müßten Schluß machen mit Ihrem Leben?« Zu monoton und zu melancholisch klängen seine Songs, hieß es.

Aber Cohen machte sich nichts daraus. *Ich habe keine Pläne, keine Strategie*, erklärte er auf die Frage nach dem tieferen Sinn seiner Lieder und bot mit der folgenden Aussage eine Art Schonkost-Erklärung für alle an, die mit seiner Musik mehr anfangen konnten als mit seinen Texten.

Ein Lied baut sich langsam im Herzen auf, zunächst bedeutet es noch nicht viel. Es braucht seine Zeit, um heranzuwachsen. Dann versucht man es zu singen und herauszufinden, was es bedeutet. Lieder handeln nicht von besonders vielen Dingen, die meisten handeln nur von einem: der Suche nach Liebe, dem Liebesabenteuer und dem Liebesschmerz. Es ist wie im Leben.

Nach dem Sinn meiner Lieder habe ich nie gefragt. Ich habe sie für mich selbst geschrieben. Ich weiß nicht, ob ich das je gewußt oder je gewollt habe, aber ich weiß, daß es eine Menge guten Willen auf der Welt gibt und Leute, die die Dinge im positiven Sinne zu verändern versuchen. Das ist auch der Grund, warum es auf dieser Welt nicht ganz so schlimm zugeht – weil es Menschen gibt, die unbeirrt ihre Arbeit machen und zeigen, daß es auch anders geht.

Bis Ende 1967 arbeitete Cohen im New Yorker »Studio E« der Firma Columbia Records, bis das schlicht und einfach *The Songs Of Leonard Cohen* betitelte Album am 26. Dezember 1967 in den Plattenläden stand. Als offizielles Veröffentlichungsjahr ist zwar auf der Hülle 1968 vermerkt, doch dies war lediglich eine Maßnahme der Plattenfirma, um das Album im folgenden Jahr noch als Neuerscheinung vermarkten zu können. Betreut wurde Cohen während der Aufnahmen von Produzent und Musical Director John Simon.

John Hammond hat mich bei meinen ersten Aufnahmen in vielerlei Hinsicht unterstützt. Er war sehr großzügig und gab mir nie das Gefühl des Beobachtetseins. Meistens saß er in der Ecke und las Zeitung, während ich die Songs spielte. Er vermittelte mir eine ungeheuer entspannte Atmosphäre. Ich konnte Fehler machen und die Songs mehrmals aufnehmen, ohne daß er nervös wurde. Ich hatte ihm einmal gesagt, daß ich zu Hause vor dem Spiegel geübt hatte, was ich damals aber eher auf meine narzißtische Ader zurückführte. Also ließ er im Studio einen Spiegel aufstellen, damit ich mich beim Spielen wohler fühlte. Die anderen Leute wußten nicht so recht, wie sie damit umgehen sollten; Hammond fand das aber gut. Und seitdem sind wir befreundet.

The Songs Of Leonard Cohen, insgesamt 42 Minuten und 14 Sekunden lang, enthielt 10 Songs: »Suzanne«, »Master Song«, »Winter Lady«, »The Stranger Song« und »Sisters Of Mercy« auf Seite eins, »So Long, Marianne«, »Hey, That's No Way To Say Goodbye«, »Teachers« und »One Of Us Cannot Be Wrong« auf Seite zwei. Begleitmusiker wurden auf der Plattenhülle nicht genannt, aber Recherchen haben ergeben, daß es sich bei zweien der an den Aufnahmen beteiligten Musiker um den Bassisten Willie Ruff und den Schlagzeuger Jimmy Lovelace handelte.

Ähnlich wie seine Gedichte spiegelten auch Cohens Lieder seine persönlichen Erfahrungen wider, die sich vorwiegend um Schmerz, Verlust, Angst, Schuld, Einsamkeit und Liebe drehten. In musikalischer Hinsicht hatte er auf üppige Arrangements verzichtet; Gesang und Gitarre standen im Vordergrund.

Es gibt Leute, die sagen, ich sei ein schwacher Musiker, weil ich nur drei oder vier Akkorde beherrsche und auf dieser Platte verwende. Sie glauben also, ich beherrsche nicht mehr. Aber das ist ein Trugschluß. [Anm. des Autors: »Tatsächlich beherrsche ich fünf«, witzelte Cohen später.] *Ich bin nur der Ansicht, daß wirkliche Stärke darin liegt, sich auf das Wesentliche zu beschränken.*

Auffällig an den metaphernreichen Songtexten des Albums ist, daß sich Leonard Cohen mit keinem Wort zu den Geschehnissen jener Zeit äußert;

immerhin lag damals die '68er Revolution in der Luft. *Ich bin dagegen, daß uns jemand erzählen muß, wann es uns gut und schlecht zu gehen hat. Dabei kommt es nicht darauf an, ob dies ein Politiker oder ein Pop-Star sagt. Wenn ich mein Herz öffne, um edelmütig zu sein, brauche ich keine Effektenbörse, die mir sagt, wann mein Herz hinauf- oder hinuntergeht. Ich halte auf dem Gebiet, auf dem ich mich bewege, mehr davon, die Regeln zu befolgen. Ich bin von der Natur beschenkt worden.*

Der »Sommer der Liebe« und die Pariser Studentenrevolte im Mai '68 berührten Leonard Cohen nicht sonderlich. *Schon 1963 hat Bob Dylan »The Times They Are A-Changin'« gesungen, aber geändert hat sich eigentlich nichts. 1973 habe ich ein Buch herausgebracht,* The Energy Of Slaves. *Eine Zeile darin lautet: »Ich bekämpfte die müden Lügner des Zeitalters des Aquarius.« Wenn man meine Songs als gegen den Krieg gerichtet liest, dann sind sie auch gegen den Frieden gerichtet. »Der Mann in Krieg und Frieden/Der Pfau schlägt sein tödliches Rad.« Ich war wohl kein großer Held im Sommer der Liebe. Ich glaube, meine Songs und Bücher machen deutlich, daß ich immer sehr skeptisch war. Trotzdem rechnet man mich ständig den 60er Jahren zu – ja, das finde ich lustig! Zu den 60ern habe ich nie gehört. Man hat mich auch nie nach Woodstock oder Monterey eingeladen. Ich war bei den Mächtigen nie gut angesehen. Ich war zu literarisch, ich war etwas älter als die anderen, ich paßte nicht in den philologischen Kanon. Es gab zwar ein Pop-Establishment, aber kein literarisches. Für Leute wie Bill Graham war ich uninteressant.* [Anm. des Autors: Bill Graham, am 25. Oktober 1991 bei einem Hubschrauberabsturz ums Leben gekommen, war in den USA *der* Rock-Konzert-Veranstalter der ersten Stunde. In den 60er Jahren organisierte er zahlreiche Mammut-Open-Airs; auch an dem von Michael Lang organisierten Woodstock Festival war er beteiligt.] *Das hat sich erst geändert, als die erste Platte herauskam.*

Aber ich habe nie Zeit gehabt, über Politik nachzudenken. Es gibt so viel Bedrängendes, das auf mich einströmt. Trotzdem weiß ich, daß man meinen Songs »Politik« nicht absprechen kann – wenn auch nur indirekt. Aber die Politik und ich benutzen nicht dasselbe Vokabular.

Die einzige »Politik«, die Leonard Cohen betrieb, war die der Liebe. *Ich habe den Sechzigern ihre Ideen nie abgekauft. Frieden ist eine großartige Idee, aber nicht um jeden Preis*, hat er einmal bekannt und hinzugefügt: *Ich bin kein Pazifist. Ich war zwar immer irgendwie politisch, aber nicht im Sinne der Alltagspolitik, eher im Sinne der Idee. Ich war »messianisch«.* Und mit seinem Satz, *Ein gutes Lied schreibe ich für eine Frau, die es in Empfang nimmt, und für einen Mann, der es verwendet*, hat er unterstrichen, was William David Sherman in seinen Liner-notes für *The Songs Of Leonard Cohen* bemerkt hat: »These songs speak to us all. Those with ears will hear.«

Vier Songs des Albums handeln von Frauen: »Suzanne«, »So Long, Marianne«, »Winter Lady« und »Sisters Of Mercy«. Letzterer ist zugleich einer der wenigen, die Leonard Cohen innerhalb von nur ein paar Stunden fertiggestellt hat. Er beruht auf seiner Begegnung mit zwei Tänzerinnen namens Lorraine und Barbara, die er in einem Hotel in Edmonton, einer Stadt in der kanadischen Provinz Alberta, kennenlernte und die er einlud, bei ihm zu übernachten. *Während ich sie in ihrem Schlaf beobachtete, begann ich den Song zu schreiben, und am nächsten Morgen war er fertig.* Die Zeile »You must leave everything that you cannot control« interpretiert Cohen im Rückblick dahingehend, *daß sie eine sehr gute biographische Erkenntnis beschreibt.*

Die ersten Zeilen von »So Long, Marianne« brachte Cohen noch vor seinen New Yorker Jahren in Montreal zu Papier. Beendet wurde der Song jedoch erst während seines Aufenthalts im Chelsea Hotel, als sich das Ende seiner Beziehung mit Marianne Jensen abzeichnete.

Zur selben Zeit, als sein erstes Album auf den Markt kam, mit dessen Veröffentlichung er für viele Jahre alle Rechte an »Suzanne« verlor, gründete Leonard Cohen seinen eigenen Musikverlag Stranger Music, der bis heute alle seine Werke verwaltet. Ironischerweise lehnte er sich mit diesem Namen an den »Stranger Song« an, dessen Copyright damals ebenfalls in fremde Hände überging.

Eine Randbemerkung, die Leonard Cohen in der Textbeilage zur Erstausgabe des Albums anbrachte, lautet: »Man machte die Songs und meine Arrangements miteinander bekannt. Sie empfanden eine gewisse gegenseitige Sympathie füreinander, aber wegen einer Blutfehde verbot man ihnen zu heiraten. Trotzdem wünschten die Arrangements eine Party zu geben. Aber die Songs zogen es vor, sich hinter einem Schleier der Satire zu verbergen.« Gebeten, diese Anmerkung zu erklären, gab Cohen 1969 in einem Interview mit der Zeitschrift Sounds preis, daß er *mit dem Album nicht wirklich glücklich* sei. *Ich hatte überhaupt kein Gefühl dabei. Abgesehen davon weiß ich auch eigentlich nie, welches Gefühl ich überhaupt bei meinen Werken habe. Wenn man mich bittet, diese Gefühle zu beschreiben, so erscheine ich immer etwas konfus, denn normalerweise mache ich mir darüber keine Gedanken.*

Für Cohen bestand also ein Konflikt zwischen den musikalischen Arrangements und seiner Lyrik. *Die Arrangements sind von Joe Simon. Es war nicht genau das, was ich mir vorstellte. [. . .] Ich stellte mir etwas weniger Erdachtes und Artifizielles vor. Das Wort »erdacht« benutze ich hier nicht im schlechten Sinne; man hat mir erlaubt, an den Arrangements mitzuarbeiten. Aber ich hatte nur einen Tag, um in den Mix-Raum zu gehen und die Musik ungefähr so hinzubekommen, wie ich sie mir vorstellte. Dann wurde die Platte schon veröffentlicht. Hauptsächlich habe ich an diesem einen Tag bestimmte Dinge herausgenommen. Ich habe so ungefähr alles herausgenommen, was nicht auf der originalen Gesangsspur war.*

Mittlerweile wohnte Leonard Cohen auf der Lower East Side von New York in der Nähe der Clinton Street (die er in seinem Song »Famous Blue Raincoat« mit der Zeile »*music on Clinton Street all through the evening*« verewigt hat) und fühlte sich, nachdem er von seiner Liebe verlassen worden war, zunehmend einsam. Obwohl er sich mit ihr noch des öfteren traf, entschloß sich Marianne, nach Oslo zurückzukehren. Cohen selbst zog im Jahr 1968 nach Franklin, Tennessee, um an seinem zweiten Album *Songs From A Room* zu arbeiten.

Als ich das Lied [»So Long, Marianne«] *schrieb, dachte ich nicht daran, daß ich ihr damit Lebewohl sagte, obwohl ich es in meinem Unterbewußtsein wohl tat.* In der nie auf Platte aufgenommenen, aber in Cohens Buch *Stranger Music* (1993) nachzulesenden siebten Strophe äußert er sich zu dieser Trennung: »Wie kommst du dazu, anderen etwas zu geben, von dem du gesagt hast, es sei nur für mich?«

Auch im Mittelpunkt von vier weiteren Songs des Albums stehen Frauen. »Hey, That's No Way To Say Goodbye« etwa, 1966 in einem Zimmer des Penn Terminal Hotels geschrieben, bezieht sich wieder auf die letzte Phase der Beziehung zu Marianne. »Im Zimmer ist es zu heiß. Ich kann das Fenster nicht öffnen. Ich befinde mich mitten im bitteren Streit mit einer blonden Frau«, beschreibt Cohen die Szenerie. »Ich bin im falschen Zimmer mit der falschen Frau.«

Um seiner Einsamkeit zu entfliehen, gab sich Leonard Cohen immer häufiger den Drogen hin. War es für ihn auf Hydra lediglich »schick« gewesen, Haschisch zu rauchen, schien er in New York nicht mehr davon wegkommen zu können, zumal ihn die Künstlerszene im Chelsea Hotel für Drogen einnahm; seine Zimmernachbarn, die sich von Marihuana, Speed und LSD geradezu zu ernähren schienen, spielten dabei zweifellos eine große Rolle. Cohens zunehmender Drogenkonsum ließ ihn, der in den Jahren 1965 bis 1968 noch von den Vorteilen einer gesunden vegetarischen Lebensweise überzeugt war, in extreme Gemütszustände fallen. Auch »Electric Cool Aid«, ein Mixgetränk aus Fruchtsaft und LSD, war damals ein beliebtes Rauschmittel. *Damals war fast alles irgendwie mit LSD gemixt, sogar das tägliche Essen. Die beste Methode, um davon loszukommen, war, überhaupt nichts zu sich zu nehmen*, erzählte Cohen dem spanischen Journalisten Alberto Manzano in einem Gespräch für dessen Buch *Leonard Cohen* (1978). Und fast zwanzig Jahre später noch gestand er Christian Fevret in einem Interview anläßlich des Tribute-Albums *I'm Your Fan*: *Abheben! Abheben, um spirituelle Energie freizusetzen. Das war das Alibi.*

Die Tarnung lag darin, daß jeder eine geradezu heilige Beziehung zur Droge hatte. Sie war nicht nur ein Zeitvertreib. Im Gegenteil, sie diente dazu, sich selbst zu verwirklichen. Ich habe auch daran geglaubt. Es gab Zeiten, in denen Drogen für mich etwas Alltägliches waren. Mit ihrer Hilfe hielt ich mich eine Viertelstunde lang für den großen Evangelisten des neuen Zeitalters.

Nicht zuletzt, um von den Drogen loszukommen, wechselte Leonard Cohen des öfteren seine Hotels; so wohnte er für kurze Zeit auch im Henry Hudson an der New Yorker 58th Street. Der Erfolg seines ersten Albums und des Buches *Selected Poems* sowie die Aussicht darauf, seine Texte einem breiteren Publikum nahezubringen, ließen ihn bereits an neuen Songs arbeiten, ohne daß er dabei an ein konkretes Plattenprojekt dachte.

Zahlreiche Solo-Künstler und Bands, die wie etwa Nina Simone (»Suzanne«) oder Fairport Convention (»Suzanne«, »Bird On A Wire«) Coverversionen seiner Songs aufnahmen, bestärkten ihn darin, weiterhin Lieder zu schreiben. Die »Julie Felix Show«, eine US-Fernsehproduktion, in der Cohen mit zwei seiner Songs vertreten war (»The Stranger Song« und, im Duett mit der Gastgeberin, »Hey, That's No Way To Say Goodbye«), und eine TV-Produktion der BBC mit dem Titel »Leonard Cohen Sings Leonard Cohen«, in der er insgesamt 12 Songs vortrug, erwiesen sich als gute Werbung für sein zweites Album *Songs From A Room*. In den am 31. August (1) und 7. September 1968 (2) ausgestrahlten Shows trug Cohen außer »The Stranger Song«, »So Long, Marianne«, »Master Song« (1), »Sisters Of Mercy«, »Teachers«, »Suzanne«, »Hey, That's No Way To Say Goddbye« und »One Of Us Cannot Be Wrong« (2) auch vier neue, bisher unveröffentlichte Songs vor: »You Know Who I Am«, »Bird On The Wire« (1), »Story Of Isaac« und den erst auf seinem dritten Album enthaltenen »Dress Rehearsal Rag« (2).

Doch zunächst wurde im Jahr 1968 in den Columbia-Studios in Nashville Leonard Cohens zweites Album eingespielt, von dem er nach eigenem Bekunden lange nicht wußte, ob er es überhaupt machen sollte.

Songs From A Room kam im April 1969 auf den Markt; die Rückseite des Covers zierte ein Foto von Marianne. *In gewisser Hinsicht hatte ich in New York Schwierigkeiten, den Musikern meine Vorstellungen klarzumachen,* berichtete Cohen in dem bereits zitierten SOUNDS-Interview von 1969, *während ich in Nashville ein Stück nur ein- oder zweimal spielen mußte; die Musiker reagierten sofort richtig. Aber die Situation und die Musiker in Nashville unterscheiden sich ja insgesamt sehr von New York. Zum einen glaube ich, daß in New York zur Zeit ein echter Kriegszustand herrscht, während es in Nashville noch ruhiger zugeht; aber wahrscheinlich wird sich das bald ändern. Doch gerade weil in New York Krieg herrscht und die Fronten so unklar sind, versucht jeder voller Sorge herauszubekommen, wer wessen Feind ist. Schwierig war auch, daß weiße und schwarze Musiker irgendwie Probleme damit hatten, zusammenzuspielen; eine große Spannung lag in der Luft. Aber ich möchte kein großes Aufhebens davon machen. Denn es war nicht nur das; ich wußte auch nicht, wie man mit einer großen Firma umgehen muß, ich hatte darin überhaupt keine Erfahrung. Deshalb war es es für mich so schwer, genau das zu machen, was ich mir vorgestellt hatte. Meine eigene Ignoranz und Unwissenheit waren schuld daran. Hätte ich mehr Erfahrungen mit großen Firmen gehabt, wäre ich sicher in der Lage gewesen, meine Vorstellungen exakt zu verwirklichen.*

Auch *Songs From A Room* enthielt wieder zehn Songs: »Bird On The Wire«, »Story Of Isaac«, »A Bunch Of Lonesome Heroes«, »The Partisan«, »Seems So Long Ago, Nancy« auf der ersten Seite; »The Old Revolution«, »The Butcher«, »You Know Who I Am«, »Lady Midnight«, »Tonight Will Be Fine« auf der Seite zwei.

Zu Anfang habe ich mir überhaupt keine Gedanken über eine zweite Platte gemacht. Für mich bestand keine Notwendigkeit dazu. Doch irgendwie sorgte ein gewisser Druck von außen dafür, daß diese zweite LP entstand. Columbia wollte sie, mein Manager wollte sie, und ich selbst wollte sie wohl irgendwie auch, wenn auch nur, um zu beweisen, daß ich nicht »impotent« war. Also versuchte ich einige Songs zusammenzukriegen, und da ich noch keine hatte, ließ ich den Dingen einfach ihren Lauf. Ich fuhr wieder nach Griechenland, lebte dort eine Weile, reiste anschließend in den Staaten herum und hatte den Gedanken an eine zweite LP schon aufgegeben. Ich sagte mir, daß es doch eigentlich gut war, eine *Platte gemacht zu haben und nun wieder zu einem normalen Leben zurückzukehren. Aber dann setzte ich mich wieder hin und versuchte, Songs zu schreiben. Mehrere Monate saß ich in einem kalifornischen Hotelzimmer und schrieb. Das war ungewohnt für mich, denn früher hatte ich nur geschrieben, wenn eine absolute Notwendigkeit dazu bestand. Der Versuch führte zu nichts, ich brachte einfach nichts zustande. Nach einer Weile war ich drauf und dran, mich damit abzufinden. Dann traf ich eines Tages zufällig Bob Johnston. Mir gefiel die Art, wie er sprach und wie er meine erste Platte begriffen hatte. Er sagte mir auch, was er gut und was er schlecht an ihr fand. Allein das war für mich ein guter Grund, wieder nach Nashville zu gehen, dorthin, wo ich schon immer hingewollt hatte, um ein Album zu machen.*

Cohens Schreibblockade war nicht von Dauer. Er ließ sich von dem, was er erlebte, inspirieren. Auch seinem Song »Seems So Long Ago, Nancy« liegt eine persönliche Erfahrung zugrunde. *Bei »Nancy« war es so, daß ich in einem Frühstückscafé an der Music-Box stand. Plötzlich sagte ein Mädchen zu mir: »Wenn du ein Lied für mich drückst, weiß ich, daß du auch meine Miete zahlst.« Ich drückte ihr ein Lied, sagte jemandem, er solle ihre Miete zahlen, und ging. Ich hatte ein Lied, ging nach Hause und begann es aufzuschreiben.*

Im Country-Mekka Nashville fühlte sich Leonard Cohen von Anfang an akzeptiert und verstanden, trotz der immer bedrängenderen privaten Probleme, die sich tagtäglich auf seine Arbeit auswirkten.

Ich fuhr also da runter, schrieb einige Sachen und spielte mit einer Gruppe von Musikern – mit wirklich guten Musikern. Dann hörten wir uns das, was gespielt worden war, an, und mir kam meine Stimme plötzlich ganz unehrlich vor. Es gab überhaupt nichts Offenes, nichts Ehrliches in meiner Stimme. Das zu hören, bereitete mir große Schmerzen. Ich bat die Musiker, nach Hause zu gehen, und sprach mit Bob Johnston darüber. Ich sagte ihm, ich sei am Ende und könne mir einfach keine weitere Platte abringen, nur weil die Leute meine erste gemocht hatten und nun eine zweite wollten. Bob meinte nur: »Okay, vergessen wir's!« In meinem Motel dachte ich anschließend darüber nach und auch darüber, wie ich mein neues Leben gestalten wollte. Doch meine Stimmung wurde immer depressiver. Am nächsten Morgen wachte ich auf und änderte einige Zeilen des ersten Songs, den ich in Nashville geschrieben hatte, ging zurück ins Studio, und alles schien nun sehr einfach voranzugehen. Ich schrieb einige weitere neue Sachen und revidierte ältere, so daß das Album nach einiger Zeit Formen anzunehmen schien. Dazu trug aber auch bei, daß mir mein Freund, der jüdische Mundharmonika-Spieler Zem, sehr half. Mit Bob Johnston, Zem und Nashville-Musikern wie Charlie McCoy und Charlie Daniels gelang es mir schließlich doch noch, eine zweite Platte auf die Beine zu stellen.

Aber auch diesmal wurden Cohens Begleitmusiker auf dem Plattencover nicht erwähnt. Er selber bezeichnete sie bereits während der Studioarbeiten als seine »Armee« (The Army); mit ihr bestritt er im Jahr 1970 auch seine erste Tournee als Sänger. *Es war nur eine Vereinbarung, die Bob Johnston und ich in Übereinstimmung mit den Musikern trafen. Wir wünschten uns nur so wenige Worte wie unbedingt nötig auf dem Cover. Deshalb erwähne ich ihre Namen heute bei jeder sich bietenden Gelegenheit.*

Hatte Cohens Debütalbum *The Songs Of* . . . gerade einmal die US-Top-100 erobert, waren seine *Songs From A Room* schon wesentlich erfolgreicher, vor allem in Europa. In England zum Beispiel erreichte das Album Platz 5 der Charts. Den nachhaltigsten Eindruck hinterließ »Bird On The Wire«, nach »Suzanne« Leonard Cohens wohl meistgecoverter Song. Als begnadeten Sänger konnte man Cohen auch jetzt noch nicht bezeichnen, aber sein Talent als Geschichten erzählender Songschreiber war nicht zu verkennen.

Was Cohens Texte anging, so hatte sich im Vergleich zu seinem ersten Album nicht viel geändert, bis auf die Tatsache, daß die Frauen – außer in »Seems So Long Ago, Nancy« – nicht mehr beim Namen genannt wurden. Wieder erforschte der Songlyriker die dunklen Seiten der menschlichen Seele, und in »Seems So Long Ago . . .« tauchte auch das Thema Suizid auf. In einem Interview mit dem Schweizer Magazin POP (1972) erläuterte Cohen: *Nancy, eine Bekannte, erschoß sich im Alter von 17 Jahren in ihrem Badezimmer.*

Allein »The Partisan« ragte aus dem Album heraus, denn erstmals hatte Cohen einen Titel aufgenommen, der nicht seiner eigenen Feder entstammte. Der 1944 von Anna Marly und Hy Zaret komponierte Song läßt sich als erstes Zeugnis einer politischen Stellungnahme nach jahrelanger stiller Opposition deuten. *Ich entwickelte die seltsame Auffassung, daß die Nazis durch Musik besiegt worden sind.*

In Nashville, Tennessee, war Leonard Cohen von seinem Produzenten Bob Johnston mit dem Songwriter Boudleaux Bryant bekannt gemacht worden. Von ihm pachtete er ein kleines Haus auf dem Land. *Dort hatte ich alles, was ich brauchte*, gestand Cohen gut zwanzig Jahre später dem französischen Musikjournalisten Christian Fevret. *Ich hatte ein Haus, einen Jeep, ein Gewehr, eine Gitarre, eine Schreibmaschine und eine Freundin.*

Die »Freundin« hieß Suzanne. Sie begleitete Leonard Cohen nach Tennessee, wo er nun nicht mehr das Leben eines Bohemiens, sondern eher das eines Jägers lebte. *Ich lernte reiten und schießen und ging auf die Jagd.* Doch das Landleben wurde ihm rasch langweilig. Cohen zog es zurück in die Metropolen, wo er sich nach seinen gescheiterten Beziehungen zu Marianne und Suzanne erneut in die mystischen Gefilde spiritueller Selbsterfahrung stürzte. Vor allem die dem Menschen vorbehaltene Möglichkeit des Suizids und die unterschiedlichen Ansichten darüber begannen ihn zu beschäftigen. *Jeder trägt seinen Suizid in sich. Ob es dazu kommt oder nicht, ist die Frage. Ich bin zu alt dafür. Wenn man älter als dreißig ist, finde ich es billig, Selbstmord zu begehen.* Mit dieser Äußerung nahm Cohen Gedanken vorweg, die später in die Texte seines 1972 veröffentlichten Buchs *The Energy Of Slaves* einfließen sollten.

Kaum waren die *Songs From A Room* veröffentlicht, erhielt Leonard Cohen für seine *Selected Poems* den Governor General's Literary Award des Canada Council. Der Verleihung blieb er jedoch fern; er zog es vor, eine Party seines Verlegers Jack McClelland zu besuchen.

Kurz darauf kehrte Cohen nach Montreal zurück, um im griechischen Viertel der Stadt ein kleines Haus zu beziehen. Zwar hätte er sich auch in sein Domizil auf Hydra zurückziehen können, aber er wollte nicht in den Ruf kommen, die faschistische Militärjunta, die 1967 in Griechenland die Macht übernommen hatte, zu unterstützen. Lieber kümmerte er sich um weitere Veröffentlichungen seiner Werke. Mit Erfolg, denn 1969 kam unter dem Titel *Songs Of Leonard Cohen* ein erstes Songbuch heraus, das Texte und Noten zu seinen bisherigen 20 Liedern sowie biographische Daten, Fotos und Zeitungsartikel enthielt.

Zur selben Zeit lernte Cohen auf einer Kalifornienreise den Zen-Mönch Roshi Joshu Sasaki kennen, der seit 1962 in Amerika lebte. Roshi hatte sein Kloster in Japan verlassen und war in die Vereinigten Staaten ausgewandert, um die Lehren des Buddhismus in die westliche Welt zu tragen. Nordöstlich von Los Angeles, auf dem Mount Baldy, hatte er ein Kloster gegründet. Dort nahm Leonard Cohen im Jahr 1968 für vier Wochen erstmals Abschied von der westlichen Welt. Cohen war für die Lehren Roshis sehr empfänglich, da er schon früh mit den Mythologien verschiedenster Religionen in Berührung gekommen war. Nachdem er sich mit dem Juden- und Christentum eingehend auseinandergesetzt hatte, sah er in der Beschäftigung mit dem Buddhismus eine weitere Bereicherung.

Zunächst jedoch erlebte Cohen das Klosterleben mit gemischten Gefühlen. In seiner von Depression und ständiger Hinterfragung des menschlichen Seins gekennzeichneten Lebensphase empfand er zwar die im Zen angestrebte Befreiung des Geistes als »gesund«, aber die Forderung, enthaltsam zu leben, wirkte auf ihn befremdlich. Erst während seines zweiten Klosteraufenthalts war er schließlich bereit, sich näher mit den Zen-Lehren zu befassen, die ihn auf seinem Weg der Selbsterfahrung weiterbringen und auch Eingang in sein Werk finden sollten. Eine dieser Lehren besagt, daß Selbsterfahrung der Schlüssel zum Umgang des Ichs mit den »anderen« ist und daß es vor allem darauf ankommt, »alles auszutilgen, was das Ich bedroht«.

Cohen nahm sich die Zen-Lehren zu Herzen und suchte das Kloster ab 1970 in regelmäßigen Abständen wieder auf. Während eines dreimonatigen Aufenthalts auf dem Mount Baldy, seinem bis dahin längsten, verliehen ihm die buddhistischen Mönche den Namen »Solitary Cliff« (Einsamer Fels).

Doch obwohl Cohen sehr schnell feststellte, daß ihm auch der Buddhismus keine religiöse Heimat bot, blieb er seinem Freund Roshi treu und besuchte ihn immer wieder. *Vor 20 Jahren habe ich einen Mann kennengelernt, den ich sehr mochte*, erklärte er 1991 in einem Gespräch mit dem deutschen Magazin Tempo. *Er war älter als ich, und er schien etwas zu wissen, das ich nicht wußte. Er konnte trinken. Von ihm habe ich das Trinken gelernt. Es war ein alter Zen-Mönch. Vor einigen Jahren sagte er ganz richtig zu mir: »Leonard, ich kenne dich seit 18 Jahren, und ich habe nie versucht, dich zu bekehren. Ich serviere dir nur Sake.« Das ist mein Verhältnis zum Buddhismus. Ich interessiere mich nicht für ihn. Was mich interessiert, ist, mit meinem alten Freund zusammenzusitzen und zu trinken. Und ich sitze gern im Meditationsraum, weil es da kein Telefon gibt. Der Weihrauch duftet süß, es ist sehr ruhig, und ich fühle mich ganz sicher, wenn ich den Morgen dort verbringe. Man hat die Möglichkeit, sein Ich zu studieren. Wie es sich erhebt und wie es sich auflöst.*

Auf diese Aussagen angesprochen, erklärte Cohen dem Autor dieses Buchs in einem Interview für das LIVE Magazin Saar (1992): *Ich bin als Jude geboren. Das ist meine Familie, Tradition, Theorie. Man muß zwischen Religion, Tradition, Theorie und Praxis differenzieren. Zen ist keine Religion, liegt aber der Shinto-Theorie zugrunde. Zen ist Praxis. Es ist wie mit Golf; du spielst zwar, weil es dir gefällt, aber du glaubst nicht daran. Ich betrachte es auch nicht als eine Art von Meditation. Aber vielleicht beginnt man mit dem Wort »Meditation«, sich langsam der Zen-Praxis anzunähern. Man hat damit die Möglichkeit, sich selbst zu studieren, von Anfang bis Ende.*

3. Kapitel

Die 70er Jahre – Vom Romantiker der Pop-Musik zum Death Of A Ladies' Man

Nachdem Leonard Cohen als Soundtrack-Lieferant für den Kurzfilm *Poen* erste Film-Erfahrungen gemacht hatte, wurde das Medium für ihn immer interessanter. So nahm er 1969 den Auftrag an, die Musik für den Robert Altman-Film *McCabe & Mrs. Miller* zu schreiben. Sein bereits 1969 fertiggestellter Soundtrack für den Spätwestern, der 1971 in den Kinos kam, enthält drei Songs in unterschiedlichen Versionen; »The Stranger Song«, »Sisters Of Mercy« und »Winter Lady« sind dort auch in Instrumental-Versionen zu hören. Nach seinen früheren Erfahrungen mit dem Medium Film fand er Gefallen daran, seine Songs für die »laufenden Bilder« zur Verfügung zu stellen. *Ich denke oft an die Kombination von Film und Musik. Das, was mich daran am meisten fasziniert, ist das Bestreben, dem Song trotz der Bilder seine eigene Identität nicht zu nehmen. Wenn die Filmkunst daraus noch immer einen Vorteil für sich ziehen kann, ist es die Sache wert.*

Leonard Cohens Zusammenarbeit mit Robert Altman kam allerdings eher zufällig zustande. Cohen hatte in Nashville den Film *Brewster McCloud* gesehen, ohne zu wissen, daß er von Altman stammte. Als er in Nashville im Studio arbeitete, bekam er einen Anruf von dem Regisseur. Altman erzählte ihm von der Idee, um seine Songs, von denen er fasziniert sei, einen Film zu »bauen«, und erkundigte sich, ob er einige Songs verwenden dürfe. Cohen fragte zunächst einmal zurück, wer denn derjenige sei, der so etwas fragte. Altman erwiderte, er habe unlängst den Film *M A S H* gedreht. Cohen hatte von *M A S H* zwar gehört, hatte den Film aber noch nicht gesehen und fragte, welchen anderen Altman-Film er vielleicht kennen könne. Altman erwähnte *Brewster McCloud*, und sofort willigte Cohen ein. Er bot sogar an, für die von Altman ausgewählten Songs noch einige neue Sequenzen aufzunehmen, »damit sie besser ins Bild passen«.

Cohens Anspielung auf das »Bild« ist bei Robert Altman angebracht, denn nach eigenem Bekunden ist für den Regisseur das mit der Kamera eingefangene Bild nichts anderes als das, was für einen Maler die Leinwand ist. Dabei stellt Altman dem Zuschauer frei, wie er die Filmbilder interpretieren will. »Jeder soll in meinem Film einen anderen Film sehen und erfahren können«, erklärte er in einem Interview. »Ich will nicht, daß jemand aus meinem Film mit der ›richtigen‹ Antwort herauskommt, denn ich glaube nicht, daß es eine ›richtige‹ Antwort überhaupt gibt.«

In jedem von Altmans Filmen, zumindest bis Ende der siebziger Jahre, ist ein »Verrückter« zu sehen. Zu dieser Idee gehört bei Altman die Vorstellung vom einsamen Visionär, wie ihn etwa Bud Court in *Brewster McCloud* oder Warren Beatty in *McCabe & Mrs. Miller* darstellt – eine Figur, die im naiven Glauben, alles sei machbar, in ihrer persönlichen Entwicklung stehengeblieben ist. Die Logik der realen Welt wird dabei mit den Mitteln eines schwarzen anarchischen Humors außer Kraft gesetzt, und die Szenerie wirkt, so logisch und in sich geschlossen sie auch sein mag, oft surreal, so auch die in *McCabe & Mrs. Miller*. Der Abenteurer McCabe, einsam auf seinem Pferd durch eine winterliche Landschaft reitend, wird musikalisch von Leonard Cohens »Stranger Song« begleitet. Altmans Absicht war dabei jedoch nicht nur, Emotionen beim Zuschauer zu erzeugen, sondern auch, das Motiv der Pilgerschaft hervorzuheben: *»He was just some Joseph looking for a manger.«* Als kongenial erwies sich auch Altmans Entscheidung, die unausgesprochene Liebe McCabes zu der von Julie Christie verkörperten Prostituierten Mrs. Miller mit Hilfe von Cohens Song »Winter Lady« zu kommentieren; denn McCabe hat keine Worte und keine Gesten, um seiner Liebe Ausdruck zu verleihen, und kommt schließlich in einem Feuergefecht um, ohne sich seiner Angebeteten erklärt zu haben. *»I'm just a station on your way, I know I'm not your lover. . .«* (Winter Lady).

Leonard Cohen selbst war von *McCabe & Mrs. Miller* zunächst nicht angetan. Als ihm die ersten Muster – noch ohne Ton – vorgeführt wurden, erklärte er Altman: *Für den Fall, daß wir noch einmal zusammenarbeiten sollten, sage ich Ihnen schon jetzt, daß es mir nicht gefallen wird.* Der Regisseur reagierte beleidigt. Als Cohen jedoch in Montreal die Kinofassung sah, war er begeistert und entschuldigte sich bei Altman: *Vergessen Sie alles, was ich bisher gesagt habe! Es ist ein wirklich guter Film.*

Mit den überschwenglichen Filmkritiken und dem Erfolg seiner ersten beiden LPs im Rücken begab sich Leonard Cohen auf Drängen von Bob Johnston, der ihm von 1970 bis 1972 als Manager und Begleitmusiker zur Seite stand, auf seine erste Europa-Tournee. Verstärkt durch seine Band

The Army – Bob Johnston (Keyboards, Gitarre) Ron Cornelius (Gitarre), Bubba Fowler (Gitarre, Banjo), Charlie Daniels (Bass, Gitarre, Violine), Corlynn Hanney und Sue Mussmano (Background-Gesang) – gab er am 4. Mai 1970 in der Hamburger Musikhalle das erste Konzert in seiner Karriere als Songschreiber und Sänger.

Bereits im Vorfeld widmete das Nachrichtenmagazin Der Spiegel in seiner Ausgabe vom 3. November 1969 dem »Anarchist ohne Bombe«, wie Cohen in der aus der bereits zitierten New York Times-Kritik übernommenen Headline bezeichnete wurde, eine halbe Seite. Der Autor des Artikels strickte jedoch weiter an den Klischees vom Künstler »mit der Stimme eines alten Bluessängers, dem bereits die hohen Töne fehlen« und kolportierte, daß »Cohen, der Marihuana raucht, vorübergehend an die Astrologie glaubte, eine Zeitlang nur Gemüse aß und einen kanadischen Literaturpreis zurückwies«, Ruhm, Partys und Autos verabscheue. »Wenn er in New York ist, wohnt er in einem billigen Künstlerhotel [. . .] Mehrere Monate im Jahr verbringt er in seinem Haus auf der griechischen Insel Hydra; bei Kerzenschimmer liest er die Werke chinesischer Philosophen, schöpft Trinkwasser aus einem Brunnen und hockt mit den Fischern zusammen.« Glaubt man dem Nachrichtenmagazin, saß Cohen auf Hydra »einen Winter lang« vor dem Spiegel und beobachtete, »wie die Bräune aus meinem Gesicht verflog«.

Die Tageszeitung Die Welt zeigte sich in ihrer Rezension des Hamburger Konzerts schon einfallsreicher: Unter der Überschrift »Licht, Liebe und Klarheit« wurde die Begegnung mit einer anscheinend etwas zwiespältigen, zunächst sonderbar, aber nie unangenehm, also schon damals charismatisch wirkenden Person geschildert. Die Headline bezog sich auf Cohens frühere Beschreibung von Hydra: »Eine Insel, wo es nur Licht und Liebe, Klarheit und Marihuana gibt.«

»Mit dem Hitlergruß betritt er die Bühne: Leonard Cohen, Romancier, Lyriker und Liedersänger aus Kanada, im Konzert der elegischen Protestpoeten, das Cello neben der Trompete des jungen Bob Dylan«, konnte man in der Einleitung lesen. »Kaum ein Wort zur Begrüßung«, heißt es weiter, »dann singt er das alte Lied ›Wenn der Rebbe lacht, lachen alle Chassidim‹. Er singt es jiddisch. Er sagt: ›Vor einigen Tagen ging ich durch Amsterdam und sah die Mädchen hinter den Glasscheiben. Genauso sitzt ihr hinter euren Fenstern. Heute bin ich einer, und ihr seid viele. Morgen bin ich viele, und ihr seid einer.‹ Dann singt er die zweite Strophe vom Rebben, jetzt ›Wenn er schloft‹, und steigert das einfache Lied zu einer nicht enden wollenden vorderorientalischen Litanei, zur kehligen Koloratur auf befremdlicher Tonleiter, halb Ritual, halb Herausforderung an das Publikum. Ein denkwürdiger Abend kündigt sich an. [. . .] Denn Cohen fordert viel von seinem Publikum; fordert, daß es in fremder Sprache talmudistischem Sinnieren und artifiziell verschlungener Rhetorik folgt. Die Spannung würgt, denn immer müssen die jungen Leute im Parkett befürchten, daß der bleiche Mann in Schwarz da oben gereizt auf eine falsche oder auch nur unbedachte Äußerung reagiert. Mit der Rücksichtslosigkeit aller Hochsensiblen schockiert er am unrechten Ort. Er artikuliert seine Wut auf Krieg, Faschismus und Rassenwahn vor Leuten, die es sowieso schon wissen. Denn die, die er meint, kommen nicht in seine Konzerte, und die, die in seine Konzerte kommen, die kann er nicht meinen. Die Jugend, der er es eintränkt und die im Parkett sitzt, langhaarig, ist in den Frieden vernarrt und kaum identisch mit dem gesunden Volksempfinden. Quälend wird Zorn, wenn er ins Vage zielt und auf Informationen verzichtet. Das Unbehagen legt sich, wenn Cohen seine Lieder singt, und die sind – wen wird das wundern? – ganz abgestimmt auf den Ton umflorter Romantik, lassen den öden Tag der politischen Realitäten hinter sich und tauchen brünstig ein in das Wunderreich der Nacht. Kein Zweifel: Kanada gehört zum Abendland und die Liebe zum alten Kontinent Europa läßt seinen Vers nie los, äußert sich auch im Biographischen. [. . .] Seine Lieder sind erfüllt von Baudelaire'scher Drogenpoesie, erpicht auf eine Unio Mystica, die, aus uralten Überlieferungen sich nährend, in der fleischlichen Umarmung die Wonne des Geistes und der religiösen Entzückung sucht; ein Hohes Lied aus der Tiefe. Die Melodien, die ihm dazu eingefallen sind, schaukeln meist in volkstümlicher Langsamer-Walzer-Weis'. Sie haben lyrischen Schmelz und epischen Atem. Sie sänftigen die Sinne, schläfern sie wohl auch ein wenig ein. Sehr schön ist das, und das Publikum folgte andächtig in diese Welt werbender Einsamkeit, ließ sich in den Bann schlagen von Songs, deren Essenz immer wieder – Bob Dylans Einfluß ist hier besonders deutlich! – auf eine einzelne Verszeile konzentriert wird, etwa: ›You Know Who I Am‹, oder im leider nur allzu selten angeschlagenen Ton einer Hoffnung, der man noch nicht restlos zu vertrauen wagt: ›Tonight Will Be Fine‹. Ein sonderbar charakteristisches Stück, denn so optimistisch, wie es scheint, schließt der Refrain keineswegs. Auf das ›Heute nacht wird es schön‹ folgt ein Gitarrenzwischenspiel von zwei rhythmisch pulsierenden Takten und dann wieder ein relativierendes, skeptisches ›for a while‹. Das Verhältnis zwischen oben und unten wurde immer harmonischer. Cohen las ein Gedicht auf Eichmann vor. (›Größe: mittel. Gewicht: mittel. Finger: zehn. Was habt ihr erwartet? Geifer und Wahnwitz?‹ Visconti hätte es lesen sollen, ehe er in seinen ›Verdammten‹ den Faschismus so lustvoll dämonisierte. Und alle, die sich zur Mitwirkung bereit fanden.) Das Liebeslied ›Suzanne‹ machte zum Abschluß alle glücklich. Nur zwischendurch war es noch einmal zu Mißverständnissen gekommen. Cohen hatte das Publikum gebeten, gemeinsam den Arm zum Gruße zu erheben, als Zeichen dafür, daß Vergangenes überwunden sei, als Reinigungsakt, als Beweis dafür, daß ein Arm nichts weiter mehr sei als ein Arm. Aber das verstand niemand. Nur wenige trauten sich.«

Die hier nur in Auszügen wiedergegebene Konzertkritik von Cohens erstem Auftritt in Europa – zugleich außer dem Kurz-Auftritt in Newport sein erstes Live-Konzert – ist in mehrfacher Hinsicht ebenso treffend wie exemplarisch. Zum einen gibt sie die tatsächliche Stimmung der damaligen Konzerte wieder, zum anderen finden sich in ihr bereits Bilder, die in vielen Feuilleton-Kritiken der Zukunft erneut auftreten sollten. Die Kritik über Cohens Live-Debüt, von dem es übrigens laut den eifrigen Cohen- (und Dylan-)Archivaren Michael Lohse und Gerhard Schinzel keine Aufnahme gibt (siehe deren Tape-Auflisting »The Recordings Of Leonard Cohen«), ist zudem eine Rezension, die Cohens Lyrik gerecht wird.

Während das Hamburger Abendblatt über einen »Törichten Poeten« berichtete, der angeblich während dieses fast dreistündigen Konzertes »eine Geschmacklosigkeit« nach der anderen bot, fragte die Frankfurter Allgemeine nach dem darauffolgenden Konzert am 6. Mai in der Frankfurter Jahrhunderthalle, ob Leonard Cohen »ein zweiter Bob Dylan« sei. Der Autor meinte: »Mit Bob Dylan, als dessen Konkurrent er gelegentlich bezeichnet wird, hat er gemeinsam, daß er hie und da – allerdings wesentlich seltener als Dylan in letzter Zeit – auf Trivialfloskeln herunterkommt, wie sie als reine Leselyrik nicht riskiert werden könnten. Was bei Dylan ›Be My Baby Tonight‹ ist, heißt bei Cohen ›Tonight Will Be Fine‹.« Der FAZ-Rezensent bot dem Welt-Kritiker die Stirn, indem er schrieb: »Zur Gitarrenbegleitung, die nichts weiter tut, als biederste Grundakkorde in Arpeggios aufzulösen, produziert er mit resignierter, glanzloser Stimme einen dynamikarmen Leiersingsang, in dem die karge Melodik in endlosen Sequenzen alle etwa noch vorhandene Spannung verliert. [. . .] Cohen singt wie für sich selbst, jegliche Art von ›Vorführeffekt‹ hat er völlig eliminiert. So bricht er ein Lied einfach ab, weil ihm ein Gitarrengriff fehlt, läßt sich den von einem Mitspieler zeigen und macht dann weiter; oder er beginnt ein Lied, stellt fest, daß er und seine Begleiter in verschiedenen Tonarten spielen, bricht ab und probiert so lange herum, bis man zufällig bei der gleichen Tonart anlangt. Cohen ist als Vermittler eines neuen Freiheitsgefühls zum Identifikationsobjekt junger Intellektueller geworden.«

Zumindest die knapp 3000 Zuschauer waren jedoch zufrieden. Sie mokierten sich über den Auftritt keineswegs so, wie es der Rezensent darstellte, wurden sie schließlich mit allen bekannteren Songs von Cohens Alben bedient. »Bird On The Wire«, seit 1970 und bis in die Mitte der 80er Jahre neben dem jüdischen Traditional »Un As Der Rebbe Singt« der Opener fast jeden Konzerts, bildete auch bei den Auftritten in Hamburg und Frankfurt, die mit zwanzig Songs zu den längsten dieser Tournee zählten, den Auftakt. Die Set List für die erste Hälfte des Konzerts las sich wie folgt: »Un As Der Rebbe Singt«, »Bird On The Wire«, »So Long, Marianne«, »You Know Who I Am«, »Dead Song« (ein rezitiertes Gedicht), »Lady Midnight«, »One Of Us Cannot Be Wrong«, »The Stranger Song«, »Joan Of Arc« und »Tonight Will Be Fine«. Nach einer etwa zwanzigminütigen Pause folgten »The Partisan«, »Sisters Of Mercy«, »Diamonds In The Mine«, »Story Of Isaac«, »Famous Blue Raincoat«, »Sing Another Song, Boys«, »Celebration« (wieder ein Gedicht), »Hey, That's No Way To Say Goodbye«, »Suzanne« und »Please Don't Pass Me By (A Disgrace)«. Damit hatte Cohen sogar vier Songs vorgestellt, die erst auf seinem '71er Album veröffentlicht wurden.

Nach Frankfurt führte ihn der bis zum 13. Mai laufende erste Teil dieser »Tour Of Europe« nach München, Wien, London und Paris. Österreichische, britische und französische Zeitungen bedachten Leonard Cohen von Anfang an mit durchweg positiven Kritiken. Bereits 1969 forderte der Melody Maker: »Now . . . give us Cohen!«, und das Magazin Disc And Music Echo bestätigte nach dem Londoner Konzert: »Cohen sings so he can rule the world.« Auch die Herald Tribune stimmte in die Lobeshymnen ein: »Pop songs, he sings, are the poems of today.« Der Nouvel Observateur erkor ihn gar zum »Folksinger de L'Année«, Folksänger des Jahres. Und Giscard d'Estaing, der damalige französische Premier, war von Cohens Auftritt im Pariser Olympia so begeistert, daß er ihm später eine persönliche Einladung zukommen ließ.

Aufgrund des großartigen Erfolges in der Londoner Royal Albert Hall gab Cohen einen Tag später auf Einladung des »Institute Of Contemporary Arts« hin eine Lesung. Ein geplantes zweites Konzert in London, das von BBC-2-TV als Fernsehsendung aufgezeichnet werden sollte, kam wegen Cohens plötzlicher Abneigung gegenüber dem Projekt nicht zustande.

Als weiterer fundamentaler Baustein für Leonard Cohens europäische Karriere war die erfolgreiche Uraufführung von »The Shining People Of Leonard Cohen« zu werten. Die Interpretation des Royal Winnipeg Ballets, die Cohens frühe Liebeslyrik verarbeitete, feierte im Juni in Paris ihre Uraufführung, bevor es schließlich auch im National Arts Centre von Ottawa aufgeführt wurde.

Zurück in den Staaten, spielte Leonard Cohen am 25. Juli auf einem Folk-Festival im Forrest Hills Tennis Stadium, bevor er am 2. August, wieder in Europa, den zweiten und ebenso medienwirksamen Teil seiner »Tour Of Europe« mit zwei Open Air-Auftritten absolvierte.

Das erste dieser Festivals fand in Aix-en-Provence statt, wo Cohen im Sattel eines Schimmels auf die Bühne kam; eine Aufnahme dieses denkwürdigen Ereignisses verwendete die Plattenfirma CBS später als PR-Foto. Das Publikum reagierte zunächst überrascht, beschimpfte dann aber den Künstler, der sich von seinen Begleitmusikern zu distanzieren schien, mit »Faschist, Faschist!«-Rufen. Cohen reagierte souverän: zunächst auch selber überrascht, überließ er Vertretern des Publikums, das sich von »seinem« Künstler offenbar provoziert fühlte, das Mikrophon, damit sie ihren Unmut auch von der Bühne aus kundtun konnten. Keine Reaktion vom Publikum. Reaktion von Leonard Cohen: eine Performance von elf seiner Songs inklusive einer kurzen Improvisation über die Zeile »I Don't Know What I Wanna Sing«. Das ungewöhnliche Konzert, das von einem französischen Radiosender live übertragen wurde, verhalf Cohen zu weiterer Popularität in Europa, denn bis zu dem knapp vier Wochen später stattfindenden legendären »Isle Of Wight«-Festival wurde sein Auftritt von britischen Zeitungen ausgeschlachtet. So sprach der Melody Maker in seiner Vorankündigung des »Isle Of Rock« von Leonard Cohen als einem der »Top-Stars«.

»Fünf Tage Non-Stop-Marathon-Programm. 600 000 Zuschauer. Top-Gruppen aus England und Amerika. Nackte junge Leute am Meeresstrand. Hips und Tramps aus ganz Europa. Zufriedene und Unzufriedene. Unter Drogeneinfluß Stehende und ›Normale‹. Das, kurz gesagt, ist Isle Of Wight.« Mit diesen Worten beschrieb die damalige Musik- und Jugendzeitschrift POP das neben dem Fehmarn-Festival wohl legendärste Open-Air Ereignis der frühen 70er Jahre. Auch Bob Geldof, vom Autor während eines Interviews auf seine Reaktion beim Anblick derartiger Menschenmassen angesprochen, erinnert sich noch gerne daran. Besonders Leonard Cohens Auftritt ist dem späteren »Live Aid«-Initiator, der das Festival im Schlepptau seiner Eltern besuchte, im Gedächtnis geblieben.

Doch das zum dritten und letzten Mal stattfindende europäische Massenspektakel der Populären Musik machte auch, außer durch Musik und Massenandrang, noch auf andere Weise von sich reden. Schlug man an den Tagen nach dem Festival die englischen Tageszeitungen auf, las man vor allem von Chaos und Problemen, von zu hohen Gagen der Künstler und zu niedrigen Einnahmen der Organisatoren. Darüber hinaus wurde mehr über das teils nackt umherlaufende Publikum, den Drogenkonsum und die Schlägereien der Rockerbande Hell's Angels berichtet als über die Musik, den eigentlichen Anlaß für das »Fest der Liebe und des Friedens«.

Ein Fest der Liebe und des Friedens wurde das Festival leider nicht. Über 500 Wachmänner und 50 Wachhunde provozierten allein durch ihren martialischen Anblick. Und auch wenn die Veranstalter um Peter Harrigan, die unter dem Namen Fiery Creations firmierten, mit über 30 Acts das wohl beste Programm zusammengestellt hatten, das die Popszene zur damaligen Zeit zu bieten hatte, und der Eintrittspreis von drei englischen Pfund mehr als publikumsfreundlich erschien, so waren sowohl sie als auch die Künstler unzufrieden – trotz rund 175 000 zahlender Zuschauer. Ein genauer Ablaufplan war entweder nicht vorhanden, oder er wurde nicht eingehalten. Zwischen den amerikanischen und englischen Künstlern kam es daher zu einem Kleinkrieg darüber, wer wann auftreten durfte. Die Veranstalter gaben zwar vor, um ihre Investitionen zu bangen, die sie mit 420 000 Pfund angaben, ernteten aber nur Unverständnis, weil bereits klar war, daß sie allein für die Vergabe der Filmrechte 250 000 Dollar bekamen, ganz zu schweigen von den Einnahmen aus den Plattenrechten, die sie an die CBS übertragen hatten.

Dennoch wurde das »Isle Of Wight«-Festival dank eines nie zuvor gesehenen Star-Aufgebots zum europäischen »Woodstock«-Pendant und nicht zuletzt deshalb zur Legende. Der Programmzettel enthielt folgende Namen: Kathy Smith, Rosalie Sorrels, Kris Kristoffersen, Judas Jump (27. August); Tony Joe White, Terry Reid, Andy Roberts & Everyone, Black Widow, Supertramp, The Groundhogs, Cactus, Howl (28. August); Chicago, Family, Tadte, Procol Harum, Arrival, Melanie, Voices Of East Harlem, Lighthouse, Fairfield Parlour (29. August); Doors, The Who, Ten Years After, Joni Mitchell, Free, Sly And The Family Stone, John Sebastian, Emerson Lake & Palmer, Miles Davis, Tiny Tim (30. August); Jimi Hendrix, Jethro Tull, Joan Baez, The Moody Blues, Richie Havens, Pentangle, Ralph McTell, Good News, Donovan & Open Road, Leonard Cohen & The Army (31. August).

Auf einer Pressekonferenz, die er nach Ende des Festivals gab, erklärte Peter Harrigan, dies sei »definitiv das letzte Festival« gewesen, und führte zur Begründung an: »Wenn von den geschätzten 600 000 Zuschauern während der fünf Tage nur ein Viertel Eintrittsgeld entrichtet, beziehungsweise nur von einem Viertel der Zuschauer Eintrittsgeld erhoben werden kann, ist eine reibungslose Organisation mit allen erdenklichen Notwendigkeiten der Logistik für eine solche Massenveranstaltung nicht mehr möglich beziehungsweise finanzierbar. Wenn darüber hinaus noch Rocker wie die Hell's Angels auf dem Gelände randalieren und sowohl für die Veranstalter wie für die Zuschauer ein Sicherheitsrisiko darstellen, müssen wir von einer Fortführung des Festivals absehen.«

Was die Musik betrifft, bleibt anzumerken, daß neben den großen Rock-, Blues- und Pop-Bands vor allem Solo-Sänger wie Bob Dylan, der bereits im Vorjahr dort aufgetreten war, John B. Sebastian, Joan Baez, Joni Mitchell, Melanie und Leonard Cohen die größten Erfolge beim Publikum verbuchen konnten. Sie machten das »Isle Of Wight«-Festival von 1970 zum »Festival der Songwriter«. Von Bedeutung ist dies vor allem, weil es keineswegs vorhersehbar war, daß gerade Leonard Cohen, wenngleich er sich von seiner »Army«-Band unterstützen ließ, lautstarken Bands wie The Who Paroli bieten und mit leisen Tönen überzeugen konnte.

Am letzten Tag des Festivals, dem 31. August, betrat Leonard Cohen die Bühne für einen Auftritt, der insgesamt 17 Songs umfaßte und ihm, nach seinen vorherigen Festival-Auftritten am 25. Juli im englischen Forrest Hills und am 2. August im südfranzösischen Aix-en-Provence, den Ruf bescherte, einer der größten Songwriter seiner Zeit zu sein. Nachdem Cohen, mit fast schulterlangem Haar und Sieben-Tage-Bart, das Konzert mit den Songs »Bird On A Wire«, »So Long, Marianne« und »You Know Who I Am« eröffnet hatte, schreckte er an jenem Sonntagabend auch nicht davor zurück, 150 000 Zuschauer mit Gedichten zu konfrontieren. Zunächst trug er »Dead Song« vor, dann sang er »Lady Midnight«, um dem Song zwei weitere Rezitationen folgen zu lassen (»They Locked Up A Man«, »A Person Who Eats Meat«). Danach folgten jene Songs, die Cohen nicht nur berühmt gemacht haben, sondern auch noch heute zu seinem Konzertprogramm zählen: »One Of Us Cannot Be Wrong«, »The Stranger Song«, »Tonight Will Be Fine«, »Hey That's No Way To Say Goodbye«, »Diamonds In The Mine«, »Suzanne«, »Sing Another Song, Boys«, »The Partisan«, »Famous Blue Raincoat« und »Seems So Long Ago, Nancy«. Kurze Improvisationen über »Let's Renew Ourselves Now« und »They Gave Me Some Money« bildeten den Abschluß des Auftritts.

Nach diesem vom Publikum zwar gefeierten, von den englischen Kritikern im allgemeinen jedoch verdammten Mammut-Festival bekam Leonard Cohen, seiner Meinung nach, »die vernichtendste Kritik meiner Karriere«. Der Melody Maker schmähte Cohen als »alten Sack, der am besten wieder dorthin, nach Kanada, zurückgehen sollte, woher er gekommen ist«.

Es steht jedem frei, etwas gut oder schlecht zu finden, erläuterte Cohen im Gespräch mit dem Autor seine Meinung über Kritiken. *Liest man aber falsche Interpretationen über sich oder über seine Werke, bedrückt einen das natürlich immer. Trotzdem lese ich sowohl die Dinge, die den Tatsachen entsprechen, als auch die, in denen ich falsch interpretiert werde, und die, die mich vielleicht sogar verletzen. Aber alles – egal, ob Positives oder Negatives – empfinde ich als gleichermaßen inspirierend. Ich erinnere mich noch gut an das Buch von Dennis Lee, einem bedeutenden kanadischen Dichter, der über* Beautiful Losers *auf eine Art und Weise herzog, daß es fast einer Demütigung gleichkam. Er lieferte eine vernichtende Kritik über meinen ersten Auftritt als Schriftsteller. Trotzdem war es wichtig, daß er über mich schrieb.*

Noch bevor Leonard Cohen auf seine erste Europa-Tournee ging, hatte er im März 1970 die Aufnahmen zu seinem dritten Album *Songs Of Love And Hate* in Angriff genommen. An einigen der acht Songs (»Avalanche«, »Last Year's Man«, »Dress Rehearsal Rag«, »Diamonds In The Mine«, »Love Calls You By Your Name«, »Famous Blue Raincoat«, »Sing Another Songs, Boys«, »Joan Of Arc«) hatte er schon vor Jahren zu schreiben begonnen, an »Dress Rehearsal Rag« etwa im Jahre 1968; und die ersten Verse von »Last Year's Man« hatte er bereits 1966 – fünf Jahre, bevor der Song in Vinyl gepreßt wurde – zu Papier gebracht.

Songs Of Love And Hate dokumentierte nicht zuletzt Cohens Weiterentwicklung als Musiker. Zum ersten Mal setzte er mit Corlynn Hanney und Susan Mussmano, den beiden Backgroundsängerinnen, die ihn auch auf der Tournee begleitet hatten, Frauenstimmen zur Untermalung seiner lyrischen Songs ein. *Frauen auf der Bühne sind für mich sehr wichtig. Sie sind in hohem Maße involvierte »geistige« Personen. Meine Stimme ist ohne die weibliche Stimme leer. Erst durch die Nähe von Frauenstimmen gewinnt sie an Intensität.* Um die karge Landschaft seiner musikalischen Schwarzweiß-Welt mit Grautönen anzureichern, fügte er gleich dem ersten Song, »Avalanche«, ein Streicher-Arrangement hinzu, für das Michael Sahl und Paul Buckmaster verantwortlich zeichneten. Von Buckmaster, der zuvor Musik für Werbespots instrumentiert hatte, war Cohen sofort begeistert. *Ich wurde auf ihn durch Marty Machet und Bob Johnston aufmerksam. Ich hörte mir ein paar Titel an, die Paul arrangiert hatte, war fasziniert und flog sofort nach London. Dort sind dann die Orchestrierungen entstanden.* Für weitere Klangfarben sorgte in »Last Year's Man« und »Dress Rehearsal Rag« ein Kinderchor der Londoner Corona Akademie.

Aber noch zwei Songs fallen in bezug auf Songwriting und Arrangement auf, »Joan Of Arc« und »Famous Blue Raincoat«.

In »Joan Of Arc« singt Cohen *»Such a cold and lonesome heroine/ [. . .]/He took the dust of Joan of Arc/And high above the wedding guests/ He hung the ashes of her wedding dress . . .«,* womit er nicht zum ersten und keineswegs zum letzten Mal die Interpretation nahelegt, daß er »keine Frau fickt«, die er »nicht zuvor zur Heiligen gemacht« hat. Offenbar muß der Sänger seine Figuren heroisieren und über die Banalität der Alltagswelt hinausheben, um den Kampf mit ihnen aufzunehmen. Ist ihm dies gelungen, präsentiert er sie in glänzendem Licht. Mit »Joan Of Arc« bezieht sich Cohen auf seine Bekanntschaft mit Nico, dem Fotomodell aus dem Umfeld Andy Warhols, das auf dem ersten Album der Gruppe Velvet Underground, sehr zum Verdruß ihres »Chefs« Lou Reed, als Sängerin hervortrat. Nico ist für Cohen eine solche Frau, die nicht »gefickt« werden darf, ohne zuvor »heilig« gesprochen worden zu sein. Ungewöhnlich an dem Arrangement für »Joan Of Arc« ist nicht zuletzt, daß Cohen den Text im Hintergrund, parallel zu seinem Gesang, noch einmal rezitiert.

Der herausragende Song auf dem Album ist jedoch zweifellos »Famous Blue Raincoat«, der 1987 dem Cohen-Tribute-Album von Jennifer Warnes als Titel diente und ihm zugleich die Vorgabe für das fotografische Cover-Motiv, den blauen Regenmantel, lieferte. Dieser Song drückte in seinen drei Strophen all das aus, wofür Leonard Cohen bis dahin drei Alben und sieben Bücher benötigt hatte. In Cohens Gesamtwerk nimmt der Song eine ebensolche Schlüsselposition ein wie der Roman *The Favourite Game.*

»Famous Blue Raincoat« beschreibt eine Wanderung zwischen zwei Welten – eine Wanderung, die beschwert ist mit der Bürde der Vergangenheit. Vor dem Hindergrund überlieferter Traditionen und Mythologien durchquert der Sänger die Gegenwart auf der Suche nach einer ungewissen Zukunft. Er singt von einer Welt, in der sich Männer und Frauen *wirklich* lieben – aber nur, um sich wieder verlassen zu können, weil der Moment der Trennung tiefere Gefühle hervorruft als monotone Beständigkeit. In der Verschmelzung von Geist und Sexualität wird der Ich-Erzähler zum »Heiligen«. Daß der Titel »Famous Blue Raincoat« einen biographischen Hintergrund hat, wurde bereits erwähnt: Es handelt sich um den Regenmantel, den sich Cohen Anfang der 60er Jahre in London zulegte und der Elizabeth, Leonards damalige Londoner Bekannte, zu der Bemerkung veranlaßte, er sehe darin aus »wie eine Spinne«. Den Mantel trug Cohen, wie auf den in Amsterdam aufgenommenen Promotionfotos der Firma CBS zu sehen ist, noch Anfang der 70er Jahre; später wurde er aus der Wohnung von Marianne Jensen gestohlen.

»Famous Blue Raincoat« ist aber auch ein Song voller Rätsel, zu deren Auflösung nicht einmal Leonard Cohen in der Lage zu sein scheint: *Ich habe vergessen, ob ich mit der Frau wirklich zusammen gewesen bin. Ich weiß nicht, ob sie tatsächlich existiert hat.* Ist er derjenige, der den Brief schreibt (*»I'm writing you now, just to see if you're better«*), oder ist es ein anderer? Ist er die dritte Person in bezug auf ein Paar, oder steht ein Dritter in bezug zu seiner Beziehung (*»Well, your enemy is sleeping and his woman is free«*)? Oder schreibt er gar als L. Cohen an eine dritte Person – und ist die vielleicht »L. Cohen«, womit er selbst zusätzlich als vierte Person im Spiel wäre? Der Text läßt dies (wohl absichtlich) im unklaren. »L. Cohen« erklärt nur, daß er diesen Brief nie abgeschickt hätte. *Auf jeden Fall ist es ein Song, mit dem ich nie zufrieden gewesen bin.* Aber er fügt hinzu: *Ich bin froh, daß er so geheimnisvoll ist.*

Leonard Cohens Weiterentwicklung als Musiker läßt sich auch daran ablesen, daß er seine Gedichte nun nicht mehr nur von Studio-Profis arrangieren läßt, sondern auch selber darauf achtet, daß die musikalischen Arrangements jenen »intellektuellen Touch« haben, der seine geschriebenen Worte auszeichnet. Mit klischeebeladenen Drei-Minuten-Pop-Songs hat er auch weiterhin nichts im Sinn. Seine qualitativ hochwertige Arbeit veranlaßt die Dalhousie Universität von Halifax dazu, Cohen einen Ehrendoktor-Titel zu verleihen.

Sehr viele meiner Lieder und Gedichte sind aus einer momentanen, reinen Gefühlsstimmung entstanden. Es ist wie mit einem Tagebuch, das man führt, um Gedanken und Assoziationen festzuhalten und sich so von ihnen zu befreien, anstatt sie zu verdrängen. Oft kann ich mich später nicht mehr an die jeweilige Situation, in der ein Gedicht entstanden ist, erinnern. Manche meiner Gedichte erscheinen dem Leser als zusammenhanglos – mir auch. Denn das Niedergeschriebene verliert seinen Zusammenhang ab dem Moment, in dem es niedergeschrieben ist, und ich weiß nicht mehr, was ich damit ausdrücken wollte. Ich glaube, daß die Leute, die meine Gedichte später lesen, ihre eigenen Konflikte hineininterpretieren, und so sehen sie ihre ureigensten Probleme in meinen Gedichten artikuliert. Sie erkennen in mir den gequälten, zwiespältigen Menschen wieder, der vielleicht auch in ihnen steckt. Vielleicht ist das das Geheimnis meines Erfolgs.

Songs Of Love And Hate klingt nicht fröhlich, sondern traurig. Cohen singt langsam und lange, und auf der Rückseite des Album-Covers zitiert er in großen weißen Lettern eines seiner Gedichte aus *The Energy Of Slaves:* »Sie haben einen Mann eingesperrt, der die Welt beherrschen wollte. Diese Narren, sie haben den falschen Mann eingesperrt.« Das Album, erneut in Nashville, mit Cohens – bis auf Michael Sahl – kompletter Band The Army und unter Leitung von Bob Johnston eingespielt (im Studio A der CBS), erschien im März 1971. Es blieb das letzte, aus dem eine solch konsequente Traurigkeit spricht. Cohen selbst jedoch beschreibt die Stimmung des Albums mit den Worten, daß ihm bei seiner Arbeit »nicht Traurigkeit, sondern Angst« die Feder geführt habe – eine Angst, die er bis heute nie präzise definiert hat. Hinweise geben nur einige zur selben Zeit entstandene Gedichte für den 1972 erschienenen Band *Energy Of Slaves*. Sie lassen vermuten, daß sich Cohen damals in einer tiefen persönlichen Krise befand, die wohl wieder auf die Beziehung zu seiner damaligen Partnerin Suzanne zurückzuführen ist. Was der Platte außerdem einen depressiven Anstrich verleiht, ist Cohens offensichtliche Lust am Selbstzweifel und das genußvolle Auskosten seelischen Schmerzes. »Du, die wünscht, den Schmerz zu erobern, muß erst einmal lernen, mir zu dienen«, beschließt er die erste Strophe von »Avalanche« – ein Text, der als Gedicht bereits in dem Band *Parasites Of Heaven* (1966) erschienen war.

Ende 1970 kehrte Leonard Cohen nach Montreal zurück, wo er am 10. Dezember im Palace des Arts ein umjubeltes Konzert mit seiner Band gab, das den Globe and Mail in seiner Ausgabe vom 25. Dezember dazu veranlaßte, ihn zum »Entertainer des Jahres« zu küren. Zur selben Zeit, als *Songs Of Love And Hate* erschien, kam auch Robert Altmans Western *McCabe & Mrs. Miller* in die Kinos, für den Cohen Instrumentalversionen von zwei seiner Songs in einem New Yorker Studio aufgenommen hatte. Die *Songs Of Love And Hate* waren zwar in den USA und Kanada nicht sonderlich erfolgreich und wurden von der Firma CBS/Columbia Records auch nicht sonderlich beworben; in Europa jedoch überstiegen die Verkaufszahlen den Gesamtumsatz seiner beiden vorausgegangenen Alben. Das Fazit des englischen Musikmagazins Sounds (Ausgabe vom 10. April 1971) lautete: »Das Beste, was Cohen bisher vorgestellt hat.«

Im Winter 1971/72 beschloß Leonard Cohen, mittlerweile 37 Jahre alt, in Montreal zu bleiben. Er erwarb ein Haus, dessen Anschrift er noch 1988 als seine offizielle Postadresse angab: 28, St. Vallières, Montreal H2W 1C2, Canada. *Ich hatte zwar Geld, aber mir kam es vor, als hätte ich ein großes schönes Haus gegen ein kleines häßliches Hotelzimmer eingetauscht. Mit zunehmendem Einkommen verschlechterte sich mein Lebensstandard.*

Nach Montreal, New York, London, Hydra und Nashville nun also wieder Montreal. *Die Stadt, in der du großgeworden ist, prägt dich. Für mich ist Montreal die Hauptstadt meiner Gefühlswelt.* Nachdem ihn Nashville zu einer Art »natürlicher Faulheit« verführt hatte, versprach sich Cohen von seiner Heimatstadt, daß sie sein Leben wieder in geordnete Bahnen lenkte. Noch immer von Selbstzweifeln geplagt, übte er sich in strenger

Selbstdisziplin, von der er sich neue Kraft für seine Arbeit erhoffte. Er beschloß, sich von Drogen fernzuhalten, übte sich in Yoga und besuchte von Ende Januar bis Anfang März 1972 seinen Freund Roshi auf dem Mount Baldy in Kalifornien. Fünf Wochen verbrachte er im Kloster, fastete und dachte über seine Karriere nach, die bislang recht erfolgreich verlaufen war, auch wenn er sie selbst wieder und wieder in Frage gestellt hatte. Seine Beziehung zu Suzanne war in Ordnung, ein gemeinsamer Sohn, Nathan Adam, wurde geboren, und Cohens Manuskript zu *The Energy Of Slaves*, das seine *downphase* wohl am besten dokumentiert und das er in dieser Phase mit der Absicht, es nicht zu veröffentlichen, von seinem Verleger zurückforderte, erschien schließlich doch noch als Buch.

Von Bob Johnston in seinem Entschluß bestärkt, erneut auf Tournee zu gehen, zog es Cohen zunächst nach Nashville und anschließend noch einmal nach Hydra zurück. Auf der Insel wollte er sich auf die geplante Tournee, der er mit gemischten Gefühlen entgegensah, geistig vorbereiten, in Nashville musikalisch. Auf der Rückreise von Hydra in die USA legte er in London einen Zwischenstopp ein, gab einige Interviews und kündigte ein neues Filmprojekt an, das seine kommende Tournee dokumentieren sollte. Johnston hatte bereits mit dem Gitarristen David O'Connor, dem Bassisten Peter Marschall und zwei neuen Backup-Sängerinnen eine Band für ihn zusammengestellt. Bis auf Ron Cornelius und Johnston selbst stand somit niemand von der alten »Army« mehr im Sold von *Field Commander* Cohen. Neben Donna Washburn war Jennifer Warnes, die sich damals noch Jennifer Warren nannte, für die Chorus-Parts vorgesehen. Corlynn Hanney und Susan Mussmano hatten nicht so recht zu Cohens Stimme gepaßt, und da Cohen seine Stimme ohnehin als zu depressiv empfand, verlangte er nach »positiv« klingenden weiblichen Stimmen. Schon nach wenigen Proben war klar, daß seine Stimme mit denen von Donna und Jennifer perfekt harmonierte. So kam es zwischen den dreien zu einer Zusammenarbeit, die bis zum Jahr 1979 andauerte.

Mit wieder nachgewachsenem Haar – für seinen Klosteraufenthalt hatte er es sich kurzscheren lassen – trat Leonard Cohen am 18. März 1972 seine zweite Europa-Tournee an. Über zwei Konzerte in Dublin (am gleichen Tag im National Stadium und im River Club) und weitere Auftritte in Glasgow, Manchester, Leeds, Newcastle und London führte ihn die Tour erstmals auch nach Skandinavien; dort hießen die Stationen Kopenhagen und Stockholm. Danach kam er für fünf Konzerte erneut nach Deutschland.

Filmfoto aus »Ladies And Gentlemen, Mr. Leonard Cohen« (1964)

Leonard Cohen, 1967

Ein ungewohnter Cohen – mit Schnurrbart, 1967

Ein seltenes Bild: Leonard Cohen mit Vollbart um 1970

Im Aufnahmestudio

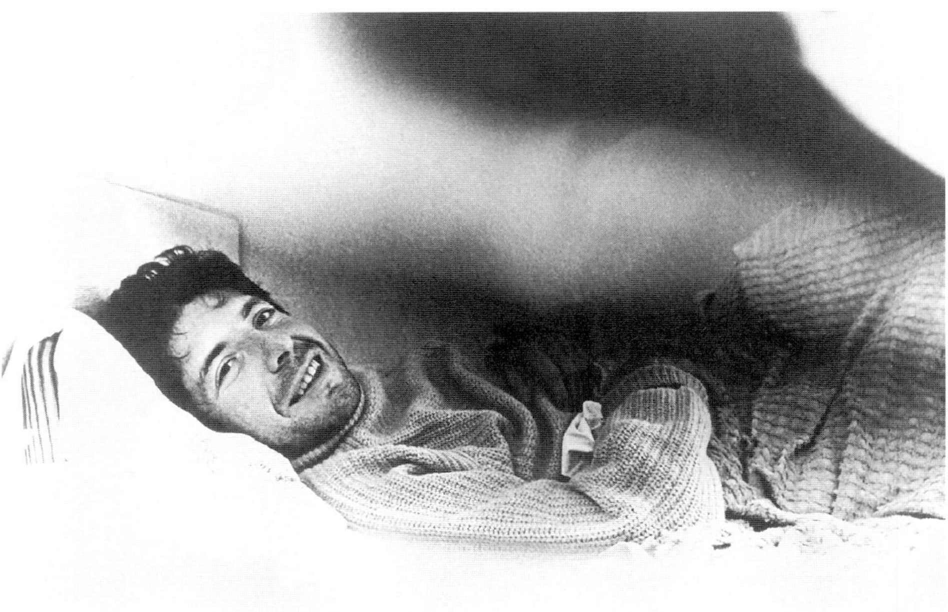

Ende der Sechziger

Leonard Cohens Lebensgefährtin in den Sechzigern, die Norwegerin Marianne Jensen in Cohens Arbeitszimmer auf Hydra. Das Bild erschien auf dem Back-Cover von »Songs From A Room«.

Im Arbeitszimmer seines Hauses

Anfang 1970

Leonard Cohen mit Judy Collins, um 1970

Recording-Session

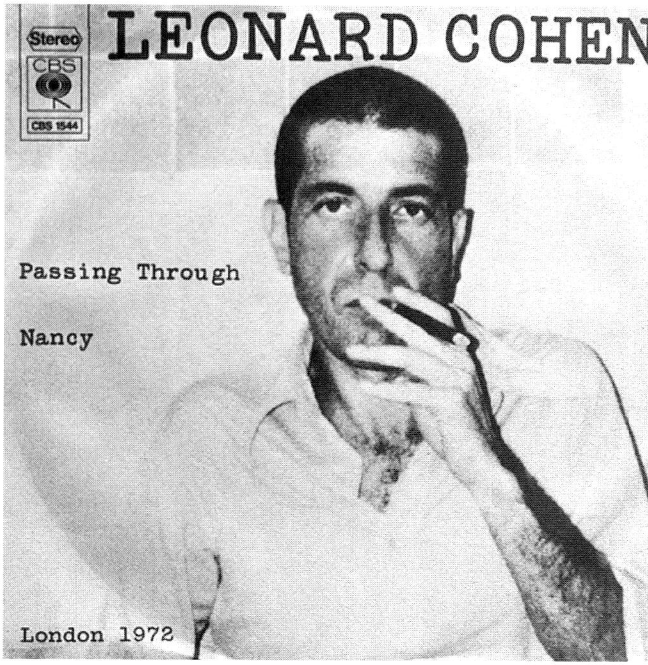

Leonard Cohen Anfang der Siebziger,
mit Kopfrasur zur Zeit seiner Zen-Studien (Single Cover)

Gruppenbild mit Damen: aufgeklapptes Cover der LP »Death Of A Ladies Man«, 1977. Von r. n. l.: Suzanne, Cohen, Eva la Pierre.

Live in Concert, um 1976

Cohen um 1980

Live mit Band 1980 im Straßburger Palais des Congress et de la Musique

Auf Hydra, Anfang 1980

Leonard Cohen mit Jennifer Warnes bei den Dreharbeiten zu dem Video »First We Take Manhattan«; Los Angeles, 1986

Publicityfoto, 1988

Christof Graf neben Leonard Cohen beim »Meet-the-Press« 1988 auf dem Frankfurter Flughafen

Schon in England wurde jedoch deutlich, was der spätere Tournee-Film dokumentierte: Die Qualität der Konzerte litt unter Leonard Cohens mitunter instabiler psychischer Verfassung und technisch-organisatorischen Mängeln. »Ist das ein Aufstand? Beginnt er heute nacht?« fragte Cohen nach dem ersten Verstärkerausfall. »Aber das gehört wohl zu den zum Ritual gewordenen Auftritten von Leonard Cohen dazu«, mutmaßte ein Reporter des englischen Sounds nach dem Londoner Konzert, und die Redaktion versah ihre Konzertkritik (in einer anderen Ausgabe) mit der Headline: »Warm And Confident«.

Erstaunt darüber, wie gut das Publikum seine Songs kannte, stellte Cohen fest, daß sie vor allem für seine Band zu einer Art von Meditation geworden waren. Die Überraschung war jedoch, daß er eine Version des Frank-Sinatra-Standards »As Time Goes By« zum besten gab und sie ebenso im Stil eines Entertainers vortrug, wie er seine eigenen, eher stillen Songs mit Andacht interpretierte.

Aber all das »trug wenig dazu bei, Leonard Cohen zu entmystifizieren«, notierte die Berliner Morgenpost über das vierte deutsche Cohen-Konzert, das am 9. April im Berliner Sportpalast stattfand, und fuhr fort: »Da steht er, fast unbeweglich auf einem Fleck, mit seiner Gitarre auf der Bühne, erst ziemlich unbeholfen, später freier in den Bewegungen, singt viel und spricht wenig.« (Ein Eindruck, den der Tournee-Film bestätigen sollte.)

Im Hinblick auf Cohens Musik waren die Kritiker nicht zufrieden. »Bleiben also die Cohenschen Texte«, resümierte die Berliner Zeitung. »Schöne, poetische, deftige, skeptische, aber auch skurrile und nicht immer verständliche Wortgebilde«, wobei mangelnde Detailkenntnis der englischen Sprache vielleicht auch eine Rolle spielt. Provozieren konnte er damit nicht. Auch nicht mit seinem einzigen Satz in Deutsch, dem fatalen Goebbels-Ausspruch: ›Wollt ihr den totalen Krieg?‹, vor drei Jahrzehnten an gleicher Stelle gefallen. Er ging unter in der allgemeinen Cohen-Begeisterung.« *Ich war ärgerlich. Das Publikum brauchte einen Führer, es war undiszipliniert. Da dachte ich an Goebbels Rede in diesem Haus anno 1943*, bemerkte Cohen dazu in einem Interview des Magazins POP (1972). Der Berliner Morgenpost hingegen erschien Cohens umstrittener Ausspruch weniger wichtig. Ihr Reporter versuchte die Konzertatmosphäre einzufangen: »Auf Einwürfe aus dem Publikum hat er eigentlich immer eine Entgegnung parat. Selbst wenn es ein Hund ist, der während eines leisen Liedes bellt. Leonard Cohen kann dies nicht aus seiner Ruhe (seiner Geborgenheit in seinen Songs, möchte man meinen) bringen. Er beendet das Lied und spielt das nächste mit dem improvisierten Titel ›The dogs are barking in Europe‹. Sicher bellen sie gegen den Krieg an, meint Cohen und sagt allen noch einmal, daß er nichts gegen den Hund im Sportpalast habe. Man solle zuhören, was er zu sagen hat. ›Go on barking, dog.‹ [. . .] Friedlich gab sich der ›Poet des Undergrounds‹ also.«

Vier Tage zuvor, am 5. April, war Leonard Cohen bereits in der Hamburger Musikhalle aufgetreten und einen Tag später, am 6. April, in der Frankfurter Jahrhunderthalle. Dort hatte er 19 Songs vorgestellt, unter ihnen das irische Traditional »Kevin Barry«, sowie vier kurze Improvisationen über seine Gedichte »I Don't Know Why I'm Scared Tonight«, »I Passed The High Buildings«, »I'm Trying To Break Free Myself« und »The Broken Lip«. Es war ein Konzert, bei dem Cohen, wie bei so manchen anderen dieser Tournee, seinen Standard-Opener »Bird On The Wire« erst nach »So Long, Marianne« spielte.

Nach Wien, München und Genf wurde spätestens mit dem Auftritt am 15. April im Amsterdamer Concertgebouw deutlich, daß Leonard Cohen großen Wert auf seine kurzen Gedicht-Improvisationen legte, die er von Auftritt zu Auftritt variierte. Im Rahmen seiner musikalischen Set List (vor der Pause: »Bird On The Wire«, »So Long, Marianne«, »You Know Who I Am«, »Lady Midnight«, »The Stranger Song«, »One Of Us Cannot Be Wrong«, »Tonight Will Be Fine«, »Joan Of Arc«; nach der Pause: »The Partisan«, »Sing Another Song, Boys«, »Chelsea Hotel«, »Famous Blue Raincoat«, »Avalanche«, »Hey, That's No Way To Say Goodbye«, »Kevin Barry«, »Sisters Of Mercy«, »Suzanne«, »So Long, Marianne«, »We Shall Not Be Moved« und »As Time Goes By«) überraschte er das Publikum zusätzlich mit den Gedichten »If There's Anything That Doesn't Please You Tonight«, »There's A Forest Of Microphones« und »I Always Wanted To Sing For Naked People«.

Auf dieser Tour stellte Cohen außer einer neuen und anderen Fassung des »Chelsea Hotel« keinen neuen Song vor. Die vom 18. März bis 21. April dauernde Tournee mit insgesamt 21 Konzerten bestand für Cohen vorwiegend aus Reisen, Soundchecks, Kettenrauchen, gelegentlichen Drogentrips und Interviews. *Auf meinen Tourneen bin ich in erster Linie Unterhalter*, erklärte er nach dem Genfer Konzert vom 14. April 1972 auf die Frage eines Journalisten der Zeitschrift POP, dem besonders das kameradschaftliche Verhältnis zwischen Cohen und seinen Musikern auffiel. »Wir spürten, was für eine Ausstrahlung dieser introvertierte sensible Künstler auf seine nähere Umgebung hat, was für ein kameradschaftliches Verhältnis Cohen zu seinen musikalischen und persönlichen Begleitern hat. Alle lieben ihn, für alle ist er der neutralisierende Pol im hektischen

Betrieb der Cohen-Europa-Tournee. Spontan, wie er einen jeden nach seinem Namen fragte oder wie er mir sein Champagner-Glas in die Hand drückte, so beantwortete er auch freimütig unsere Fragen. Dies, obwohl er dauernd von Scharen von Presse-, TV- und Radioleuten bedrängt wurde.« So beschreibt POP die Backstage-Atmosphäre. Das Konzert selbst wird ebenso eindrucksvoll geschildert: Cohen tat »etwas für ihn völlig Untypisches: Zusammen mit seinen zwei Begleitgitarristen sowie dem von der Orgel ebenfalls zur akustischen Gitarre wechselnden Bob Johnston stimmte er fröhliche gospel- und spiritualähnliche Songs an, die das Publikum sofort zum Mitklatschen und Mitsingen animierten. Cohen selbst sang lauter, er bewegte sich zum Takt der Musik, imitierte gar mit einem schelmischen Lächeln die Bewegungen von phonlauten Pop-Stars. Für den größten Teil der Anwesenden mochte dieser Stilbruch ihres Idols vielleicht etwas Befremdendes an sich haben, doch niemand protestierte. Protestiert wurde erst, als sich Cohen nach diesem ›Ausbruch auf fremde Pfade‹ vom Publikum verabschieden wollte, ohne das Lied von Suzanne gesungen zu haben. Doch der mehrminütige stehende Applaus in der bis auf den letzten Platz besetzten Viktoria Hall in Genf ließ ihn auch diesen Wunsch erfüllen und brachte ihn für eine Zugabe auf die Bühne zurück.«

Ich glaube, daß die Leute, die in meine Konzerte kommen, unterhalten werden wollen, erläuterte Leonard Cohen seine »Entertainer-Theorie«. *Was den Inhalt meiner Songs betrifft, so will ich dies nicht unbedingt als das Übermitteln einer Botschaft oder sonstwie bezeichnen. Vielmehr sind meine Lieder meine persönlichsten Gedanken von Phasen oder Momenten, die sich in meinem Leben abgespielt haben. Es gibt andererseits aber wieder Songs, mit denen ich etwas aussagen oder mittels derer ich Denkanstöße vermitteln will. Wenn ich also beispielsweise vom Krieg singe, dann könnte dies zur Folge haben, daß viele Menschen wieder einmal daran denken, daß es auf dieser Welt noch Kriege gibt oder wie häßlich Kriege sind. Eine Lösung zur Beendigung dieser Kriege kann ich jedenfalls nicht predigen. Wichtig ist, daß du gegen den Krieg bist. Was mich befriedigt, ist die Tatsache, daß ich auf Tourneen und mittels Platten die Möglichkeit habe, meine Meinung über den Krieg zum Ausdruck zu bringen.*

Ein Journalist sprach Cohen auch auf das Gerücht an, er habe Konzerte in Irrenhäusern gegeben. (Diese Auftritte sind bis dato auf keinem offiziellen Tourneeplan erschienen, weshalb die Gerüchte wohl nur darauf beruhen, daß Cohen einmal ein Konzert in einer Londoner Klinik für Psychiatrie gegeben hat, das Philip Marchand in seinem Tour-Report *Beautiful Survivor – On Tour With Leonard Cohen* [1975] erwähnt; es soll eines seiner besten Konzerte gewesen sein.) *Im Showbusiness fühle ich mich nicht speziell wohl,* wich Cohen aus und fuhr fort: *Ich mache Platten und verdiene damit Geld. Ich gehe auf Tournee, um wieder einmal unter die Leute zu kommen und Menschen zu treffen. Doch glaube ich, daß das Publikum in den Irrenanstalten mein bestes Publikum ist. Denn ich habe das Gefühl, daß diese Leute irgendwie auf derselben Wellenlänge sind wie ich und meine Songs auch am besten verstehen.* Eine Antwort, die, hat man Cohens Interviews aus 30 Jahren verfolgt, eine gewisse Selbstironie und einen Hang zur Selbstmystifizierung erkennen läßt. Berücksichtigt man jedoch, daß es zahlreiche weitere nicht ernstzunehmende Anekdoten, sprich: von der Presse erfundene Geschichten, gibt und daß nicht alle Journalisten Cohen in einer »pressefreundlichen« Phase antrafen, so ist seine obige Antwort geradezu als ein seltenes Beispiel für Auskunftsfreude und informativen Gehalt zu werten. Und warum sollte Leonard Cohen, dem immer wieder dieselben Fragen und Klischeebilder vorgesetzt werden, nicht auch selbst einmal ein Klischeebild von sich entwerfen dürfen? Daneben sei noch erwähnt, daß Cohen trotz seiner öffentlichen Präsenz noch immer nicht seinen »Gnadenzustand« gefunden hatte.

Beeindruckt zeigte sich Cohen von seiner Kurzvisite in Israel. Gegen Ende der Tour trat er am 19. und 21. April in Jerusalem und Tel Aviv auf. In Tel Aviv kamen statt der erwarteten zwei- bis dreitausend Zuhörer über zehntausend. Für Cohen waren die Zuschauer, wie schon bei dem in Frankreich gedrehten Take für seinen Tournee-Film, nicht nahe genug an der Bühne. Daher forderte er sie auf, näher heranzurücken, was zu einem Chaos zwischen dem Personal der Veranstalter und dem Publikum führte.

Cohen fühlte sich in jener Zeit oft mißverstanden und wurde von immer wiederkehrenden Selbstzweifeln geplagt. Er litt darunter, daß sich seine Beziehung zu Suzanne Elrod trotz ihrer Schwangerschaft dem Ende zuneigte, griff wieder zu seiner damaligen Lieblingsdroge Acid und stürzte sich in die Literatur. Nachdem er Journalisten mitgeteilt hatte, daß er sich nun zurückziehen werde, versuchte er, Entspannung zu finden und sein Leben neu zu ordnen. Unmittelbar nach Ende der Tournee gab er sein Haus in Franklin, Tennessee, auf und kehrte nach Hydra zurück. Dennoch behielt er seine neue Adresse in Montreal bei. »A Woman Being Born«, »My Life In Art« und »Death Of A Ladies' Man« lauten die Titel der in dieser Phase entstandenen Texte.

Death Of A Ladies' Man reflektiert Leonard Cohens Leben und seine Gedanken in den 70er Jahren wohl am besten. Beherrschendes Thema ist der Konflikt zwischen Privatleben und Öffentlichkeit; Zeilen wie »They stood before the altar and supplied«, »I dream of torturing you« und »I have no talent left/I can't write a poem anymore« sprechen für sich. Die ersten Entwürfe für diese ursprünglich als Roman geplante literarische Arbeit schrieb Cohen wie gewohnt in eines seiner vielen Notizbücher, von denen er, wie er erklärt, immer eines bei sich trägt. Doch wie schon sein erster Roman *Ballet Of Lepers* blieb auch dieser Originaltext unveröffentlicht; nur einzelne Teile fanden Eingang in den 1978 veröffentlichten Band *Death Of A Lady's* [sic] *Man*. Der in Cohens Notizbüchern notierte Titel »Notes For The Clean Life« wurde nie offiziell erwähnt; hinter ihm scheint sich aber die Urfassung von »A Woman Being Born« zu verbergen.

Während dieser Zeit, vom Herbst 1972 bis zum Frühjahr 1973, machten wieder diverse Gerüchte die Runde, die von abgrundtiefer Unkenntnis und maßlosen Übertreibungen zeugten. Einmal hieß es, Cohen sei in ein tibetanisches Kloster gegangen; dann war zu lesen, er habe sich den Black Muslims angeschlossen. Cohen selbst schürte diese Gerüchte, indem er gegenüber Journalisten ironische Statements abgab. *Ich war ein sehr guter Freund von Malcom X*, verkündete er zum Beispiel 1972 in Genf. *Im Falle einer Revolution wollte mich Malcom X zum Minister für Tourismus machen. Das ist kein Witz. Ich war der einzige Weiße im Schattenkabinett der Black Muslims.* Tatsächlich hatte Cohen versucht, Malcom X durch Briefe und öffentliche Äußerungen zu unterstützen. Dann jedoch wurde dieser hingerichtet, und es wurde nichts aus dem Job in seinem Kabinett.

Während die Spekulationen über Leonard Cohens Pläne ins Kraut schossen und er selbst weiterhin zurückgezogen lebte (vorwiegend auf Hydra), erschien im Frühjahr 1973 sein auf den Tourneen von 1970 und '72 mitgeschnittenes Album *Live Songs*. Den Opener des für die damalige Zeit ungewöhnlicherweise nicht als Doppel-, sondern als Einzel-LP konzipierten Live-Albums bildete ein während des Londoner Konzerts von 1972 aufgezeichneter »Minute Prologue«. Darauf folgten »Passin' Through« (London '72), »You Know Who I Am« (Brüssel '72), »Bird On The Wire« (Paris '72), »Nancy« (London '72), »Improvisation« (Paris '72), »Story Of Isaac« (Berlin '72), »Please Don't Pass Me By (A Disgrace)« (London '70), »Tonight Will Be Fine« (Isle Of Wight '70) und »Queen Victoria«, ein Song, den Cohen 1972 in seinem Haus in Franklin aufgenommen hatte. Mit dem 13minütigen »Please Don't Pass Me By« enthielt das Album zugleich den bis heute längsten Cohen-Song.

Ähnlich wie der bereits erwähnte Tournee-Film und Leonard Cohens literarische Arbeiten aus jener Zeit dokumentiert auch dieses Album seinen damaligen Gemütszustand. Nicht zuletzt das von Suzanne Elrod aufgenommene Foto auf der Vorderseite des Covers macht deutlich, in welcher psychischen Verfassung sich Cohen befand: es zeigt ihn, wie er mit versteinertem Blick, nahezu kahlrasiertem Kopf und eine Zigarre rauchend vor einer Kachelwand steht. Die Rückseite der Plattenhülle zierte eines von Cohens Lieblingswerken, ein grafisch gestalteter Text der wenig bekannten Künstlerin Daphne Richardson (1939 bis 1972). Die Kritiker wieder einmal Lügen strafend – der Melody Maker betitelte seine Rezension mit »Cohen – One Live Loser . . .« –, erwies sich das Album für Cohen als ein weiterer kommerzieller Erfolg.

Immer noch auf der Sinnsuche und in immer häufigere Auseinandersetzungen mit Suzanne verstrickt (über deren Gründe sich Cohen nie ausgelassen hat; noch Ende der 80er Jahre willigte er gegenüber den Autoren der Biographie *Prophet Of The Heart*, Loranne S. Dorman und Clive L. Rawlins, in »biographische« Interviews nur unter der Bedingung ein, daß sie das Thema ausklammerten), nahm Leonard Cohen eine Einladung der israelischen Regierung an und ging für zwei Monate ins Heilige Land. Von September bis Oktober gab er dort mehrere Konzerte auf verschiedenen Militärbasen – zu einer Zeit, als sich der Konflikt zwischen Israel und Ägypten nach dem Sechs-Tage-Krieg von 1969 zu einer Auseinandersetzung Israels mit allen arabischen Staaten ausgeweitet hatte, die im Oktober 1973 zum Yom-Kippur-Krieg eskalierte.

Wenn Du verheiratet bist, kann es für eine Frau nur einen oder zwei Gründe geben, einen aus dem Haus zu lassen. Zum einen, um Geld zu verdienen, zum anderen, um in den Krieg zu ziehen. Das sind wirklich die einzigen Gründe, damit eine Frau ihren Mann von Zuhause wegläßt, erklärte Cohen dazu 1994 in einem Interview mit dem deutsch-französischen Kulturkanal Arte. *Meine häusliche Situation war unerträglich geworden. Und ich überlegte mir, daß sie mich gehen lassen würde, wenn ich ihr sagen würde, ich wollte meine Glaubensgenossen in Israel verteidigen. Und so ließ sie mich ziehen. [. . .] Ich war mit einigen israelischen Künstlern zusammen. Einer von ihnen war Mati Kaspi. Man gab uns einen Jeep und ein paar Taschen. Wir sollten uns so weit wie möglich der Front nähern. Und wenn wir unterwegs ein paar verletzte Soldaten fanden, sollten wir ihnen ein paar Songs vorsingen. Das habe ich getan. Das war der Grund, nach Israel zu gehen.*

Leonard Cohen deshalb als Zionisten zu bezeichnen, wäre wohl übertrieben, auch wenn er selbst zugibt, *Zionist in dem Sinne zu sein, daß ich* [den Staat] *Israel nicht für einen Luxus halte. Er wurde gegründet für Menschen, die sonst nirgendwo Zuflucht gefunden hätten. Wir brauchen ein jüdisches Heimatland. Was die Politik der einen oder anderen israeli-*

schen Regierung betrifft, habe ich einiges daran auszusetzen. Das ist wohl auch typisch jüdisch.

Auf die Frage, ob Jerusalem für ihn einen Casus belli darstelle, gab Cohen seinen Gesprächspartnern Ascher Ben-Shmuel und Ilan de Beer für ein Interview, das 1976 in einem der Wochenmagazine der Süddeutschen Zeitung erschien, zu Protokoll: *Ich weiß, was Symbole für die Menschen bedeuten. Ich habe nicht viel übrig für Symbole, und ich hasse, was sie den Menschen antun. Menschen, die sich Symbolen verschreiben, sind meist bereit, dafür zu sterben oder andere deswegen umzubringen. Das scheint mir im krassen Widerspruch zu stehen zum eigentlichen Sinn dieser Symbole, doch daran läßt sich wohl nichts ändern.*

Cohen wies in diesem Gespräch die naheliegende Vermutung zurück, er habe sich mit seinem Engagement für Israel lediglich rehabilitieren und für sein Verhalten während der Kuba-Krise entschuldigen wollen. Die Frage, ob er sich auf ein so weitgehendes Engagement noch einmal einlassen würde, beantwortete er mit einem Nein: *Obwohl ich noch einmal beim Vorstoß in den Libanon darum gebeten wurde. Aber ich konnte ihre Einladung nicht mehr annehmen. Die Frau, mit der ich zu der Zeit zusammenlebte, hätte wohl die List durchschaut und mich nicht weggelassen. Aber nun mal ernsthaft: Mir gefiel diese Entwicklung nicht.*

Aber Leonard Cohens Gedanken waren in dieser für ihn schwierigen Zeit keineswegs nur auf das Schicksal Israels gerichtet; er blieb auch als Künstler aktiv. Sein Besuch in Israel trug musikalische Früchte: »Lover Lover Lover«, einer der Hits von seiner nächsten (fünften) LP, entstand während der Reise in den Sinai. Und am 25. September 1973 erlebte das von Cohens Anwalt Marty Machat produzierte, wenngleich nicht sehr erfolgreiche Bühnenstück »Sisters Of Mercy« seine Off-Broadway-Premiere. Das Stück, das deutliche autobiographische Züge trägt, war zuvor bereits im Rahmen des New Yorker »Shaw Festival« uraufgeführt worden.

Wieder nach Montreal zurückgekehrt, hatte Leonard Cohen in seinem Haus für mehrere Wochen Bob Dylan und dessen kanadische Freundin zu Gast. Cohen und Dylan, die sich im Chelsea Hotel kennengelernt und »auf den einen oder anderen Drink« (Cohen) getroffen hatten, tauschten sich über ihre Ansichten zu den Geschehnissen im Nahen Osten aus. Dylan, damals noch unentschlossen, ob er sich für eine pro-arabische oder zionistische Position entscheiden sollte, war fasziniert von Cohens Auffassung, *daß das Christentum der missionarische Arm des Judentums sei.* Während ihres Kanada-Aufenthalts besuchten die beiden auch das Mariposa Folk-Festival.

Mit seinen Wüstenkriegserfahrungen im Hinterkopf begab sich Leonard Cohen zur Jahreswende 1973/74 an die Arbeit für sein nächstes Album *New Skin For The Old Ceremony*, das er im folgenden Sommer in New York aufnahm. Insbesondere der vierte Song der LP, »Field Commander Cohen«, zeugt vom Einfluß militärischen Gedankenguts und von Cohens Faszination von der Idee, daß die Autorität eines »Führers« stets gegenwärtig sein müsse. Als politische Stellungnahme wollte Cohen den Song jedoch nicht interpretiert wissen. Seine politische Einstellung beschrieb er weiterhin als die eines Revolutionärs, der die Rolle des aktiven Kämpfers ablehnt: *Denn die Widersprüche der Rebellion sind mir bewußt. Ich habe keine Alternative für ein besseres, humaneres Gesellschaftssystem. Und wenn ich gesagt habe »Manchmal erinnere ich mich, daß ich erwählt wurde, alle Menschen vollkommen zu machen«, so möchte ich auch das als Selbstironie verstanden wissen.*

Cohen sieht sich in der Rolle des Retters, der weiß, daß es nichts zu retten gibt: *Ich kann und will die Gesellschaft nicht verändern, sondern nur berühren. Ich fürchte die organisierte Revolution und die auf Macht und Tyrannei erpichten Mobilmacher unter den Rebellen, denn im Grunde genommen sind die Revolutionäre von der Tyrannei, die sie ausüben, genauso angetan wie diejenigen, gegen die sie kämpfen. Wir müssen aus diesem Teufelskreis von Gewalt und Gegengewalt, Terror und Gegenterror, Mord und Unterjochung, Blut und Gemetzel ausbrechen, denn er führt immer wieder zum Ausgangspunkt zurück.*

Schon in »Stories Of The Street« hatte sich Cohen an die Kinder der Revolution gewandt: »Ich bin überzeugt: der Mörder aus dem Ausland wird mehr von uns ermorden als der alte vertraute Mörder.« Auch wenn man Leonard Cohen immer wieder vorgeworfen hat, daß er, was seinen politischen Standpunkt angeht, inkonsequent sei, spricht er sich selbst frei: *Die Paradoxie und das Blutvergießen auf beiden Seiten lassen mich in meiner Haltung erstarren, und ich bin unfähig, mich zu entscheiden. Denn beide Seiten sind schlecht. Aber die Motive sind auf beiden Seiten heilig. Beide Seiten glauben, daß ihre Beweggründe die Legitimation fürs Blutvergießen sind.* Doch bevor Cohen sich »militärisch« gibt und mit »Who By Fire«, das sehr einem Yom-Kippur-Gebet ähnelt, im neunten der insgesamt elf Songs seinen Israel-Aufenthalt aufarbeitet, schließt er zunächst gleich im ersten Song des Albums, »Is This What You Wanted«, mit seiner persönlichen Vergangenheit ab. Der hier thematisierten Suche nach der Einheit zwischen Mann und Frau (eine Einheit, die auf dem Cover des Albums mit der Reproduktion eines Kupferstichs aus dem Alchimistenwerk »Rosararium philosophorum« von 1550 in Gestalt zweier sich begattender Engel bildhaft gemacht wird) begegnet er nicht mit einer Antwort, sondern mit einer Frage: »Ist es das, was du gewollt hast?« Wieder bietet Leonard Cohen keine Lösung an. Doch schließlich kann man das als Teil seiner Lebenseinstellung betrachten: Der Weg ist das Ziel. Hinterfragen und Suchen ist oft wichtiger und sinnvoller als Antworten und Lösungen finden. Diese Einsicht spiegelt sich auch in Texten und Liedern.

»Chelsea Hotel«, »Lover Lover Lover«, »Why Don't You Try«, »There Is A War«, »A Singer Must Die«, »I Tried To Leave You«, »Take This Longing« und »Leaving Green Sleeves« sind weitere Songs, in denen Cohens damalige Grundstimmung zum Ausdruck kommt. Der Sänger bittet um Vergebung und läßt erkennen, daß er seine Selbstzweifel zu überwinden versucht.

In »Lover Lover Lover« drückt Cohen seine Einsicht aus, daß das Leben nur lebenswert ist, wenn es »ehrlich« gelebt wird. »There Is A War« variiert diese Einstellung anhand eines Konfliktes zwischen dem, was Cohen als Liebender sucht und dem, was er an dieser Suche für falsch hält: *»There is a war between the man and the woman«.* Auch »A Singer Must Die« trägt autobiographische Züge; dort beschreibt Cohen sein Bestreben, auf jede »Unehrlichkeit« zu verzichten. Der Song »Take This Longing«, dessen Text man unter dem Titel »The Bells« schon aus dem Musical »Night Magic« kannte, wirkt wie eine frühe Version von »Anthem« (auf dem '92er Album *The Future*). »The Bells«, Jahre zuvor entstanden und in Auszügen bereits in früheren Notizbüchern Leonard Cohens zu finden, stand somit für »Take This Longing« Pate.

Thema des das Album beschließenden Traditionals »Leaving Green Sleeves« ist die Ablehnung einer Liebe: Der Sänger muß sie aufgeben, weil er sie nicht länger erträgt. Und auch Cohens Beziehung zu Suzanne, die im selben Jahr ihr zweites gemeinsames Kind Lorca (benannt nach Cohens literarischem Vorbild Federico García Lorca) zur Welt bringt, scheitert an eben dieser Erkenntnis. Persönlich muß er bekennen, daß er die Liebe nicht weiter ertragen kann. Damit ist auch dieses Kapitel seiner Biographie abgeschlossen.

New Skin For The Old Ceremony spielte Leonard Cohen mit Jeff Layton (Banjo, Mandoline, Gitarre, Trompete), Ralph Gibson (Gitarre), John Miller (Bass), Don Payne (Bass), John Lissauer (Holzblasinstrumente, Keyboards, Gesang), Ray Markowitz (Schlagzeug), Armen Halburian, Barry Lazarowitz (beide: Percussion), Gerald Chamberlain (Posaune), Lewis Furey (Violine) sowie Erin Dickens und Emily Bindinger als Backgroundsängerinnen ein. Cohens Co-Produzent hieß John Lissauer.

Bei New Skin For The Old Ceremony *arbeitete ich zum ersten Mal mit John Lissauer – ein hervorragender Arrangeur und Produzent und ausgezeichneter Songwriter, der aber leider mit seinen eigenen Songs keinen Erfolg hatte. Er hat mich immer als ganz besonderen Musiker behandelt und das Brüchige in meinen Songs und in meiner Stimme betont. Ich habe immer versucht, meinen Songs einen »heavy bottom« zu geben; das ist mir erst mit »I'm Your Man« gelungen. Aber die Arrangements von »New Skin« sind einfach exzellent. Ich traf John Lissauer in einem Nightclub in Montreal. Er spielte dort mit Lewis Furey, einem Songwriter aus Montreal, der jetzt in Paris lebt. Ich verliebte mich in das Klavierspiel von Lissauer, und so entstand das Album.*

Das deutsche Musikmagazin Sounds bezeichnete das Album als »weniger neurotisch«, da sich auf ihm eine Abkehr von jener bedrohlichen Melodramatik andeutete, die Cohens frühere Alben geprägt hatte. Dadurch, daß sich Cohen hier erstmals von einer größeren Rockbesetzung begleiten ließ, erreichte er, wie Christian Graf in seinem »Rockmusik-Lexikon« (Taurus Press, Hamburg 1989) richtig notierte, »größere Verständlichkeit und ein anderes, eher Pop-verwöhntes Publikum«. In England gelangte das Album unter die Top Thirty, und in Deutschland hatte Cohen mit der Auskopplung »Lover Lover Lover« einen Single-Hit.

Bevor Leonard Cohen im September erneut auf Tournee ging, wurde in der ersten Juli-Woche im Londoner Rainbow Theatre der von Tony Palmer produzierte Tournee-Film *Bird On A Wire* uraufgeführt. Palmer hatte zuvor mit dem Schauspieler Peter Sellers zusammengearbeitet und für Frank Zappa den Film *200 Motels* produziert. Erntete der Film in England nicht nur gute Kritiken (der New Musical Express etwa empfahl ihn in seiner Ausgabe vom 13. Juli 1974 nur denjenigen, »die tatsächlich zwei Stunden Cohen im Film erleben [ertragen?] wollen«), nahm ihn die deutsche Presse, als er 1975, mit Untertiteln versehen, in die Kinos kam, durchweg positiv auf. »Er trägt Details zusammen, macht mit geschickten Schnitten Zusammenhänge bewußt und verweilt kunstvoll bei manchem Augenblick«, resümierte Die Welt.

Über sechs Monate hatte Leonard Cohen, der für den Film ein Kapital von über 100 000 Dollar aufgebracht hatte, in London gelebt, um mit Palmer die endgültige Schnittfassung zu erarbeiten. Der Film, dessen Sujet Cohens Musik und deren Wirkung auf das Publikum ist, beginnt mit einem von Cohen selbst gesprochenen Text und Alltagszenen wie jener, in der der junge Dichter ein Bad nimmt, sowie Ausschnitten aus dem 1964 entstandenen Filmporträt *Ladies And Gentlemen, Mr. Leonard Cohen . . . Es ist ein großes Privileg, sich selbst hören und sehen zu können, insbe-*

sondere dann, wenn man schläft beziehungsweise so tut, als würde man schlafen, kommentierte Cohen aus dem Off diese Bilder. *Viele Leuten interessiert es sehr, wie sie aussehen, wenn sie vorgeben zu schlafen.*

Nach dieser Rückblende widmet sich der Film der Gegenwart. Man erlebt Cohen, wie er während eines Konzerts den Song »Bird On A Wire« mit drei Zeilen auf Französisch einleitet: »Je veux vivre tout seul, libre comme un oiseau sur son fil, j'ai cherché ma liberté. . .« Den gesamten Opener hindurch ist die Kamera – mit Ausnahme weniger Einblendungen von Standbildern – auf Cohens Gesicht gerichtet. Während des zweiten Songs, »Avalanche«, begleitet sie ihn durch Paris, Amsterdam und Kopenhagen; man sieht, wie Cohen den Eiffelturm erklimmt, seinem Konzertpublikum zuwinkt und in melancholischer Stimmung erst an einem Fluß und dann am Meer kniet. Darauf folgen Konzertmitschnitte von »You Know Who I Am«, »Seems So Long Ago, Nancy«, »Sisters Of Mercy«, »Famous Blue Raincoat« und »One Of Us Cannot Be Wrong«. Nichts erinnert hier an die typischen Konzertfilme der späten 60er und frühen 70er Jahre. Es werden keine in Ohnmacht fallenden Mädchen und keine inszenierten Star-Auftritte gezeigt, sondern nur Leonard Cohen in Nahaufnahme, von schräg unten fotografiert, meist im Profil und selten frontal. Auch die Schnittfolge ist ruhig und weit entfernt von der heutigen MTV-Clip-Kultur. »Bird On The Wire« wirkt wie das nüchterne Selbstporträt eines Poeten, der kein Popstar sein will und auf alle Star-Allüren verzichtet. Präsentiert wird ein Poet, der, obwohl er das Leben eines Popstars führt, Poet geblieben ist – ein Poet auf Reisen, der diejenigen, die ihm dabei zuschauen wollen, mitnimmt.

Erst nach etwa zwanzig Minuten findet sich der Zuschauer in der gewohnten Szenerie eines Konzertfilms wieder: Bühnensequenzen wechseln ab mit Backstage-Aufnahmen, Bilder vom Leben *on the road* mit Ausschnitten aus Interviews und einer Vorstellung der Bandmitglieder; jedem einzelnen widmet Cohen eine kleine Hommage.

Betrachtet man den Film heute, so wird anhand der Interviews deutlich, wie sehr sich die Fragen, die an Leonard Cohen gerichtet werden, seit über zwanzig Jahren gleichen. »Wie oft hören Sie Ihre eigenen Platten?« *Selten*, lautet Cohens knappe Antwort.

Berlin als nächste Tourneestation liefert die Bilder zu »The Partisan« und konfrontiert Cohens Fans mit seiner jüdischen Herkunft: *Erst als ich erwachsen war, wurde mir bewußt, was meinem Volk angetan worden ist.* (Schnitt)

Man darf sich nicht zu wichtig nehmen, erklärt Cohen einem Journalisten, während er auf dem Berliner Flughafen wartet. Es ist verhängnisvoll, wenn man das tut. *Wenn man sich als wichtig betrachtet, kann man nichts Gutes schreiben. (Schnitt)* In Wien singt Cohen »Tonight Will Be Fine«. (Schnitt.) Cohen erfüllt Autogrammwünsche und signiert mit seinem Filzstift unter anderem das T-Shirt eines Mädchens. (Schnitt) Das Backstage-Treiben, On the road-Szenen, Gangways, Wartehallen. Zwei Ansätze zu »Passin' Through«. (Schnitt)

Man sieht Udo Jürgens, Deutschlands Schlager-Chansonnier Nummer eins, wie er die Schauspielerin Christiane Krüger nach Cohens Konzert im Münchner Zirkus Krone-Bau hinter die Bühne begleitet. Marek Lieberberg, 1970 neben Marcel Avram Mitbegründer der Konzertagentur MAMA Concerts, die Cohens Deutschlandtournee organisiert hat, vermittelt den beiden ein Gespräch mit dem Sänger. Udo Jürgens, in einem späteren Interview mit dem Autor (Mainz, September 1994) auf diese Szene angesprochen, meinte nur, es sei »eine sehr peinliche Szene« gewesen – womit er in bezug auf seine in dieser Szene eher hilflos und fehl am Platze wirkende Person sicherlich recht hat. »Er [Cohen] redete nur davon, mit Christiane ins Bett zu gehen. Christiane wollte aber nicht und bat mich, wieder mit ihr zu gehen«, erinnert sich Jürgens. Die Filmszene hingegen vermittelt einen anderen Eindruck. Dennoch schätze er Cohen sehr, erklärt Jürgens auf den bis heute einzigen Kontakt Bezug nehmend: »Leonard Cohen hat uns damals alle dadurch beeinflußt, weil er ein Poet war, von der Poesie kam und sie in ihrer Reinform in die Welt der Pop- und Rockmusik gebracht hat. Und so war es für mich und viele andere Musiker natürlich auch ein Muß, solch einen Mann von nächster Nähe, ob im Konzert oder danach, live zu erleben. Er hat herrliche Songs geschrieben und in seinen Texten interessante Dinge verarbeitet, in einer Art, wie sie zuvor noch nicht verarbeitet wurden. Ich weiß nicht mehr genau – es ist zu viele Jahre her –, wie das damalige Treffen zustande gekommen ist, auf jeden Fall war es eine sehr konfuse Sache. Und, ohne ihm wohl nach so vielen Jahren weh tun zu können, muß ich sagen, daß er damals sehr high gewesen ist. Zudem umgab er sich zur damaligen Zeit mit sämtlichen Attitüden eines Rocksängers. Zudem war da das Filmteam, das die Szenerie nicht weniger konfus machte. Auf jeden Fall möchte ich die direkte Frage von Cohen an Christiane im Originalton bestimmt nicht wiedergeben . . . Leider war dies das bisher einzige Treffen mit Leonard Cohen. Oft wurde ich von Beat Curti, einem Großindustriellen und Verleger in Zürich, der ein paar hundert Meter von mir entfernt wohnt, zu einem Essen eingeladen, bei dem auch Cohen zu Gast war. Daß ich dem nicht beiwohnen konnte, lag nicht an dem damaligen Ereignis. Meistens war ich gerade selbst auf Tournee oder im Studio. Auf jeden Fall war Leonard Cohen, auch wenn er nicht auf Tournee war, des öfteren bei Beat zu Gast und wohnte auch dort, wenn er in Europa verweilte.«

Doch zurück zum Film. Im Anschluß an die geschilderte Szene begleitet die Kamera Leonard Cohen in den Tourbus und in ein Restaurant, wo er sich bei einer Französin nach der Übersetzung seines Songs »Passin' Through« erkundigt. Danach erlebt man Cohen in jenen berühmt-berüchtigten Interviews, in denen er preisgab, daß er *über Kreativität überhaupt nichts sagen kann und grundsätzlich gar nicht gern rede.* – Eine ideale Basis für ein Gespräch. – Auf die Frage, welches die letzte bemerkenswerte Situation gewesen sei, an die er sich erinnere, gibt Cohen einem anderen Journalisten zur Antwort: *Manchmal gereicht man sich vor dem Publikum selber zur Schande.* Damit spielt er auf jene Szene während seines Konzerts vom 6. April in der Frankfurter Jahrhunderthalle an, wo er plötzlich am Bühnenrand auf die Knie sank, um weinend Personen aus seinem Publikum zu umarmen. *Für manche ist es schon schwer genug, ein, zwei Menschen in geschlossenen Räumen in die Arme zu nehmen. Ich habe es gleich vor ein-, zweitausend getan. Ich habe mir selber Schande gemacht.* (Schnitt)

Einem Vertreter des Magazins Weekend World mißlingt ein Interview, weil das Bandgerät nicht funktioniert. Schnitt und eine weitere Version von »Passin' Through«. Anschließend sieht man Leonard Cohen bei einem Konzert in Frankreich: er fordert das Publikum auf, näher an die Bühne zu kommen. Ordner, die solchen Situationen selten mit Verstand begegnen, besinnen sich auf ihre Fäuste. Der Kameramann wird gehindert, weitere Aufnahmen zu machen, und dreht dennoch weiter. Cohen vermittelt. Das Konzert wird erst nach einer Unterbrechung fortgesetzt. *Es hat keinen Sinn, noch einen Krieg anzufangen*, erklärt Cohen dem Publikum und verabschiedet sich mit »Passin' Through«. Noch eine andere Filmszene ist bezeichnend für Leonard Cohens damalige Befindlichkeit, wie sie sich auch in dem ein Jahr später erschienenen Buch »The Energy Of Slaves« widerspiegelt. Den Song »The Sisters Of Mercy« leitet er mit den Worten ein: *Ich weiß nicht, warum soviel Energie an die heruntergekommene Nachtigall verschwendet worden ist. Vielleicht wird euch dieser Abend Freude bereiten. Er ist kein Abend der Dokumentation, weil ich all diese Lieder vor ein paar Jahren nur für mich selbst geschrieben habe. Und nun bin ich der Sklave meiner schöpferischen Anstrengungen, wenn ich sie Abend für Abend wiederhole. Ich wollte damals einer Person etwas sagen, und nun muß ich es ständig wiederholen.*

Es folgt »Sisters Of Mercy«, einer der wenigen Songs, die der Film in voller Länge zeigt. Nach einigen weiteren Backstage-Szenen, diesmal mit unzufriedenen Fans, sieht man Cohen beim Zitieren seines Gedichts »How We Used To Approach The Book Of Changes« aus dem Jahre 1966.

How We Used To Approach The Book Of Changes

Mein Gott, ich bin heruntergekommen und
kein Führer der brennenden Welt
Kein Heiliger für die Leidenden
Kein Sänger, kein Musiker
Kein Meister irgendeines Fachs
Kein Freund meiner Freunde
Ohne Liebe für die, die mich lieben
Mir verbleibt nur meine Gier

Zeig mir heute nacht den Weg
Um das zu besitzen, wonach ich mich sehne
Zu lieben und geliebt zu werden
In der Leidenschaft, die ich nicht verbannen kann
Entgegen Deiner Lehren
Gib es mir, und lasse mich für einen Augenblick
In dieser bitteren Erbärmlichkeit ein glückliches Tier sein

© Leonard Cohen

Ich bin jetzt 37 Jahre, und solche Gedichte habe ich geschrieben, als ich zwischen 15 und 19 Jahre alt war. Meine Bücher habe ich zwischen 22 und 25 geschrieben. Die ersten verkauften sich in einer Auflage von 200, 300 Exemplaren, jetzt verkaufen sie sich in einer Auflage von 500 000 bis zu einer Million. Was Erfolg bedeutet, muß heute richtig verstanden werden. Wenn man ein Buch schreibt und den Nobelpreis gewinnt, dann kann man von Erfolg sprechen. Wenn man ein Gedicht mit 15 Jahren schreibt und es 20 Jahre dauert, bis es den Weg zum Publikum findet, kann man nicht von Erfolg sprechen. Mit diesen ernüchternden Worten relativiert Leonard Cohen seinen »Erfolg«; und er geht noch einen Schritt weiter, indem er ihn nur als eine Art des »Überlebens« definiert. (Schnitt)

Cohen stimmt »Suzanne« an, vergißt die vierte Zeile, unterbricht, läßt sie sich vom Publikum soufflieren und beginnt von neuem mit einer bisher unbekannten Variante: *»I'm the man who wrote ›Suzanne‹/A thousand years ago«.* (Schnitt.) Auf die noch heute oft gestellte Frage, was ihn für sein Publikum so faszinierend mache, greift Cohen einmal mehr zu einem Bild: *Wenn Sie sich an eine Straßenecke stellen und einen Stock mit einer* *seltsamen Aufschrift darauf hochhalten, werden Sie eine Vielzahl von Leuten anschauen. Die Tatsache, daß die Leute Sie anschauen, ist kein Indiz dafür, daß etwas Besonderes zu sehen ist. Ich stelle mich irgendwie zur Schau – vielleicht, um einen Narren aus mir zu machen, vielleicht, um Neugier zu erregen. Und eine Vielzahl von Leuten kommt, um mich aus mehreren Gründen anzuschauen. Ich versuche, die Aufschrift möglichst nichtssagend zu machen, so daß sich die Leute denken können, was sie wollen.* (Schnitt.)

Cohen singt, während ihn die Kamera, wie in allen Konzertszenen des Films, in Nahaufnahme einfängt, seine in späteren Jahren nur noch selten gehörte Version »No. 1« von »Chelsea Hotel«. (Schnitt.)

Die drei letzten Songs – »Hey, That's No Way To Say Goodbye«, »So Long, Marianne« und, nochmals, »Bird On The Wire« – wurden in Israel aufgenommen. Zunächst ist Cohen im Menschengewirr eines orientalischen Bazars, vermutlich in Jerusalem, zu sehen, danach in weiteren Backstage- und Live-Szenen. Das vorletzte oder letzte Konzert im Yad Eliahu Sports Palace von Jerusalem nimmt einen tragikomischen Verlauf. Cohen fühlt sich im meditativen Vortrag seiner Lieder gestört und unterbricht das Konzert mit den Worten: *In der Kabbala steht geschrieben: Wenn du dich nicht vom Boden erheben kannst, dann bleibe auf dem Boden. Es steht in der Kabbala: Wenn Adam und Eva sich entzweien, sitzt Gott nicht auf seinem Thron. Und da mein männlicher und mein weiblicher Teil heute abend nicht zueinanderfinden wollen, sitzt Gott nicht auf seinem Thron. Und das ist schlimm, wenn es in Jerusalem passiert.* Er verschwindet hinter die Bühne, um sich zu sammeln und zu rasieren. Dabei zeigt er sich von diesem Auftritt überwältigt: *I've bombed in Jerusalem.* Er weint vor Rührung und kehrt erst zwanzig Minuten später auf die Bühne zurück, um mit »Hey, That's No Way To Say Goodbye« und, zu einer Reihe eingeblendeter Fotos von Marianne, mit »So Long, Marianne« fortzufahren und sich schließlich, wieder einmal vorzeitig, zu verabschieden. Doch während die Zuschauer in anderen Städten angesichts dieses Verhaltens mit Protest und »Geld zurück!«-Forderungen reagieren, hört man vom Jerusalemer Publikum andere Stimmen: »Es macht uns nichts aus, wir kennen ja seine Lieder. Wir werden sie für ihn singen.«

Betrachtet man den Film unter einem biographischem Aspekt, findet man das bisher gezeichnete Bild von Leonard Cohen bestätigt. Jenseits von Cohens Biographie ergibt sich jedoch ein nicht immer stimmiges Bild: Ernsthaftigkeit wechselt mit Humor, Ironie und Zynismus treffen auf philosophisches Gedankengut, und nicht zuletzt haben Drogenphantasien zu den poetischen Wortbildern beigetragen. Für Cohen spielte zu dieser Zeit in Israel die Droge Acid eine große Rolle. Vielleicht war er in Israel seinen jüdischen Wurzeln zu nahe gekommen; seine Verweise auf die Kabbala deuten darauf hin.

Mit Sicherheit ist *Bird On A Wire* nicht mit anderen Anfang der 70er Jahre in Mode gekommenen Tournee-Filmen zu vergleichen. Der Film zeigt eben nicht einen Künstler mit den Attitüden eines Rockstars (wie es Udo Jürgens behauptet), sondern gewährt gut 100 Minuten lang Einblicke in das Leben eines Künstlers on the road, der sich zwischen Text und Musik hin- und hergerissen fühlt und auf die Reaktion, die das Publikum seiner Kunst entgegenbringt, nicht so abgebrüht reagiert wie gewöhnliche Popmusiker. *Bird On A Wire* zeigt keine Drogen- und Groupie-Exzesse, sondern den Umgang eines Künstlers mit seiner Kunst und den Menschen, die sich auf sie einlassen. Der Film offeriert keine Privatbilder, sondern Bilder, die privat erscheinen.

Trotz aller seiner Qualitäten zeigte sich Leonard Cohen mit *Bird on the Wire* nicht ganz zufrieden: *Schlecht ist der Film nicht, und vielleicht wäre ich mit ihm glücklich, wenn ich nicht selbst im Mittelpunkt stehen würde. Ich war damals in einer schlimmen Verfassung. Meine »Ehe« war zerbrochen, ich war voller Drogen und deprimiert. Ich hatte das Gefühl, ausgebrannt zu sein und zum allerletzten Mal vor einem Publikum zu stehen. Und was noch dazu kam und das Seltsame daran ist: sogar die Dinge um mich herum hatten sich gegen mich verschworen. Es war, als ob mich auch die gesamte Technik zum Schweigen bringen wollte. Ständig brachen Verstärkersysteme zusammen, fielen Mikrophone aus, fanden Leute das Konzert nicht gut, oder ich bekam einen elektrischen Schlag.*

Was mir an dem Film nicht gefällt, ist die Darstellung des Dichters als Poet. Immer wieder sieht man mich in dem Film durch die Natur laufen, vor Bäumen, den Wind im Haar. Immer wieder werfe ich verträumt Steine ins Wasser. Das ist falsch. Ein Dichter ist nicht sensibel und verträumt. Er muß, wenn er sich durchsetzen will, extrem dickhäutig sein. Ein alter Freund hat mir einmal gesagt, daß ein Mensch, der Dichter werden möchte, ein junger Mensch mit zwei Eigenschaften sein muß, ohne die er bei seinem Vorhaben nicht auskommen kann: Er darf überhaupt keine Erfahrung haben, und er muß arrogant sein. Und damit hat mein Freund recht gehabt.

Wohl auch aufgrund der Tatsache, daß der Film mehr gekostet hatte als geplant und nicht den erwarteten Erfolg erntete, begab sich Leonard Cohen auf seine bis dahin längste Tournee durch Europa, die USA und Kanada – unterstützt von der denkbar besten Werbung für ein solches Unternehmen, denn Film, Album und Tour wurden nahezu gleichzeitig lanciert. Die Tour startete am 1. September 1974 in Brüssel und führte ihn – nach einem zweiten Brüsseler Konzert am 5. September – über 32 Konzertstationen. Der Tourplan las sich wie folgt: England, Frankreich, Schottland, England, Dänemark, Deutschland, Holland, Deutschland, Österreich, Spanien. Am 19. und 20. Oktober endete die Konzertreise mit zwei unmittelbar aufeinanderfolgenden Auftritten im Pariser Olympia (der zweite begann um ein Uhr morgens).

Paris war nicht die einzige Stadt, in der Cohen und seine ab dieser Tournee nicht mehr The Army genannte Begleitband, die in Gestalt von Jeff Layton, Johnny Miller, John Lissauer, Erin Dickens und Emily Bindinger zum Teil bereits an der Einspielung des Albums *New Skin For The Old Ceremony* mitgewirkt hatte, gleich zweimal auftraten. Auch in Köln, Heidelberg und Barcelona war die Nachfrage so gewaltig, daß ein Zusatzkonzert anberaumt werden mußte.

Den Opener der durchweg hochgelobten Konzerte bildeten abwechselnd »Bird On The Wire« und »So Long, Marianne«. Die Set List des letzten, in der Nacht gegebenen Pariser Konzerts war die mit insgesamt 31 Songs umfangreichste dieser Tournee: »Bird On The Wire«, »So Long, Marianne«, »Love Calls You By Your Name«, »Who By Fire«, »One Of Us Cannot Be Wrong«, »There Is A War«, »Joan Of Arc«, »Why Don't You Try«, »Lady Midnight«, »Hey, That's No Way To Say Godbye« und »Diamonds In The Mine« vor der Pause; »Chelsea Hotel No. 2«, »The Stranger Song«, »A Singer Must Die«, »You Know Who I Am«, »The Partisan«, »Story Of Isaac«, »Famous Blue Raincoat«, »I Tried To Leave You«, »Sisters Of Mercy«, »Lover Lover Lover«, »Take This Longing«, »Is This What You Wanted«, »Suzanne«, »Tonight Will Be Fine«, »Seems So Long Ago, Nancy«, »The Butcher«, »Bird On The Wire«, »Passin' Through«, »So Long Marianne« und »Lover Lover Lover« nach der Pause. Drei Songs hatte Cohen somit gleich zweimal gesungen. Hinzu kam ein Gastauftritt jenes Graeme Allwright, der 1992 ein Album mit französischen Coverversionen von Cohen-Songs vorlegte (siehe Diskographie) und an diesem frühen Morgen einen kurzen improvisierten Song mit dem Titel »Mr. Cohen Must Be Going« vortrug.

Von Teilen der Presse noch immer als »einsamer Mystiker« (Berliner Morgenpost) bezeichnet, wurde Cohen, der seinen 40. Geburtstag während der Tournee in London beging, zumindest in Europa und vor allem in Deutschland als lebende Legende gefeiert. Die Berliner Morgenpost notierte: »Er war einmal so etwas wie der Poet des US-Undergrounds; die Stimme des jungen, rebellischen Amerikas, die sich aus der Zeit der Beat-Generation in die wilden sechziger Jahre als Symbolfigur hinübertragen

[sic]«. Eine fundierte Auseinandersetzung mit dem Künstler Leonard Cohen suchte man indes vergebens. Zu lesen war statt dessen, daß er es mühelos geschafft habe, »wovon andere Künstler nur träumen. Mit stillen, melodisch wenig aufreizenden Liedern zwingt er seine Zuhörer zu intensiver Aufmerksamkeit und führt sie in seine eigene Welt, die immer ein wenig mystisch bleibt.« Mit diesen und ähnlichen Sätzen versuchten Kritiker, Cohens Anziehungskraft auf sein Publikum zu erklären. Cohen selbst sah sich jedoch schon damals nicht als Sprecher der Jugend und beteuerte, wie er es noch heute tut: *Mein Publikum ist alterslos. Ich singe für keine bestimmte Generation, weil ich eigentlich keiner Generation etwas zu sagen habe. Erfahrungen macht doch jeder für sich selbst.*

Nach seiner Europa-Tournee kehrte Cohen in die USA zurück, um vom 29. November bis 1. Dezember täglich zwei Konzerte im New Yorker Bottom Line zu geben. Im Dezember nahm er darüber hinaus an einer Studio-Session des amerikanischen Banjo-Virtuosen Earl Scruggs in den Quadrophonic Sound Studios (Nashville, Tennessee) teil, deren musikalische Resultate 1975/76 auf zwei *Anniversary Special*-Alben der »Earl Scruggs Revue« veröffentlicht wurden. Auf »Vol. 1« teilte sich Cohen in seinem Song »Passin' Through« – unterstützt von Earl Scruggs (Banjo), Gary Scruggs (Bass), Randy Scruggs (Gitarre), Billy Joel (Piano), Roger McGuinn (Gitarre), Reggie Young (Gitarre) und Willie Hall (Schlagzeug) – die Lead-Vocals mit Joan Baez, Ramblin' Jack Elliott, den Pointer Sisters und Buffy Sainte-Marie, die eine ebenso respektvolle wie amüsante Dylan-Persiflage zum besten gab.

Paul Williams zählte zu jenen Journalisten, die Leonard Cohen damals zu einem Gespräch empfing. Williams' Interview mit Cohen, das in New York stattfand, wurde nicht nur in mehreren US-Zeitungen veröffentlicht; dem Autor wurde auch die Ehre zuteil, daß sein Text zusammen mit verschiedenen Kritiken auszugsweise im Innersleeve einer Nachpressung des *New Skin . . .* -Albums von 1975 abgedruckt wurde. Der 1948 geborene Williams hatte 1966 mit dem Magazin Crawdaddy die erste amerikanische Rockzeitschrift aus der Taufe gehoben. Der heute in Kalifornien lebende Autor, einer der Pioniere des modernen Rock-Journalismus, ist derzeit auch Herausgeber des »neuen« Crawdaddy-Magazins. Williams hat bis heute gut zwanzig Bücher veröffentlicht, unter ihnen das legendäre *Dylan – What Happened?*, in dem er sich mit Bob Dylans Hinwendung zum Christentum auseinandersetzt und ihr mit so gelungenen Interpretationen begegnet, daß Dylan über sein Management 150 Exemplare für private Zwecke kaufen ließ.

Zwei weitere Bücher, mit denen Williams seinen Ruf als »Dylanologe« untermauerte, sind die beiden Bände *Bob Dylan, Performing Artist: The Early Years 1960–1973* und *Bob Dylan, Performing Artist: The Middle Years 1974–1986* (Underwood-Miller, Novato, California/Lancaster, Pennsylvania, USA 1990/92). Das Besondere an Williams' Annäherung an Dylan besteht darin, daß sich der Autor weniger mit der Biographie des Songpoeten, als mit dessen künstlerischem Werk und insbesondere mit seiner Bedeutung als »Performer« beschäftigt – ein Wort, das ins Deutsche übersetzt leider nur annähernd mit »Interpret« oder »Live-Musiker« umschrieben werden kann. Von welcher Bedeutung solche auf Anhieb eher zweitrangig erscheinenden Übersetzungsfragen sind, ergibt sich nicht zuletzt daraus, daß sich Dylan auf seiner am 7. Juni 1988 begonnenen »Never-Ending Tour«, die ihn bis heute bereits mit bis zu 100 Konzerten pro Jahr durch nahezu alle Konzerthallen der Welt geführt hat, als »Performer« präsentiert, der seine klassischen Songs nicht einfach nur »live« interpretiert, sondern sie von Auftritt zu Auftritt auf radikale Weise demontiert und neu zusammensetzt.

Anläßlich der im Herbst 1994 unter dem eher mißglückten Titel *Like A Rolling Stone – Die Musik von Bob Dylan* erschienenen deutschen Übersetzung des ersten Bands von Williams' Dylan-Biographie stattete ihr Autor der Frankfurter Buchmesse vom 5. bis 9. Oktober einen Besuch ab; anschließend begab er sich auf eine etwa zehntägige Lesereise durch Deutschland. Sowohl in Frankfurt als auch in Saarbrücken (10. 10. 94) erwies er sich gegenüber dem Autor dieses Buchs als auskunftsfreudiger Gesprächspartner, der nicht nur über Bob Dylan eine Menge zu sagen hatte, sondern auch über Van Morrison und Leonard Cohen, zwei Künstler, die für ihn in dieselbe Kategorie gehören wie Bob Dylan.

Im Mittelpunkt von Paul Williams' Dylan-Interpretation steht – wie schon angedeutet – die These, daß Dylan in erster Linie ein »Performer« ist. Daß Bob Dylan als einer der größten Songwriter seiner Generation gilt, ändert für Williams nichts daran, daß er seine Songs in erster Linie geschrieben hat, um über Material zu verfügen, mit dem er auf der Bühne arbeiten kann. Williams zufolge ist Dylan die Live-Interpretation eines Songs wichtiger als der Song selbst: »Das ist auch der Grund, weshalb ich Dylan, Morrison und Cohen in ein und dieselbe Kategorie einordne.«

»Im ersten Band von *Performing Artist* schreibe ich, daß ich mir nicht sicher bin, ob es gut ist, zu einem so großen Teil des Werkes eines Künstlers Zugang zu haben. Aber an dieser Realität kann man nun mal nichts ändern. Ich weiß nur, je mehr ich mich mit diesem Werk beschäftige, desto mehr bekomme ich zurück. Das heißt, ich will immer mehr von diesem Künstler haben und das, was ich bereits von ihm habe, immer wieder neu erleben. Meine Vorstellung von einem erfüllten Leben ist, mich mit Kunst auf diese Art und Weise zu befassen – nicht, weil ich denke, daß es so sein sollte, sondern weil ich es so will. Im Anschluß daran gehe ich auf den Begriff ›performing arts‹ ein.«

Der Begriff »performing arts« ist laut Wörterbuch so definiert, daß er alle künstlerischen Darbietungen einschließt, die vor Publikum stattfinden, vom Theaterstück über die Tanzaufführung bis hin zum Konzert. Das wichtigste Merkmal solcher Aufführungen bleibt bei dieser Definition jedoch unberücksichtigt: die Tatsache, daß ein Künstler, auch wenn seine »Performance« auf einem zuvor verfaßten Skript oder auf arrangierten Songs beruht, im Moment der Aufführung alle Kontrolle verliert und sein Werk aus der Hand gibt. Selbst ein Künstler, der sein Privatleben vor der Öffentlichkeit geheimhält, gibt in diesem Moment immer ein Stück von sich selbst preis. Der Besucher einer künstlerischen Live-Darbietung sollte sich also bewußt sein, daß er einen Künstler nie besser kennenlernt als in jenem unwiederholbaren Moment, da er Zeuge einer Aufführung wird; und je mehr ein Künstler in diesen Moment investiert, um so mehr erfahren wir von ihm.

»Ich denke«, erklärt Williams, »daß dies ebenso auf Dylan wie auf Leonard Cohen zutrifft, obwohl er [Cohen] noch wesentlich intensiver und länger an seinen Songs arbeitet als Dylan. Trotzdem glaube ich, daß Cohen im Gegensatz zu Dylan sagen würde, daß ihm das Singen seiner Songs mehr bedeutet als das Schreiben.« (Williams bezieht sich hier wohl auf Äußerungen von Cohen, die besagen, daß er vorwiegend für sich selbst singt und dieses Singen als Endprodukt seines Schreibens betrachtet. *Die meisten Dinge, die ich tue, entstehen nicht aus einem Gefühl der Zufriedenheit,* hat Cohen des öfteren in Interviews zu seinem »I'm Your Man«-Album von 1988 erklärt. *Wenn ich schreibe, ist es nicht so, als ob ich vor einem Büfett stehe und mir das eine oder andere heraussuche, was ich gern hätte. Normalerweise sind es Notwendigkeit und Bedürfnis, Kunst zu schaffen. Das scheint die einzige Möglichkeit zu sein, Kunst zu produzieren.)*

Williams weiter: »Im Grunde genommen haben wir im 20. Jahrhundert ein Denkmodell entwickelt, in dem Kunst Malerei oder Schriftstellerei bedeutet. Die Kunst der Musik sehen wir dabei nur im Vorgang des Komponierens. Denken wir also an Musik, denken wir ans Komponieren. Denken wir ans Komponieren, fallen uns Namen wie Beethoven oder Bach ein. Denken wir zum Beispiel an Shakespeare, denken wir an jemanden, der Bücher schreibt. Das ist einfach lächerlich. All das resultiert nur daraus, daß wir Shakespeare heute nur noch lesen können, ihn aber als Schauspieler oder Mann des Theaters nicht mehr live erleben können. Daß wir heute also die Komposition für die eigentliche ›Kunst‹ in der Musik halten, liegt eigentlich nur darin begründet, daß andere Musiker die Komposition für eine Aufnahme neu spielen; sie ist das einzige, was von dieser Kunst übriggeblieben ist. Den eigentlichen Moment der Präsentation dieser Kunst können wir, was die Musik Beethovens oder Bachs angeht, nicht mehr erleben.« Für Williams ist es also der Moment des Erlebens, der ihn an den Darbietungen von Künstlern der Populären Musik so sehr begeistert. »Zumindest bei Künstlern wie Dylan oder Cohen ist es interessant, sich ihnen auf diese Weise zu nähern.«

Über die Ton-, Video- und Filmaufnahmen hinaus liegt also im Live-Moment der künstlerische Anspruch der Populären Musik? Oder ist es vielleicht die Idee, im Live-Moment die Populäre Musik als Kunst zu definieren? Ist damit das Fazit der »never-ending-dicussion«, was Kunst sei und ob Pop dazu zähle, gefunden? »Zumindest haben wir im leibhaftigen Auftritt des Künstlers neben dem Tonträgerprodukt, also den Tonaufnahmen, einen weiteren Anhaltspunkt, das, was das ›Künstlerische‹ daran ausmacht, zu beurteilen.« Aber lenken uns die Gefühle und Gedanken, die uns im Moment einer Live-Darbietung beschäftigen, nicht von diesem »Künstlerischen« ab? »Genau das ist der Punkt. All die Eindrücke, die im Moment der Darbietung auf uns einwirken, können nie dieselben sein wie in dem Moment, da wir eine Tonaufnahme hören. Hier definiert sich Kunst von selbst. Das Zusammenwirken von Eindrücken und Darbietung hilft uns, Kunst besser beurteilen und einer Kritik unterwerfen zu können. Es verändert die Art und Weise, wie wir mit Kunst umgehen, und hilft uns, Musik als Kunst zu definieren.«

Sollte sich also auch derjenige, der sich mit Leonard Cohen und seiner Kunst befaßt, dem Künstler auf diese Weise nähern? Schließlich ist Cohen nicht nur Songwriter und Sänger, sondern auch Romancier, Lyriker und Maler. »Ja, genau das ist es doch! Cohen ist es tatsächlich gelungen, aus seinem Können etwas zu machen, das man nicht genau beschreiben kann. Kunst ist es auf jeden Fall. Cohen ist Sänger und Dichter – ein Universalkünstler, in vielen Künsten zu Hause. Ich denke, daß Leonard Cohen den Schritt weg vom puren Schreiben tun mußte, weil ihn das allein nicht befriedigte. [Anm. des Autors: Und das Schreiben allein konnte Cohen, wie er immer wieder erklärt hat, auch nicht ernähren: *Es gab eine Menge finanzieller Gründe. Mir war klar, daß ich meinen Lebensunterhalt mit Schreiben allein nicht bestreiten konnte. Andererseits wußte ich, daß es mehr hungernde Sänger als hungernde Dichter gab.*] Als sich Cohen der

Musik zuwandte und ›Performer‹ wurde, half ihm dies, über seine Unzufriedenheit mit dem geschriebenen Wort, den Gedichten und Romanen, hinwegzukommen.«

Ich habe keine Pläne, keine Strategie, sagt Cohen auf den tieferen Sinn seiner Lieder angesprochen und bietet mit folgender Aussage eine einfache Erklärung für diejenigen, denen Cohens Musik mehr am Herzen liegt als eine tiefere Sinndeutung: *Ein Lied baut sich langsam im Herzen auf, zunächst bedeutet es noch nicht viel. Es braucht seine Zeit, um heranzuwachsen. Dann versucht man es zu singen und herauszufinden, was es bedeutet. Lieder handeln nicht von besonders vielen Dingen, die meisten handeln nur von dem einen: der Suche nach Liebe, dem Liebesabenteuer und dem Liebesschmerz. Es ist wie im Leben.*

Nach dem Sinn meiner Lieder habe ich nie gefragt. Ich habe sie für mich selbst geschrieben. Ich weiß nicht, ob ich das je gewußt oder gewollt habe, aber ich weiß, daß es eine Menge guten Willen auf der Welt gibt und Leute, die versuchen, die Dinge im positiven Sinne zu verändern. Das ist auch der Grund, warum es auf dieser Welt nicht ganz so schlimm zugeht; es gibt Menschen, die unbeirrt ihre Arbeit machen und zeigen, daß es auch anders geht.

Kunst vornehmlich auf die Art und Weise zu erleben, wie es Paul Williams vorschlägt – in einem Live-Konzert –, ist jedoch nur einem Publikum möglich, das sich von der Fixierung auf Tonaufnahmen befreit hat. Denn zweifellos gibt es unzählige Hörer von Cohens oder Dylans Musik, die die Alben ihrer Künstler in- und auswendig kennen, jedoch noch nie eines ihrer Konzerte besucht haben. Williams: »Erst wenn man das Konzerterlebnis als ein Stück ›Kunst‹ erfährt, ist man auf dem Weg zu verstehen, daß überhaupt erst mit Konzerten, die es lange vor der Tonaufnahme gegeben hat, Kunst geschaffen wird. Darum sind für mich Cohen, Dylan, Morrison und einige wenige andere in erster Linie Performer. Egal, ob sie eigene oder fremde Songs in ein Konzert aufnehmen, und egal, ob das Konzert gut oder schlecht läuft, schaffen sie doch mit jedem Auftritt Kunst und erweitern damit ihr künstlerisches Werk. Ganz anders ist es bei einem Entertainer, der seinem Publikum nur das serviert, was es hören möchte. Dort geht es darum, es allen recht zu machen. Nicht, als würden Cohen und Dylan das nicht auch tun, aber ihr Motiv ist ein völlig anderes. Nur so läßt sich zum Beispiel die ungeheure Produktivität von Dylan erklären.«

In seinen Büchern über Bob Dylan zieht Paul Williams häufiger den Vergleich zu Pablo Picasso. Geht es ihm bei diesem Vergleich darum, daß beide Künstler in einer bestimmten Periode ihres Schaffens dem Surrealismus nahestanden? Insbesondere Dylans Texte aus der Mitte der 60er Jahre, zum Beispiel »Visions Of Johanna«, lassen ja eine Nähe zum Surrealismus erkennen. »Ein Grund, warum ich den Vergleich zu Picasso ziehe«, erklärt Williams, »ist der, daß Dylan ein ebenso produktiver Künstler ist, wie es Picasso gewesen ist. Man kann über Picasso denken, wie man will, aber er hat an nahezu jedem Tag seines Lebens gemalt oder war sonst auf irgendeine Weise künstlerisch tätig. Ich glaube nicht, daß er das des Geldes wegen getan hat. Er hatte keine andere Wahl, es mußte aus ihm heraus. Darum der Vergleich mit Picasso. Darüber hinaus war Picasso, wie heute Dylan, ein Egozentriker. Seine Biographie spiegelt sich in seinem Werk; Privates läßt sich zuordnen, und neue Welten werden erschlossen. Beide, Dylan und Picasso, besitzen beziehungsweise besaßen eine große Anzahl unveröffentlichter Werke. Beide bearbeiten beziehungsweise bearbeiteten bereits existierende Werke immer wieder neu und schufen mit jeder von ihnen ein neues Werk. Dylans ›Tangled Up In Blue‹ ist so ein Beispiel. Der Song ist 1974 geschrieben und 1975 veröffentlicht worden. 1978 und 1984 wurde der Text geändert, und erst 1988 hat Dylan den Song wieder in der Urfassung präsentiert. Wie man sieht, gibt es also durchaus einige Beispiele, die einen solchen Vergleich rechtfertigen.«

Wenn man Bob Dylan mit Pablo Picasso vergleicht, wie es auch Leonard Cohen selber im Jahr 1988 in einem Interview mit dem amerikanischen Musican Magazine getan hat, kann man dann Leonard Cohen vielleicht mit Henri Matisse vergleichen? Bei oberflächlicher Betrachtung wirkt das Werk beider Künstler sehr formbewußt; tatsächlich jedoch strebt Cohen ebenso wie vor ihm Matisse nach totaler Freiheit. Wie Matisse hat er eine Lebensweise kultiviert und aus ihr sowie aus dem Beharren auf strenger Form eine künstlerische Methode entwickelt, in der Hoffnung, auf diesem Weg totale Freiheit zu erlangen und zu einem »wahren Wilden« zu werden. Paul Williams: »Das sehe ich auch so. Cohens Art des Auftretens und seine Kunst untermauern den Vergleich mit Matisse. Im Gewand des Bourgeois agiert er als Enfant terrible. Im Erreichen einer totalen Kontrolle über sich selbst gelangt er zu Bildern, die ohne diese voraufgegangene Kontrolle nie ›unkontrolliert‹ wirken könnten. Wenn Cohen Abend für Abend dieselbe Geschichte erzählt, scheint es, als ob er seine Spontaneität hinter einem ausgedachten Konstrukt verbirgt.«

Bis heute wird Leonard Cohens Werk in Europa anders aufgenommen als in den USA. Auch wenn seine US-Tourneen von 1988 und 1993 in den Staaten mit weit freundlicheren Kritiken bedacht wurden als seine früheren musikalischen Aktivitäten, trifft auf ihn doch immer noch der Satz zu, daß der Prophet im eigenen Land nichts gilt. Worin liegt der Grund dafür, daß Leonard Cohen in Europa nach wie vor in besserem Ansehen steht als in Übersee? Läßt sich das Phänomen mit den unterschiedlichen Kulturen erklären? »Diesen Eindruck hatte ich schon zu der Zeit, als *New Skin For The Old Ceremony* herauskam. Es war Anfang der 70er Jahre, als ich Cohen in New York City interviewte. In Europa verdiente er sein Geld, und in den USA gab er es aus. Ich denke, man muß hier zwischen ›berühmt‹ und ›populär‹ unterscheiden. In den USA ist Cohen zwar berühmt, aber nicht populär. Jeder möchte ein Autogramm von ihm haben, Platten kaufen diese Leute aber nicht von dem Mann, der ihnen das Autogramm gegeben hat. Cohen ist einer jener US-Künstler, deren Bedeutung nur ein Europäer erkennt – eine Bedeutung, die zum Beispiel auch Frank Zappa oder Charles Bukowski zuerkannt wird. Alles ist bei Cohen sehr konsequent aufgebaut und sehr ›echt‹, und es scheint, als ob der Künstler eine immense Integrität und Kraft in seine Kunst einbringt. In Europa verhalten sich die Menschen gegenüber solchen Künstlern wesentlich loyaler.«

Leonard Cohen: *Man mag es in den Staaten geradeheraus, aber das bin ich nicht. Sendezeit im Radio und Platz in den Regalen der Großhändler ist kostbar, sie wollen dafür einen schnellen Warenumschlag. Von meinen Platten ist das nicht zu erwarten – womit ich nicht sagen will, daß man mich dort nicht hören will.*

Aus dem letzten Satz erklärt sich wohl, daß Cohens Tourneen trotz seiner manchmal fünf Jahre währenden Bühnenabstinenz regelmäßig werden. Das auf einer dieser Tourneen entstandene *Cohen Live*-Album bewertet Williams nicht nur in seiner Crawdaddy-Rezension positiv. »Es gefällt mir sehr gut. Ich habe es viele Male gehört, manchmal sehr intensiv, manchmal nur als Hintergrundmusik. Und trotzdem faszinieren mich die Songs immer wieder, die alten wie die neuen – ›Bird On The Wire‹ zum Beispiel, das Cohen in jedem Konzert spielt. Aber ich bin eher ein Dylan- als ein Cohen-Fan. Dylan-Konzerte habe ich besser im Ohr. Aber bei Cohen wird mir etwas vermittelt, das mir bei Dylan schon manches Mal verlorengegangen ist. ›All Along The Watchtower‹, ein ähnlich bekannter Dylan-Song wie Cohens ›Bird On The Wire‹, zeigt dadurch, daß er ihn in den letzten sieben oder acht Jahren nahezu unverändert vorgetragen hat, zunehmende Abnutzungserscheinungen. Bei Cohens ›Bird On The Wire‹ empfinde ich das nicht so.«

Die bereits erwähnten Auftritte, die Leonard Cohen vom 29. bis 1. Dezember 1974 im New Yorker Bottom Line absolvierte, fielen im Vergleich zu seinen vorausgegangenen europäischen Konzerten kürzer aus. Cohen spielte vier bis fünf Songs weniger und verzichtete auch auf das Vortragen seine Gedichte.

Ab Januar 1975 setzte er die Tournee, die ihn durch die USA und Kanada führte, mit 15 Konzerten fort. In der Avery Fisher Hall von New York trug er am 7. Februar mit seiner in unverändertem Line-up auftretenden Band 28 Songs vor, deren Set List kaum Unterschiede zu jener seiner europäischen Konzerte aufwies. Nach den ersten neun Songs, die er in derselben Reihenfolge vortrug wie bei seinem ersten Pariser Konzert vom 19. Oktober 1974 (»Bird On The Wire«, »So Long, Marianne«, »Love Calls You By Your Name«, »Who By Fire«, »One Of Us Cannot Be Wrong«, »There Is A War«, »Joan Of Arc«, »Tonight Will Be Fine« und »Hey, That's No Way To Say Goodbye«), fügte er das Gedicht »The Music Crept By Us« ein, bevor er die erste Hälfte des Konzerts mit »Diamonds In The Mine« beschloß. Nach der Pause folgten »Chelsea Hotel No. 2«, »The Stranger Song«, »A Singer Must Die«, »You Know Who I Am«, »The Partisan«, »Story Of Isaac«, »Famous Blue Raincoat«, »I Tried To Leave You«, »Sisters Of Mercy«, »Lover Lover Lover«, »Take This Longing«, »Is This What You Wanted«, »Suzanne«, »Lady Midnight«, »Seems So Long Ago, Nancy«, »The Butcher« und »Bird On The Wire«. Die New York Times urteilte in ihrer Ausgabe vom 9. Februar: »In gewisser Weise ist Mr. Cohen eine Art kummervoller Randy Newman: nicht so spaßig, aber dafür auf eine ähnlich exzentrische Weise talentiert.«

Nachdem Cohen in Hamilton, Waterloo, London (Ontario), Toronto, Passaic, Philadelphia, Pennsylvania, New York, Montreal (2 Konzerte), Minneapolis, Berkeley, Boston und Phoenix aufgetreten war und damit seine erste offizielle USA/Kanada-Tournee absolviert hatte, zog er sich wieder nach Hydra zurück, um an seinem dann 1978 erschienenen Buch *Death Of A Lady's Man* weiterzuarbeiten.

Im November 1975 (in Großbritannien und den USA etwas früher) veröffentlichte Cohens Plattenfirma CBS ein Best-of-Album unter einem nicht in allen Ländern gleichlautenden Titel; in den USA und Europa lautete er *Greatest Hits*. Zwölf Songs dokumentierten Leonard Cohens bisherige musikalische Tätigkeit.

Kurz darauf gab Cohen im November noch einmal zwei US-Konzerte (im Main Point von Bryn Mawr und in der Great Southeast Music Hall von Atlanta, Georgia), um das in Europa sehr erfolgreiche Album auch in den USA zu unterstützen. In Bryn Mawr spielte er sechs Songs, die bis dahin noch unveröffentlicht waren: »Guerrero«, »I Guess It's Time«, »Don't Go Home With Your Hard-On«, »Came So Far For Beauty« und »Traitor Song«. Letzterer enthielt einige Zeilen, die vom Text der späteren

Plattenaufnahme abwichen und in der folgenden Transkription mit Asterisk gekennzeichnet sind.

Traitor Song

The swan it floated in an English river
*The rose of Sharon open like a myth**
A sun-tanned woman yawned me thru' the summer
*Unfolding like a fan to my request**

[. . .]

*Well I'd broken the glass along above the hammer**
*And the fire touched me with a moderate flame**

[. . .]

*She held me tight just like a soldier's widow**
*But soon I heard reports of the attack**
*Yes and past the hair and through the steam window**
*I saw the man of action falling back**

Während eines Konzerts am 4. Dezember im Forum von Montreal widmete Bob Dylan seinen Song »Isis« Leonard Cohen mit den Worten: »This is for Leonard, if he's still here.« Eine ironische Anspielung auf Cohens zurückgezogenes Leben auf Hydra? Cohen verfolgte jedenfalls Dylans Konzert backstage, da er sich zu dieser Zeit wieder einmal in Montreal aufhielt, seiner »Basis«, zu der er immer wieder zurückkehrte: *Montreal war schon immer eine gute Basis für mich, mein Zentrum der Welt. Hier bin ich aufgewachsen. Hier habe ich ein Haus in einer Straße, in der auch Freunde wohnen. Ich verbringe zwar Zeit auf Hydra, in Tennessee und in Mexiko, aber ich komme immer wieder zurück.*

Montreal ist eine französische Stadt und Quebec eine französische Provinz. Kanadier sind wie die Juden, sie überprüfen ihre Identität immer wieder neu. Irgendwie ist ihnen bewußt, daß sie ihre wahre Identität nur mit Hilfe der Vereinigten Staaten finden können, aber aus deren Schatten herauszutreten, gelingt ihnen nicht. Ich bin ein Kanadier, der im Exil lebt. Ich lebe in Montreal innerhalb einer Minderheit von Literaten, weil es dort keine englischsprachige Literaturgemeinde gibt. Für mich steht das als charakteristisches Beispiel für das gesamte Kanada. Kanada ist sich äußerst bewußt über seine Identitätssuche und darüber, daß es Minderhei-

ten und Mehrheiten gibt, nicht aber darüber, welche von ihnen die dominierende Stellung einnimmt, was wiederum Platz für alle schafft. Wir sind nicht der Schmelztiegel, wie es zum Beispiel die USA sind. Wir leben ein eigenes unabhängiges Leben, sind jedoch abhängig von der Psyche dieses Landes. So lebe ich wie ein Fremder in meiner Heimat Montreal. Ich spreche zwar Französisch, aber nicht so, daß es das Bedürfnis meines Kopfes und meines Herzens, sich mitzuteilen, stillt. Und da ich im französischen Teil Kanadas lebe, fühle ich mich als englischsprachiger Autor wie abgeschnitten von der Literaturszene. Quebec zum Beispiel hat seine eigene Film-, Musik- und Theater-Industrie, die viel aktiver ist als die im übrigen Kanada. Eigentlich müßten daher meine Bücher, die ins Französische übersetzt worden sind, ins »Quebecanische« übersetzt werden, weil die Bewohner von Quebec ihre eigene Sprache haben. Sie ist lebendiger und rhythmischer.

In bezug auf ein unabhängiges Quebec halte ich aber von einer politischen Trennung nicht viel, eher glaube ich an eine geographische Trennung. Wir sollten uns vom nordamerikanischen Kontinent loslösen, um auf die Küste von Florida zuzutreiben. Das würde uns vielleicht eine neue Sichtweise vermitteln. Eine politische Trennung innerhalb einer Landmasse kann meiner Meinung nach den tiefsitzenden Wunsch nach Unabhängigkeit, den die beiden Gemeinschaften verspüren, nicht erfüllen. Mein anderer Vorschlag wäre ein Tausch mit einem Eiland der karibischen Inseln.

Der amerikanische Journalist Larry Sloman, der auch die Einführung für das Programmheft von Cohens Tournee 1993 verfaßt hat, beschreibt das Treffen von Bob Dylan und Leonard Cohen während Dylans »Rolling Thunder Revue«-Tour in seinem legendären, leider nie ins Deutsche übersetzten Buch *On The Road with Bob Dylan* (1976). Auch Paul Williams berichtet über die Verbindung, die Dylan mit seinem Cohen gewidmeten Song »Isis« zu seinem Kollegen herstellt. In seinem 1992 erschienenen Buch *Bob Dylan – Performing Artist. The Middle Years, 1974–1986* bringt er in diesem Zusammenhang einen Auszug aus einem Interview, das er 1974 mit Leonard Cohen geführt hat. Dort erklärte ihm Cohen: *Ich glaube, daß die Ehe heute das Höllenfeuer für Geist und Seele bedeutet.* »Isis« ist ein Song über das Abenteuer, auf das sich der einläßt, der eine Ehe zu führen versucht. Am Ende des Songs nennt der Sänger den Grund für sein »Verrücktsein«: *»What drives me to you is what drives me insane.«* Die Quintessenz lautet: keine Ehe, keine Konflikte und somit auch kein Abenteuer, aus dem der Sänger als Held hervorgehen kann. Williams vergleicht

Dylans Montrealer Konzert mit einem musikalischen Höllenfeuer und zitiert einen der seltenen Sätze, die Dylan an sein Konzertpublikum gerichtet hat: »Jetzt kommt ein Song über die Ehe; er heißt ›Isis‹.« Nach den ersten Takten folgt der kaum vernehmbare Satz: »This is for Leonard . . .« Zu hören ist Dylans kleine Hommage an Cohen auf Disc 2 seiner 5-CD-Werkschau *Biograph* (1985) und auf der Rückseite seiner »Jokerman«-Single von 1984, zudem auf einer 4-Song-Promotion-EP zu Dylans Film *Renaldo & Clara* (1978), der zwar auch »Isis« enthält, nicht aber diese gesprochene Einleitung.

Zu Bob Dylan fühlte sich Leonard Cohen bereits in den frühen 60er Jahren hingezogen, als er dessen erste Platten hörte. Im Jahr 1967 bekannte Cohen sogar, er sei »so etwas wie der Spiegel Bob Dylans« und *am meisten davon beeindruckt wie zugleich überrascht [gewesen], daß mir manches von Dylan sehr bekannt vorkam, daß er wie eine Figur aus einem meiner Bücher war, die lebendig geworden ist . . . Irgendwie hatte ich das Gefühl, als hätte ich ihn erfunden. Als ich ihn das erste Mal hörte, verstand ich ihn sofort. Ich verstand, was er tat. Ich sah, daß er eine Rolle spielte, in der ich mich oder auch andere gern gesehen hätte . . . Ich fühlte mich ermutigt, als ich seine Musik hörte. Denn wenn man Dylans Musik oder der irgendeines anderen guten Songwriters seines Kalibers zuhört oder das Werk eines guten Dichters liest, bezieht man daraus Energie. Das macht überhaupt erst den Wert eines Werkes aus: es verschafft dir Energie.*

Die ersten Kontakte zu Dylan knüpfte Cohen, wie schon erwähnt, im New Yorker Chelsea. Bereits damals gestand er: *Als ich Dylan hörte, dachte ich, da ist für mich nichts mehr zu bestellen.* Gern zieht er in diesem Zusammenhang auch den Vergleich zwischen seiner Art des Songschreibens und jener von Dylan: *Ich wäre viel lieber jemand, der ein Lied innerhalb weniger Minuten schreibt.*

Vor einigen Jahren habe ich ein Bob-Dylan-Konzert in Paris besucht, erinnert sich Cohen während eines Gesprächs mit dem Autor 1993 und fährt fort: *Anschließend tranken wir zusammen einen Kaffee. Er fragte mich, wieviel Zeit ich gebraucht habe, um den Song »Hallelujah« zu schreiben, den er im Konzert gespielt hatte.* (Anm. des Autors: Laut Glen Dundas »Tangled Up In Tapes« [Ausgabe 1994] hat Dylan den Song nur zweimal gespielt, einmal am 8. Juli 1988 in Montreal und im weiteren Verlauf seiner »Never-Ending Tour« am 4. August 1988 in Hollywood, nicht aber in Paris. Entweder Dunda oder Cohen irrt hier also.) *Ich antwortete: »Tja, ich weiß nicht, vielleicht zwei Jahre.« Dann fragte ich ihn, wie lange er für das Stück »I And I« gebraucht habe, und er sagte: »Eine Viertelstunde.«*

Nicht zuletzt um die immer wiederkehrende Frage nach seinem Verbleib zu beantworten, begab sich Leonard Cohen im Frühjahr 1976 auf seine mit 56 Konzerten bis dahin längste Tournee, die »Tour Of Europe«. Nach ihrem Start am 22. und 23. April in der Berliner Philharmonie führte sie ihn durch elf europäische Länder. Die Berliner Zeitung berichtete von einem »20minütigen Donner-Applaus«, nach dem Cohen noch einige Zugaben gab, und der Kritiker der Berliner Morgenpost sprach von »schärferen, härteren, auch melodischeren Songs«. »Der ruppig-eintönige, wenn auch immer stimmige Singsang der frühen Jahre löst sich auf in befreiende, mitunter auch fetzende Musikalität. [. . .] Und plötzlich, ohne Vorwarnung, singt er deutsch: ›Die Gedanken sind frei‹, von Cohen empfunden, auf der Gitarre begleitet – das könnte fast ein neues Protestlied gegen alle Unbill werden. Mit der Unberechenbarkeit des Hochsensiblen artikuliert Cohen seinen Weg in den Frieden, die Liebe, die Freundschaft. Lyrischer Schmelz, auf eine intellektuelle Höhe stilisiert – das macht ihm so schnell nun doch keiner nach. Doch seine Romantik hat Stacheln [. . .], ist erfüllt von verbalen Symbolbildern einer Welt, die langsam in Scherben fällt. Auch Cohen weiß, daß er sie nicht retten kann. Um so mehr will er die Erinnerung an sie wachhalten.«

Während seiner Deutschland-Konzerte gab Cohen den Medien keinen Anlaß mehr, sich wie früher über seine Anspielungen auf die Nazi-Vergangenheit auszulassen; nur in seinen zahlreichen Interviews brachte er das Thema noch zur Sprache. In ihnen wurde Cohen auch auf seine vielen Anhänger in Deutschland angesprochen und darauf, was seiner Meinung nach seine besondere Anziehungskraft auf Frauen ausmache, die während dieser Zeit in großer Zahl nach Hydra reisten und einen wahren Fankult betrieben. Nicht zuletzt der Selbstmord eines weiblichen Fans gab ihnen dazu Anlaß. Auf eine entsprechende Frage antwortete Cohen: *Sie kam spätnachts an; wir kannten sie vorher nicht. Sie brauchte offenbar etwas Gesellschaft und etwas Essen. Damit konnten wir aushelfen. Sie hatte eine zarte, zerbrechliche Art. Aber ihre Gegenwart am Abendtisch war sehr angenehm. Wir sahen sie zwei- oder dreimal. Eines Tages hörten wir, daß sie an einem Strand bei Athen ertrunken sei. Mehr weiß ich nicht. Ich glaube nicht, daß sie etwas Besonderes von mir gewollt hat. Sie hat etwas gesucht, das sie auf dieser Welt nicht finden konnte – oder vielleicht doch gefunden hat.*

Bis heute erklärt Leonard Cohen immer wieder, daß die Vorstellung der Medien, er sei ein sensibler und empfindsamer Dichter, falsch ist. *Ich kenne einige Männer, die wirkliche Dichter sind. Ich meine damit nicht die Schriftsteller, deren Zeilen keine Seite füllen. Ich meine Männer, die ein starkes Bild von sich selbst, ein Gefühl für das Drama ihrer eigenen Existenz besitzen. Wichtig ist nicht, ob sie Lösungen oder Pläne haben, sondern daß sie ihre innere Landschaft kennen. Um sich dort auszukennen, muß man Fehler in Kauf nehmen, braucht man Zähigkeit, Arroganz und Isolation. Das sind Dinge, die anderen Männern Niederlagen bescheren. Der Dichter, der diesen Weg findet, ist strenger, stärker, brutaler und vielleicht auch dümmer als die anderen, die sich nicht so sehr im Griff haben.*

Die Medien berichteten über die Tour mit ausführlichen Features, Konzertkritiken und Titelseiten. So stellte ihn etwa die deutsche Zeitschrift Sounds in einem fünfseitigen Porträt als »Idol mit kleinen Makken« vor, als Leitbild eines Teils der Jugend, als Inkarnation unerfüllter Wünsche, als Vertreter einer »sinnlichen« Revolution – ein Bild, das Cohen bis heute nicht los wird, jedoch konsequent ablehnt. *Ich habe mein Leben ganz einfach auf die für mich elementaren Dinge wie Liebe und Sexualität reduziert und versuche ganz persönlich, diese Dinge miteinander zu vereinbaren und danach zu leben. Ich stelle keine allgemeingültigen Thesen auf wie beispielsweise Henry Miller, der erwartet hat, daß sein Leitmotiv »Rettung durch Sex« einmal so anerkannt werden würde, wie man eine wissenschaftlich erwiesene Behauptung anerkennt.* Daß diese Äußerung im Widerspruch zu einem dreizehn Jahre zuvor in *The Favourite Game* gemachten Bekenntnis steht, das Miller schon eher entsprechen würde (»Sex ist die einzige Sprache, die uns noch bleibt. Alles andere ist Fiktion.«), erklärt Cohen so: *Damals war ich noch ziemlich jung und dachte, daß meine individuelle Wahrheit, die ich damals gefunden hatte, zu einer allgemeingültigen Lebensphilosophie werden könnte.* Nachdem Cohen in *Beautiful Losers* festgestellt hat, daß Sex nicht die einzige Kommunikationsform zwischen Mann und Frau ist, spricht er mittlerweile von »Verwundbarkeit«: *Das ist eine gefährliche Art, Liebe zu zeigen. Aber es kann wunderbar sein, zu verletzen und verletzt zu werden. Ich genieße es. Wir alle genießen es.*

Cohen, noch unter dem Eindruck seiner gescheiterten Beziehung zu Suzanne Elrod stehend, zeigt sich in seinen damaligen Interviews als überzeugter »Matriarchist«. *Die Frauen sind in Wirklichkeit die Kraft und der Geist. Sie sind es, die alles zusammenhalten. Und die Männer sind im Grunde nur Schwätzer oder Künstler. Seit es die Menschheit gibt, beherrscht die Frau den Mann. Sie ist die Verführerin, sie ist die Herrscherin, der Impuls, die Antriebskraft. Der Mann ist nur ihr Spiegelbild. Sie hat schon immer die Führung gehabt. Und warum soll ihr diese nicht auch offiziell zugesprochen werden? An die Subtilität und Diplomatie, mit der sie ihre Diktatur ausübt, sind wir Männer nie auch nur annähernd herangekommen.*

Leonard Cohen war eben schon immer »Einer, der aus der Reihe singt«, wie die Saarbrücker Zeitung anläßlich seines Konzerts am 2. Mai 1976 in der Saarbrücker Saarlandhalle (wo heute noch ein handsigniertes Konzertplakat im Backstage-Bereich hängt) feststellte.

»Auftritt eines Stars« betitelte die Süddeutsche Zeitung ihre ausführliche Konzertkritik. »Die Bühne [...] bleibt in unfreundliches Halbdunkel getaucht, wenn Leonard Cohen mit ein paar federnden Schritten an sein Mikrophon trabt. Die Zeigefinger zweier Scheinwerfer suchen den Mann, der dort vorne jetzt die rechte Hand zu einer dezent-militärischen Geste an die Stirn führt – ein beinahe schüchterner Gruß für die etwa 3000 Fans in der vollbesetzten Saarlandhalle.« »Auftritt eines Stars?« fragt der Rezensent, ehe er sich über Cohens »schrecklich altmodische Hosen mit dem Bund über den Nabel« ausläßt, um schließlich wieder auf das altbewährte Bild des »Einsamen, des Schwierigen, des Zerissenen« und des »stillen Rebellen« zurückzugreifen. Doch schnell wird der Autor wieder sachlich und widmet sich dem Konzert: »Und er beginnt, ganz unspektakulär, mit dem Song, mit dem er alle seine Konzerte zu eröffnen pflegt: ›Bird On The Wire‹. [...] Und so besingt er in seinen merkwürdig monotonen und dennoch nie spannungslosen Liedern, die Elemente des Blues, der Country Music und des Rock vereinen, mit Vorliebe solche Frauen, die keine Fragen stellen, die nicht wissen wollen, warum er gerade unfreundlich ist oder wieder einmal untreu war, Frauen, die Liebe und Zärtlichkeit geben, ohne eine Gegenleistung dafür zu verlangen. [...] Es gibt Sänger, deren Repertoire es erfordert, in einem Konzert die einzelnen Nummern wohldosiert einzusetzen, um das Interesse des Publikums wachzuhalten. Cohen hat es nicht nötig, solche Spannungsbögen zu ziehen. Obwohl sich seine Songs mit ihren wiegenden Dreivierteltakten im Rhythmus gleichen, obwohl bestimmte Harmonien des öfteren wiederkehren, kann man beim Publikum kein Nachlassen der Aufmerksamkeit spüren.«

Leonard Cohen steht an diesem Abend beinahe drei Stunden auf der Bühne, verzichtet fast völlig auf Zwischenansagen und absolviert ein Programm mit über 30 Titeln. Zwischen die tonangebenden lyrischen Songs fließt der eine oder andere härtere, fast als Rocknummer gespielte, ein. Auch wenn Cohen manchen Song zweimal singt: nie kopiert er sich selbst, jede neue Interpretation weicht von der vorherigen ab, nicht selten auch von der Schallplattenversion. »Er singt einige Lieder akzentuierter, befreit sie von der Monotonie (›So Long, Marianne‹), anderen wiederum nimmt er die harten Schläge und setzt an ihre Stelle ein genau berechnetes Crescendo (das vielumjubelte ›Lover Lover Lover‹).« (Süddeutsche Zeitung)

Zudem verändert Cohen im Zusammenspiel mit seinen wie stets hervorragenden Musikern – 1976 begleiten ihn Sid McGinnes (Gitarre), Johnny Miller (Bass), Luther Rix (Schlagzeug), Fred Thaylor (Keyboards), Cheryl Barner und Laura Branigan (Gesang) – die Arrangements seiner Songs.

Das Lied »Die Gedanken sind frei«, das er in sämtlichen deutschen Konzerten unmittelbar nach »Diamonds In The Mine« singt, trägt er auch in Saarbrücken vor – ein Lied der deutschen Demokratiebewegung des 19. Jahrhunderts, das aber auch aus Cohens eigener Feder stammen könnte.

Als zweite Überraschung des Abends serviert Cohen mit dem selbstironischen »Do I Have To Dance All Night« die Geschichte eines älteren Mannes, der sich in ein junges Mädchen verliebt und immer wieder in den als Stoßseufzer gemeinten Titel des Songs ausbricht. »Ich bin wohl der einzige hier, der über vierzig ist«, leitete er den Titel ein. »Als Cohen dieses Lied am Ende als eine von sechs Zugaben nochmals wiederholt, da scheint er zu fragen: ›Muß ich die ganze Nacht singen?‹ Wenn es nach dem Publikum gegangen wäre, das dem schlanken, dunkelhaarigen Mann auf der Bühne mit Singen, Klatschen, Pfeifen und Trampeln wahre Ovationen bereitete, dann hätte dieses eindrucksvolle Konzert an diesem Sonntagabend in der Tat kein Ende genommen.« (Süddeutsche Zeitung)

Aber Cohens Konzert in Saarbrücken war nur einer von vielen gefeierten Auftritten auf dieser Tournee. Nach Deutschland, wo er von Ende April bis Anfang Mai in Berlin (zwei Konzerte), Hamburg, Frankfurt, Ludwigshafen, Münster, Düsseldorf, Köln, Saarbrücken, Mainz, Stuttgart (zwei Konzerte) und München (zwei Konzerte) insgesamt 14 Konzerte gab, gastierte er in Irland, England, Norwegen, Schweden, den Niederlanden, Dänemark, Frankreich, Belgien und Österreich und dann noch einmal, Mitte/Ende Juni, in Deutschland.

Leonard Cohens Europa-Tournee von 1976 zeichnete sich jedoch, außer durch ihre Länge, noch durch weitere Besonderheiten aus. Während Cohen zum Beispiel während seines Konzerts am 11. Mai im National Stadium von Dublin sechs Gedichte vortrug, unter ihnen das 1938 entstandene »Under Ben Bulben« von William Butler Yeats, verzichtete er in Deutschland ganz auf solche Rezitationen. Statt dessen präsentierte er bei jedem seiner Auftritte über 30 Songs und überraschte das Publikum darüber hinaus mit Songs, die bis heute auf keiner seiner Platten erschienen sind. So trug Cohen etwa am 25. April in der Frankfurter Jahrhunderthalle ein Lied mit dem Titel »Everybody's Child« vor, das nur in seinem Live-Repertoire von 1976 zu finden ist. (Der nachfolgend abgedruckte, von dem amerikanischen Sammler Soheyl Dahi für Yvonne Hakzes Leonard-Cohen-Fanclub Intensity von einem privaten Konzertmitschnitt transkribierte Text erhebt keinen Anspruch auf Vollständigkeit und Richtigkeit.)

Everybody's Child

Yes, I remember the promise that you made in the barn
The kids were born and you could not keep warm
You moved away to the mountains, left the circles behind
You said yourself a prayer, like you lay down with the blind

CHORUS:
You lost for me your freedom, you need it now you're wild
Blessing is the memory of everybody's child

And the vow of compassion that you swore through your teeth
When the war began then little brown photograph [. . .?]
Nobody is really gonna believe when the train goes away
With its cargo of falling snow and its German paperweights

CHORUS

It's four in the morning and there is no-one at home
Except for your wife and your little baby just born
Somebody has got to listen to a promise or two
This room is far too small for a pilgrim like you

CHORUS

Now that you've decided to follow the sun
Like a shadow of a wing or a king on the run
Your chains cut through tight for these seas you will swim
You're smiling at the seaweed but your smile is lost in your grin

CHORUS

© *Leonard Cohen*

Der Rest der Set List an diesem Abend bestand aus folgenden Songs: »Bird On The Wire«, »So Long, Marianne«, »Who By Fire«, »Hey, That's No Way To Say Goodbye«, »Everbody's Child«, »One Of Us Cannot Be Wrong«, »Diamonds In The Mine«, »Die Gedanken sind frei«, »Seems So

Long Ago, Nancy«, »Lady Midnight«, »There Is A War«, »Joan Of Arc«, »Do I Have To Dance All Night«, »Avalanche« (Cohen solo), »Chelsea Hotel No. 2« (solo), »The Stranger Song« (solo), »You Know Who I Am« (solo), »The Partisan«, »Story Of Isaac«, »Famous Blue Raincoat«, »Lover Lover Lover«, »Sisters Of Mercy«, »Is This What You Wanted«, »The Butcher«, »Suzanne«, »I Tried To Leave You«, »Storeroom«, »Tonight Will be Fine«, »Bird On The Wire«, »Why Don't You Try«, »Do I Have To Dance All Night«, »Lover Lover Lover« und »Passin' Through«. Den vierzehnten bis siebzehnten Song singt er solo.

Nach einem Konzert in Linz trat Cohen noch in Nürnberg, Karlsruhe und Zürich (zwei Konzerte) auf und setzte seine Tournee anschließend mit Auftritten in Straßburg, Nancy, Montreux, Besançon, Dijon, Lyon und Wien (drei Konzerte) fort, um sie am 6. und 7. Juli 1976 mit zwei Konzerten im Londoner New Victoria Theatre zu beenden. Besondere Bedeutung kommt dabei Cohens Konzert vom 25. Juni auf dem schweizerischen Montreux Festival zu. Diese Bedeutung liegt zum einen darin begründet, daß das Festival von seinem Gründer Claude Nobs im Jahr 1967 zunächst als reines Jazz-Festival konzipiert worden war, sich später aber auch Musikern aus dem Blues- und Rock-Bereich öffnete, die zumeist im Montreux Casino auftraten. (Größeren Bekanntheitsgrad erlangte die Halle, als dort im Jahr 1971 während eines Auftritts von Frank Zappa ein Brand ausbrach; »Smoke On The Water«, die Hymne der englischen Hard-Rock-Legende Deep Purple, basiert auf diesem Ereignis.)

Das Festival findet zwar nicht unter freiem Himmel statt, ist aber aufgrund seiner Atmosphäre, seiner Bedeutung und seiner aufwendigen Organisationsarbeit den großen und geschichtsträchtigen Open Airs in Europa zuzuordnen. Das Montreux Festival finanziert sich nicht wie andere Festivals durch die Vorfinanzierung eines Veranstalters, durch Einnahmen aus Rechten für Rundfunk-, Fernseh- oder Tonträger-Live-Mitschnitten. Sondern es wird von sämtlichen gewerbetreibenden Unternehmen des Gebietes finanziert, um so das internationale Ansehen der Stadt Montreux zu heben. Zudem fallen noch Einnahmen durch die Plattenindustrie an. Denn in Montreux fällt dies schon negativ auf: Durch die starke Finanzkraft haben die Tonträgerunternehmen, die fast von jedem Künstler Live-Mitschnitte herstellen, extremen Einfluß auf die Programmgestaltung.

Bedeutsam in bezug auf Leonard Cohen ist das Festival jedoch vor allem, weil Cohen als einer der wenigen Vertreter der Populären Musik gleich zweimal dorthin eingeladen wurde, 1976 und 1985. Zwar entstand dabei kein neues »offizielles« Album, dafür aber bildeten private Konzertmitschnitte die Basis für drei der wenigen Cohen-Bootlegs. 15 Songs aus seinem von einer Schweizer Radiostation live übertragenen Konzert vom '76er Festival wurden 1993 auf der CD *Live in Montreux, June 25 1976* (Yell Cat Records, Luxemburg) veröffentlicht, und das 1985 ebenfalls vom Schweizer Radio (DRS3) als Aufzeichnung gesendete Konzert führte zu gleich zwei Bootleg-CDs: *Diamonds In The Minefield* (Big Music 036, Italien) und *Heart Housed In Thorn-Bush* (Rare Recording Collection 022) dokumentieren mit jeweils vierzehn Songs (in unterschiedlicher Reihenfolge) Leonard Cohens Montreux-Auftritt vom 9. Juli 1985 (Hinweis für Sammler: alle drei Bootlegs geben nicht die kompletten Konzerte wieder.)

Während seines Auftritts auf dem »10. Montreux Jazz Festival« am 25. Juni 1976 präsentierte Cohen auch seinen bis heute unveröffentlichten Song »Storeroom«, der nur auf seiner '76er Tournee zu hören war und dessen Text er von Konzert zu Konzert variierte. In seiner Einführung zu diesem Song erläuterte er die Bedeutung des Titels, indem er erklärte, der »Storeroom« sei für ihn *der Ort, woher alles kommt.*

Storeroom

I love you, without really caring whom you love
Yeah, my hands below the belt or my hands above
In the arms of other men
Or in my bed again
Just a man, taking what he needs from the storeroom, storeroom

Oh, I love to see you sitting there upon your golden throne
Your little creatures all around you being born
And your prophets straight and tall
To undermine it all
Just a man, taking what he needs from the storeroom, storeroom

Old Shakespeare he said it all and he said no more
And he let me feel just like a two-bid-whore
Well the silence it broke my heart
But I spread my legs apart
Just a man, taking what he needs from the storeroom, storeroom

Oh my love, let us continue what has begun
Bringing forth the mother and the father and the daughter and the son

But should one refuse to come
No, it does not subtract the sun
Just a man, taking what he needs from the storeroom, storeroom

It's not the wind that keeps you up, it's not the snow
Not the moon coming like a headlight through your window
Not the tough guy of a screen
Screams away your dream
Just a man, taking what he needs from the storeroom, storeroom

And the news of all these burning towns, you know, really mind
Just a spoon that you turn and turn and it won't unwind
Nor these wars that you did not start
They do not tear your sleep apart
Just a man, taking what he needs from the storeroom, storeroom

I love you, without really caring whom you love
Yeah my hands below the belt or my hands above
In the arms of other men
Or in my bed again
Just a man, taking what he needs from the storeroom, storeroom

Wieder in die Staaten zurückgekehrt, nahm Leonard Cohen für das TV-Programm »Soundstage« in Chicago drei Songs auf: »Hey, That's No Way To say Goodbye«, »The Stranger Song« und »Suzanne«, den ersten und letzten im Duett mit Judy Collins. In Los Angeles erwarb er in der Nähe von Roshis Zen-Zentrum ein zweites Haus. Dort überkamen ihn erneut Trauer und Zorn über seine gescheiterte Beziehung zu Suzanne Elrod, die er manchmal als »Ehe« bezeichnete, obwohl die beiden nie verheiratet gewesen waren. Hier beendete er von Mitte 1976 bis Mitte 1977 nicht nur sein Buch *Death Of A Lady's* [sic] *Man*, sondern nahm auch zusammen mit dem legendären Pop-Produzenten Phil Spector sein Album *Death Of A Ladies' Man* auf, das im Winter 1977 veröffentlicht wurde. Cohen und Spector, dem bereits 1958 im Alter von achtzehn Jahren sein erster großer Hit, »To Know Him Is To Love Him«, gelungen war, hatten sich 1974 nach einem Auftritt Cohens in einem Club von Los Angeles kennengelernt. Cohens Anwalt Marty Machat hatte die Idee gehabt, die beiden zusammenzubringen, da Cohen sein nächstes Album etwas rockiger gestalten wollte. Bei einem gemeinsamen Essen in Los Angeles zeigte Cohen sich sehr angetan von dem Privileg, mit einer so legendären Person zusammenzuarbeiten. *Er ist einer der größten musikalischen Köpfe für eine bestimmte Art von Rock'n'Roll. Ich war schon immer ein großer Fan von ihm. Mit seinen Songs war er seinerzeit das Sprachrohr Amerikas. Und es reizte mich, mit ihm ein gemeinsames Projekt auf die Beine zu stellen.* Ein weiterer Grund für Cohens Begeisterung war wohl auch, daß er von seinen musikalischen Qualitäten nie so überzeugt gewesen war, daß er sich je hätte vorstellen können, mit einer derartigen Producer-Legende wie Spector zusammenzuarbeiten.

Obwohl sich *Death Of A Ladies' Man* von allen früher oder später produzierten Cohen-Alben völlig unterscheidet und beim harten Kern seiner Fangemeinde bis heute einen ausgezeichneten Ruf genießt, sah Cohen selber sein Vorhaben, »eine Rock'n'Roll-Platte zu machen«, als gescheitert an. *Ich weiß, daß gerade dieses Album von einigen Leute geradezu geliebt wird,* erklärte Cohen rückblickend und relativierte die Bedeutung des Werks: *Aus verschiedenen Gründen ist es nicht so gut geworden, wie ich es mir vorgestellt hatte. Einer davon war die Schwierigkeit, mit Phil zusammenzuarbeiten.*

Dabei war von Anfang an alles bestens geregelt. Cohen sollte für das Album die Texte und Spector die Musik liefern. Doch diese Idee begann bereits während eines ersten Treffens in Spectors Haus viel von ihrem Reiz zu verlieren. *Nachdem ich bei meinem ersten Besuch in seinem Haus die Schwelle passiert hatte, verriegelte er die Tür und wollte mich nicht mehr gehen lassen. Er postierte sogar einen Leibwächter vor die Tür, und so bin ich dann erst mal geblieben.* Dies war nur das erste Anzeichen für Spectors Exzentrik, die Cohen von nun an zu spüren bekam. Er ist genauso, wie er immer beschrieben worden ist. *Erinnere dich nur an seine Zusammenarbeit mit John Lennon – wie John da über Phil hergezogen hat! Spätestens jetzt glaube ich, daß das alles wahr ist.* Nicht nur Lennon, auch Cohen beschreibt Phil Spector als einen perfekten Tyrannen von geradezu Hitlerschem Ausmaß, der erwartete, daß alles genauso getan wurde, wie er es verlangte.

Die Zusammenarbeit beim Songschreiben klappte zwar zunächst gut, und es entstanden einige wirklich gute Songs, erinnerte sich Leonard Cohen später. *Normalerweise hatte ich die Texte schon fertig, und Phil kam dann mit seiner Melodie. An dem einen oder anderen Song mußten wir dann noch etwas feilen, entweder am Text oder an der Melodie, so lange, bis alles zusammenpaßte. In diesem Sinne klappte die Zusammenarbeit hervorragend. Doch seine Arbeitsweise im Studio und im großen und ganzen unterschied sich sehr von der meinigen. Brenzlig wurde es, als ich während der Aufnahmen auf einigen Dingen bestand. Ich konnte an den*

Songs nicht so arbeiten, wie ich es gewohnt war. Nicht nur, daß ich in manchen Situationen nicht gut singen konnte, ich wußte manchmal auch gar nicht, wie ich singen sollte. Als nichts mehr richtig klappte, gab ich schließlich nach, weil ich nicht wollte, daß meine Songs Schaden nahmen.

Cohen zufolge hätte er die Songs am liebsten noch einige Zeit ruhen lassen, wie es seine Art war, und ein oder zwei Jahre später noch einmal daran gearbeitet. *Übrigens war es auch zwecklos, sich gegen Phil aufzulehnen*, erklärte er in einem Interview mit Jürgen Wanda. *Schließlich lag immer ein Gewehr in seiner Reichweite.* Gegenüber Manuel Bonik beschrieb er die Situation mit den Worten: *Leibwächter und Gewehre, aus denen Kugeln fielen.* Und dem Autor dieses Buches gab Cohen in einem späteren Interview zu Protokoll: *Knarren auf dem Mischpult: Revolver, automatische Waffen, Pistolen – insgesamt eine angespannte Atmosphäre. Und als wir ein paar Songs aufnahmen und einige Musiker nicht so spielten, wie er es wollte, hielt er sie ihnen während der Aufnahme in den Nakken. Einmal kam er auch mitten in der Nacht auf mein Hotelzimmer, in der einen Hand eine Flasche Rotwein, in der anderen einen Revolver, und überredete mich zum Trinken. Ich trank, schließlich hatte er zwei gute Argumente in der Hand. Und ich hatte keine Energie mehr, mich ihm zu widersetzen.*

Bei einer anderen Gelegenheit drückte ihm Spector einen Revolver an die Kehle und sagte: »Ich liebe dich, Leonard!«, worauf Cohen nur antwortete: »Das will ich hoffen.« *Ein anderes Mal zielte er im Studio auf den Violinisten, der daraufhin sofort seine Geige einpackte und flüchtete. So verlor ich die Kontrolle über die ganze Platte. Ich hatte nur die Möglichkeit, an meiner Stimme zu arbeiten, aber nur ein einziges Mal bei jedem Song. Aus diesem Grunde sind denn auch auf der Platte nur first takes zu hören.*

Nach Abschluß der Aufnahmen schloß Spector die Bänder weg und postierte wieder einen seiner Leibwächter davor. *Abgemischt wurden sie dann völlig im geheimen. Anschließend legte Spector die Overdubs darüber und brachte* Death Of A Ladies' Man *ohne weitere Absprache mit mir heraus. Als ich die fertigen Stücke hörte, war ich völlig erschrocken. Damals war ich völlig fertig. Ich dachte, ich würde meinen Namen verlieren und distanzierte mich von dem dann später auch nicht sonderlich erfolgreichen Werk.*

Die einzige Alternative, die nach Cohens Meinung zu einem besseren Ergebnis geführt hätte, wäre gewesen, *das Album gemeinsam mit Spector zu schreiben und es von jemand anderem singen zu lassen. Die Songs sind nicht schlecht, aber das Schwächste daran ist meine Stimme. Es ist einfach unter skandalösen Umständen entstanden. Ich hätte Spector lieber in seiner Debussy- als in seiner Wagner-Phase erlebt.*

Und wie kam es dazu, daß Bob Dylan und Allen Ginsberg auf dem Album im Background-Chor sangen? *Das passierte eigentlich alles ganz zufällig. Damals war es unter Musikern gang und gäbe, einfach mal so in die Studios reinzumarschieren, um zu schauen, wer dort gerade etwas aufnahm. Außerdem war bekannt, daß Spector eine Platte in den A&M-Studios aufnahm. So war es zumindest bei den meisten der Musiker. Sie kamen herein und wurden von Spector aufgefordert, sofort an die Instrumente oder ans Mikrophon zu gehen und loszulegen.*

Bob Dylan und Allen Ginsberg erging es nicht anders. Ginsberg beschrieb die Aufnahmesession in einem Telegraph-Interview ähnlich: »Ich war mit Bob Dylan und Ronee Blakeley unterwegs. Wir gingen etwas essen, wußten nicht so recht, was wir mit dem Rest des angebrochenen Abends anfangen sollten und ließen uns auf Ronees Vorschlag ein, zu Spector und Cohen ins Studio zu gehen. Spector fanden wir im Kokainrausch und Cohen völlig verzweifelt vor. Sofort stellte er uns ans Mikrophon, und wir sangen. Kurz danach mixte er alles ab und spielte es uns vor. Es war amüsant und klang perfekt. Der ganze Abend war allerdings total chaotisch.«

Vor diesem Hintergrund ist es nicht verwunderlich, daß so ungewöhnlich viele Musiker in den Credits des Albums erscheinen und darüber hinaus auf der Innenhülle über 50 Namen stehen, vom Schnaps- bis zum Pizza-Lieferanten. Dem daran Interessierten sei das Plattencover ans Herz gelegt. Cohen selbst hatte keinen Einfluß darauf, welche Musiker mitwirkten. *Phil Spector hatte bei seiner Auswahl völlig freie Hand.* Ebenso diktatorisch verfuhr er auch in bezug auf die Urheberrechtsangaben; selbst die Songs, die auf Cohens Gedichten beruhen, sind mit »Spector & Cohen« gezeichnet.

Das Album enthält acht Songs; sein Titel nimmt den des kurz darauf erschienenen Gedichtbandes *Death Of A Lady's Man* vorweg. Nur einen Song aus dem Album, »Memories«, sollte er auf seinen späteren Tourneen spielen.

Leonard Cohen bezeichnet Buch und Album als »das Autobiographischste meiner Karriere«: *Nirgendwo sonst sind meine Bilder so expressiv. Es ist zwar noch immer viel Bitterkeit, Negierendes und die Enttäuschung aus der Erfahrung der vergangenen Jahre enthalten, aber noch nie habe ich so offen darüber geschrieben.*

Der Titelsong, der das Album beschließt, kehrt so manches um, was Cohen bis dahin geäußert hat. Die Frau wird als Chauvinistin und Amazone geschildert, die sich des Mannes bedient, so lange sie ihn braucht, und ihn danach verläßt. Der Opener »True Love Leaves No Traces«, der auf einem auf Hydra geschriebenen Gedicht (»As The Mist Leaves No Scar«) beruht, ist eine bittere Erinnerung an eine unerwiderte Liebe und die familiären Verbindungen der Angebeteten. Im darauffolgenden Song, »Iodine«, spricht Cohen von den Verletzungen, die er aus einer Liebe davongetragen hat: *»You let me love you till I was a failure – your beauty on my bruise like iodine«.* In »Paper-Thin-Hotel« wird seine Trauer durch die Erkenntnis, *»that love was out of my control«,* gemildert. In »Memories« gibt sich der Sänger seinen Erinnerungen an einen Tanzabend seiner Jugend hin: *»We are dancing close, the band is playing Stardust . . .«.* In »I Left A Woman Waiting« klärt Cohen ein Mißverständnis auf, mit dem er oft konfrontiert worden ist, indem er deutlich macht, daß der »Lover« für ihn nicht ein Liebhaber oder Geliebter, sondern ein Liebender ist. *»Don't Go Home With Your Hard-On«* (mit Back-up-Vocals von Dylan und Ginsberg) ist das musikalisch wohl am opulentesten arrangierte Lied des Albums. In dem für Cohens Verhältnisse ungewöhnlich vulgären Text (»Geh nicht mit einem Steifen heim . . .«) präsentiert sich der Sänger als frustrierter Lover. Im Vergleich zu den vorausgegangenen Songs verbreitet dieser eine fast ausgelassene Stimmung; der Text verrät freilich eine zynische »Sodom & Gomorrah/Nach-mir-die-Sintflut«-Einstellung. In »Fingerprints«, dem vorletzten Song, variiert Cohen, ehe er das Album mit dem bereits erwähnten Titelsong ausklingen läßt, noch einmal sein Thema der Identitätssuche des Poeten, diesmal jedoch auf eher ironische Weise und zum fröhlichen Klang einer Country-Fiedel: *»I called my fingerprints all night/But they don't seem to care/The last time that I saw them/They were leafing through your hair. . .«* Das weibliche Prinzip siegt erneut über das männliche, und die Frau dominiert nicht nur, sondern erweist sich wieder als Chauvinistin.

Heute, aus der Distanz gesehen, gefällt mir das Album wesentlich besser. Es hat eine bestimmte Wahrheit, vor allem in »Memories«, was ich heute noch sehr gerne singe. Auch »Hallelujah« [auf dem Album *Various Positions*] *klingt etwas nach Spector. Aber einen Song wie »Don't Go Home With Your Hard-On« kann ich heute einfach nicht mehr singen.*

Hatten bis dahin sämtliche Cohen-Alben Gold-Status erreicht, so blieb *Death Of A Ladies' Man* weit hinter den Erwartungen zurück. Die für Ende 1977/Anfang 1978 geplante Tournee, auf der er das Album vorstellen wollte, sagte Cohen erst einmal ab. Von seinem kurz darauf veröffentlichten Buch *Death Of A Lady's Man* war er jedoch sehr überzeugt. *Ich selbst halte es für eines meiner besten Werke,* bekundete er. (Er hat es dem Andenken seiner Mutter Masha Cohen gewidmet.) Aber auch dieses Werk wurde kein sonderlicher Erfolg, sondern im Gegenteil fast völlig ignoriert; obwohl im renommierten Penguin-Verlag erschienen, fand es kaum einen Rezensenten.

Schon ein kurzer Auszug aus dem Inhaltsverzeichnis der 1982 unter dem Titel *Letzte Prüfung – Death Of A Lady's Man* im Frankfurter Verlag Zweitausendeins erschienenen englisch-deutschen Ausgabe liest sich wie die Kurzfassung der diesem Werk zugrundeliegenden Gedanken: »My Life In Art«, »The Change«, »Slowly I Married Her«, »My Wife And I«, »She Has Given Me The Bullet«, »I Think You Like It Raw«, »The Language Of Love«, »The Price Of This Book«, »Death To This Book«, »Death Of A Lady's Man«.

Das Buch erscheint wie der Kommentar zum Album, das Album wie der Soundtrack zum Buch. Die Texte sind geprägt von harten, mitunter brutalen Bildern und einem bitteren Grundton: *»Ihre Brüste sind mit Nägeln/An ein schwarzes Brett geschlagen/In ihrer Fotze/steckt eine Zigarre [. . .] Darf ich ihr dienen/beiderseits des Grabes/Wenn ich nicht ihr Diener bin/werde ich Sklave einer anderen sein«* (aus »If I Am Not Her Servant/Wenn ich nicht ihr Diener bin«, 1. Teil); *»deine Fotze ist nicht mein Zuhause/sie wird es niemals sein . . .«* (aus »If I Am Not Her Servant/Wenn ich nicht ihr Diener bin«, 2. Teil).

Death Of A Lady's Man enthält die Essenz aus den Erfahrungen, die Leonard Cohen in den 70er Jahren gemacht hat. Er hatte schon mehrfach den Versuch unternommen – einmal als Roman, dann als Lyrikband – diese Erfahrungen niederzuschreiben, wie seine tagebuchähnlichen, im Buch durch Kursivschrift gekennzeichnete Notizen verraten, und er spricht hier wie schon in den Songs des Albums eine so eindeutige und verständliche Sprache wie selten zuvor.

Liebling, ich fürchte, wir müssen bis ans Ende der Liebe gehen oder *O Liebling, ich fürchte, wir werden bis ans Ende der Liebe gehen müssen* schreibt er in dem Text, der dem Buch den Titel gab und fügt *viele andere Varianten, manche mit Unterschrift, manche ohne, offenbar für jemandes Augen bestimmt, an den Rand dieser und anderer Seiten geschrieben* hinzu.

In »The Dream/Der Traum« erfreut er sich an der Feststellung:

> *O ich hatte so einen wundervollen Traum, sagte sie.*
> *Mir träumte, daß du mich liebtest.*
> *Endlich, dachte er bei sich, hat der Geist*
> *einen Teil der Schwerarbeit übernommen.*

Im 1. Teil von »I Have Taken You/Ich hab dich genommen« schreibt er:

Ich hab dich genommen
Ich hab dich gefickt
Ich hab dich geliebt
In Zimmern und Höfen
wir ergaben uns der Leidenschaft
Engelsschwerter
kreuzten sich über unserer Nacktheit
um die Liebe geheim zu machen in der Welt
Nichts wurde vorenthalten
Alles war Großzügigkeit und echtes Verlangen
Wie kommt es daß jetzt
sogar wenn dein Lächeln
ja sagt sooft
sooft du mich willst
wie kommt es daß ich nicht glauben kann
ich würde dich je wieder halten
oder auf der Straße gehen
unter meiner Kappe
mit deinen süßen Säften duftend getrocknet
an meinen Lippen und Fingern
Dann wünsche ich nur noch dich zu verlassen
die Schönheitsfehler an deinem Gesäß zu suchen
und die Asche im Licht deines Gesichts
Ich warte daß du mir den Appetit verdirbst
um wieder mehr sein zu können
als bloß ein Hungriger
der auf das Festmahl wartet
mit einer die nicht so hungrig ist wie er

Und in den Anmerkungen zu obigem Text erklärt er:

In den Zeilen 15 und 16 stellt er eine Frage, die er unbeantwortet läßt. Über sein vages Un-Behagen hinaus erläutert er nicht die Mechanik seiner Angst. Wenn »nichts vorenthalten wurde« und »alles Großzügigkeit war«, wieso kann er dann nicht glauben, er würde sie »je wieder halten«? Dieses Gedicht scheitert, weil etwas dem »vorenthalten« wurde. Es enthält eine Lüge oder geizt jedenfalls mit der Wahrheit. Der Zerfall des Gedichtes beginnt nach der dritten Zeile, vielleicht schon nach der zwei-

ten. Wir können nicht an sein »unser« glauben. Das Gedicht geht an dem vorbei, was wirklich zwischen den beiden war. Ihre Gegenseitigkeit bedarf der offensichtlichsten Krücken altväterlicher Syntax, um die Seite hinunter humpeln zu können. Er hat nie gewußt, wer sie war. Sie hat sich ihm nie enthüllt. Er hat ihr noch nicht einmal die Frage gestellt. Sein Hunger allein ist die Quelle seiner Angst. Die Einsamkeit seines Hungers ist es, die ihm Angst macht und ihn erwägen läßt, mönchisch auf ihren Arsch zu verzichten. Aber ihr Arsch ist noch oben im Schlafzimmer, und er ist bei ihm. Das Gedicht sollte lauten:

Ich hab dich gefickt
jetzt suche ich nur noch
den Schönheitsfehler an deinem Gesäß
die Asche
im Licht deines Gesichts

Nach seiner endgültigen Trennung von Suzanne Elrod (die zusammen mit ihrer Freundin Eva LaPierre rechts auf dem Foto des Albumcovers zu sehen ist) hatte Leonard Cohen Grund zu neuer Trauer. Seine Mutter Masha war an Leukämie gestorben. Auch darauf ist sein damaliger Rückzug aus der Öffentlichkeit zurückzuführen. Cohen war von Los Angeles nach Montreal zurückgezogen, um täglich bei ihr zu sein und bis zuletzt an ihrem Krankenbett zu sitzen, wo er ihr auch Songs aus seinem neuen Album vorspielte. In einem äußerst offenen Interview mit dem Melody Maker-Journalisten Chris Bohn erinnerte er sich: *Sie liebte den Song mit den Violinen sehr. Sie sagte: »Schreib mehr solcher Songs, denn dazu können die Leute tanzen!«*

Nach Abschluß seines *Death Of . . .*-Projekts und noch immer um seine Mutter trauernd, beschloß Leonard Cohen, sich wieder auf sich selbst zu konzentrieren, um sich von den Schatten der Vergangenheit zu befreien. Ende 1978 und Anfang 1979 verbrachte er viel Zeit in Roshis Zen-Zentrum. Aus der Beziehung zu Roshi, die nun schon fast zehn Jahre währte, war inzwischen weit mehr geworden als ein Meister/Schüler-Verhältnis. Aus gegenseitigem Respekt war eine tiefe Freundschaft entstanden, der Cohen einen ähnlichen Stellenwert beimißt wie der zu seinem literarischen Ziehvater Irving Layton.

Außer für die Theorie des Zen interessierte sich Leonard Cohen inzwischen auch für dessen Praxis. Um Körper und Geist im Sinne der Zen-Theorie, nach der man sich erst selbst zerstören muß, um sich neu erschaffen zu können, zusammenzuführen, begann Cohen mit Kraftübungen. Auch wenn er damals nicht in einer festen Partnerschaft lebte und sich – abgesehen von seiner Freundschaft zu Roshi und Irving Layton (dem er sein nächstes Album widmete) – sehr allein fühlte, war ihm aufgrund seines Zen-Studiums bewußt, daß man, auch wenn man sich vom Ballast der Vergangenheit zu befreien versucht, um den Blick in die Zukunft zu richten, nicht ganz ohne Traditionen auskommen kann. In diesem Bewußtsein begann er im Jahr 1979, in den A&M-Studios an jenen Liedern zu arbeiten, die schließlich auf seinem Album *Recent Songs* erscheinen sollten.

Auf diesem Album habe ich versucht, eine Verbindung herzustellen zwischen der Musik des Mittleren Ostens und der Musik Osteuropas und einem elektrischen Bass und einer amerikanischen Rhythmusgruppe. Die Texte sind vor allem von dem persischen Dichter Rumi beeinflußt, einem religiösen Poeten aus dem 12. Jahrhundert. Die besten Songs sind wohl »Dance Me To The End Of Love« und »If It Be Your Will«. Auch auf dieser Platte habe ich wieder mit John Lissauer gearbeitet, denn ich wollte wirklich eine starke Rhythm Section haben.

Größeren Einfluß als Lissauer hatte auf *Recent Songs* jedoch Cohens Co-Produzent Henry Lewy, ein langjähriger Mitarbeiter von Joni Mitchell. Lewy sorgte dafür, daß das Album musikalisch an Cohens frühere Werke anknüpfte und daß auf ihm mit Country-Einflüssen und fernöstlichen Tönen durchsetzte Folkrock-Klänge dominierten.

Inhaltlich werden die *eisige Erkenntnis* und die *eitrigen Sadismen* in der Gestalt seidiger Streicher und monotoner Rezitationsfiguren dargestellt. In seinen Texten schien sich Leonard Cohen wieder einmal zum Advokaten der Mühseligen und Beladenen zu machen. Schaut man jedoch genauer hin, entdeckt man, was dem Kritiker des Berliner Stadtmagazins Tip auffiel: Cohens »Plädoyers« waren diesmal »unpersönlicher [. . .], mythisch verbrämt und religiös verbogen«. In der Praxis der Zen-Studien scheint Cohen vor allem sein Konzentrationsvermögen gestärkt zu haben: Konzentration auf sein Innenleben, sein Herz. *Recent Songs* war nach langer Zeit wieder ein »romantisches« Leonard-Cohen-Album, mit dem sich der Dichter und Sänger erneut als »Partisan der Liebe« erwies.

Früher habe ich mir Situationen gesucht, von denen ich wußte, daß ich leiden würde. Heute bevorzuge ich klar definierte Verhältnisse zu den Menschen, denen ich nahekomme. Heute möchte ich mit allen Menschen freundliche, herzliche Beziehungen unterhalten. Das Lächeln einer Zigarettenverkäuferin kann für mich einen ganzen Tag verändern. Warum sollte so ein Lächeln weniger wichtig sein als ein Gedicht, das ich schreibe?

In den Texten seiner zehn *Recent Songs* bewegt sich Leonard Cohen wieder auf dem Grat zwischen mystisch-religiösem Gedankengut und autobiographischen Erlebnissen. Schon der erste Song, »The Guests«, läßt diese Verflechtung erkennen und lädt ein zur Auseinandersetzung mit dem »Propheten des Herzens«, der seine Trauer überwunden hat und weiß, daß es noch eine andere Form der Liebe gibt als die der körperlichen. In »Humbled In Love« verzichtet der Sänger auf alle Ansprüche gegenüber seiner Geliebten (*»Ah but why so bitterly/Turn from the one/Who kneels there/As deeply as thee«*), in »The Window« bittet er darum, getröstet zu werden (*»Gentle this soul«*). Hierbei wird das die Demütigung beschreibende »Humbled In Love« im Spiegel des Stückes »The Window« als Bild des Trostes reflektiert. Auf ähnliche Weise kommentieren sich »Came So Far For Beauty« und das auf Französisch gesungene »The Lost Canadian (Un Canadien Errant)«, zwei Songs, in denen der Sänger den Verlust seiner Identität beklagt und seinen Kummer darüber ausdrückt. »The Lost Canadian« ist zugleich der bis dahin dritte Song auf einem Cohen-Album, der nicht aus Cohens Feder stammt. Das 1842 von M. A. Gerin-Lajoie geschriebene Lied beschreibt die Gefühle eines jungen Mannes, der 1837 aus seinem Heimatland Kanada wegen einer Blutfehde flüchten muß; den Text hatte Cohen in dem Buch »Chansons de Québec« gefunden, einer von Edith Fulton Fowke zusammengetragenen Sammlung von Volksliedern der kanadischen Provinz.

»The Traitor«, »Our Lady Of Solitude« und vor allem »The Gypsy's Wife« erwecken den Eindruck, als habe Cohen damals vorgehabt, Suzanne Elrod, die zu diesem Zeitpunkt bereits von Los Angeles ins französische Aix-en-Provence übergesiedelt war, zu verzeihen und alte Streitigkeiten beizulegen. Nachdem er »The Gypsy's Wife« noch mit der Frage *»And where is my gypsy's wife tonight?«* leicht resigniert beendet hat, gibt er mit »The Smokey Life« eine hoffnungsvolle Antwort, indem er der Frau alle Türen für eine Rückkehr offenhält: *»Come on back if the moment lends . . .«* In »Ballad Of The Absent Mare« verfällt er zwar angesichts des Verlusts seiner Liebe noch einmal in Panik, nicht aber in Hoffnungslosigkeit: *»Say a prayer for the cowboy/his mare's run away/And he'll walk till he finds her. . .«*. In der Gesamtheit offerieren die mit einer tiefen, schmerzvollen Stimme gesungenen *Recent Songs* das Abbild »seiner« alten Lieben, mit denen er sich kurzfristig zerstört und langfristig wiedererschaffen hat.

Das in Europa sehr erfolgreiche Album wurde in den USA zunächst nicht veröffentlicht. *Sie ließen mich einfach fallen, meine amerikanische Plattenfirma und auch mein deutscher Promoter. Sie dachten wohl nicht, daß ich noch einmal Konzerthallen füllen und Verkaufszahlen liefern könnte. Als die Platte dann aber erstaunlich populär wurde, unterstützten sie das Album und die Tournee doch noch.*

Zu dieser Zeit hatte Leonard Cohen allein in Europa bereits zehn Millionen Platten und etwa zwei Millionen Exemplare seiner Bücher verkauft. Und als das Album *Recent Songs*, das im September 1979 auf den Markt kam, sogar in den Top Ten der New York Times auftauchte, war auch eine Tournee wieder im Gespräch.

Mit Mitch Watkins (Gitarre), Roscoe Beck (Bass), Steve Meador (Schlagzeug), Bill Ginn (Keyboards), Raffi Hakopian (Violine), John Bilezikijan (Oud), Paul Ostermayer (Blasinstrumente) und den Backgroundsängerinnen Sharon Robinson und Jennifer Warnes begab sich Cohen vom 7. bis 10. Oktober 1979 in die Londoner Shepperton Studios, um ein neues Live-Repertoire einzustudieren. Acht dieser neun Musiker und Musikerinnen hatten, neben einer Vielzahl anderer (siehe das Plattencover von *Recent Songs*), auch schon auf dem Album gespielt – Beweis dafür, daß sich Cohen mit ihnen blendend verstand.

Am 13. Oktober 1979 trat Cohen im Göteborger Scandinavium eine Tournee an, die 1980 weitergeführt wurde und mit insgesamt 85 Konzerten in Europa, Australien und Israel, doch ohne jeglichen Auftritt in den USA oder in Kanada, seine bis dahin längste war. Auf der Tour präsentierte er insgesamt 47 Songs, zwei voneinander abweichende Versionen von »Sisters Of Mercy« und »Suzanne« sowie diverse Coversongs wie »Die Gedanken sind frei« mitgerechnet. Sechs der Songs (»Ballad Of The Absent Mare«, »The Gypsy's Wife«, »Our Lady Of Solitude«, »The Guests«, »The Window«, »The Smokey Life«) stammten von seinem *Recent Songs*-Album; der Rest des Repertoires bestand aus älteren Songs oder aus Songmaterial, das erst später veröffentlicht wurde.

Die Tournee, die von Cohens europäischen Plattenfirmen wesentlich intensiver beworben wurde als seine früheren Konzertreisen, führte ihn über Stockholm, Oslo, Kopenhagen, Nizza, Paris, Bordeaux, Nantes, Cambrais, Antwerpen, Brüssel und Montpellier zurück nach Paris, wo er noch einen zweiten Auftritt absolvierte. Seinen Deutschland-Aufenthalt begann Cohen mit einem Studio-Konzert für das ZDF. Nachdem das zweite Konzert in Stockholm Anlaß für den österreichischen Fernsehsender Ö2-TV gewesen war, für die Sendung »Apropos M.U.S.I.C.« ein Tour-Feature mit Interviews, Konzert- und Backstage-Aufnahmen zu produzieren, stellte auch das ZDF etwa 30 Minuten seiner Sendezeit für ein »Live im Studio«-Konzert zur Verfügung, das am 31. Oktober im Studio

München-Unterföhring aufgezeichnet wurde. Im Rahmen der ZDF-Reihe »ROCK-POP« beziehungsweise »ROCK POP SPECIAL« trug Cohen – in schwarzem Hemd und Lederjacke mit pelzbeschlagenem Kragen – insgesamt acht Songs vor. »Bird On The Wire« und »The Guests« wurden am 10. November 1979 ausgestrahlt; die Sendung vom 2. Dezember 1979 enthielt »So Long, Marianne«, »The Window«, »Famous Blue Raincoat«, »Passin' Through«, »Memories«, »The Guests« und »Suzanne«.

Es erübrigt sich, auf einzelne Konzertkritiken einzugehen, denn sowohl die Headlines als auch die Inhalte waren mit den vorangegangenen austauschbar. Wieder schrieben die Journalisten »über Cohens wenig modulationsfähige Stimme«, über »teilweise aufkommende Langeweile«, über »die Monotonie, Trauer und Melancholie seiner Liebesballaden« und über »Sarkasmus, Zynismus und Ironie in seiner ›Trivial-Poesie‹«. Am Schluß stand jedoch immer das Fazit, daß sich das Publikum »stets zufrieden, wenn nicht gar begeistert« zeigte »von dem Abend voller Eindrücke, Poesie und Romantik«.

Nach einer Serie von insgesamt 24 Konzerten in Deutschland, die nur von einem kurzen Abstecher in die Schweiz (Lausanne und Zürich) unterbrochen wurde, gastierte Cohen für drei Konzerte im Londoner Hammersmith, bevor er in Dublin (zwei Konzerte) und Brighton seine '79er Europa-Tournee beendete.

Der kanadische Kultur- und Dokumentationsfilmer Harry Rasky, der Leonard Cohen auf der Tournee begleitete und ihn in einem 1980 im kanadischen Fernsehen ausgestrahlten Film in Interviews und mit Aufnahmen von Hydra eindrucksvoll porträtierte, wurde Zeuge eines ganz besonders stimmungsvollen Konzerts, das am 6. Dezember 1979 in London stattfand. Mit 29 Songs stellte es eines der längsten Konzerte Cohens dar, die ansonsten etwa 20 bis 25 Songs umfaßten. Die Londoner Set List las sich wie folgt: »Bird On The Wire«, »Hey, That's No Way To say Goodbye«, »Who By Fire«, »One Of Us Cannot Be Wrong«, »Field Commander Cohen«, »The Window«, »Passin' Through«, »So Long, Marianne«, »The Stranger Song«, »Chelsea Hotel No. 2«, »A Singer Must Die«, »The Partisan«, »Famous Blue Raincoat«, »The Gypsy's Wife«, »Lover Lover Lover«, »Sisters Of Mercy«, »Memories«, »Suzanne«, »The Music Crept By Us«, »Diamonds In The Mine«, »Seems So Lang Ago, Nancy«, »The Smokey Life«, »There Is A War«, »I Tried To Leave You«, »Joan Of Arc«, »Tonight Will Be Fine«, »The Guests«, »Heart With No Companion«, »Is This What You Wanted«.

Auch wenn Leonard Cohen in London mit »The Music Crept By Us« noch einmal einen Gedichtvortrag in sein Live-Repertoire einbaute, zeichnete sich auf der Tournee von 1979 ein Wandel seiner Performance ab. Alte Gewohnheiten wurden mit neuen kombiniert: Der mittlerweile 45jährige Cohen sang rauher und trug kaum noch Gedichte vor. Die Musik klang zugleich »poppiger« und, dank der stets mit Szenenapplaus bedachten Solo-Einlagen des aus der armenischen Gemeinde Montreals stammenden Oud-Spielers John Bilezikijan, traditioneller. Nach meist acht bis zehn Songs vor der Pause begann Cohen die zweite Hälfte seiner Konzerte mit drei bis vier Liedern, die er solo zur akustischen Gitarre vortrug. Schließlich variierte er alte und neue Songs, indem er nicht nur die instrumentalen Arrangements und seinen Gesangsvortrag, sondern auch einzelne Worte und Zeilen änderte oder gar ganze Strophen durch neue ersetzte. Dieses Konzept hat Cohen bis zu seiner bislang letzten Tournee von 1993 beibehalten.

London scheint für Cohen zudem ein Auftrittsort zu sein, an dem er immer wieder gern noch unveröffentlichte Lieder vorträgt. So stellte er dort während seines Konzerts vom 6. Dezember 1979 mit »Heart With No Companion« einen neuen Song vor, der erst 1984 auf dem *Various Positions*-Album erscheinen sollte, allerdings in einer umgeschriebenen Version. Die Fassung von 1979 begann mit folgenden Strophen:

Oh my love, your are the shadow
I go stumbling through the night
And our love just smoke and ashes
Oh, the flame that once burned bright

Do not go, I cannot follow
I'm so thirsty for the kiss
Let us not end in sorrow
And in thirstyness like this

Nach der am 15. Dezember im englischen Brighton zu Ende gegangenen Tournee, auf der sich Leonard Cohen für zahlreiche Interviews in Printmedien, Radio und Fernsehen zur Verfügung stellte, zog er zurück in die Staaten. Seine offizielle postalische Anschrift war damals sein Hotelzimmer im New Yorker Chelsea, neben seinen Domizilen in Montreal, Los Angeles, Paris und auf Hydra sein mittlerweile fünfter Wohnsitz.

4. Kapitel

Zwei Alben, ein Buch. Und: Von einem, der ein Comeback startet, obwohl er nie weg gewesen ist. Die 80er Jahre

Zwischen dem 15. Oktober 1979, dem Ende der '79er Tournee, und dem 24. Oktober 1980, dem ersten Tag ihrer Fortsetzung in Europa, wurde sich Leonard Cohen der Tatsache bewußt, daß er hier bereits Kultstatus genoß. *In Amerika geht es nur darum, einen schnellen Hit abzuliefern. Die Vergangenheit eines Künstlers interessiert dort nicht,* kommentiert Cohen das ständig wachsende Interesse an seiner Person in Europa und fügt hinzu: *In Amerika hat meine Plattenfirma schon lange nichts mehr für mich getan.* Nur durch die europäische Aufmerksamkeit wird ihm diese langsam, aber sicher auch in den Vereinigten Staaten zuteil. Den '79er Tournee-Erfolg nutzend, inszenierte Cohens neue Promotion-Agentur, die Paul Dainty Corporation, mit einer interkontinentalen Kampagne den Versuch, Leonard Cohen einen erfolgreichen Einzug in Australien zu ermöglichen.

Nachdem sich Cohen während eines zweiwöchigen Aufenthalts bei Roshi auf dem Mount Baldy von den Strapazen der letzten Tour erholt hatte, begann er mit den Vorbereitungen zu seiner ersten Konzertreise durch den Fünften Kontinent, auf der wieder, bis auf Jennifer Warnes, alle Musiker von 1979 mit dabei waren. Vom 6. bis 9. März 1980 gab er im Comedy Theatre von Melbourne vier frenetisch gefeierte Konzerte. Mit der »besten Gruppe im Rücken, die je durch Australien getourt ist« (The Australian) zog er sämtliche Register seines Könnens.

Das Repertoire, eine Mischung aus alten und neuen Songs, glich dem der '79er Konzerte; in bezug auf die Arrangements ließ sich Cohen erneut von seiner Band beeinflussen, die von Jazz über Rock und Blues bis hin zur Country Music alle Stile beherrschte. Die Konzerte, die er am 11. März im Apollo Stadium von Adelaide und am 13. und 14. März im Capitol Theatre von Sydney gab, wurden mit ebenso begeisterten Kritiken bedacht wie zuvor die Konzerte in Melbourne. In Adelaide »gab er ein

Fest« (Adelaide Advertiser), in Sydney sprach man vom »music renaissance man« (Sydney Mirror) und vom »Liebling der denkenden Blumenkinder« (Sydney Morning Herald).

Die Tournee, die Promotionkampagne und die positiven Kritiken sorgten dafür, daß Leonard Cohen in Australien für 250 000 verkaufte Exemplare seines *Recent Songs*-Albums eine Goldene Schallplatte erhielt. Darüber hinaus wurden einige seiner früheren Alben in einer 4-LP-Box wiederveröffentlicht.

Kaum war Cohen zurück aus Australien, nutzte seine Plattenfirma CBS diesen Erfolg, um aus Anlaß seines 25jährigen Bühnenjubiläums in Montreal eine »Special Show« für das kanadische Fernsehen zu organisieren. Cohen ignorierte diese unerwartete Publicity, um sich statt dessen weiteren Zen-Studien zu widmen; die Veröffentlichung einer Anthologie, die sein Verlag McClelland And Stewart unter dem Titel *Two Views And Seven Poems* aus einigen seiner älteren Texte zusammengestellt und mit Zeichnungen von Gigino Falconi versehen hatte, begrüßte er jedoch. Das Buch erschien in einer kleinen Auflage von 100 Exemplaren, von denen Cohen einige signiert hatte. Den Sommer verbrachte er mit seinen mittlerweile sechs beziehungsweise acht Jahre alten Kindern Adam und Lorca auf Hydra und in Montreal.

Das anhaltende Interesse an Leonard Cohens Person und Werk war wohl auch der Grund, weshalb der kanadische Fernsehsender CBC im Jahr 1980 einen Film ausstrahlte, den der Dokumentarfilmer Harry Rasky 1979 unter anderem während der europäischen *Recent Songs*-Tournee gedreht hatte und der nach *Ladies And Gentlemen, Mr. Leonard Cohen* (1964) und *Bird On A Wire* (1972) nun schon das dritte Filmporträt über Cohen darstellte.

Bemerkenswert ist *The Songs Of Leonard Cohen* nicht zuletzt, weil Rasky in Kanada aufgrund seiner außergewöhnlichen Porträts über Kulturschaffende, die er für die CBC-Reihe »Rasky's Gallery« produzierte, einen hervorragenden Ruf genoß. »Poets, Painters, Singers And Saints« lautete der Untertitel der Serie – der ideale Rahmen also für ein Leonard-Cohen-Porträt.

Der Film beginnt mit Bildern von Hydra und Paris, die unterlegt sind mit den Worten, die Leonard Cohen während seines Konzerts vom 30. Oktober 1979 im Pariser Théâtre des Champs-Elysees dem Opener »Bird On The Wire« vorangestellt hatte: *I thank you very much, not just for tonight. I thank you for your attention to my songs for all these years. I appreciate you very much. Thank you.*

Präsentierte der Tournee-Film von 1972 Leonard Cohen noch in eher konfusen Streß-Situationen, so legte Rasky bei seiner Dokumentation der ’79er Tournee vor allem Wert auf die besinnlichen Momente. Rasky fing nicht nur Bilder von Hydra und Paris ein, so etwa vom Eiffelturm bei untergehender Sonne, sondern auch von einem Publikum, das in den bestuhlten Konzertsälen diszipliniert Cohens Musik lauschte, statt wie 1972 die Bühne zu stürmen. Und er zeigte Cohen einmal beim Abhören seiner Aufnahmen für die *Recent Songs*, dann während einer Simultanübersetzung des französischen Songs »Un Canadien Errant« ins Englische und beim Beobachten seiner Mitmenschen.

»*These are the final days, this is the darkness, this is the flood*«, zitiert Cohen in diesem Film aus »The Gypsy’s Wife« (1979) und erinnert dann an einen früheren Song zum gleichen Thema, das mit einem *steady beat* unterlegte »There Is A War« (1974): »*There is a war between the rich and poor and a war between the man and woman.*« Dies war ein erstes Beispiel für Cohens Vorgehensweise, einem in sich geschlossenen Song Jahre später eine Art Fortsetzung folgen zu lassen, so wie er es 1988 und ’92 auch mit »First We Take Manhattan« und »The Future« tun sollte. Stellte er im ersten eine Frage, so bot er im zweiten eine Antwort an: »*And there is no man or woman/Can be touched/But you who come between them/ Will be judged*« (»The Gypsy’s Wife«).

Rasky zeigt Cohen auch in seinem spärlich möblierten Haus – Bilder, die er mit Außenaufnahmen von Gebäuden, Straßen, Landschaften und Menschen aus Cohens Umfeld kombiniert. Man sieht Cohens Gemälde, seine ersten Aquarelle und Zeichnungen, die denen ähneln, die schon auf den Innenhüllen einiger seiner früheren LPs zu sehen waren. Und man hat teil an dem Gespräch, in dem Rasky Leonard Cohen nach seinem Verhältnis zu Frauen befragt.

Ich beschäftige mich natürlich mit Frauen. Ich bin verrückt nach ihnen, seit ich denken kann. Darüber nachgedacht habe ich allerdings nie. Aber ich glaube, jeder Mann denkt so. Man ist verrückt nach ihnen und weiß nicht, warum. Ich finde es in Ordnung, so zu denken. Es entspricht dem göttlichen Plan. Frauen stehen für alles, was Männer nicht sind. Ich habe einmal geglaubt, alle Frauen seien Dichter, die die Landschaft der Poesie bewohnen. Poesie schien mir damals die natürliche Sprache von Frauen zu sein. Und ich dachte, ich müßte sie [die Sprache der Poesie] sprechen, um mit ihnen kommunizieren zu können.

Mit »Lover Lover Lover«, einem weiteren Song, den Cohen in dieser Filmdokumentation vorträgt, greift er die Thematik, über die er sich in den Folgejahren noch oft und gern, manchmal auch widersprüchlich, geäußert hat, erneut auf. *Liebe ist für mich ein Gespräch zwischen Mann und Frau. Es passiert, daß ich mich irgendwo auf der Straße in eine Frau verliebe, die eine besondere Ausstrahlung hat. Es kann genauso eine Achtzehnjährige wie eine Achtundvierzigjährige sein. Von Zeit zu Zeit explodiert für mich die Schönheit einer Frau. Aber ich denke, daß man eine Frau nicht einfach so »gebrauchen« kann. Könnte man es, wäre mir alle zwei Sekunden danach. Die Frau ist es, die sich nehmen läßt. Männer sind eigentlich nur Schwätzer und Künstler. Ich neige oft dazu, Gott und Frauen miteinander zu verwechseln. Ich bin mir nie ganz sicher, wer wer ist. Religion und Sex sind letztendlich dasselbe. Religion ist eine direkte, intensive individuelle Erfahrung. Und wenn man etwas direkt, intensiv und individuell erfährt, ist es gleichgültig, ob es ein Gebet oder ein Orgasmus ist [. . .] Es gibt keinen Krieg zwischen den Geschlechtern; das eine von beiden hat bereits gewonnen. Nur der Widerstand lebt noch.*

Rasky erkundigt sich auch nach der Geschichte verschiedener Bücher, Fotos und Gegenstände in Leonard Cohens Wohnung. Cohen erzählt ihm von seinem Großvater und dem Kunstverständnis seiner Mutter. Anschließend erklärt er, worauf sein Song »Field Commander Cohen« basiert: *Wenn du auf Tournee bist, führst du deine Musiker ähnlich wie ein Offizier, der seine Truppen in den Krieg begleitet. Man hält die Gruppe zusammen und ist Vorbild.* Dann folgen weitere private Aufnahmen von Cohen, seiner Schwester Esther und seinem Jugendfreund Morton Rosengarten, zu denen man Ausschnitte aus den Songs »Memories« und »The Window« hört und einen Leonard Cohen erlebt, der sich im Plauderton erstmals sehr auskunftsfreudig in bezug auf sein Privatleben gibt. Dabei geht er auch auf die Geschichte von »Suzanne« und das Fiasko mit Phil Spector ein.

Anschließend sieht man Cohen, wie er seinem Freund Irving Layton »The Window« vorspielt. »Gerade diese Ballade hat diese Mystik, diese Untergangsatmosphäre, diesen Stil, diese Traurigkeit, diesen Schmerz, diese Dramatik und Qualität, die man auch in den schottischen und englischen Balladen des 13. Jahrhunderts findet – Dinge, die in vielen von Leonards Balladen zu erkennen sind«, erklärt Layton. »Was ich an ihnen mag, ist die Farbenpracht der Songs – wie sie traurig beginnen und die Melodie dann plötzlich fröhlich wird. Wenn du dich nicht sicher fühlst, fühlst du dich auch nicht glücklich; das ist die typisch jüdische Denkweise, die auch Leonard in seinen Songs ausdrückt. Aber Cohen denkt diese Haltung mit musikalischen Mitteln weiter; damit erzeugt er eine Atmosphäre der Geborgenheit. Denkt man sich die Musik zu Cohens Lyrik hinzu, so gelangt man auch selber zu diesem Gefühl: eines meiner Lieblingsgedichte, ›Death Of A Ladies' Man‹, ist ein hervorragendes Beispiel dafür. Außerdem repräsentiert Leonard mit seiner Lyrik genau das, was ich unter einem Genie verstehe: einen Menschen, der imstande ist, die Dinge genau so zu sehen und zu erklären, wie sie sind.« Es folgen der Song »So Long, Marianne«, zu dem Rasky zahlreiche unveröffentlichte Fotos von Marianne Jensen einblendet, und Statements, die man aus früheren Cohen-Interviews und aus dem '64er Filmporträt von Brittain/ Owen kennt.

Aber Rasky widmet sich nicht nur Leonard Cohens Vergangenheit, sondern dokumentiert auch immer wieder die Gegenwart. *Der Inhalt meiner neuen Songs beruht auf neuen Erfahrungen und weiterentwickelten Sichtweisen*, erklärt Cohen beispielsweise zu »The Gypsy's Wife«, einem seiner *Recent Songs. Ich habe den Song in Los Angeles innerhalb von drei Monaten geschrieben. Der Song hat mehrere Bedeutungen. Eine ist, daß er die Notwendigkeit beschreibt, die ein Paar dazu bringt, sich zu trennen, daß jeder unabhängig vom anderen zu einem Zigeuner wird.* Dazu zeigt Rasky zwei Fotos von Suzanne, die in den Medien sonst selten zu sehen sind.

Nach »The Gypsy's Wife« geht Rasky auf das Chelsea Hotel ein und befaßt sich mit den Zeilen »*I don't mean to suggest that I loved you the best/I can't keep track of each fallen robin*« (»Chelsea Hotel No. 2«), die durchaus die Interpretation zulassen, daß es Cohen schwerfällt, jemanden zu lieben.

Der Song bezieht sich auf die Erinnerung an Janis Joplin, was ich schon sehr oft erzählt habe. Der Song drückt aber auch aus, daß ich sicher nicht ihr engster Freund war. Ich war nicht auf die Weise in ihr intimstes Privatleben involviert, wie es Freunde fürs Leben sind. Es ist eine in Gestalt einer Erinnerung wiedergegebene Momentaufnahme. Ich habe ihr nur für kurze Zeit sehr nahegestanden. Zeit spielt beim Urteil darüber, ob es Liebe ist, auch eine Rolle.

»Who By Fire«, »The Guests« und »Hey, That's No Way To Say Goodbye« beschließen dieses circa 60minütige und bis heute wohl beste Filmporträt über Leonard Cohen.

Nachdem Cohen bei seinem Freund Roshi neue Energie getankt hatte und mit seiner privaten Situation ins reine gekommen war, betrat er am 3. Oktober 1980 im kalifornischen Berkeley als einer der Top-Acts des »Bread & Roses«-Festivals die Bühne für einen umjubelten Auftritt mit Jennifer Warnes. Drei Wochen später begann er im französischen Besançon mit den Proben zu seiner sechsten Europa-Tournee, die ihn nach seinem Konzert vom 24. Oktober im dortigen Palais des Sports bis zum 24. November mit insgesamt 26 Konzerten durch Frankreich, die Schweiz, Belgien, die Niederlande, Österreich, Deutschland, Spanien und Israel führte. In vier Städten, darunter Tel Aviv (24. November), mußte er aufgrund der großen Nachfrage an ein und demselben Tag gleich zweimal auftreten.

Eines der längsten Konzerte dieser Tournee gab Leonard Cohen mit 24 Liedern und einem Gedichtvortrag am 7. November in der Frankfurter Jahrhunderthalle. Zweieinhalb Stunden lang stand er ohne Pause auf der Bühne. Auch diesmal bildete »Bird On The Wire« den Opener. Darauf folgten »Hey, That's No Way To Say Goodbye«, »Who by Fire«, »Passin' Through«, »The Guests«, »Joan Of Arc«, »To Love Somebody«, »Lady Midnight«, »Suzanne«, »There Is A War«, »Seems So Long Ago, Nancy«, »The Stranger Song«, »Chelsea Hotel No. 2«, »The Partisan«, »Lover Lover Lover«, »Memories«, »The Music Crept By Us« (das Gedicht), »Diamonds In The Mine«, »The Gypsy's Wife«, »Story Of Isaac«, »Sisters Of Mercy«, »So Long, Marianne«, »I Tried To Leave You«, »Famous Blue Raincoat« und »Tonight Will Be Fine«.

Ganz so gute Kritiken wie im übrigen Europa bekam Cohen mit seinen Auftritten in Deutschland jedoch nicht. Eine Äußerung in bezug auf das Nazi-Deutschland, die er während seines Berliner Konzerts am 20. November machte, war für die Presse wieder einmal ein gefundenes Fressen. »Verärgert über das ICC – da schlug der stille Leonard laute Töne an«, monierte die Bild-Zeitung. Und die Berliner Zeitung titelte: »Pop-Star fiel aus der Rolle«. Grund für die Mißtöne war, daß der Sängerpoet sein Publikum aufgefordert hatte, »dieses Kongreßzentrum auseinanderzunehmen« und sich »gegen die totalitäre Architektur hier aufzulehnen«. *Es liegt nur an diesem Raum. Wenn man diese schreckliche Plastik da vorne sieht, ist man im dunklen Bereich seines Lebens. Am besten, jeder nimmt seinen Stuhl mit nach Hause«,* kommentierte Cohen einige Pfiffe aus dem Publikum. Einige Besucher zeigten sich davon unbeeindruckt, andere pfiffen weiter; keiner jedoch nahm seinen Stuhl mit. Das Konzert wurde fortgesetzt, ohne daß Cohen noch einmal auf die nationalsozialistische Vergangenheit der Deutschen anspielte. Später danach befragt, was Hitler für ihn bedeute, verwies er auf ein Gedicht aus seinem Buch *The Energy Of Slaves* (*»They locked up a man/Who wanted to rule the world/The fools/They locked up the wrong man«*) und erklärte: *Wie viele Hitlers, Napoleons, Francos, glaubst du, hat es in der Vergangenheit schon gegeben und wird es unter uns und in uns immer geben? Menschen, die glauben, Gott zu sein und Macht über Leben und Tod zu haben, die zum Erreichen* *ihrer Ziele diejenigen, die ihnen im Wege stehen, ermorden und ausrotten – zum Beispiel Systemgegner, die die Gesellschaft mit Bomben und Molotow-Cocktails verändern wollen und Flugzeuge in die Luft sprengen, Revolutionäre mit dem festen Glauben, für eine bessere Sache zu kämpfen. Supermächte, die in Ländern wie Angola oder Vietnam eingreifen, um dort schmutzige Geschäfte zu machen, und die unter dem Deckmantel der Solidarität Expansionspolitik betreiben. Wie viele wahnsinnige Gehirne gibt es, die glauben, daß sie die Welt beherrschen können?*

Ohne auf den Zwischenfall in Berlin oder seinen politischen Hintergrund einzugehen, resümierte ein Kritiker der Morgenpost, was mit ähnlichen Worten auch die meisten seiner europäischen Kollegen nach Cohens Konzerten von 1980 feststellten: »Seine Beständigkeit ist ein weiteres Gütezeichen seines anhaltenden Erfolges. [. . .] Cohens Lieder bewegen und halten sich ja alle auf der gleichen Klangmeile, die Monotonie seiner Stimme ist sein Markenzeichen. So wie er sich äußerlich kaum zu verändern scheint, so wenig verändern sich die Themen seiner Botschaften, die allemal Hilferufe sind. Hilferufe nach Liebe in allen Variationen: die Suche nach Liebe, die Suche nach der verlorenen Liebe, der Kampf um die Liebe, der Kampf, die Liebe zu verlieren, Träume von der Liebe. Seine Lieder sind alle Liebeslieder und immer auch Todesmelodien. [. . .] Doch seine größte Überraschung ist eben die, daß er nie überrascht. Wer in ein Leonard Cohen-Konzert geht, weiß, was er bekommt.« Die Frankfurter Rundschau betitelte einen ganzseitigen Artikel mit »Der Verräter« und zog mit Formulierungen wie »Drang zur Weltbühne«, »Abnutzung des Privaten« und »betroffenem Abschied von Leonard Cohen« ein negatives Fazit.

Der Musik-Express setzte diesen Kritiken ein eigenes Resümee entgegen: »Wer außer ihm kann es sich schon leisten, mit einer Super-Slow-Nummer und zwei langsamen Walzern sein Programm zu beginnen, ohne daß die Leute einschlafen, entsetzt buhen oder den Saal verlassen!? Der 46jährige Kanadier Cohen ist noch immer ein Phänomen, von dem viele meinen, er hat nichts mehr zu sagen, kann keine Botschaften mehr über die Rampe tragen, ist ein Fossil vergangener Tage. Nichts dergleichen stimmt. [. . .] Ob ›The Window‹, ›The Gypsy's Wife‹ oder seine Hymne ›Suzanne‹, das Lied von der irren Heiligen, alles fesselt, fasziniert. Noch immer arten seine Konzerte zu Happenings aus, und so ist es kein Wunder, daß seine Gigs oft drei Stunden und länger dauern.«

Konzertmitschnitte, die während der Tourneen von 1979 und '80 entstanden und ursprünglich als Material für ein neues Live-Album dienen sollten, gelangten nie zur Veröffentlichung. Statt dessen verwendete Stefan Rudnicki achtzehn Gedichte und Liedtexte Cohens für ein Off-Broadway-Musical, das unter dem Titel »Bird On The Wire« während des American Arts Festival 1981 uraufgeführt wurde. Daß Cohen, eigens um den Proben beizuwohnen, von Griechenland nach New York flog, änderte nichts daran, daß das Musical kein großer Erfolg wurde.

In Gesellschaft seines Montrealer Freundes Lewis Furey und des Journalisten Alberto Manzano, der Ende der 70er Jahre in Spanien eine Leonard Cohen-Biographie publiziert hatte, kehrte der Sänger Montreal, New York und Los Angeles den Rücken und lebte wieder einmal für längere Zeit auf Hydra. Nachdem er in Interviews schon des öfteren angekündigt hatte, daß er sich nunmehr endgültig dorthin zurückziehen wolle, fand er auf der Insel die Ruhe, um an neuen Songs zu arbeiten und das Œuvre von Edmund Spenser zu studieren; insbesondere »The Fairie Queen« (»Die Feenkönigin«), das in neunzeiligen Strophen, den sogenannten Spenser-Stanzen, geschriebene Hauptwerk des neben Shakespeare bedeutendsten Dichters der englischen Renaissance, hatte es ihm angetan. Auch seine Kinder lebten eine Zeitlang mit ihm auf Hydra, und der Jazz-Pianist Keith Jarrett, den Cohen seit seinem Auftritt auf dem Newport Festival in den 60er Jahren kannte, stattete ihm einen Besuch ab.

Nach seiner zweijährigen Tournee fühlte sich Leonard Cohen ausgebrannt. Genau darüber wollte er nun schreiben – über einen »Pop-Star«, der sich ausgebrannt fühlt. Er tat dies, indem er zusammen mit Furey an einer Pop-Oper arbeitete, zu der er die Texte für sämtliche 18 Lieder beisteuerte. Cohen bezeichnet das Werk als einen *Musikfilm, für den ich das Drehbuch und die Texte verfaßt habe. Die 85 Minuten Musik stammen von Lewis Furey, einem jungen kanadischen Komponisten, der auch Regie geführt hat. Ein gelungenes Projekt, soweit ich das beurteilen kann. Die Musik jedenfalls ist exzellent.*

Angesichts der Tatsache, daß Cohen bei jeder sich bietenden Gelegenheit betont, er sei *nie mit dem zufrieden, was ich gerade zustande gebracht habe*, ist es jedoch nicht verwunderlich, daß sich das Projekt mit dem Titel »Night Magic« bis zu seiner Vollendung fast fünf Jahre hinzog. *Ich habe immer wieder daran herumgefeilt*, erklärte Cohen. Im Winter 1981 begann er, an den Texten zu schreiben. Das Endprodukt waren ein Film und ein als Doppelalbum veröffentlichter Soundtrack, die jedoch erst um die Jahreswende 1985/86 der Öffentlichkeit präsentiert wurden. Der Film handelte vom Leben eines Schauspielers, seinem rastlosen Umherreisen, seiner Kontaktsuche und seiner Einsamkeit. Nachdem Text und Musik bis etwa 1984 fertiggestellt waren, wurde im Laufe des Jahres 1985 mit den

Dreharbeiten begonnen. Hauptdarsteller des Films waren Carole Laure aus Quebec und Nick Mancuso, der durch den Film *Ticket To Heaven* (*Das süße Wort Verheißung*, Kanada 1981) bekannt geworden war. Neben Furey und Carole Laure ist auf dem Soundtrack auch die von Cohens ’74er Tournee bekannte Background-Sängerin Erin Dickens zu hören. Cohen erklärte zu dem Projekt, *daß man Parallelen zur Musik von Kurt Weill ziehen könnte*, und wies weiterhin auf *das große Orchester, die Chöre und die Detailbesessenheit beim Arrangieren* hin.

Cohen zeigte sich über die Zusammenarbeit mit Furey sehr zufrieden. *In nur zwei oder drei Monaten habe ich über 200 Zeilen geschafft. So schnell war ich noch nie*, berichtete er stolz. Aber nicht nur mit Fureys Arbeitstempo und seiner Liebe zum musikalischen Detail, die er bei der Arbeit an manchem seiner früheren Alben vermißt hatte, konnte er sich anfreunden; auch das Thema des Films konnte er nachvollziehen, schließlich teilte er die Erfahrungen seines Protagonisten. Kategorisieren mochte Cohen jedoch auch diese Arbeit nicht. *Es ist eine kleine Liebesgeschichte, die in Montreal spielt, die Geschichte eines Sängers, der von den Schicksalsboten besucht wird und einen Wunsch frei hat, was ihn in alle möglichen Schwierigkeiten bringt. Das ist eigentlich schon alles, aber die Handlung ist ohnehin nicht so wichtig. Es handelt sich um eine Art Pop-Oper, bei der die Musik ziemlich komplex ist, der Verlauf der Handlung dagegen sehr schlicht. Die Choreographie ist gut, und es wirken einige vorzügliche Schauspieler mit.*

Das heute vergriffene Doppelalbum zum Film, das vorwiegend in Frankreich vertrieben wurde, in Deutschland jedoch schon damals nicht erhältlich war, enthielt die Titel »I’ve Counted What I Have«, »Wishing Window«, »The Throne Of Desire«, »Throne Variations«, »Angels Eyes«, »The Law«, »The Promise«, »The Marriage March«, »The Third Invention«, »Clap! Clap!«, »Hunter’s Lullaby«, »We Told You So«, »Who by Fire«, »Song Of Destruction«, »The Walls«, »Coming Back To You«, »Song To My Assassin« und »The Bells«.

Auf eingeschworene Cohen-Fans wirkt der Soundtrack aufgrund seiner opernhaften Musik etwas befremdlich; was die Texte angeht, zählt das Opus jedoch zum Besten, was Cohen bis heute veröffentlicht hat. Zugleich läßt sich an »Night Magic« die Arbeitsweise Leonard Cohens hervorragend studieren. Man erkennt, wie Cohen mit bereits vorhandenen Texten umgeht, wenn er der Meinung ist, sie seien noch nicht »ausgereizt«: wieder und wieder greift er ältere Strophen und Zeilen auf, um an ihnen zu arbeiten, sie in neue Texte einfließen zu lassen und auf diese Weise neue Songs zu schaffen. Der Schlußtitel von »Night Magic«, »The

Bells«, ist dafür ein gutes Beispiel. Der Text basiert auf Cohens ’74er Lied »Take This Longing« und hat später mit teils erneut abgewandelten Zeilen auch Eingang in den 1992 auf dem *The Future*-Album veröffentlichten Titel »Anthem« gefunden.

The Bells

The Birds they sang at break of day
Start again, I heard them say
Nor dwell on what has passed away
Or what is yet to be

The wars they will be fought again
The holy dove be caught again
Bought and sold and bought again
Until we set them free

Ring the bells that still can ring
Forget your perfect offering
There is a crack in everything
The light behind to see

Add up the parts, not yours the sum
Strike up the march, there is no drum
Every heart to love must come
Like a refugee

© Leonard Cohen

Vergleicht man »The Bells« mit dem fast zehn Jahre später veröffentlichten »Anthem«, so ergibt sich bis auf wenige Abweichungen eine Übereinstimmung der ersten beiden Strophen. Die dritte Strophe von »The Bells« dient in »Anthem« als Chorus; nach der dritten Strophe und einer Wiederholung des Chorus beschließt Cohen den Song, indem er die vier letzten Zeilen aus »The Bells« übernimmt. »The Law« aus »Night Magic« ist eine andere Version des auf *Various Positions*, dem folgenden Studio-Album von 1985, veröffentlichten Stücks. Auch »Hunter's Lullaby« ist auf diesem Album zu finden; die »Night Magic«-Version enthält jedoch eine zusätzliche Strophe. In »Coming Back To You« schließlich verwendet Cohen einige Zeilen, die in »Dance Me To The End Of Love« (ebenfalls auf *Various Positions*) wieder auftauchen werden.

Obwohl also Leonard Cohen sein nächstes Plattenprojekt schon im Hinterkopf hatte, wollte er sich mit dessen Verwirklichung zunächst noch etwas Zeit lassen. *Ich mußte mich zurückziehen, weil ich das brauchte.* Statt dessen arbeitete er ab 1980 an neuen Buchtexten, die 1984 unter dem Titel *Book Of Mercy* erschienen.

Läßt man Cohens Mitarbeit an »Night Magic« außer acht, war dies das erste Mal, daß er seinen schon so oft angekündigten Rückzug aus dem Musikbusiness wahrmachte. Zum ersten Mal vergingen fünf Jahre bis zur nächsten Platte und Tournee. In dieser Zeit reflektierte Cohen, was ihn bis Ende der 70er Jahre beschäftigt hatte. Mit Hilfe fernöstlicher Inspiration, genährt von Roshis Lehren, hatte er mit den *Recent Songs* neue Kraft geschöpft, um den Tod des *Ladies' Man* zu verwinden und sich erstmals konsequent und nicht mehr nur in Form mehrdeutiger Anspielungen »seiner« Religiösität zu widmen.

Eine Zeitlang hielt sich Leonard Cohen in Paris auf, wo Suzanne und die beiden Kinder wohnten. Gleichzeitig begann er im Frühjahr 1983 mit der Verwirklichung seines ersten eigenen Filmprojekts. »I'm A Hotel«, so der Titel, war ein knapp 30-minütiger Film mit insgesamt fünf Cohen-Songs, als dessen Opener und Schlußtitel »The Guests« vom *Recent Songs*-Album fungierte. Die übrigen Songs, mit denen Cohen die Hotelszenen unterlegte, hießen »Memories« (*Death Of A Ladies' Man),* »The Gypsy's Wife« (*Recent Songs*), »Chelsea Hotel No. 2« (*New Skin For The Old Ceremony)* und »Suzanne« (*The Songs Of Leonard Cohen).*

»Künstlerisch war es nicht leicht, Leonard Cohen-Songs in einen Film umzusetzen«, erinnert sich Produzent Barry Wexler, der zuvor im Centaur Theatre von Montreal bereits ein Musical über Cohen auf die Bühne gebracht hatte. »Zum einen hatte ich zunächst von den ab den 80er Jahren in Mode kommenden Musikvideos gar keine Ahnung. Zum anderen gab es manches Problem mit den Sendeanstalten, die in dieses Projekt involviert waren. Nachdem der für die Finanzierung zuständige Pay-TV-Sender ›C Channel‹ in finanzielle Nöte geraten war, drohte das Projekt wirklich zu scheitern. Die CBC und die Canadian Film Development Corporation sprangen ein; dazu kamen noch einige Tochterfirmen wie zum Beispiel Chum City. Aber das war noch nicht alles. Mit dem schließlich vorhandenen Budget von etwa 250 000 Dollar [Anm. des Autors: kein unüblicher Betrag für ein Musikvideo dieser Länge] hatten wir noch längst kein Drehbuch. Dafür wäre eigentlich Leonard Cohen zuständig gewesen, wenn wir seine Songs schon bebildern wollten. Außerdem wollten wir ihn als Darsteller haben.«

Während dieser Zeit der Vorgespräche, die im Jahr 1982 stattfanden, weilte Cohen in Paris, wo er an seinem *Book Of Mercy* arbeitete. Die Idee, ein Musikvideo – beziehungsweise mehrere aneinandergefügte Musikvideos – zu drehen, war den Beteiligten allerdings schon sehr viel früher gekommen. Die Freundschaft zwischen Cohen, Wexler und dem City-TV-Mann Moses Znaimer reichte zurück bis in die 60er Jahre, Cohens Montrealer Zeit. In das Projekt war darüber hinaus ein weiterer »Veteran« aus Montreal beteiligt, der Rockmusiker Allan Nichols, der schon an einigen Filmen von Robert Altman, zum Beispiel *Buffalo Bill And The Indians* (1975), mitgearbeitet hatte und im Rahmen von *I'm A Hotel* für die Inszenierung von »Suzanne« verantwortlich war. Die gegenseitige Sympathie und die Vertrautheit unter alten Freunden ließen Cohen sehr enthusiastisch werden. Nach den ersten Gesprächen, für die er eigens nach Toronto gereist war, machte er sich wieder auf den Weg nach Frankreich, um dort sein *Book Of Mercy* zu beenden.

Doch der anfängliche Enthusiasmus wich bald der Ernüchterung. Cohen kehrte kurzfristig nach Toronto zurück und erklärte Wexler, daß er nicht mehr mit von der Partie sei. Wexler fragte nach dem Grund, doch Cohen antwortete nur: *In meinem derzeitigen Gemütszustand kann ich kein Drehbuch für ein Musikvideo schreiben.*

Dies war wohl auf seine Arbeit an den Texten zu *The Book Of Mercy* zurückzuführen, die von einer solchen Religiosität geprägt waren wie fast kein Cohen-Text zuvor. Wexler konnte Cohen jedoch überzeugen, und zwei Tage später lag ein 13seitiges Exposé vor.

Man buchte das King Edward Hotel in Toronto, ein im britischen Kolonialstil erbautes Haus, und begann mit dem Casting. Für die Rolle des Hoteldirektors gewann man Allan Nichols, Alberta Watson spielte Suzanne. Als weitere Schauspieler(innen) und Tänzer(innen) engagierte man Toller Cranston, Claudia Moore, Robert Derosier und Anne Ditchburn.

Nachdem Leonard Cohen in Paris das Rohmanuskript für sein *Book Of Mercy* fertiggestellt hatte, begab er sich erstmals in ein Zen-Kloster in New Mexico, wo er es wie zuvor schon bei Roshi auf dem Mount Baldy genoß, im Meditationsraum zu sitzen, fast ohne Verbindung zur Außenwelt. Tatsächlich war es Cohen in New Mexico, wollte er seine Zen-Studien gewissenhaft betreiben, nur einmal pro Woche erlaubt, für fünfzehn Minuten zu telefonieren.

Während dieser Zeit erhielt Wexler von Cohen ein Fax mit einer erneuten Absage: »Ich erstatte Dir alle bisherigen Kosten, aber halte mich aus dem Projekt raus!« Wexler, der den Filmvertrag zu unterzeichnen hatte, stand mit einemmal ohne Drehbuch und ohne Hauptdarsteller da. Trotzdem unterschrieb er und wartete vier Tage in der Hoffnung auf die nächsten »fünfzehn Minuten«. Aber Cohen beharrte auf seinem Standpunkt, im Film nicht als Darsteller in Erscheinung treten zu wollen; Wexler konnte ihn gerade noch davon abbringen, das Projekt völlig aufzugeben. Und so kam Leonard Cohen, während die Lokalzeitungen das Projekt bereits niedermachten, Ende April 1983, vier Tage vor Drehbeginn, nach Toronto, um den Arbeiten beizuwohnen. Von der negativen Presse konnte er nichts ahnen, denn Wexler hatte vorgebaut: »Überall, wo Leonard an einem Zeitungskiosk hätte vorbeikommen können, war ich schon gewesen und hatte sämtliche Zeitungen gekauft.« Wexler weiter: »Der Film war schließlich innerhalb von sechs Tagen im Kasten, und Leonard Cohen verschwand wieder nach Europa, wo er den fertigen Schnitt erst im September darauf zu sehen bekam. Er haßte ihn, wir mußten einige Szenen neu drehen, was die Kosten weiter in die Höhe trieb.«

Soviel zu der Frage, weshalb Leonard Cohen in seinem »eigenen« Film selber nur im Hintergrund auftritt. Er ist dort der gute Geist eines alten Hotels, das schon viele Gäste gesehen hat, Gäste mit vielen Geschichten, die nur der »Geist« zu erzählen in der Lage ist: Geschichten von Lieben, Romanzen und Träumen, von Frauen, Zigaretten und Wein, von Gedichten und Liedern, die in diesem Film kongenial in Bilder umgesetzt sind. In Verbindung mit Cohens Musik kommt es so zu einer besonders gelungenen Wechselwirkung für Auge und Ohr.

Das Neue an diesem Film/Video-Projekt war nicht zuletzt die konsequente Abkehr von der üblichen Machart der damals produzierten Musikvideos, in denen meist der Performer im Vordergrund stand. In *I'm A Hotel* war dies anders: Cohen selbst war nur in wenigen Sequenzen zu sehen, im Mittelpunkt standen Musik und Tanz. Dies war wohl auch der Grund dafür, daß dem Video auf dem Filmfestival von Montreux 1984 als erstem offiziellen Beitrag Kanadas die Goldene Rose verliehen wurde. Noch bevor dem Film diese öffentliche Anerkennung zuteil wurde, hatte sich Leonard Cohen selbst zufrieden mit ihm gezeigt. Das nächste anvisierte Projekt, die Verfilmung seines Romans *The Favourite Game,* ist jedoch bis heute nicht realisiert worden.

Dafür hatte Leonard Cohen endlich sein *Book Of Mercy* (»Wem sonst als dir«) fertiggestellt, das er mit den Worten »*For my teacher*« seinem Freund Roshi widmete und das eine weitere Momentaufnahme der Gedanken darstellt, die ihn Anfang der 80er Jahre beschäftigten. Den Umschlag zierten zwei ineinander verschränkte Herzen, die an den Davidstern erinnern. Cohen selbst hatte das Motiv entworfen, das für ihn Verlorensein und Wiedergefundenwerden, das Ende aller Ruhelosigkeit und »Einheit« symbolisiert. Noch heute trägt er es stets bei sich – in Form eines kleinen Stempels, den er benutzt, um sich mit einem Abdruck und einer Widmung in Büchern oder Gästebüchern zu verewigen oder, wenn er Freunden eines seiner Alben oder eine Zeichnung signiert.

Seit 1980 entzog sich Leonard Cohen jeglichem Druck von seiten der Öffentlichkeit oder aus seinem privaten Bereich. Und obwohl er, der nun schon auf die Fünfzig zuging, zunehmende Anerkennung von »seriösen« Literaturkritikern erntete, die seine Texte einer eingehenden Analyse unterzogen, von Musikerkollegen, die immer öfter Cover-Versionen seiner Songs einspielten, oder von Journalisten, die sich an einer Biographie versuchten, ging er fortan seltener auf Tournee und arbeitete auch nicht mehr gezielt auf eine »nächste« Platte hin.

Cohen pendelte zwischen Hydra und Montreal, zwischen New York und Los Angeles, mit Zwischenstopps in Paris. Unterdessen veröffentlichten Autoren wie Michael Ondaatje (1970), Jacques Vassal (1974), Stephen Scobie (1978), Alberto Manzano (1978) und Linda Hutcheon (1981) erste Bücher über ihn, in denen sie sich entweder seiner Biographie oder Textanalysen widmeten. Joan Baez, Joe Cocker, Rita Coolidge, Roberta Flack, Richie Havens, Joni Mitchell, Herman van Veen und viele andere spielten für ihre Alben Cohen-Songs ein, die sie nicht selten auch in ihr Live-Repertoire übernahmen. Selbst junge Bands, die der Punk-Generation entstammten, lehnten sich plötzlich an Leonard Cohen an. Bekanntestes Beispiel ist die lange Zeit als das Flaggschiff des Gruft-Rock geltende englische Band The Sisters Of Mercy, die sich schon mit ihrem Namen auf Cohen bezieht. Die 1980 im englischen Leeds von Andrew Eldritch (damals noch Schlagzeuger und Gitarrist, später Leadsänger) und Gary Marx (Gitarre, Gesang) gegründete Formation eröffnete am 16. Februar 1981 ihren ersten Live-Auftritt mit dem Cohen-Titel »Teachers« – eine Interpretation im typischen Stakkato-Sound der damaligen »Sisters«, die sich leider auf keiner ihrer offiziellen Platten findet.

Andrew Eldritch über »seine« Kultfigur: »Ich glaube, daß Leonard Cohen falsch verstanden wird. Alle denken, er macht depressive Musik, aber seine Songs sind durchaus humorvoll. Cohen besitzt einen hervorragenden und sehr ausgeprägten Sinn für Humor. Ich finde seine Platten in keinem Fall depressiv, wie manchmal fälschlich behauptet wird. Niemand würde sich eine Platte kaufen, um sich schlecht zu fühlen. Niemand würde sich eine Sisters Of Mercy-Platte kaufen, damit es ihm anschließend schlechtgeht.«

Leonard Cohen selbst meint dazu: *Ich bin begeistert davon, daß mir meine Songs entgleiten. Allerdings versagt mein Urteilsvermögen, wenn jemand eines meiner Lieder spielt. Ich liebe es einfach, dabei zuzuhören, egal, wie man es interpretiert. Ich freue mich immer, wenn ich Cover-Versionen meiner Songs höre, weil ich denke, jeder singt meine Songs besser als ich. Eine besonders gelungene Version von »Bird On The Wire« ist zum Beispiel die von Joe Cocker. Natürlich ist es immer interessanter, das Original zu hören, von dem Sänger, der den Song geschrieben hat. Aber ich habe mich noch nie für einen besonders begnadeten Sänger gehalten. Sicherlich habe ich eine ganz besondere Art, meine Songs zu interpretieren, halte sie aber nicht immer für die definitive. Ich schätze die Versionen von Judy Collins, Joan Baez, Joe Cocker und Jennifer Warnes sehr.*

Leonard Cohens Freude darüber, daß seine Songs so häufig gecovert wurden, sollte ab Mitte der 80er Jahre noch zunehmen. Zunächst jedoch vollendete er mit dem *Book Of Mercy* ein Werk, dessen Thematik sich wie eine Brücke über sein gesamtes bisheriges Leben spannte – eine Brücke jedoch, deren straff gespannte Seile inzwischen in Gefahr waren, an Spannung zu verlieren. Warum? Weil das *Book Of Mercy* das Opus war, das man von Leonard Cohen damals am wenigsten erwartet hätte? Weil es nach sechs Jahren sein erstes Buch war und darüber hinaus sein erstes (und einziges) in den Achtzigern? Weil es das erste war, das nicht die Art von Lyrik enthielt, die man bis dahin von ihm kannte? Die Texte im »Buch der Gnade« waren nicht die ersten, in denen sich Cohen mit dem Begriff der Gnade auseinandersetzte; erinnert sei an »Sisters Of Mercy«, »Story Of Isaac« und »The Law«. Auch das Thema Religion war bei ihm kein Novum. Dies und die Tatsache, daß die 50 Texte, die sich wie Gebete lesen, für Cohen zunächst lediglich eine neue Form des literarischen Experiments darstellten, beantwortet jedoch noch nicht die obigen Fragen. Die Antworten finden sich wieder einmal in Leonard Cohens Biographie, im Weg der Besinnung, den er damals eingeschlagen hatte, in seinem Rückblick auf vielleicht begangene Fehler, die er im Verlauf seiner Zen-Studien einzusehen gelernt hatte. Auch die Trauer über seine gescheiterte Beziehung, die Cohen trotz der intensiven Arbeit an diversen Projekten empfindet, mergelt ihn aus. Und vielleicht steckt die Antwort, weshalb er seine *Book Of Mercy*-Texte in Form von Gebeten niederschrieb, ganz einfach in der uns allen bekannten Erkenntnis, daß man erst betet, wenn man nicht mehr weiterweiß.

Gleich im ersten Text des Buches gewährt Cohen einen Einblick in seine sonst nicht immer leicht zu durchdringende Gedankenwelt. Er zeigt Reue und Demut:

Ich hörte nicht mehr zu, dennoch kam er nicht. Ich fing von neuem an, es blieb ein Gefühl des Verlusts. Als dieses Gefühl sich vertiefte, hörte ich ihn wieder. Ich hörte auf aufzuhören, und ich hörte auf, neu zu beginnen, und ließ mich von Unwissenheit überwältigen. Dies war eine Strategie, und es war die falsche. Viel Zeit, Jahre in Moll, wurden so vergeudet. Jetzt schachere ich. Ich biete Knöpfe für seine Liebe. Ich flehe um sein Erbarmen. Allmählich gibt er nach. Zögernd nähert er sich seinem Thron. Noch widerstrebend erlauben die Engel einander zu singen. Ganz sacht, unmerklich, vollzieht sich der Übergang, begründet sich der Fürstenhof auf Strahlen goldener Symmetrie, und wieder einmal bin ich der kleine Sänger in dem großen Chor, vor fünfzig Jahren dazu geboren, meine Stimme nicht lauter zu erheben, als ich soll.

Später führt er diesen Gedankengang fort:

Ich raste durch die Städte, sprang von einem Dach zum anderen, von Fenster zu Fenster, um eine nackte Frau im Bade zu erspähen. Ich hörte mein Grunzen. Ich sah, wie meine Finger glänzten. Dann ereilten mich Bann und Bestrafung: ein aussichtsloses Elend, nicht im Herzen, um so ärger in der Kehle, die langsame Auflösung des Leibes, Vogelgezwitscher auf einem Haufen Wohlstandsmüll, dann die Welt in Amnesie, ein Geist auf der Toilette. Ich wurde gerichtet im Angesicht eines Menschen, den ich betrogen hatte, und fürchtete die Vergeltung. Zum zehntausendsten Mal die Wirklichkeit der Sünde. Das leuchtende Gesetz, das Erinnern an seine Bedeutung, zu klar, um es zu verstehen. Das Sehnen, mich nach dir zu sehnen, um den Schmerz der Trennung zu erfahren. Auf wie lange darf keine Seele in mir wohnen? Wie lange währt diese Meuterei der Gefühle, die Verweigerung? O Herr, der du meinen Atem belebst, gib meinen Nüstern menschliche Gestalt und richte mein Herz ganz auf deinen Namen. Laß mich neu erstehen, deine Lobpreisung auf den Lippen. Es gibt kein Leben außerhalb deiner Allmacht, keine Bewegung in Welten, die du nicht erschaffen. Laß diese Gedanken ihren Meister finden und den Geist Fels werden. Und wehre den Dämonen, die mit deiner Gnade prahlen.

Aber nicht nur Reue und Demut bestimmen die »Psalmen«. Leonard Cohen hält zum ersten Mal Zwiesprache mit Gott. *Es gibt Zeiten, in denen du mit dem Rücken zur Wand stehst, und die einzige Möglichkeit, mit jemandem zu sprechen, ist die des Gebets.* Im *Book Of Mercy* schreibt Cohen:

Viele Jahre lebten wir, mein Sohn und ich, in einer Höhle, verborgen vor den Römern, den Christen und den abtrünnigen Juden. Tag und Nacht studierten wir die Buchstaben eines Wortes. Wenn einer von uns ermüdete, trieb ihn der andere an. Eines Morgens sagte mein Sohn: »Ich habe genug«, und ich sagte: »Einverstanden«. Er heiratete ein schönes Mädchen, die Tochter unseres Wohltäters, vom Kind, das uns nachts Essen brachte, zu einer Frau geworden, auf die er den ganzen Tag wartete, und sie waren mit Kindern gesegnet. An einem seltsamen Nachmittag kam meine Frau zurück, alles veränderte sich, alles klärte sich, und wir eröffneten in Jerusalem einen Bücherstand, wo wir kleine zweisprachige Ausgaben der Psalmen verkauften. Eines Tages erschien meine Tochter und sagte: »Ich glaube, du hast mich vernachlässigt.« »Vergib mir«, sagte ich, und in ihrem Gesicht leuchtete Vergebung. Sie heiratete einen Goldschmied, der zeremonielle Gerätschaften herstellte. Sie gebar Kinder und vertiefte das Glück ihrer Eltern. Wann immer es ging, versammelten wir uns um Mitternacht vor der Mauer, unsere große Familie, bestehend aus kleinen Familien. »Immerhin«, sagen wir, »essen die Römer kein von lebenden Tieren gerissenes Fleisch, die Christen sind ein Ast des Baumes, und für die abtrünnigen Juden gilt noch immer Gottes Wort.« In dieser Weise reden wir, singen die altehrwürdigen Lieder und verfassen neue, wie uns befohlen wurde:

Jerusalem des Blutes
Jerusalem des Vergessens
Jerusalem des Götzendienstes
Jerusalem von Washington
Jerusalem von Moskau
Die Nationen können sich freuen
Jerusalem wurde zerstört

Eine Komponente dieses Dialoges mit Gott ist die Religion, der geistige Überbau jeglicher Gebete. Doch Cohen hat trotz der immer wiederkehrenden biblischen Zitate in seinen Werken eine individuelle Religion entwikkelt. *Leute, die das Bedürfnis haben zu beten, müssen nicht unbedingt religiös sein. Auch viele Menschen, die nicht religiös sind, bewältigen ihr Leben in wahrer Würde und Weisheit. Ich bin immer sehr nahe bei mir gewesen, was mich in die Lage versetzt hat zu erkennen, daß ich nicht sonderlich religiös bin. Dafür bin ich ein großartiger Sünder. Die Gerechtigkeit holt einen immer ein; jeder wird für seine Fehler bestraft. Und irgendwo gibt es ein Mysterium, das wir nicht verstehen, das niemand versteht. Aber das kann nicht Gott sein. Niemand versteht das Mysterium – das Mysterium der Kinder oder das Mysterium der Liebe. Niemand weiß, weshalb man sich verliebt oder wen man am nächsten Tag trifft. Alles ist ein großes Wunder, das keiner von uns erklären kann. Die Bibelzitate verwende ich nicht, weil ich religiös bin; Bibelzitate sind Kommentare zu uns und zu unserem Leben. Wir alle wissen, wer David war, wer Jesus war. Das alles sind Geschichten, die uns in unserer Jugend erzählt worden sind. Mir persönlich geht es dabei nur um die Geschichten, ganz so, als wäre ich ein Journalist oder Geschichtenerzähler. Und damit meine ich nicht nur die biblischen Bezüge, sondern auch die persönlichen und gegenwärtigen. Ich berichte aus einer Landschaft, die ich so beschreibe, wie ich sie sehe.*

Diese Sichtweise hatte Leonard Cohen bereits früher zum Ausdruck gebracht, nur eben nicht mit Gebeten, sondern in Gedichten und Liedtexten. Damit läßt sich nachvollziehen, warum nach Cohens Auffassung der Glaube an Gott nicht gleichbedeutend ist mit Religiosität, sondern eine Ausprägung von Transzendenz. Die Art und Weise, wie Cohen im *Book Of Mercy* mit der Bibel umgeht, entspricht dieser Auffassung; in der Sprache des Alten Testaments greift er dort Themen aus dem Neuen Testament auf. Und daß er von Anfang an vorhatte, Psalmen zu schreiben, verrät der Arbeitstitel, den er für sein Buch zunächst gewählt hatte: »Book Of Psalms«. *Es steckt ungeheuer viel Musik darin,* erklärte Cohen dem Autor in einem Gespräch während der '85er Tournee und fügte hinzu: *Früher hatte ich überhaupt kein Gefühl für Religion. Zwar hatte ich diese ausgeprägt jüdische Erziehung genossen, aber ich stand der Sache immer sehr skeptisch gegenüber.*

Damit spielte Cohen auf seine bereits in *Let Us Compare Mythologies* formulierte Überzeugung an, die Religion als Prozeß des Suchens und Findens beschreibt und sämtliche Vorgaben in Frage stellt. *Ich kann nicht glauben, daß es einmal ein Goldenes Zeitalter gegeben hat und die heutigen Zeiten verdorben und dekadent sind. Vielleicht ist es aber so. Doch um das zu beurteilen, müßte man drei oder vier Jahrhunderte leben. Ich weiß nicht, was vorgeht, ich habe es noch nie gewußt.* Übriggeblieben von den alten Traditionen ist für ihn nach über dreißig Jahren des Suchens *ein großer Respekt vor diesen Traditionen . . . Es sind die kraftvolle Sprache und die Bilder der Bibel, die mich anziehen. Und es ist eine Bilderwelt, die ich mit jedem teile, eine Quelle, aus der ich immer wieder habe schöpfen können – all die Geschichten, von David bis Jesus, die Idee eines heiligen Gesetzes, einer Offenbarung, eines geweihten Lebens, einer messianischen Bestimmung. Diese Poesie habe ich für mich genutzt.*

Auf die Frage Christian Fevrets, ob er glaube, daß seine Texte schwer zu verstehen seien, antwortete Cohen mit ähnlichen Worten: *Nein. Jeder weiß, daß David sich Mut ansang, daß Jesus ans Kreuz genagelt wurde . . . Alles ist aus Steinchen und Stöckchen zusammengetragen. Ich baue keine Kathedralen, ich baue nur kleine Hütten. Das ist eine schmutzige und bescheidene Arbeit. Man benutzt keinen Marmor, keinen Granit, kein Silber oder Gold. Das steht ganz klar im ersten Kapitel der Bibel. Am Anfang waren nur Chaos und Verzweiflung; dann trennte der Geist die Erde vom Wasser. Damit hat man die wichtigste Metapher: Das Rohmaterial der Schöpfung – eines Textes, eines Liedes oder eines Lebens – besteht nicht immer aus Marmor oder Gold. Chaos und Verzweiflung sind das Rohmaterial. Wir fangen nicht im Luxus an, sondern in der Armut.*

Wenn ich weder Wut noch Trauer empfinde, und du gehst dann von mir, fürchte ich mich sehr. Wenn mein Bauch voll ist und der Verstand das Sagen hat, bange ich um meine Seele; ich eile zu dir gleich einem verängstigten Kinde, das nachts ins Zimmer der Eltern flieht. Laß mich nicht allein in meiner Zufriedenheit. Wenn das Herz sich selbst schmeichelt, dann ist es um die Welt geschehen, und ich finde mich allein mit den leeren Hülsen und Schalen. Ich fürchte diesen Moment: ich fühle mich zu überlegen, kann nicht um Hilfe bitten. Und trotzig verfalle ich auf andere Hoffnungen. Von den Zinnen meiner Enttäuschung erlasse ich Gesetze mit zusammengebissenen Zähnen. Befreie mich aus diesem dauernden Schrecken, gib mir eine Erinnerung zurück: als wir uns noch nahe waren, als meine Seele dich freute, als ich deinem Bilde glich. Mein Herz singt von deinem Verlangen nach mir, und meine Gedanken steigen hinab, vor deiner Milde zu staunen. Die Angst weicht, da ich dich erkenne im Ziel meines Lebens. Dein Name ist die Süße der Zeit, und du führst mich tiefer in die Nacht, sprichst Trost, lenkst Lichter vom Himmel herab und sagst: Sieh, die Nacht hat keinen Schrecken für den, der sich des Namens erinnert.

Book Of Mercy
© März Verlag

Hoffnung begleitet Cohen bei seinem Dialog mit Gott, Hoffnung darauf, umkehren oder einen anderen Weg einschlagen zu können, nachdem er die Gnade erbeten hat:

Ich hatte mich verlaufen und vergessen, dich zu rufen. Das ungebildete Herz klopfte gegen die Welt an, und die Tränen rannen um meinen verlorenen Sieg. Aber du bist da. Du bist immer dagewesen. Die Welt vergißt al-

les, und im Herzen tobt ein Sturm von Anweisungen, aber dein Name eint das Herz, und die Welt wird an ihren Platz erhoben. Gesegnet sei der eine, der im Herzen des Reisenden auf seine Umkehr wartet.

Book Of Mercy

Mit diesem letzten Text des Buches offenbart Leonard Cohen, was er seinen Biographen Dorman und Rawlins so erläutert hat: *Es ist wahr, daß dies die intimen Gespräche zwischen meinem Herzen und der Quelle der Gnade sind. Aber ich habe das Gefühl, daß das Ding, wenn es nur intim genug und persönlich genug und wahr genug wird, für einen jeden spricht . . . Das ist die Bedingung für Universalität, diese absolute Intimität.* (»Prophet Of The Heart«, Übersetzung des Autors) Trotz dieser Intimität und der Einblicke in sein Inneres, die Cohen damit gestattet, erfährt man jedoch aus dem *Book Of Mercy* aufgrund der Bilder, in die er seine Gedanken gekleidet hat, nur einen kleinen Teil der »Wahrheit« über seine Persönlichkeit. Leonard Cohen charakterisiert es folgendermaßen: *Das* Book Of Mercy *beschreibt die innere Ruhe, die man nur mit Gebeten erreichen kann. Es ist ein meditatives Buch.* Achtzehn Monate, von 1982 bis 1983, hatte er an dem Buch gearbeitet, bevor es 1984 bei seinem Verlag McClelland And Stewart erschien. Die öffentliche Meinung war, wie so oft bei Cohens Werken, gespalten. Der Kritiker der Montreal Gazette sprach sogar von einem »atheistischen Buch«. *Aber es ist ebensowenig atheistisch, wie es religiös ist*, bemerkt Cohen. *Es handelt davon, wie jemand denkt, der das Bedürfnis verspürt zu beten.*

Am 2. Mai 1984 erlebte Leonard Cohens erster eigener Film auf dem Montreux-TV-Festival seine Weltpremiere: *I'm A Hotel* wurde mit der Goldenen Rose ausgezeichnet. 1985 wurde Cohen für sein *Book Of Mercy* der »Canadian Authors' Association Literary Award For Poetry« verliehen, und im selben Jahr erhielt er für seinen Beitrag zum Musikfilm *Night Magic* den kanadischen Juno Award in der Kategorie »Best Movie Score«.

Aber Cohen heimste zu dieser Zeit nicht nur Preise ein. Er arbeitete in New York bereits an einer Vertonung seines »Buchs der Gnade«. So entstand das Album *Various Positions*, mit dem Cohen sein »Psalmen-Projekt« sowohl weiterentwickelte als auch zum Abschluß brachte. Was niemand erwartet hatte: Cohen feierte mit dem Album und der darauffolgenden Mammut-Tournee, die ihn mit 74 Konzerten durch vier Kontinente führte, trotz fünfjähriger Abstinenz vom internationalen Popmarkt (eine in der Musikbranche meist tödliche »Pause«) und trotz seiner Hinwendung zu religiösen Themen weltweit Erfolge. Und das, obwohl das in Europa bereits Ende 1984 veröffentlichte Album in den USA zunächst nicht erschien und erst 1985 von der kleinen Vertriebsfirma Passport Records auf den Markt gebracht wurde. Vom Chef der Plattenfirma CBS mußte sich Cohen sagen lassen: »Leonard, wir wissen, daß du großartig bist, aber wir wissen nicht, ob du noch *gut bist.«* Wieder einmal oblag es also den europäischen Fans, die Amerikaner von der Qualität und dem kommerziellen Potential eines Leonard Cohen-Albums zu überzeugen.

Various Positions, dessen Titel auf Cohens geistige Wandlung anspielte, enthielt neun Songs: »Dance Me To The End Of Love«, »Coming Back To You«, »The Law«, »Night Comes On«, »Hallelujah«, »The Captain«, »Hunter's Lullaby«, »Heart With No Companion« und »If It Be Your Will«. Für das in den New Yorker Quadrosonic Sound Studios eingespielte Album, das wieder jener John Lissauer produzierte, der schon *New Skin For The Old Ceremony* betreut hatte, engagierte Cohen John Crowder (Bass, Backup-Vocals), Richard Crooks (Schlagzeug), Sid McGinnes (Gitarre), Kenneth Kosek (Fiddle), Ron Getman (Mundharmonika, Backup-Vocals), John Lissauer (Piano, Keyboard-Arrangements, Backup-Vocals) sowie Erin Dickens, Merle Miller, Yvonne Lewis, Anjani Thomas, Chrissie Faith und Lani Groves als Chorsängerinnen. Die zweite Hauptstimme sang Jennifer Warnes.

In musikalischer Hinsicht zeigte sich Leonard Cohen auf *Various Positions* so vielseitig wie nie zuvor. Unüberhörbar war vor allem der Einfluß der Country-Musik. *Ich mag Country Music. Schließlich habe ich bei den Buckskin Boys mit Country & Western Music angefangen. Außerdem stammen alle meine Musiker aus dem Süden Amerikas; sie haben die berühmte* southern soul. *Ich denke, daß meine Songs auch in einem Country-Arrangement nichts von ihrem Flair verlieren.*

Mit dem Rückgriff auf fröhliche Country-Klänge setzte Leonard Cohen bewußt einen Gegenpol zum Ernst seiner psalmenartigen Lieder. Ins Programm seiner '85er Tournee baute er sogar den von Pee Wee King und Redd Stewart geschriebenen Country-Klassiker »Tennessee Waltz« ein, mit dem die Sängerin Patti Page Ende 1950 auf Platz eins der US-Charts gelandet war. *Die jetzige zweite Strophe,* erklärte Cohen, *habe ich selbst geschrieben.*

Von »The Captain« hatte Cohen acht verschiedene Versionen ausgearbeitet, die auch alle aufgenommen wurden. *Ich schrieb vier verschiedene Melodien und zwölf Arrangements; mein ganzes Budget ging dabei drauf. Schließlich einigten wir uns auf das Country-Arrangement, da die Worte bei allen anderen Aufnahmen zu »schwer« klangen.*

Zugleich ließ Cohen auf *Various Positions* erkennen, daß er Spaß daran gefunden hatte, die Welt der elektronischen Tasteninstrumente zu erkunden, deren Einfluß auf seinen späteren Alben *I'm Your Man* und *The Future* noch deutlicher zutage treten sollte. *Ich spiele jeden Morgen Gitarre. Ich brauche ständig neue Akkordfolgen und neue Ideen für die musikalische Umsetzung und Vertonung der Gedichte. Es ist sogar vorgekommen, daß ich auf diese Weise eine Melodie fand, zu der ich erst später den Text verfaßt habe. Seit neuestem spiele ich aber auch gern auf diesem winzigen Yamaha-»Kazoo«-Keyboard, im Flugzeug, überall. Sehr praktisch, dieses Teil.*

Was seine Arbeitstechnik anging, so war Cohen wie bei seinen früheren Alben vorgegangen. Er hatte ältere Texte überarbeitet (»Heart With No Companion«, »The Law«) und bereits vorhandene Gedichte vertont. Aber er veröffentlichte auch neues Songmaterial, an dem er lange gearbeitet hatte; für den Song »Hallelujah« zum Beispiel, von dem auch wieder mehrere Versionen existierten, hatte er anderthalb Jahre gebraucht.

»Hallelujah«, eines der beiden Lieder auf dem Album, mit denen Cohen auf die Psalmen seines *Book Of Mercy* zurückkam (das zweite trägt den Titel »If It Be Your Will«), bezeichnet er als ein »persönliches Statement«. Aber wen meint er mit der Zeile »*But you don't really care for music, do you?*« Sein Publikum, sich selbst? Leonard Cohen: *Ich ziehe es vor, sie auf mich zu beziehen und sie »sarkastisch« zu verstehen. Es gibt ja Leute, die glauben, ich sei kein Musiker.* Ein Vorwurf, mit dem Cohen seit Beginn seiner Karriere als Sänger und Songwriter konfrontiert worden ist und der ihm noch heute gelegentlich gemacht wird. Ein Vorwurf aber auch, der nicht zuletzt mit seiner im Laufe der Jahre immer tiefer gewordenen Gesangsstimme zu tun hat: *das Produkt von über einer Million Zigaretten*, wie Cohen ironisch anmerkt.

Ironie, Sarkasmus oder Zynismus? Jeder mag für sich entscheiden, wie er Cohens Haltung beschreiben will. Er selbst spricht von »Humor«. Dieser Humor zeigte sich auch in einigen Songs auf *Various Positions* und nicht zuletzt in Cohens Verzicht auf komplexe musikalische Strukturen. Cohen bot größtmögliche musikalische Einfachheit: einfache Musik für schwierige Texte. *Ich denke, daß das eine gute Kombination ist. Aber zuvor muß ich mir immer bewußtmachen, daß mir bei meiner Arbeit einige Beschränkungen auferlegt sind. Denn es stimmt, daß meine Stimme über kein besonders breites Spektrum verfügt. Es ist wie bei einem Schwarzweißfilm mit Grautönen. Ich schreibe meine Songs so, daß sie zur Natur meiner Stimme passen. Die Melodien bewegen sich in einem Tonspektrum, das mir ermöglicht, den Song so klingen zu lassen, wie ich ihn mir vorstel-*

le. Die Akkordfolgen bewegen sich Schritt für Schritt voran, mit einem Maximum an Dramatik und einem Minimum an Extravaganz.

»Hallelujah« ist dafür ein gutes Beispiel. Auch diesen Song hatte Cohen wieder mit religiösen Bildern ausgeschmückt. *Ich mag diese Art des Erzählens und diese Ausschmückungen. Hinzu kommt, daß man diese Bilder kennt. Ich muß nicht viel voraussetzen. Außerdem entstammen die Bilder den bekannteren Kapiteln der Bibel. Ich habe nie die Bibel bemüht, weil ich den Hörer umgarnen oder ihm vormachen wollte, ich wäre ihm an Kenntnissen über versteckte Bibelstellen voraus. Es geht mir ganz gewiß nicht darum, einen religiösen Eindruck zu machen.*

Der Song »Hallelujah« birgt zudem einen »geheimen Akkord«, der bezeichnend ist für Leonard Cohens Humor. *Ich dachte, es würde niemand mitbekommen . . . In der ersten Strophe – es ist nur ein Musikerspaß – nenne ich die Akkorde, während ich sie singe.*

I've heard there was a secret chord
That David played, and it pleased the Lord
But you don't really care for music, do you?
It goes like this
The fourth, the fifth
The minor fall, the major lift
The baffled king composing Hallelujah

© Leonard Cohen

Eine sinngemäße, wenn auch nicht besonders exakte deutsche Übersetzung des Songs liefert die Fernsehüberarbeitung des 1988 erschienenen Kaufvideos *The Songs Of The Life Of Leonard Cohen* in den Untertiteln: *»Baby, hier war ich schon/Den Raum kenne ich/Meine Füße kennen diesen Boden/Weißt du, ich habe allein gelebt/Bevor wir uns trafen/Ja, und ich sehe dein Schweben/Auf Marmorbögen/Aber Liebe ist kein Siegesmarsch/Sie ist kalt und eine Zerstörerin/ Hallelujah/Es gab mal Zeiten/Da hast du mir erzählt/Was da unten wirklich vor sich geht/Tja, aber jetzt, sagst du mir gar nichts mehr, nicht wahr/Aber ich weiß noch sehr gut/Wie es war, als ich in dir war/Und jeden Atemzug und wo es war/Hallelujah/Vielleicht gibt es einen Gott/Was mich betrifft/Alles, was ich von Liebe lernte, war/Wie ich auf jemanden, nun/Durch dich schießen konnte/Ja, aber es ist keine Jammerei/Die du heute hörst/Und kein schadenfrohes Gelächter von einem/Der vorgibt, das Licht gesehen zu haben/Es ist ein Kalter und ein Trauriger und ein Zerbrochener/Hallelujah.«*

Bedeutsamer als etwa die musikalische Vielfalt des Albums ist jedoch die Tatsache, daß Leonard Cohen mit *Various Positions* den Bau der Brücke, den er mit *Death Of A Ladies' Man* begonnen hatte, endgültig beendet. Einmal noch begeht er die Brücke, dann läßt er sie hinter sich. Der Song »Night Comes On«, in dem Cohen von seinem Sohn und seiner Tochter singt, die ihn zum Spielen auffordern (»*But my son and my daughter/ Climbed out of the water/Crying, Papa, you promised to play*«), macht dies deutlich. *»Night Comes On« ist eine ziemlich wahrheitsgetreue Reportage über einige Situationen meines Lebens. Es fängt an mit einem Besuch bei der verstorbenen Mutter. Er will zu ihr ins Vergessen hinabsteigen, aber sie sagt: »Go back to the world.« Das bedeutet Kampf und Konflikt. Ägypten – der Vater wird verwundet. Inmitten des Kriegs entsteht Hoffnung in dieser hilflosen, maskulinen Welt, aber sie wird zerschlagen. Der Waffenstillstand wird gebrochen, die Hoffnung enttäuscht. Er erkennt, daß es keinen Frieden geben wird, und muß das den Kindern mitteilen. Dann das Scheitern der Ehe und die Zeile »I needed so much to have nothing to touch«, die Auflösung der Bindung zwischen Mann und Frau. Doch die Kinder machen mögliche Alternativen zunichte. Er hat sich in gewisser Weise festgefahren.*

Aber die Geschichte des Songs geht noch weiter: *Arbeit, Erfolg, Inspiration – du kannst sie nicht festhalten, sie dienen nur als Stoff für weitere Arbeit. Egal, ob es sich um künstlerische Selbstverwirklichung, eine Frau oder eine Idee handelt, es zerrinnt dir zwischen den Fingern. In der letzten Strophe geht es um die Freunde: »Here's to the few/Who forgive what you do/And the fewer who don't even care . . .« Das Verlangen nach der Mutter, nach Geborgenheit, ist wieder da. Der Zyklus beginnt von neuem, wenn sie sagt: »Go back to the world.«* In »The Law« verarbeitet Cohen ein ähnliches Thema: die ernüchternde Erkenntnis, daß jeder, bei aller Trauer und Melancholie, mit den Konsequenzen seiner Fehler leben muß.

Die »Positionen«, die Leonard Cohen mit diesem Album bezieht, werden vor seinem biographischen Hintergrund verständlich. Cohen öffnet sich und erweitert, wie er selbst es wohl nennen würde, seine »Landschaft«. Er schafft den Absprung aus der Vergangenheit, faßt die Gegenwart mit einigen Versen und Strophen zusammen und richtet mit seinen nunmehr fünfzig Jahren den Blick nur noch in die Zukunft. Aus friedlicher Resignation ist innerer Friede geworden. Eine weitere »Position«, die Cohen hier einnimmt, ist die der Wahrheit und Ehrlichkeit, denn so rückhaltlos wie noch nie offenbart er auf *Various Positions*, was ihn beschäftigt: der Versuch, Widersprüche auszuhalten und sich in ihrem Spannungsfeld zurechtzufinden. Diese Offenbarung wirkt wie ein Kaleidoskop seines Lebens und trotzdem kommt sie nicht ohne Bilder der Verhüllung aus. Diese Haltung ist eine weitere oder erstmals eine bewußte Form des Arbeitens mit Widersprüchen beziehungsweise des Zurechtfindens und Lebens mit Widersprüchen. Cohens Credo lautet: Handle, oder laß es bleiben! Versinke in Verzweiflung oder versuche, mit ihr zu leben! Die Skepsis, die seine früheren Werke geprägt hat, ist einem Optimismus gewichen.

Im Rahmen der europäischen Werbekampagne für *Various Positions* wurde aus Leonard Cohens Film *I'm A Hotel* der Titel »Hallelujah« ausgekoppelt und als Promotion-Video eingesetzt. Darüber hinaus trat Cohen auch persönlich in Fernsehshows wie »Wetten daß?« (ZDF) auf. Und zu »Dance Me To The End Of Love« entstand der erste offizielle Video-Clip in seiner Karriere.

Natürlich hat man mir nahegelegt, ein Promotion-Video zu drehen. Es ist ja inzwischen üblich, daß man zu jeder Platte mindestens ein Video dreht. Ohne Video kommt man heutzutage in keine Fernsehshow mehr hinein. Aber das mindert nicht seinen Wert. Ich empfinde den Zwang, Bilder zur Musik zu finden, als sehr willkommene Herausforderung. Allerdings betrachte ich den Film zu »Dance Me To The End Of Love« nicht nur unter Promotion-Gesichtspunkten. Das Spiel mit Licht und Schatten bereitet mir kein geringeres Vergnügen als das mit Akkorden und Worten.

Die Bilder des in Schwarzweiß gedrehten Videos stecken voller Symbole und Anspielungen: Eine Hand auf einem Totenbett. Eine Frau auf dem Flur eines Krankenhauses. Ein Mann (Cohen), der sie verfolgt. Die Frau, die ihm ausweicht. Der Mann, der die Verfolgung aufgibt. Die Frau, die tanzend zurückkehrt. Zwei Hände, die sich vorsichtig berühren. Der *famous blue raincoat.* Der Mann auf dem Totenbett.

Das ist die eine Ebene, auf die man sich einlassen muß. Die Bilder wirken auch für sich allein. Ich wollte ruhige, starke Bilder haben, einen reinen und klaren Film. Also ging ich mit meiner Idee zu dieser jungen Fotografin aus Paris, deren Arbeit ich sehr bewunderte, und sagte ihr, daß ich für diese Rolle ein Mädchen haben wollte, das modern war, ohne modisch zu wirken. Sie schlug Susan Hauser vor, ein amerikanisches Fotomodell. Als sie mir vorgestellt wurde, wußte ich sofort, daß sie die Idealbesetzung war. Sie hat Star-Qualitäten.

Cohen war mit dem Video sehr zufrieden. Trotzdem relativierte er später: *Niemals ist etwas absolut perfekt. Dinge haben die Eigenschaft, sich von dir zu lösen, sie entwickeln ihre eigene Dynamik. Ich wollte nichts Aufwendiges, keine Effekte. Die meisten Video-Filme erdrücken den Betrachter mit all diesem Beiwerk, mit dem sie zu fesseln glauben. Das*

Gegenteil ist der Fall; man gewöhnt sich an die Effekte, bis sie ihren »Effekt« verlieren. Aber ich kann beruhigt sagen, daß mein erstes Video meinen Vorstellungen sehr nahe kommt.

Über Leonard Cohens Bekanntschaft mit »dieser jungen Fotografin aus Paris« ist seither viel spekuliert worden, nicht zuletzt, weil sich Cohen seit Anfang der 80er Jahre nicht mehr öffentlich über die Beziehung zu einer Frau geäußert hatte. Wann immer die Rede auf Dominique Issermann kam, hielt er sich bedeckt, weshalb man bis heute noch weniger über seine Beziehung zu ihr weiß als über die zu Marianne Jensen oder Suzanne Elrod. Das einzige, was Cohen verriet, war, *daß sie meinem Begriff von Freundschaft eine neue Bedeutung gegeben hat.* Im übrigen sind nur wenige Fakten bekannt: Dominique Issermann, die auch in dem von Georg Stefan Troller gedrehten Film »Hallelujah in Moll« (1985) zu sehen ist und bis heute mit Leonard Cohen in engem Kontakt steht, hatte, bevor sie für ihn tätig wurde, für Frauenzeitschriften wie Vogue, Elle und Marie Claire gearbeitet. Später nahm sie mit Cohens Referenz hin und wieder auch Aufträge aus dem Pop-Business an; so lieferte sie Cohens Plattenfirma im Jahr 1988 die Promotion-Fotos für das Album *I'm Your Man*.

Die ihm verliehenen Preise und Auszeichnungen, sein neugewonnener Optimismus und der für Cohens Verhältnisse große, nicht zuletzt auch kommerzielle Erfolg des Albums *Various Positions* und der Single »Dance Me To The End Of Love« (die zwar kein Top-Ten-Hit wurde, in den englischen Charts aber immerhin Platz 52 und in einigen anderen europäischen Hitparaden noch weit höhere Plazierungen erreichte) führten Leonard Cohen zu der Überzeugung, daß es an der Zeit war, auf dem Pop-Markt wieder Fuß zu fassen. Dabei traf er auf eine Szene, die sich in den letzten Jahren grundlegend verändert hatte. Nach Punk und New Wave, den beiden letzten Trends, an denen sich die Geister schieden, schien die Entwicklung der Rock- und Popmusik Mitte der 80er Jahre zum Stillstand gekommen zu sein. Ihre zunehmende stilistische Aufsplitterung hatte dazu geführt, daß ideologische Debatten kaum mehr stattfanden und jede Fraktion von der Plattenindustrie bedient wurde: ob Mainstream-Pop oder Heavy Metal, Hip Hop oder Gruftrock, alles war »erlaubt«. Von Vorteil für Cohen war jedoch vor allem, daß auch längst abgeschriebene Rocklegenden wie etwa B. B. King oder Eric Clapton wieder Gehör fanden. Künstler, die seit Jahrzehnten im Geschäft waren und Kultstatus genossen, waren plötzlich wieder angesagt. Damit tat sich eine Marktnische auf, und Leonard Cohen begab sich, die Gunst der Stunde nutzend, mit einigen Musikern, die schon an der Produktion seines letzten Albums mitgewirkt hatten, in ein New Yorker Studio, um sich auf die 74 Konzerte umfassende »Various Positions«-Welttournee vorzubereiten, die am 31. Januar 1985 in Mannheim beginnen sollte.

Wieder einmal also hatte sich Cohen als Sprungbrett Deutschland ausgesucht. Vom 28. bis 30. Januar probte er in der Stadthalle von Speyer, ehe er einen Tag später zusammen mit Mitch Watkins (Gitarre, Keyboards, Gesang), Ron Getman (Gitarre, Pedal Steel, Gesang), John Crowder (Bass, Gesang), Richard Crooks (Schlagzeug) und Anjani Thomas (Keyboards, Gesang) die Bühne des Mannheimer Rosengarten betrat.

Der bestuhlte Konzertsaal war restlos ausverkauft. In den ersten Reihen saßen Journalisten, die zuvor von der Plattenfirma mit Programmheften und Infos versorgt worden waren und die nun feststellten, daß Cohens Publikum nicht mehr dasselbe war wie auf der letzten Tournee von 1980. Seinerzeit hatte der Kritiker der Frankfurter Rundschau noch zynisch gefragt: »Dem Alter nach müssen das dieselben sein wie damals. Haben Sänger und Publikum sich alternd gleichzeitig gewandelt, unabhängig voneinander? Oder begeistert Cohen heute diejenigen, die damals brav hinter dem Ofen hockenblieben und einen weiten Bogen machten ums Roundhouse und den Saal Mutualité am Pariser Place Maubert, um die Isle Of Wight und Woodstock, um Waldeck und die Essener Songtage?« 1985 konnte nicht nur der FR-Rezensent feststellen, daß sich Cohens Publikum ebenso gewandelt hatte wie seine Musik, daß es nun ähnlich vielschichtig war. Neben denen, die schon »damals« dabeigewesen waren, saßen nun viele, die zum ersten Mal gekommen waren: Damen im Abendkleid und mit hochhackigen Schuhen, Herren im schwarzen Anzug und mit Fliege, Jeansträger und -trägerinnen in Turnschuhen. Denn auch was die Altersstruktur anging, hatte sich einiges geändert; erstmals hatte Cohen ein Publikum angezogen, in dem die Generation der 20jährigen ebenso vertreten war wie der 60jährigen. Cohen hatte den Schritt vom »Anarcho« zum *elder statesman* geschafft, vom umstrittenen Sängerpoeten der 68er zur Kultfigur für alle Generationen. Hinter seinem Namen standen keine Fragezeichen mehr, sondern Ausrufezeichen.

Cohens Erscheinungsbild entsprach diesem Eindruck. Statt der schwarzen Lederjacke trug er nun dunkle Anzüge und Krawatten, mal ein Jeanshemd, mal ein T-Shirt, noch immer aber seine Western-Stiefel. *Ich trage immer Cowboy-Stiefel. Mein letztes Paar habe ich sechs Jahre getragen, so lange, bis sie mir kürzlich in Stavanger von den Füßen fielen und ich mir neue kaufen mußte*, erklärte er 1994.

Nicht nur aus den oben genannten Gründen oder aufgrund der Tatsache, daß Cohen nun durchweg in bestuhlten Sälen auftrat, kam die »alte«

Stimmung nicht mehr auf. Denn noch immer war Leonard Cohen als »Melancholiker« verschrien. Er selber war sich dessen bewußt. *Meine Musik ist keine Popmusik, nach der man tanzen kann; auch mein Stimmumfang ist nicht groß*, stellte er fest und bekannte: *Ich weiß, daß ich dazu neige, melancholisch zu singen.* Was Cohen damit erklärt, *daß ich mit den Liedern meiner Mutter – sie war Russin – aufgewachsen bin und diese immer melancholisch klangen. Ein Sänger muß aber nicht traurig sein, wenn er traurige Lieder singt. Hör dir mal portugiesische Lieder oder Flamenco an! Die sind sehr traurig, aber die Menschen fühlen sich danach besser.*

In punkto Bühnentechnik bot Cohen 1985 nicht viel Neues. Zwar hatte sich gegenüber seinen Konzerten von 1980 einiges geändert – nicht mehr nur sein Oberkörper wurde von einem Scheinwerfer angestrahlt, sondern die gesamte Bühne war in rotes Licht getaucht, was zusammen mit den Country-Arrangements für einen Anflug von Lagerfeuer-Romantik sorgte –, aber die Show-Elemente hielten sich weiterhin in Grenzen. »Ausgelassenheit« deutete Cohen allenfalls mit einem etwas schnelleren Fußwippen an – eine Bewegung immerhin, die 1980 kaum zu beobachten war. Dennoch kam, wenn auch meist erst gegen Ende eines Konzerts und vor allem dann, wenn Cohen ältere Songs vortrug, Stimmung auf. Das Publikum reckte zwar nicht mehr seine Fäuste gen Himmel, reagierte aber mit anhaltendem frenetischem Applaus.

Fast zweieinhalb Stunden dauerten Cohens '85er Konzerte. Meist legte er nach den ersten elf Songs eine 10- bis 15minütige Pause ein. Das erste Konzert in Mannheim war mit insgesamt 26 Songs eines der längsten der Tournee; der Regelfall war ein Set von 22 Songs. Der erste Teil des Mannheimer Programms sah wie folgt aus: »Bird On The Wire«, »The Law«, »Hey, That's No Way To Say Goodbye«, »Coming Back To You«, »Who By Fire«, »There Is A War«, »The Night Comes On«, »Diamonds In The Mine«, »The Gypsy's Wife«, »Dance Me To The End Of Love«, »So Long, Marianne«. Nach der Pause folgten (inklusive Zugaben) »Avalanche«, »Chelsea Hotel No. 2«, »The Stranger Song«, »Story Of Isaac«, »Famous Blue Raincoat«, »Lover Lover Lover«, »Sisters Of Mercy«, »Passin' Through«, »Hallelujah«, »Suzanne«, »I Tried To Leave You«, »Memories«, »The Guests«, »Bird On The Wire« und »Heart With No Companion«.

Ob in Mannheim, Münster, Wiesbaden, Berlin oder Hamburg – mit allen ausverkauften Konzerten überzeugte Leonard Cohen zwar sein Publikum, nicht aber seine Kritiker. Von einem »enttäuschenden Tournee-Start in Mannheim« berichtete die Rheinpfalz-Zeitung; über »einlullende und schwermütige Lieder« schrieb Die Welt. Der Kritiker der Berliner Morgenpost hatte nichts als »sanfte Liebesballaden« ausgemacht, sein Kollege von der Frankfurter Allgemeinen einen »enttäuschenden Anarchisten ohne Bombe«. Das anwesende Publikum konnte sich mit Fug und Recht fragen, was für ein Konzert es erlebt hatte. Einige deutsche Kritiker waren offenbar mit dem festen Vorsatz angereist, eine Kultfigur vom Thron zu stürzen.

Ausländische Kritiker urteilten völlig anders, denn wo immer Cohen auftrat, überall wurde er gefeiert. Die weiteren Stationen seiner Tournee lauteten Oslo, Helsinki, Stockholm, Kopenhagen, Rotterdam, Straßburg, Lausanne, Bilbao, Madrid, Cascais, Paris, London, Manchester, Birmingham, Dublin, Brüssel, Basel, Wien und Linz. Anschließend kehrte er noch einmal nach Deutschland zurück (München, Böblingen, Köln, Hannover, Essen) und gab weitere Gastspiele in Skandinavien (Göteborg, Stockholm).

Danach folgten erstmals Konzerte hinter dem Eisernen Vorhang. Vom 19. bis 22. März 1985 trat Leonard Cohen in Polen auf, in Poznan (Posen), in Wrozlaw (Breslau), in Kattowitz und Warschau. Dort traf er auf eine unerwartet große Fangemeinde, die angeführt wurde von Maciej Zembaty, der bis heute drei Alben mit polnischen Coverversionen von Cohen-Songs veröffentlicht hat (siehe Anhang). Aber auch Lech Walesa zeigte sich von Leonard Cohens Visite begeistert. Der spätere Präsident Polens ließ Cohen eine persönliche Einladung zukommen, die dieser jedoch nicht annehmen konnte, da die politischen Verhältnisse ein Zusammentreffen mit dem Vorsitzenden der verbotenen Gewerkschaft Solidarnosc nicht erlaubten.

Anschließend ging es weiter nach Italien, wo Cohen am 24. März mit zwei Konzerten im Teatro Orfeo von Mailand die erste Etappe seiner Welttournee beendete. Inzwischen waren auch die Pressekritiken freundlicher geworden. »Er ist mehr als nur ein Sänger«, war beispielsweise im Quotidi De Paris zu lesen.

Die positive Resonanz des Publikums, auf die er in Europa traf, veranlaßte Cohen, auch in den USA und in Kanada wieder aufzutreten. So gab er am 30. April und 1. Mai im Walnut Street Theatre von Philadelphia zwei Konzerte, denen sich weitere in Boston, New York, Ottawa, Montreal, Toronto, Winnipeg und Vancouver anschlossen. Fernseh- und Radio-Features sowie Previews, die Leonard Cohen auch als Denker, Poet, Prophet des Herzens und Partisan der Liebe ernst nehmen, begleiteten die Tournee. Zum zweiten Mal während seiner bis dahin fast 20jährigen Musikerkarriere trat er anschließend in Australien auf; vom 24. Mai bis 6. Juni spielte er in Brisbane, Melbourne, Adelaide und Perth. Dann kehrte er noch einmal in die Staaten zurück, um zwei Konzerte in San Francisco (8. Juni) und Los Angeles (9. Juni) zu geben. Während seines

Auftritts in L.A. suchten ihn hinter der Bühne Bob Dylan, Joni Mitchell und Al Kooper auf, um ihm zu seinem Auftritt zu gratulieren.

Nach einer kurzen Tourneepause kehrte Cohen für einige Zusatzkonzerte noch einmal nach Europa zurück. Am 27. Juni trat er in Helsinki auf und einen Tag später auf dem traditionsreichen Roskilde Festival in Dänemark. Nach weiteren Konzerten in Dänemark, Norwegen, Israel und der Schweiz gastierte er schließlich, am 9. Juli, auf dem 19. Montreux Jazz & Blues Festival. 29 Songs trug er dort vor, was den Auftritt zum längsten seiner '85er Tournee machte. An deren Ende mußten auch die reserviertesten Kritiker zugeben: Leonard Cohen war zu einer Kultfigur geworden. Er war einer der wenigen seiner Generation, der es geschafft hatte, alle Modeströmungen zu überleben und in den Achtzigern Jung wie Alt anzusprechen.

Der Journalist Georg Stefan Troller, der damals im Zweiten Deutschen Fernsehen unter dem Serientitel »Personenbeschreibung« vorwiegend Persönlichkeiten aus dem Kulturbereich porträtierte und bereits bekannt hatte, daß Leonard Cohen die einzige sei, die ihn noch wirklich interessiere, schaffte es im Sommer 1985 endlich, seinen Film über Cohen zu drehen, der dann noch im selben Jahr (am 9. September) vom ZDF ausgestrahlt wurde. Unter dem Titel »Hallelujah in Moll« lieferte Troller allerdings ein Cohen-Porträt ab, das an Klischees nichts zu wünschen übrigließ. Wieder einmal war Leonard Cohen der Mann im schwarzen Anzug, der Unnahbare, der Distanzierte. Trollers *Hallelujah in Moll* ließ die Dur-Töne, auf die Cohen großen Wert legte, vermissen. Da Troller wenig mehr als Momentaufnahmen von der Vorbereitung und Durchführung der »Various Positions«-Tour bot, schaffte er es nicht, Cohen die Maske des »Mannes im schwarzen Anzug« abzunehmen. Troller begnügte sich damit, alte Vorurteile über Cohen mit journalistischem »Anspruch« neu aufzubereiten.

Der 30minütige Film, der insgesamt sieben kurz angespielte Cohen-Songs enthält, beginnt mit Aufnahmen von der Generalprobe zur »Wetten daß?«-Ausgabe vom 14. Dezember 1985, die in der Bremer Stadthalle über die Bühne ging. Frank Elstner, damals noch Moderator der Show, kündigt Leonard Cohen an: »Hier ist einer der Großen der Musik der letzten zwanzig Jahre.«

Anschließend sieht man, wie Cohen mit seiner Band in einem Studio für die bevorstehende Tour probt und »Hallelujah« und »If It Be Your Will« anstimmt. Man erlebt Cohen im Kreis seiner Begleitmusiker. Er ist unverkennbar der Chef, erhebt sich aber nicht über seine Begleiter: er ißt, trinkt und lacht mit ihnen. Bilder, die man aus früheren Tour-Dokumentationen kennt. Dann Schnitt zu einer Studioprobe für »Dance Me To The End Of Love« und, wieder Schnitt, Cohen in seinem New Yorker Hotelzimmer, damals seine offizielle Adresse. *Ich habe fünf Wohnsitze: Montreal, Paris, Los Angeles, die griechische Insel Hydra und dieses Hotelzimmer in New York. Aber nirgendwo fühle ich mich mehr zu Hause. Es wird wohl Zeit, daß ich seßhaft werde.*

Schnitt: Konzertvorbereitungen, Bühnenaufbau. Schnitt: Berlin, 3. Februar 1985 – Cohen auf einem Aussichtsturm, unter ihm die Berliner Mauer. Doch ob heute in Berlin oder morgen in Paris, Cohen ist immer bei sich und somit überall zu Hause. *Heimat, das sind Freunde*, hat er einmal gesagt. Schnitt; Cohen beim Soundcheck – immer wieder Zeitpunkt und Anlaß für ein letztes Feilen an Text und Musik. (Die Ergebnisse dieser Arbeit spiegeln sich später in immer wieder variierenden Konzertversionen.) Dann die Songs »Tonight Will Be Fine« und »If It Be Your Will«. Schnitt: Cohen in Paris mit der Modefotografin Dominique Issermann – das erste Mal beide zusammen in der Öffentlichkeit. Cohen nennt sie »mein zauberhaftes Mädchen«. Dominique Issermann reagiert verlegen, die Anwesenheit des Filmteams stört offenbar den »heiligen« Moment. Schnitt: Smalltalk zwischen Troller und Cohen vor einem der drei Pariser Konzerte am 22. und 23. Februar in der Salle Pleyel. Schnitt: »I Tried To Leave You« und »Suzanne« live. Schnitt: Cohen während einer After-Show-Party mit Dominique, einem Freund aus Hydra und der Band. Schnitt: Cohen, ein Fluß und eine große Stadt. Paris. Dieses Mal wirft er keine Steine ins Wasser, dieses Mal schaut er nicht auf die Wellen, dieses Mal spaziert er am Ufer der Seine entlang und beschreibt seine Beziehung zu dieser Stadt: *Natürlich bewegt einen ihre Historie, aber einen Freund hier zu haben, macht sie erst zur Heimat.*

Auf Trollers Frage, wie viele Freunde er habe, antwortet Cohen: *So viele wie Finger an einer Hand.* Troller erkundigt sich, ob Cohen ein Freund seiner selbst sei. *Von Zeit zu Zeit sprechen wir miteinander*, lautet Cohens Antwort. Auf die Frage nach dem Liebhaber Leonard Cohen verallgemeinert der damals 52jährige: *Man wird zu sehr auf die Images, die die Welt verteilt, festgelegt. Als »Lover« habe ich mich nie gesehen. Liebe bedeutet auch, die Demütigung zu riskieren. Wer sich für einen großen Liebhaber hält, betrügt sich selbst. Ich glaube nicht, daß es die Kategorie des Liebhabers überhaupt gibt. Das nächstbeste Liebesabenteuer als Erlösung und Offenbarung, als Verwandlung für alle Zeiten empfindet man nicht nur in der Jugend. Man sehnt sich danach, es aufzugeben, aber mit dem Alter wird die Bürde des eigenen Ichs immer schwerer. Wir su-*

chen ständig nach einer Möglichkeit, uns selbst hinzugeben ... Ich habe in meiner Arbeit ein Höchstmaß an Begriffsverwirrung zwischen »Gott« und »Frau« erreicht. Ich bin mir nie ganz sicher, wen ich meine, wenn ich »Liebe« sage ... Ich habe geliebt und bin geliebt worden. Ich liebe und werde geliebt ... Gott liebt mich, aber ob ich Gott genug liebe, das ist das Problem.

(Leonard Cohen kann es nie langweilig werden bei seiner ständigen Zwiesprache mit sich selbst. Diese ist an die Stelle der Drogeneinnahme getreten. Eine Zwiesprache nicht als Tristesse, sondern als ein Salut an das Leben.) Schnitt: man sieht Leonard Cohen beim Schreiben in einem Pariser Bistro und im Fotostudio von Dominique Issermann. Dann zitiert Cohen bis dato unveröffentlichte Zeilen aus dem Song »Hallelujah« (*von denen es viele gibt*, wie er betont); enthalten sind sie in der Live-Version, die Cohen im Video »Songs From The Life Of Leonard Cohen« (1988) vorträgt.

Hier bin ich schon gewesen
Ich kenne diesen Raum
Ich war allein, bevor ich Dich traf
Ich sah Dein Zeichen am Triumphbogen
Aber die Liebe ist kein Liebesmarsch
Nur ein kaltes und gebrochenes Hallelujah

Früher hast Du mir mal gezeigt
Was wirklich da unten vorging
Aber jetzt zeigst Du mir nichts mehr
Ich weiß noch, wie ich mich in dir bewegt habe
Und die heilige Taube bewegte sich mit
Und jeder Atemzug war ein Hallelujah

Vielleicht gibt es einen Gott da oben
Aber was habe ich von der Liebe gelernt
Als auf den zu schießen, der mich bedroht
Also kein Jubelschrei
Kein Mann, der das Licht gesehen hat
Nur ein kaltes und gebrochenes Hallelujah

»Hast du deine Versprechen eingelöst, auch die an dich selbst?« fragt Troller. Cohen antwortet: *Jeder hat ein Gefühl des Selbstverrats. Meine Träume waren zu wild, und sie sind es noch immer. Ich weiß nicht, ob ich an den Ort kommen werde, wo die Versprechen eingelöst sind. Es ist ein*

Raum, den ich täglich betrete und wieder verlasse. Man schaut sich um und erblickt eine Welt, die unergründlich ist, eine Welt, die keinen Sinn ergibt. Dann hebt man entweder die Faust, oder man singt Halleluja. Ich versuche, beides zu tun.

Hatte Leonard Cohen bis 1985 noch abwechselnd in New York und Paris gelebt, um seinen Kindern, die er zweisprachig aufwachsen lassen und daher in zwei Ländern verwurzelt sehen wollte, nahezusein, so zog es ihn nach der Tournee wieder zurück nach New York. Im Royalton Hotel auf der 44. Straße, das Georg Stefan Troller in seinem Film zeigt, genoß er nach all den öffentlichen Auftritten wieder die Anonymität der Großstadt, die er an New York so schätzte. Während eines kurzen Besuchs bei Roshi übte er sich auch wieder in meditativer Versenkung. Anschließend kehrte er für kurze Zeit nach Montreal zurück, bevor er von März bis Mai 1986 mehrere Lesungen in den Staaten gab. Höhepunkt dieser Lesereise war ein Auftritt beim New Yorker »Carnival Of The Spoken Word«, wo Cohen neben Allen Ginsberg als »Headliner« agierte.

In der Zwischenzeit, seit Ende 1985, arbeitete Jennifer Warnes, Cohens langjährige Konzertbegleiterin und Zweitstimme auf diversen Alben, bereits an der Verwirklichung einer ihrer Träume, einem Album, das ausschließlich Songs von Leonard Cohen enthalten sollte.

Jennifer Warnes' Solokarriere hatte Ende der 60er Jahre begonnen. 1969 hatte sie mit *Just Jennifer* ihr erstes Album aufgenommen und im Hippie-Musical »Hair« mitgespielt. 1975 hatte sie mit der Single »Right Time Of The Night« ihren ersten Top-Ten-Hit in den US-Charts. Seit »Up Where We Belong«, ihrem mit einem Grammy ausgezeichneten Duett mit Joe Cocker, das 1982 den Soundtrack für den Kino-Erfolg *Ein Offizier und Gentleman* zierte, war sie als Top-Sängerin etabliert. Dennoch war sie sich nicht zu schade, Leonard Cohen auch weiterhin im Chor ihre Stimme zu leihen.

Jennifer Warnes erinnert sich: »Ich hatte sein Buch ›The Spice-Box Of Earth‹ gelesen und mich mit seinen beiden ersten Alben in ihn verliebt. Mir fiel dieses Nebeneinander von Haß und Liebe auf, diese Widersprüchlichkeit, die mich sofort in ihren Bann schlug. Jahre später, 1973, bekam ich einen Anruf, wo mich jemand fragte, ob ich bereit sei, mit Leonard Cohen auf eine Europa-Tournee zu gehen. Bis dahin hatte ich nur solo gesungen, aber ich sagte sofort zu. Vier Tage später war ich in Europa.«

Was Jennifer Warnes an Leonard Cohen bis heute fasziniert, erklärt sie so: »Der Grund ist, daß er es gewagt hat, über Leid zu sprechen. Er ist unheimlich zerbrechlich, aber er hat die Kraft, sich vor Tausenden von Menschen auf eine Weise zu öffnen, daß er glaubwürdig erscheint, so glaubwürdig wie dein eigener Geliebter. Er war fähig, in die Rolle des Märtyrers zu schlüpfen. Viele Leute im Publikum weinten, wenn er sang. Er legte keine Beichte ab wie andere. Ich sagte zu ihm: ›Du kannst lügen oder die Wahrheit sagen, es muß nur zu dem Song passen.‹ Und er arbeitet sehr daran, daß es ›paßt‹. Er eröffnet Perspektiven, die fast schon mystischer Natur sind. Genau das ist es, was ihn interessiert. Er schreibt über sich selbst und damit zugleich über andere. Das macht ihn so faszinierend . . . Außerdem schaue ich ihm gerne zu, wie er mit Frauen kommuniziert. Es existiert eine gewisse Chemie zwischen dem Bild, das man von seinen Platten bekommt, und dem, das auf der Bühne entsteht. Er ist sich dessen bewußt . . . Wissen Sie, die Amerikaner ›spielen‹ ihr Lächeln, anders als die Europäer. Immer nur Lächeln, immer nur Fröhlichsein, egal, wie brutal man sie behandelt hat! Leonard hingegen sagte: ›Hey, schau dir mein Herz an, es ist zerfetzt. Du hast mir mein Herz mit Zangen herausgerissen.‹ Es ist wie die Bestätigung, daß zu unserem Dasein, zu unserem ganzen Leben Leid, Hoffnungslosigkeit und Aussichtslosigkeit gehören, daß es zugleich aber auch Leidenschaft, große Erwartungen, innige und unsterbliche Liebe zu bieten hat. Ich denke, daß Leonard Bilder malt, die ›verinnerlicht‹ sind. Seine Lieder umfassen immer sämtliche Gefühle. Sie waren so gehaltvoll, daß ich immer das Gefühl hatte, ich kann meine Persönlichkeit in dieser Musik zum Ausdruck bringen. Es gab einige populäre Songs, die mir trotz ihrer erlesenen Schönheit nicht mutig genug waren. Dabei empfinde ich mich als eine intensive und komplexe Persönlichkeit, und um in einem Lied ehrlich sein zu können, brauche ich komplizierte Texte. Leonard spricht über komplexe Themen, über Gott und Sex und Spiritualität, über Mythen, Verzeihung und Verlust – und alles in einem Lied. Er schafft es, er ist in der Lage, solche Texte zu schreiben.«

Aber Jennifer Warnes mußte suchen, ehe sie eine Plattenfirma fand, die ihren Enthusiasmus teilte. Auf offene Ohren traf sie schließlich bei dem kleinen Label Cypress Records. »Leonard glaubte mir zunächst nicht, als er mich an Silvester, fünf Minuten vor dem Jahreswechsel 1985/86 besuchte. Aber dann stimmte er zu, und im Januar begannen wir mit der Arbeit an dem Album.«

Leonard Cohen blieb in Los Angeles, um einige Textzeilen der ausgewählten Songs so zu ändern, daß sie von einer Frau aus ihrer weiblichen Perspektive gesungen werden konnten. Täglich kam er ins Studio, um bei der Arbeit an den Arrangements und Interpretationen behilflich zu sein. Insgesamt neun Songs enthielt das Album *Famous Blue Raincoat*: »First We Take Manhattan«, »Bird On The Wire«, »Famous Blue Raincoat«,

»Joan Of Arc«, »Ain't No Cure For Love«, »Coming Back To You«, »Song Of Bernadette«, »A Singer Must Die« und »Came So Far For Beauty«. Zwei Titel, »Ain't No Cure For Love« und den späteren Singlehit »First We Take Manhattan«, hatte Cohen speziell für dieses Album geschrieben; darüber hinaus stellte er für das Cover eine seiner Zeichnungen zur Verfügung.

»Den ›Song Of Bernadette‹ haben Leonard und ich während der Tournee von 1979 zusammen in einem Bus geschrieben. Der Hintergrund ist der, daß ich auf den Namen Bernadette getauft bin. Das Lied handelt von der heiliggesprochenen Bernadette Soubirous und drückt meine Gefühle über den Verlust meiner Tochter Bernadette aus«, erklärte Jennifer Warnes. Den Song »Joan Of Arc«, der im März 1986 in den Complex-Studios von L.A. aufgenommen wurde, sang Cohen im Duett mit Jennifer Warnes; die übrigen interpretierte sie allein. An »Suzanne«, Cohens berühmtesten Song, traute sie sich jedoch nicht heran: »Er ist mir zu sehr mit Cohens eigenen Gedanken verbunden.«

Ich freue mich immer, wenn ich Coverversionen meiner Songs höre, weil ich denke, jeder singt meine Songs besser als ich, hatte Cohen bereits früher bekannt. *Jennifer schätze ich aber ganz besonders, weil sie in Amerika meiner Meinung nach eine viel zu unterbewertete Sängerin ist . . . Gleichgültig war es mir noch nie, wenn andere meine Songs interpretierten. Aber wenn jemand mit Jennifer Warnes' Talent eine ganze Platte aufnimmt und einige Jahre Arbeit investiert, macht mich das sehr glücklich. Es hat meinem Namen bei einigen internationalen Plattenfirmen wieder Geltung verschafft, wofür ich Jennifer sehr dankbar bin. Sie ist eine Freundin, die sich mit ganzer Kraft für dich einsetzt.* Darauf angesprochen, daß sich auch Frank Sinatra eine Zeitlang angeblich mit dem Gedanken trug, ein Album mit seinen Songs aufzunehmen, antwortete Cohen: *Ja, das ist richtig, aber ich habe nie wieder etwas von ihm gehört.*

Insgesamt blieb Leonard Cohen vier Monate in Los Angeles. Während der Dreharbeiten für den Video-Clip zu »First We Take Manhattan« war er anwesend, und am 31. März nahm er als Gast zusammen mit Jennifer Warnes an einer Veranstaltung im Chaser's von L.A. teil, auf der Bob Dylan der »ASCP Founders' Award« verliehen wurde. In Anbetracht des Interesses, das die Medien seiner Kooperation mit Jennifer Warnes entgegenbrachten, und des sich abzeichnenden Erfolgs des Albums *Famous Blue Raincoat* nahm Cohen auch die Arbeit an neuen Songs wieder auf. Generell war Cohen zu dieser Zeit stark in den expandierenden Musikmarkt eingebunden: Filmaufnahmen zu Videoclips sowie mehrere Auftritte bei Fernseh- und Musik-Sendern nahmen ihn in Anspruch. So nahm er sich beispielsweise Zeit für einen Gastauftritt in der Fernsehserie *Miami Vice*: am Anfang und am Ende der Folge »French Twist« (»Französische Spiele«) war er in der Rolle eines Agenten zu sehen. In Deutschland wurde die Folge am 31. Oktober 1986 ausgestrahlt.

Im Sommer 1986 trat die spanische CBS, die von Leonard Cohens Begeisterung für Federico García Lorca wußte, mit der Bitte an ihn heran, sich an einer Hommage für den großen spanischen Dichter zu beteiligen. Fünfzig Jahre nach dessen gewaltsamem Tod entstand das Tribute-Album *Poets In New York*, dessen Titel auf García Lorcas Gedicht »Poetas en Nueva York« basierte und für das Leonard Cohen den Lorca-Text »Pequeño vals vienés« adaptierte und zu dem Song »Take This Waltz« verarbeitete. 150 Stunden wandte er nach eigenem Bekunden dafür auf. Doch obwohl Cohen, da er Lorcas Stil auf keinen Fall verfälschen wollte, für die Übersetzung eine puertorikanische Freundin hinzugezogen hatte, war er mit dem Ergebnis seiner Arbeit wieder einmal nicht völlig zufrieden: *Keine Übersetzung der Welt gibt die spanische Fassung so wieder, daß sie wie das Original klingt.*

Take This Waltz

Now in Vienna there are ten pretty women. There's a shoulder where Death comes to cry. There's a lobby with nine hundred windows. There's a tree where the doves go to die. There's a piece that was torn from the morning, and it hangs in the Gallery of Frost. Ay, Ay, Ay, Ay. Take this waltz, take this waltz, take this waltz with the clamp on its jaws.

I want you, I want you, I want you on a chair with a dead magazine. In the cave at the tip of the lilly, in some hallway where love's never been. On a bed where the moon has been sweating, in a cry filled with footsteps and sand. Ay, Ay, Ay, Ay. Take this waltz, take this waltz, take its broken waist in your hand.

This waltz, this waltz, this waltz, this waltz. With its very own breath of brandy and Death. Dragging its tail in the sea.

There's a concert hall in Vienna where your mouth had a thousand reviews. There's a bar where the boys have stopped talking. They've been sentenced to death by the blues. Ah, but who is it climbs to your picture with a garland of freshly cut tears? Ay, Ay, Ay, Ay. Take this waltz, take this waltz, take this waltz, it's been dying for years.

There's an attic where children are playing, where I've got to lie down with you soon, in a dream of Hungarian lanterns, in the mist of some sweet afternoon. And I'll see what you've chained to your sorrow, all your sheep and your lillies of snow. Ay, Ay, Ay, Ay. Take this waltz. Take this waltz with its »I'll never forget you, you know!«

This waltz, this waltz, this waltz, this waltz. With its very own breath of brandy and Death. Dragging its tail in the sea.

And I'll dance with you in Vienna. I'll be wearing a river's disguise. The hyacinth wild on my shoulder, my mouth on the dew of your thighs. And I'll bury my soul in a scrapbook, with the photographs there, and the moss. And I'll yield to the flood of your beauty my cheap violin and my cross. And you'll carry me down on your dancing to the pools that you lift on your wrist. O my love, o my love. Take this waltz, take this waltz. It's yours now. It's all that there is.

Die Aufnahmen zu diesem Song fanden vom 25. bis 27. September 1986 im Pariser »Montmartre«-Studio statt. Begleitet wurde Cohen von dem französischen Star-Arrangeur und Syntheziser-Spezialisten Jean-Philippe Rykiel sowie Evelyne Hebey, Elisabeth Valletti und Mayelle Assouly (Gesang). Weitere Beiträge für das Album *Poets In New York* lieferten Angelo Branduardi, Pepe und Paco de Lucia, Georges Moustaki und Mikis Theodorakis, Donovan, Patxi Andion, Raimundo Fagner und Chico Buarque, David Broza, Victor Manuel und Luis Llach. Im Oktober wurde an Originalschauplätzen von Lorcas Leben ein gleichnamiger Film gedreht. Die Aufnahmen mit Leonard Cohen fanden auf den Hügeln über Granada, der Hauptstadt der Heimatprovinz García Lorcas, statt und wurden später auch für das Promotion-Video »I'm Your Man« verwendet.

Im selben Jahr entstand unter dem Titel *A Moving Picture* ein einstündiger Film, an dem die Tänzerin Anne Ditchburn als Choreographin mitwirkte und der 1987 vom kanadischen Fernsehen gesendet wurde. Cohens »*Special Guest Appearance*« bestand darin, daß er den beteiligten Tänzern und Tänzerinnen bei ihren Proben zuschaute und in einer Party-Szene auftrat, die man mit seiner Musik unterlegt hatte. Der Soundtrack enthielt neben Aufnahmen von Laurie Anderson, Ahmed Hassan, Kate Bush, André Gagnan und Buffy Sainte-Marie auch Jennifer Warnes' Version von »Famous Blue Raincoat« sowie eine Fassung von Cohens Song »First We Take Manhattan«, die von der späteren Plattenaufnahme abwich. *Ja, er war etwas anders abgemischt. Auch der Text unterschied sich. Es war ein früher Take. Eine Freundin von mir, Anne Ditchburn – die Tänzerin, die als »gypsy's wife« in* I'm A Hotel *aufgetreten war –, fragte mich, ob sie meine Musik in einem eigenen Tanz-Special für die CBC verwenden könne. Also habe ich ihr diese frühe Version zur Verfügung gestellt. Es war ein Rough Mix, den Jeff Fisher gemacht hatte und der noch nicht fertig war. Anne wollte ihn trotzdem haben, um ihren Film zu beenden.*

Jennifer Warnes' Cover-Album, das die Hitsingle »First We Take Manhattan« enthielt, kam Ende 1986 in Amerika und Kanada heraus. Erst im Frühjahr 1987 jedoch erschien die Platte in Deutschland; dort hatte man offenbar erst einmal abwarten wollen, ob sie kommerzielles Potential besaß. Die Tatsache, daß *Famous Blue Raincoat* in Kanada Goldstatus erlangte, in den US-Charts Platz 8 erreichte und in England mehrere Wochen lang in den Top Ten stand, überzeugte jedoch schließlich auch die Verantwortlichen in Deutschland. Weltweit wurden 750 000 Exemplare verkauft. Somit hat Jennifer Warnes wohl einen sehr großen Anteil daran, daß Leonard Cohen Ende der Achtziger eine Renaissance erlebte und mehr und mehr zu einer Kultfigur wurde.

Nach Abschluß all dieser Projekte begab sich Cohen zunächst wieder ins Meditationszentrum von Roshi, um danach Jennifer Warnes auf ihrer europäischen Promotion-Tour für *Famous Blue Raincoat* zu begleiten. Die Tour begann am 15. April 1987 mit einem etwa 45minütigen Konzert, das die Plattenfirma BMG/RCA im Münchner Park-Café arrangiert hatte. Neben Jennifer Warnes und Leonard Cohen hatte man eigens für diesen Auftritt auch alle an dem Album beteiligten Musiker eingeflogen, die im Vorfeld der Produktion sorgfältig ausgesucht worden waren. Jennifer Warnes: »Roscoe Beck, mit dem ich die Arrangements gemacht habe, ist ein langjähriger Freund. Es gibt nicht sehr viele Musiker in L.A., die Leonards Songs verstehen. Einer der Musiker, den wir fragten, sagte zum Beispiel, daß Leonards Songs nie populäre, kommerzielle ›Radio-Songs‹ werden könnten. Auf Leute mit einer solchen Einstellung ließen wir uns erst gar nicht ein. Wir achteten darauf, daß die Musiker ein Gefühl für seine Kunst hatten.«

Unter den Gästen befanden sich außer Musikern wie dem BAP-Sänger und als Kölner »Südstadt-Dylan« bekannten Wolfgang Niedecken auch zahlreiche Medienvertreter, so etwa der Cohen-Experte Gerhard Schinzel, der gemeinsam mit Michael Lohse von Dezember 1984 bis Mai 1989 den bislang einzigen deutschen Leonard Cohen-Fan-Club leitete und ein unregelmäßig erscheinendes Newsletter herausgibt. Später führte dies Jim Devlin/UK bis Dezember 1994 in englischer Sprache fort. Mit dabei war auch Steve Lake, ein langjähriger Mitarbeiter des Musikmagazins Me/Sounds, der das damals für die deutschen Medien typische Desinteresse am »Relikt« Leonard Cohen in einem Artikel für die Münchner Stadtzeitung treffend beschrieb. Lake, der Cohen schon Anfang der 80er Jahre interviewt hatte, mokierte sich über den »Special Event« in München als »eine von Szene-Machern abgezogene Personality-Show«, »eine Versammlung von schnatterndem Plattenfirmapersonal, betrunkenen Journalisten [. . .] und unverschämten Kellnern und Kellnerinnen«.

Bevor Jennifer Warnes schließlich dem Treiben der Medienvertreter, die sich selber offenbar wichtiger nahmen als den Grund, aus dem sie angereist waren, mit ihrem Auftritt ein Ende machte, betrat Leonard Cohen die Bühne – in dunkelgrauem Zweireiher, blauem Jeanshemd und mit schwarzer Krawatte, mit einer Zigarette in der linken Hand und einem Glas Rotwein in der rechten. *Okay, ich will ja eure Feier nicht stören,* leitete er das Konzert ein und fügte hinzu: *Fühlt euch nicht verpflichtet, ruhig zu sein, während ich spreche! Denn ich kann mich diesem Chaos aussetzen und trotzdem in private Sphären aufsteigen, um einige der tiefsten Gefühle meines Herzens auszudrücken.* Aber der Medienmob ließ sich nicht stören, und Cohen kommentierte: *Wenn ihr redet, dann trinke ich eben!* Kurz darauf jedoch trat er dem taktlosen Verhalten des Publikums konsequent entgegen, indem er erklärte: *Ihre Stimme ist das reine Kalifornien, womit ich nicht Sonnenschein ohne Ende und angenehme Nachmittage meine, sondern eine Stimme, die über ihre rein musikalischen Qualitäten hinaus etwas in sich hat, das einer Flutwelle und einem Erdbeben gleichkommt.* Nach dieser kurzen Einleitung und der Vorführung des »First We Take Manhattan«-Videos begann endlich das Konzert. Jennifer Warnes trug neben sechs Cohen-Songs (»Bird On The Wire«, »Coming Back To You«, »Famous Blue Raincoat«, »Ain't No Cure For Love«, »First We Take Manhattan«, »Song Of Bernadette«) auch zwei Eigenkompositionen vor, die erst 1992 auf ihrem Album *The Hunter* veröffentlicht wurden: »The Hunter« und »I Can't Hide«.

Trotz des in musikalischer Hinsicht mehr als zufriedenstellenden Konzerts zeigten sich Warnes und Cohen anschließend verstimmt. Die saloppe Atmosphäre der Veranstaltung hatte ihnen mißfallen. Die Mißstimmung verflog erst am nächsten Tag, dem 16. April, als sich in der Tower Lounge des Münchner Sheraton-Hotel Vertreter von Tageszeitungen, Wochenblättern, Monatsmagazinen, Hörfunk- und TV-Sendern auf die beiden stürzten, um ein Interview von ihnen zu bekommen, darunter auch Thomas Gottschalk für den Bayerischen Rundfunk. In einigen Fällen kam es dabei zu faszinierenden Gesprächen, die von Leonard Cohens charismatischer Ausstrahlung geprägt waren; in anderen Fällen machte Cohen wahr, was er am Tag zuvor angedroht hatte: Er trank, während sein Gegenüber redete. Immer aber ließen sich Cohen und Warnes zu gegenseitigen Lobeshymnen nicht lange bitten. Auf diese Weise erfuhr man, daß sie seit Jahren eine ganz besondere, wenn auch eher platonische Freundschaft verband. »Ich kann sagen, daß wir kein Liebespaar sind und es auch nie gewesen sind«, beteuerte Warnes. »Aber ich kann auch sagen, daß Leonard der Mensch ist, der mich in meinem Leben am meisten beeinflußt hat. Aber wie soll man das beschreiben? Leonard soll weiterreden. . .« Und er gestand: *Ich habe sie mal geküßt.*

Man spürte, daß sich Leonard Cohen und Jennifer Warnes nahestanden. Sie hatte durch ihn an künstlerischem Ausdruck gewonnen (»Die Lieder fliegen einfach durch mich hindurch.«), er hatte durch sie seine Menschenscheu verloren. Cohens »Einsamkeit« betrachtete Jennifer Warnes allerdings recht nüchtern: »Wenn man in Leonards Wohnung in L.A. kommt, betritt man einen leeren Raum. Eine Schreibmaschine, viel Papier, ein Klavier, Kaffee und sonst nichts. Wenn man sich nicht angemeldet hat, ist er meist unrasiert.«

Nachdem *Famous Blue Raincoat* auch in Europa mit großem Erfolg auf den Markt gekommen war und Jennifer Warnes im Juni eine Kanada-Tournee absolviert hatte, auf der sie mit »Hallelujah« und »Waiting For The Miracle« (ein Titel, den Leonard Cohen selber erst auf seinem '88er Album *I'm Your Man* veröffentlichte) noch zwei weitere Cohen-Songs interpretierte, ging sie im August 1987 auf eine zweite Promotion-Tour durch Europa. Cohen, der ursprünglich mit von der Partie sein sollte, hatte sich kurzfristig dagegen entschieden, wohl um nicht den Eindruck zu erwecken, daß er im Fahrwasser seiner »Mentorin« mitschwimmen wollte. Statt dessen widmete er sich in New Mexico weiteren Zen-Studien und arbeitete an den Songs für sein nächstes Album, dessen Veröffentlichung für Ende 1987 vorgesehen war. Dabei griff er auch wieder auf ältere Texte zurück. Einigen gab er neue Titel. Aus »The Tower Of Psalms« wurde »Tower Of Song«, aus »Born In Chains« wurde zunächst »Blessed Is The Name« und schließlich »I Can't Forget«. Andere Songs stellte Cohen erst einmal zurück: »Ring The Bells«, »Anthem« und »Waiting For The Miracle«, die in ihrer Grundstruktur bereits damals existierten, kamen erst 1992 auf dem Album *The Future* heraus, und »There's A Light In Jamaica«, eine ebenfalls um 1988 geschriebene Hommage an Bob Marley, ist bis heute unveröffentlicht geblieben.

Im Juni 1987 besuchte Leonard Cohen die Premiere einer 75minütigen Bühnenshow, die Barbara Vann unter dem Titel »Sincerely, L. Cohen« für die »Medicine Show's Production« konzipiert hatte und die eine Reise durch Cohens literarisches Œuvre darstellte. Darüber hinaus arbeitete er noch gegen Ende des Jahres 1987 mit Sharon Robinson zusammen, für die er einige Songs schrieb, unter ihnen den Titel »Lucky«, der kurze Zeit später in einer Cover-Version herauskam. Cohens nächstes eigenes Album *I'm Your Man,* an dem er bereits im Sommer 1986 in Montreal zu arbeiten begonnen und auch während seines Aufenthalts in Paris (»Take This Waltz«) gefeilt hatte, wurde jedoch aufgrund einiger mißglückter Aufnahmen erst Ende 1987 in Los Angeles fertiggestellt.

Noch bevor Leonard Cohen seinen '88er Hit »First We Take Manhattan« auf dem *I'm Your Man*-Album veröffentlichte, war dieser, wie bereits erwähnt, schon durch Jennifer Warnes' Cover-Version und das zugehörige Video bekanntgeworden. Bei den Dreharbeiten, die in einem alten Lagerhaus von Los Angeles stattfanden, war auch »El Cohen« anwesend. In dem fertigen Video-Clip war er ebenso zu sehen wie der dann Anfang der 90er Jahre tödlich verunglückte Bluesvirtuose Stevie Ray Vaughan, der in Jennifer Warnes' Version des Songs die Leadgitarre gespielt hatte. Während der Produktion entstand auch das Coverfoto für *I'm Your Man*, das Leonard Cohen mit einer Banane zeigt – ein Schnappschuß von Sharon Weisz.

Zu Leonard Cohens Originalversion von »First We Take Manhattan« wurden gleich drei Videos gedreht. Zwei von ihnen wurden vom Fernsehen nur selten ausgestrahlt, das erste, häufiger zu sehende, entstand in Frankreich. Die wunderbar fotografierten Bilder dieses in Schwarzweiß gedrehten Kurzfilms wurden Anfang 1988 an einem Strand in der Normandie, nahe Trouville, unter der künstlerischen Leitung von Dominique Issermann aufgenommen. Wie schon der Songtext, so war auch der Film nicht leicht zu entschlüsseln. Ein bärtiger Mann am Meer, im schwarzen Mantel mit hochgeschlagenem Kragen. Ein heftiger Wind, der ihm entgegenschlägt. Eine Frau, die man kaum erkennt, zieht ein zusammengeknülltes Stück Papier aus ihrer Jackentasche, glättet es, und man entziffert das Wort Manhattan; sie dreht das Papier herum, und man liest »Berlin«. Die Frau geht mit einem Koffer in der Hand über den langen Sandstrand und stellt sich neben den nur von hinten zu sehenden Leonard Cohen, der auf das Meer schaut. Dann der Schnitt auf eine Hand, die ihr über das lange blonde Haar streicht. Schnitt: eine andere junge Frau sitzt in einem Zug und betrachtet im Fenster ihr Spiegelbild. Schnitt: man sieht einen jungen Mann. Schnitt: Cohen und die blonde Frau stehen am Strand und schauen auf die Meeresbrandung. Zahlreiche Menschen in langen, schwarzen Mänteln und mit Koffern gehen auf die beiden zu. Schnitt: Cohen dreht sich um und singt die zweite Strophe des Songs. Schnitt: Cohen wieder allein am Meer. Schnitt: Die Frau aus dem Zug umarmt den jungen Mann und nimmt ihm den Koffer ab. Schnitt: Sie läuft mit dem Koffer auf Cohen und die blonde Frau zu. Schnitt: Die übrigen Akteure stellen ihre Koffer ab und gehen davon; die junge Frau aus dem Zug eilt ihnen nach. Schnitt: Ein kleines Mädchen schaut aus einem fahrenden Auto. Schnitt: Cohen wendet sich wieder dem Meer zu, während ihn langsam die Flut umspült.

Das erste der beiden »selteneren« Videos besteht aus einem Ausschnitt aus Anne Ditchburns Film *A Moving Picture*. Das zweite zeigt Cohen auf seiner Promotion-Tour vom Februar 1988, deren Stationen Helsinki, Stockholm, Kopenhagen, Oslo, Amsterdam, Brüssel, München, Paris und Madrid waren. Cohen trägt mit zwei Sängerinnen, die nicht seiner Band angehören, »First We Take Manhattan« vor. In dem am 17./18. Februar in München entstandenen Mitschnitt sieht man, wie aus Cohens rechtem Auge während der Refrainzeilen *»I'd really like to live beside you, baby/I love your body and your spirit and your clothes«* eine Träne läuft. Obwohl diese »Gefühlsregung« wohl eher seinem angestrengten Blick in die Kamera zuzuschreiben ist, unterstreicht sie doch Cohens Anliegen, zu dem zu stehen, was er denkt. Hatte er die Sprache früher geküßt, sie liebevoll umarmt und war zärtlich mit ihr eins geworden, bevor er ihr auf der Suche nach dem ungewissen Paradies mit ebensolcher Leidenschaft die Luft zum Atmen nahm, um sie zu erdrosseln, so verwendet er sie gegen Ende dieses Jahrzehntes in sehr viel nüchternerner Form, um auszudrücken, daß er seinen »Gnadenzustand« erreicht habe. Im Alter von 54 Jahren, nach dem zweiten Album dieser Dekade und dem damit insgesamt zehnten seiner Karriere, glaubt er sich am Ziel. *Alles ist in ihm vereint, was man braucht, um mit seinen eigenen Lebensumständen zurechtzukommen*, erklärte er und lächelte. *Ich weiß, daß ich noch immer das Image des ewigen Melancholikers habe, aber ich lasse mich nicht unterkriegen. Ich akzeptiere das Leben. Ich habe alles, was ich dazu brauche. Ich bin geradezu unentwegt glücklich.*

Glücklich konnte Leonard Cohen auch darüber sein, daß er Anfang 1988 den Crystal Globe Award seiner Plattenfirma CBS erhielt, der ihm für über fünf Millionen außerhalb der USA verkaufter Platten verliehen wurde. Cohen nahm den Preis zwar an, blieb aber wegen seiner ewigen Auseinandersetzungen mit der CBS, die ihn lange Jahre kaum mit Promotion oder auf andere Weise unterstützt hatte, den Verleihungsfeierlichkeiten fern.

Hatten die Medien schon 1970 und auch später in regelmäßigen Abständen von einem Comeback Leonard Cohens gesprochen, so sah es diesmal wirklich nach einem solchen aus. Denn 1988 war Cohen nun in der Öffentlichkeit, obwohl er auch in den Vorjahren nie wirklich verschwunden gewesen war, so präsent wie nie zuvor. Sein Bild und einige Berichte über sein neues Album zierten die Titelseiten zahlreicher Magazine und kaum eine Radio- oder Fernsehstation, die sich nicht um einen Auftritt bemühte. Niemand, ob in der Alten oder Neuen Welt, wollte oder konnte am Thema »Leonard Cohen« vorbei.

Mit *I'm Your Man* hatte sich Cohen endgültig als international anerkannter Songwriter etabliert, der es nicht mehr nötig hatte, auf sich aufmerksam zu machen oder sich als Dichter und Sänger zu rechtfertigen. Das Album wurde am 14. Februar 1988 im Rahmen einer fast zweiwöchigen Promotion-Tour durch Europa veröffentlicht. Zuvor, am 4. Februar, war in England bereits die Single »First We Take Manhattan« erschienen. Beide eroberten schnell die internationalen Hitparaden. In Norwegen zum Beispiel führte das Album 17 Wochen lang die LP-Charts an und erreichte Platin-Status; europaweit wurden von ihm über eine Million Exemplare verkauft. In Kanada wurde *I'm Your Man* mit einer Goldenen Schallplatte ausgezeichnet, in England und den USA mehrfach als »Bestes Album des Jahres« nominiert. Abgesehen von allen anderen möglichen Interpretationen konnte man also die Textzeile »*First we take Manhattan, then we take Berlin*« durchaus als treffendes Bild für Cohens Präsenz in den Staaten und in Europa verstehen. Es war also gerade der Altmeister, der Ende der 80er Jahre, da diverse Stilrichtungen der Rockmusik im Niedergang begriffen waren, ein Zeichen für Optimismus setzte. Dieses schlug sich auch in dem Upbeat-Tempo von »First We Take Manhattan« nieder; den flotten Rhythmus von Jennifer Warnes' Version, für den offensichtlich Stevie Ray Vaughan verantwortlich gewesen war, hatte Cohen nämlich auch in seine eigene Fassung übernommen.

Für das Dominique Issermann gewidmete Album hatte Leonard Cohen seinen Stil und seine Arrangements auf sehr differenzierte Art erweitert. Mit seinen inzwischen eher humorvoll-ironischen als traurig-sarkastischen Songs stellte er unter Beweis, daß er mit Körper und Geist mitten im Leben stand und daß die Vergangenheit keine Chance mehr hatte, ihn einzuholen; schon der Titel des Albums, *I'm Your Man*, wies darauf hin. Cohen hatte es aber auch nicht mehr nötig, vom Ruhm der 60er und 70er Jahre zu zehren. Was er in dem Song »I Can't Forget« mit den Zeilen »*I can't forget/But I don't remember what*« ausgedrückt hatte, formulierte er in einem Interview mit dem New Musical Express so: *Wenn ich in mir nach Nostalgie suche, stoße ich auf Amnesie. Ich kann zwar nicht vergessen; trotzdem erinnere ich mich nicht an die Vergangenheit.* Mit dem Begriff »Amnesie« lieferte Cohen, vermutlich unbeabsichtigt, den Kritikern ein Stichwort, das diese in Zukunft ständig wieder aufgreifen würden.

Als ich die Songs für I'm Your Man *zu schreiben begann, wußte ich noch nicht, daß die Periode, in der ich lebte, bereits zu Ende war. Viele der Songs waren zu Anfang als religiöse Lieder gedacht. »I Can't Forget« zum Beispiel war ursprünglich ein Lied über den Auszug der Juden aus der ägyptischen Sklaverei gewesen. Eine Strophe daraus lautete: »I was born in chains but I was taken out of Egypt/I was bound to a burdon but the burdon it was raised/Lord I came along to keep the secret/Blessed is the name, the name of the Greatest.« Der Text paßte ziemlich gut zu der Musik. Als ich dann aber ins Studio ging und den Song aufnehmen wollte, konnte ich den Text nicht singen. Denn es war ein Song über die Befreiung der Seele; die Metapher dafür war der Exodus. Das Fazit des Songs war, daß ich befreit bin und weiß, was Befreiung bedeutet. Tatsächlich traf das aber nicht zu. Ich kam bei den Worten ins Stocken, sie hatten keine wirkliche Bedeutung. Ich mußte die Aufnahmen abbrechen und diesen und andere Songs neu schreiben.* [Der Song] *»I Can't Forget« untergrub damit das ganze Album. Er wurde erst authentisch, als ich mir meiner damaligen Situation, der einer Befreiung, bewußt geworden war. Danach schrieb ich: »I stumbled out of bed/I got ready for the struggle/I smoked a cigarette and I tightened up my gut/I said this can't be me, must be my double/ I can't forget, I can't forget, I can't forget, but I don't remember what.« Ich mußte alles umschreiben, jeden Song, nur um das singen zu können. Das ist die Geschichte von* I'm Your Man.

In musikalisch-technischer Hinsicht demonstrierte Leonard Cohen auf dem Album, wie ein Künstler, der zuvor mit traditionellen Instrumenten gearbeitet hat, trotz der Verwendung von modernem Equipment wie Synthi-Drums und Sequenzern seine eigene Identität bewahren kann. Dabei wurde er unterstützt von den Keyboardern Jeff Fisher, Michel Robidoux und Larry Cohen, den Schlagzeugern Vinnie Colaiuta und Tom Brechtlein und weiteren renommierten Instrumentalisten: Lenny Castro (Percussion), Peter Kisilenko (Bass), Bob Stanley (Gitarre), Sneaky Pete Kleinow (Pedal Steel), Richard Baudet (Saxophon), John Bilezikjian (Oud) und Raffi Hakopian (Violine). Hinzu kamen Sängerinnen, mit denen Cohen zum Teil schon seit zehn Jahren zusammenarbeitete: Jennifer Warnes, Anjani Thomas, Jude Johnstone, Evelyne Hebey, Mayelle Assouly und Elisabeth Valletti. Erstmals spielte Cohen auch selber Piano (»I Can't Forget«) beziehungsweise Keyboards (»I'm Your Man«).

Vor allem »First We Take Manhattan«, der Opener des insgesamt acht Songs umfassenden Albums, der ursprünglich den Titel »In Old Berlin«

trug, provozierte zahlreiche Journalistenfragen. Wen zum Beispiel meinte Cohen in der ersten Refrainzeile mit »*we*«? *Eigentlich jeden, der sich von dieser Absichtserklärung angesprochen fühlt. Und wer sind für ihn* »*they*«? Dazu erklärte Cohen in einem Gespräch mit Manuel Bonik für das Magazin 59TO1: »*They« ist man selbst. Ich verspüre keine Feindschaft, ich stelle mir den Feind nur vor. Wir sind Teil einer Verschwörung, die sich selbst zu Tode langweilt . . . Bei diesem Song ist es sehr wichtig, daß man die Musik nicht vom Text trennt. Der Text allein ist sehr »heavy« – kompromißlos, brutal und energisch. Auf der anderen Seite sorgt dieser Clint-Eastwood/Sergio-Leone-Sound für eine gewisse Ironie. Der Song ist eine musikalische Umsetzung von »Mein Kampf«. Man fragt sich, was er bedeutet, und ich antworte: »Sie haben mich zu zwanzig Jahren Langeweile verurteilt, und nun komme ich, um die Macht an mich zu reißen.« Es ist die Antwort auf eine bestimmte extreme Position, in die sich diese Leute selbst hineinmanövriert haben. Ich habe all diese Terroristen mit ihren extremen Positionen gesehen. Das Interesse der Öffentlichkeit scheint sich immer mehr auf solche Extremisten zu konzentrieren. Das Interessanteste am Christentum sind heute die Fundamentalisten, aber auch viele Juden und Mohammedaner denken fundamentalistisch. Die extreme Linke und die extreme Rechte erregen das öffentliche Interesse, während der liberale Standpunkt immer mehr in Mißkredit geraten ist. Alle liberalen Positionen sind neutralisiert und haben ihre Energie verloren. Ich habe mich immer für extreme Standpunkte interessiert, aber man kann diesen Song nicht begreifen, wenn man die Ironie nicht sieht. Wer will denn wirklich Manhattan oder Berlin erobern? Städte wie Manhattan oder Berlin haben doch heute nur noch ein Verkehrschaos zu bieten.*

Nach der Verurteilung zu »zwanzig Jahren Langeweile«, dem Tod des Ladie's Man und seiner selbstgewählten Rolle eines Partisanen der Liebe, der das System aus dem Hinterhalt bekämpft, ist er zurückgekehrt, um zunächst Manhattan und dann Berlin zu nehmen und schließlich die Zukunft für sich zu gewinnen. Leonard Cohen ist aber kein Verfechter der Gewalt, auch wenn er gerne Extrempositionen einnimmt; Verständnis für Gewalt oder gar Sympathie für Terroristen bringt er nicht auf. Dem Autor erklärte er: *Ich kann ihre Aktivitäten nicht verteidigen, muß aber die jungen Männer und Frauen sehen, die in ihrem Leben abgeschnitten worden sind und ihr Leben an der Leine nationalistischer Mythologien führen. Bezeichnend sind die Leute, die die Terroristen kritisieren. Aber es gibt durchaus auch das Moment der Bewunderung für das schlimme Leben, das die Gefangenen führen müssen. Dennoch handelt »First We Take Manhattan« nicht von ihnen, sondern von einem »driven man«. Ich bin [in diesem Song] dazu getrieben worden zu sagen, daß unsere Waffen stärker sind als ihre. Aber natürlich sind sie es niemals. Diese Position ist eine Position der Impotenz, genauso wie die des Terrorismus. All die fundamentalistischen Positionen kann man nicht verstehen, wenn man nicht begreift, daß man in dieser Welt nur dann einigermaßen feste Positionen erreichen kann, wenn man sich mit einer Menge ideologischer Zäune umgibt. Man muß den Mut haben, an der Oberfläche aufzuhören.*

Nicht das Beziehen extremer Positionen, sondern das Reflektieren über sie scheint somit für Cohen der einzige Weg zu sein, die Welt zu erobern. Zwar ist für ihn auch diese Haltung ein Ausdruck von Größenwahn, dennoch verteidigt er sie: *Zugegeben, es ist Größenwahn, aber es ist auch genau dieser Prozeß, der einen erwachsen werden läßt. Das heißt, daß man ab einem bestimmten Zeitpunkt für das einstehen muß, was einem widerfahren ist. Es einfach nur zu bekennen, ist einfacher, als dieser Tatsache gerecht zu werden. Man muß auf alle Alibis verzichten, die man zuvor benutzt hat, und Verantwortung zeigen. Man muß für sein Versagen ebenso einstehen wie für seine Traurigkeit darüber. In diesem Sinne müssen wir alle die Welt erobern – nicht auf aggressive Weise, indem wir Konzentrationslager errichten oder jemanden töten: wir müssen die Welt um uns herum »erobern«. Nichts anderes drückt dieser Song aus . . . Ich habe versucht, den Moment zu erfassen, als Hitler die Szene betrat, als das Böse von der Stadt* [Berlin] *Besitz zu ergreifen begann. Aber es ist noch komplexer. Letztlich geht es um den Augenblick, im dem das Teuflische attraktiv wird.*

Cohen erläuterte damals jedoch nicht nur den Text von »First We Take Manhattan«, in dem sein »Was-kostet-die-Welt?«-Blick besonders stark zum Ausdruck kommt, sondern er erklärte auch, auf welche für ihn ungewöhnliche Weise der Song zustande gekommen war. Normalerweise entstehen Text und Musik bei einem Cohen-Song in enger Wechselwirkung. *Auf die erste Zeile kam ich erst, als die Melodie und die Musik schon fertig waren.* In diesem Zusammenhang beschrieb Cohen auch seine übliche korrelierende Vorgehensweise: *Ich spreche etwas, es funktioniert nicht. Ich spiele etwas anderes, singe etwas anderes oder schreibe eine neue Zeile. Ich spiele etwas, das dazu paßt. Bis zu diesem Punkt schreibe ich die Musik immer zuerst. Ich habe dann höchstens die erste Textstrophe schon fertig. Normalerweise geht also alles Hand in Hand.*

Auch was das musikalische Arrangement anging, hatte sich Cohen große Mühe gegeben. *Nachdem ich den Song geschrieben und bei mir zu Hause mit meinem eigenen Synthesizer auf einer kleinen Vierspurmaschine aufgenommen hatte, nahm ich im Studio noch eine weitere Fassung auf. Da ich auch damit noch nicht glücklich war, gab ich ihn Jeff Fisher mit der Bitte, weiter daran zu arbeiten. Erst mit seiner Version hatte ich das Gefühl, daß der Song lebte.*

Daß gerade »First We Take Manhattan« das Album eröffnet, ist kein Zufall: *»First We Take Manhattan« war ein kalkuliertes Risiko, weil ich wußte, daß viele befremdet darüber sein würden. Ich fand aber, daß »Manhattan . . .« eine starke Aussage enthielt, vor allem mit der ersten Zeile »They sentenced me to twenty years of boredom«. Diese Zeile macht deutlich, um was für einen Charakter es sich handelt; mit diesem »I'm your man/that man« bestimmt er das ganze Album. Dieser erste Song charakterisiert den Mann sehr genau.*

Aber Cohen hatte für seine Entscheidung noch einen zweiten Grund: *Ich schreibe die Songtitel immer auf kleine Karten, lege sie vor mich auf den Tisch und versuche, eine Reihenfolge zu finden. Nach ein paar Versuchen habe ich eine für mich sinnvolle Reihenfolge und höre mir das Ganze an. Normalerweise habe ich eine Vorstellung davon, was der erste und was der letzte Song sein wird. Dann überlege ich mir, welcher der letzte Song auf der ersten Seite und welcher der erste Song auf der zweiten Seite sein soll. Und so weiter. . .*

Der nächste Song auf dem Album, »Ain't No Cure For Love«, ist ein Liebeslied und zugleich die Fortsetzung der endlosen Saga von Leonard Cohens Liebesbeziehungen, in denen er seinem Gefühl nicht Ausdruck verliehen hat. *Jeder kennt doch das Gefühl, daß man nicht mehr weiß, was das andere Geschlecht von einem will. Sicher, man könnte das ignorieren, aber ich plädiere für die Konfliktlösung, ihm anzubieten, daß es alles von mir haben kann.* Cohens Wunden der Vergangenheit sind zwar verheilt, aber die Narben sind noch immer zu sehen. In einem seiner Londoner Konzerte von 1988 bezeichnete Cohen den Song als *»a vision experienced by Christ on the cross«*. Aber schon zwanzig Jahre zuvor hatte er als ein Mann, der bereit schien, ohne Rücksicht auf die Frau, den eigenen angeknacksten Stolz oder das verletzte Schamgefühl, alles für die Liebe zu tun, eine ähnliche Aussage gemacht. In einem Interview erklärte er, daß Liebe *vom Herzen eines Menschen ausgeht und bis zum Herzen Gottes reicht, nur daß die Leitern zu ihm weggezogen worden sind . . . Macht man denn nicht stets einen Narren aus sich, wenn man liebt?*

Nachdem Cohen in »Everybody Knows« einen Kommentar zum Aids-Zeitalter abgegeben hat (*»Everybody knows that the Plague is coming/ Everybody knows that it's moving fast/Everybody knows that the naked man and woman [are] just a shining artifact of the past«*), wendet er sich im Titelsong des Albums wieder privaten Dingen zu – einer Liebe, die endgültig vorbei ist, einem Mann (er selbst?), der in einer Beziehung versagt hat. *»I'm Your Man« ist eine bedingungslose Kapitulation. Ein Mann, der einfach keine Ahnung hat, was die Frau von ihm will, der sie aber mehr als alles andere auf der Welt liebt und darum immer wieder beteuert: I'm your man.*

Doch Cohen ist sich der Notwendigkeit bewußt, trotz Anerkennung des weiblichen Selbstbewußtseins sein eigenes nicht zu verlieren (. . . if you want a boxer, I will step into the ring for you . . .). Nach »Take This Waltz« – ein Song, auf den bereits weiter oben eingegangen wurde – folgt mit »Jazz Police« ein Titel, der in Cohens Werk eine Sonderstellung einnimmt. Textlich ist er eine Verfolgungswahn-Phantasie, die an George Orwells *1984* erinnert, musikalisch eine Fusion aus Jazz- und Elektronik-Klängen. *Die Idee war, dem ursprünglichen Song das Element des Absurden zu nehmen.* Auf diese Weise gelang es Cohen, jene Stimmung zum Ausdruck zu bringen, in der er sich befand, als er diesen Song schrieb. In »I Can't Forget« drückt Cohen nicht nur im Text aus, daß er nicht vergessen kann und noch immer an die Vergangenheit denkt (aber an welche?). Er macht dies auch mit musikalischen Mitteln deutlich, indem er noch einmal auf Elemente der Country Music zurückgreift und den Pedal-Steel-Gitarristen Sneaky Pete Kleinow einige Fills spielen läßt.

Auch in »Tower Of Song«, dem letzten Song der Platte, die man im weitesten Sinne als Konzeptalbum bezeichnen könnte und die gerade einmal Cohens zweite Veröffentlichung in den 80er Jahren darstellte, spielt Leonard Cohen mit dem Hinweis auf die Country-Legende Hank Williams noch einmal auf die eigene Vergangenheit an. Ein Novum ist, daß er in diesem Song das für ihn seltene Blues-Schema verwendet. *Ich habe mich vom Blues eigentlich immer ferngehalten. Und eigentlich wußte ich auch nicht, daß ich bei »Tower. . .« den Blues sang. Es ist zwar die Bluesform, aber wohl keine Blues-Imitation.* Auch hier geht es wieder um eine zerbrochene Beziehung, die der Sänger jedoch ohne Bitterkeit beschreibt: *»I'm standing by the window where the light is strong. [. . .] I'll be speaking to you sweetly from a window in the Tower of Song.«* Leonard Cohen: *Die Personen werden im Licht aus dem Fenster des »Turms der Lieder« versöhnt.* Cohen ist zwar alt geworden, sein Haar grau, und seine Liebe ist gegangen, aber er wird sie auf irgendeine Weise bei sich behalten. Ironie, Zynismus oder Melancholie sind dabei, wenn sie überhaupt jemals eine Rolle gespielt haben, nicht mehr zu spüren. *Ich denke, daß diese Zeilen und die Art, wie ich sie singe, mehr von mir preisgeben als irgendein anderes Stück. Dies ist meine Geschichte. Ich bin dieser Mann, der keine*

Chance hat, weil er mit dem Geschenk dieser goldenen Stimme zur Welt gekommen ist. Genau darum muß er all diese Lieder schreiben.

Tower Of Song (Auszug)

Well my friends are gone and my hair is grey. I ache in the places where I used to play. And I'm crazy for love but I'm not coming on. I'm just paying my rent everyday in the Tower of Song.

I said to Hank Williams: How lonely does it get? Hank Williams hasn't answered yet. But I hear him coughing all night long, a hundred floors above me in the Tower of Song.

I was born like this, I had no choice. I was born with the gift of a golden voice. And twenty-seven angels from the Great Beyond, they tied me to this table right here in the Tower of Song.

[. . .]

© *Leonard Cohen*

Nach Leonard Cohens Meinung muß sich der Hörer auf dieses Album nicht unbedingt sehr tief einlassen. *Man kann auch als Beobachter an der Oberfläche bleiben. Ich ziehe es vor, daß die Menschen zu meinem »Manifest der Weltordnung« tanzen, statt in Tränen auszubrechen*, erklärte er und fügte hinzu: *Ich habe immer gedacht, das Songschreiben sei eine ehrbare Beschäftigung, die mich auf meine wirkliche Berufung vorbereiten würde: eine große Liebe, ein großes Abenteuer, eine große Mission, ein großes Schicksal. Aber dann kommt ein Punkt im Leben, an dem man erkennt, daß das nicht so ist. Du wirst dieses große Abenteuer nicht erleben, denn dies hier ist deine Geschichte, dein Leben, deine Arbeit! Du lebst im Tower of Song, und dort wirst du bleiben.*

1. April 1988, Karfreitag. Leonard Cohen trifft um 15.44 Uhr auf dem Frankfurter Flughafen ein. Der lange Flug aus L. A. hält ihn jedoch nicht davon ab, die von Rainer Zosel, dem Veranstalter seines Mainzer Konzerts, einberufene Pressekonferenz durchzustehen. Dort und während der anschließenden Proben, die er mit seinen Musikern am 2., 3. und 4. April bis zu neun Stunden täglich im Eltzer Hof, einer kleinen Konzerthalle in Mainz, absolviert, stellt er sich geduldig den Journalisten.

Zur Pressekonferenz erscheint Cohen in schwarzem Sweatshirt und dunkelgrauem Nadelstreifenanzug, mit äußerst kurz und akkurat geschnittenem Haar. Zunächst zeigt er sich erstaunt über die große Zahl der anwesenden Journalisten und über die Sprachlosigkeit, mit der sie der »grauen Eminenz« begegnen. Dann fordert er sie auf, einen Kaffee zu trinken und sich nicht darüber zu wundern, wenn er in Anbetracht der Stille im Raum gleich wieder gehe. Damit ist das Eis gebrochen, und die ersten Medienvertreter stellen ihre Fragen, die Cohen geduldig beantwortet.

Je mehr ich mich für das Songschreiben interessiere, desto schlechter wird es. Wenn ich mich nicht dafür interessiere, entstehen wirklich gute Songs, erklärt er. Beeinflußt werde er dabei von seiner Umwelt. *Ich sehe meine Aufgabe darin, Widerstand zu zeigen, da in allen Zeitungen nur berichtet, aber nichts unternommen wird.*

Der Banane, die er auf dem Cover seines jüngsten Albums in der Hand hält, mißt Cohen keine besondere Bedeutung bei. *That's your man today – keine identifizierbare Position! Und jede Position, die er einnimmt, sei es die des Hipsters mit der Sonnenbrille, sei es die eines Mannes mit dem Maschinengewehr in der Faust, sei es die des erleuchteten Wesens auf einem Kissen im Zustand äußerster Meditation – all diese Archetypen, die ein Mann darstellen kann, halten in ihrer einen Hand eine Banane. Schon halb gegessen. Es geht darum zu zeigen, daß es heute keine Position mehr gibt, die es nicht verdient hätte, mit einem Lachen kommentiert zu werden.*

Darauf angesprochen, ob Musik für ihn eine Waffe in seinem Widerstandskampf sei, erklärt er einem Vertreter der Zeitschrift Spex: *Es gibt einen Status quo, also gibt es Widerstand. Es gibt Tyrannei, also gibt es Widerstand. Nicht, daß wir Kommando-Trupps bilden und Tankstellen überfallen würden. Das ist eine sehr »barfüßige« Form des Widerstands und unserer Situation nicht besonders angemessen. Normalerweise schafft Widerstand das Fundament für das nächste Establishment. Ich weiß nicht, warum, aber ich scheine in dieser Form des Widerstands lange Zeit verharrt zu haben, vielleicht, weil es meinem Temperament entspricht. Heute macht es mich verrückt, daß ich in diese Situation geraten bin. Vielleicht war ich immer ein wenig »über der Kante«, so daß ich gezwungen war, meine eigene Religion zu erfinden und ein Buch mit Gebeten zu schreiben. Was mich in diese Extreme getrieben hat, weiß ich nicht. Aber ich fühle mich dort zu Hause. Man muß ausflippen, um gesund zu bleiben. Es gibt einen Moment, wo du die Illusionen, die du über dich hast, aufgeben mußt zugunsten von mehr Phantasie in bezug auf die Illusion, die du von dir hast. Es ist die Bereitschaft, die Archetypen deiner Phantasie zu umarmen. Dieses Paradoxon dürfte jedem klar sein, der ein mittleres Lebensalter erreicht hat. Man muß viel angepaßter und zugleich viel wilder werden. Daran muß man nicht arbeiten, es passiert so oder so. Wenn du dich anpaßt, ohne wild zu sein, stirbst du. Machst du es andersherum, landest du im Irrenhaus. Man muß beide Pole auf eine tiefere Weise fühlen.*

Am 5. April begann Leonard Cohens Welt-Tournee 1988 in der Mainzer Rheingold-Halle, zeitgleich mit der Veröffentlichung von »Ain't No Cure For Love«, einer zweiten Single vom Album *I'm Your Man*. Begleitet wurde Cohen diesmal von den Musikern Bob Furgo (Keyboards, Violine), Bob Metzger (Gitarren), Steve Meador (Schlagzeug), Stephen Zirkel (Bass, Keyboards, Trompete), John Bilezikjian (Oud, Mandoline), Tom McMorran (Keyboards) sowie den Sängerinnen Julie Christensen und Perla Batalla. Der gesamte Tour-Treck bestand aus über 20 Personen. Die Plattenfirma CBS, die sich über Cohens Kultstatus im klaren war, entschloß sich, diesmal mehr Promotion-Arbeit zu investieren als in früheren Jahren. Cohen reagierte darauf mit sanfter Ironie, indem er jedem der zuständigen CBS-Leute zwei Dollar schickte, *damit sie nicht allzuviel Geld für mich verschwenden müssen.*

War die Set List auf früheren Tourneen relativ konstant geblieben, so variierte sie Cohen im Verlauf der insgesamt 84 Shows von '88 ganz nach Art von Bob Dylan. Bei den ersten zehn Konzerten bestand das Repertoire aus folgenden Songs: »Hey, That's No Way To Say Goodbye«, »Who By Fire«, »Ain't No Cure For Love«, »Dance Me To The End Of Love«, »The Law«, »Heart With No Companion«, »I'm Your Man«, »Coming Back To You«, »First We Take Manhattan«, »Avalanche«, »Chelsea Hotel No. 2«, »The Stranger Song«, »Tower Of Song«, »I Can't Forget«, »One Of Us Cannot Be Wrong«, »Everybody Knows«, »Take This Waltz«, »There Is A War«, »Suzanne«, »Hallelujah« (mit von der Album-Version abweichendem Text), »Sisters Of Mercy«, »Passin' Through«, »I Tried To Leave You«, »Story Of Isaac«, »So Long, Marianne«. In Mainz, Stuttgart, München, Berlin, Köln, Mannheim, Hannover, Antwerpen und Amsterdam diente, wie es Tradition war, »Bird On The Wire« als Opener. Später eröffneten »Heart With No Companion« und »Dance Me To The End Of Love« die Konzerte.

Das Magazin Me/Sounds traf mit seiner Rezension des Hamburger Konzerts den Tenor der durchweg enthusiastischen Pressereaktionen: »Nein, ein Showman ist er nicht«; dies zeige »die Art, wie er sich fast auf die Bühne schleicht, um keinerlei Auftrittsapplaus buhlt, den Mund nur knapp zu einem Lächeln verzerrt. [. . .] Zunächst gibt's nur ein schüchternes, beinah zähes ›Bird On A Wire‹, dem ein Aufatmen des Publikums folgt – er ist noch der alte. Als nach über einer halben Stunde immer noch nicht von ›Suzanne‹ die Rede ist, geschweige denn gesungen wird, grinst

Leonard Cohen schon breiter und weist bescheiden darauf hin, daß er in den letzten 20 Jahren noch ein paar andere Songs geschrieben hat. [. . .] In ›Tower Of Song‹ zum Beispiel, mit sanfter Ironie und Blues-Tönen, entwickelt Cohen leisen Humor, der fast fremd an Cohen wirkt und ihn mit einem Schlag hautnah heranzoomt. Und das ist, auch nach 20 Jahren, seine große Stärke: Mit ganz geringen Mitteln Intimität erzeugen, die man beinahe mit den Händen greifen kann. Seine ›Show‹, seine minimalen Bewegungen, seine linkischen Gesten mit dem Mikrophon, das alles hat soviel Natürlichkeit und Witz, daß man gar nicht verstehen kann, wie dieser Mann als Depresso-Barde gelten konnte. [. . .] Wenn man die Lichtgewitter, Dezibel-Kanonaden und Bühnenshows anderer Konzerte vergleicht, ist man irritiert, wie sehr doch etwas so ›Reizarmes‹ so lange die Aufmerksamkeit fesseln kann. [. . .] Cohen [. . .] hat sich als einzigartiger Performer erwiesen. Ein weiser, ein menschlicher und ironischer Clown, bei dem die Tristesse ebenso dazugehört wie satirischer Witz.« Und Die Rheinpfalz, die den »scheuen kanadischen Universalkünstler« in ihrer Besprechung des Mannheimer Konzerts als »Leonardo da Cohen« bezeichnete, resümierte: »Der Denker, der heute so klug und seriös aussieht, ist wieder ganz groß im Geschäft.«

Aber nicht nur als Songschreiber und Sänger präsentierte sich Leonard Cohen auf dieser Tournee. Dem offiziellen Tour Book war ein Flyer beigelegt, in dem ein sogenanntes »Water Colours Portfolio« angeboten wurde, das ab Juni 1988 bei der dänischen Firma Flemming Schmidt & Steen Mariboe erworben werden konnte. Die in einer limitierten Auflage von 200 Exemplaren hergestellte und heute längst vergriffene Mappe enthielt drei 68 x 48 cm große, numerierte und handsignierte Drucke: »*Two Self-Portraits and a South American couple dancing the Tango by Leonard Cohen*«. Der Preis betrug 500 US-Dollar, mittlerweile zahlt man fast das Dreifache. *Es sind Zeichnungen und Bilder, die ich meistens on the road, im Bus oder auf dem Hotelzimmer, gemalt habe. Ich hatte nie daran gedacht, sie zu veröffentlichen, bis mein Freund und Promoter Flemming Schmidt sie sah und mich dazu brachte, sie in dieser Form zu veröffentlichen. In den Sechzigern hing ich in meinem Haus auf Hydra meist mit Schriftstellern herum; also habe ich selber ein paar Romane geschrieben. Genauso logisch war es, daß ich meine Ideen auch singen oder malen kann. Malen ist wie Romaneschreiben, man braucht dafür einen soliden Lebenswandel: Frau und Kinder, ein Haus und täglich eine warme Mahlzeit. Deshalb male ich so wenig.* Am liebsten male er sich selbst, bekennt Cohen, *weil ich mein Gesicht besser kenne als das von anderen.*

Nach seinen Deutschland-Konzerten und je zwei Auftritten in Antwerpen und Amsterdam nahm die Tournee ihren Fortgang in Skandinavien. Am 21. April trat Cohen in Århus auf, dann ging es über Göteborg, Kopenhagen, Lund, Stockholm, Oslo, Bergen, Stavanger und noch einmal Oslo weiter nach Spanien. Das Konzert in Stockholm hatte Cohen mit einem A-cappella-Vortrag des biblischen Textes »Wither Thou Goest« aus dem alttestamentarischen Buch Ruth, Kapitel 1, Vers 16 eröffnet, mit dem er im weiteren Verlauf der Tournee fast alle Konzerte beenden sollte.

Go down Moses
I will go
With all our largest I will march

Thy people shall be my people
With all our lowest I will go
With all our lowest I will go

With all our people I will march
Thy people shall be my people

Die folgenden Zeilen stammen aus einem bislang unveröffentlichten Song mit dem Titel »My Secret Life«, die Leonard Cohen 1988 während eines Interviews mit dem französischen Sender TV5 zitierte und nur in einem einzigen Konzert, am 18. April in Helsinki, in Form eines Gedichts vortrug:

My Secret Life

I smile when I'm angry, I cheat and I lie
I do what I have to do to get by
But I know what is wrong and I know what is right
I'm Master of Truth in my secret life

I saw you this morning, you were moving so fast
I had to relinquish my grip on the past
But I turned to you still like a man to his wife
Though I'm held in the chains in my secret life

© *Leonard Cohen (Tape-Transkription des Autors)*

Im Rahmen dieser Welt-Tournee stellte Cohen erstmals sämtliche acht Songs seines jüngsten Albums vor. Das Konzert vom 28. Oktober in Portland, Oregon/USA, gilt allerdings als das einzige, in dem er sie komplett während ein und derselben Show spielte. Eine Cover-Version des Songs »I Can't Help Falling in Love« und das Gedicht »I Was Arrested« wurden nur in Oslo und Vancouver vorgetragen. »Avalanche«, »Stranger Song« und »Chelsea Hotel No. 2«, im späteren Verlauf der Tour auch das neu ins Programm aufgenommene »If It Be Your Will« und »A Singer Must Die«, waren in »akustischen« Solo-Versionen zu hören. Nicht selten präsentierte Cohen darüber hinaus »Dance Me . . .« und »First We Take Manhattan« gleich zweimal innerhalb eines Konzerts, den letztgenannten Song gar in verschiedenen Tempi.

Nach dem Konzert vom 9. Mai in Madrid nahm die Tour einen Zickzack-Kurs durch Europa: Nürnberg, Wien, Zürich, Mailand, Bilbao, Mallorca, Sevilla, Barcelona, Paris, London, Dublin und noch einmal London lauteten die Stationen. Anschließend gastierte Cohen in Spanien, Italien, Griechenland, Island (wo er vom Staatspräsidenten empfangen wurde), Norwegen und Schweden, ehe er seine europäische Konzertreise am 2. Juli in Dänemark mit einem Auftritt auf dem Roskilde Festival beendete. Überall wurde Cohen gefeiert. Nicht wenige Kritiker sprachen vom Aufstieg eines Phoenix aus der Asche.

Auf welche Weise sich die Set List im Laufe der Tournee geändert hatte, dokumentierte das Londoner Konzert vom 1. Juni 1988. Das Programm des Abends enthielt folgende Titel: »Dance Me To The End Of Love«, »Ain't No Cure For Love«, »Who By Fire«, »Bird On The Wire«, »I'm Your Man«, »Sisters Of Mercy«, »Coming Back To You«, »First We Take Manhattan«, »Avalanche«, »Chelsea Hotel No. 2«, »Tower Of Song«, »The Stranger Song«, »Everybody Knows«, »Joan Of Arc«, »Hallelujah«, »There Is A War«, »Take This Waltz«, »The Partisan«, »Suzanne«, »Heart With No Companion«, »I Tried To Leave You«, »The Gypsy's Wife«, »So Long, Marianne«, »Wither Thou Goest«.

Das gesamte Konzert wurde vom BBC-Fernsehen mitgeschnitten und später auszugsweise gesendet sowie teilweise in dem kurz darauf erschienenen Kauf-Video »Songs From The Life Of Leonard Cohen« verarbeitet. Aber nicht allein in London war das Fernsehen vertreten; auch nahezu das gesamte Konzert in San Sebastian und ein Großteil der Auftritte von Oslo und Roskilde wurden aufgezeichnet.

Nach dem oben erwähnten Londoner Auftritt vom 1. Juni trat Leonard Cohen am 5. und 6. auch während der »Prince's Trust«-Benefizkonzerte in der Royal Albert Hall auf. An beiden Tagen trug er zusammen mit seinen Sängerinnen Perla Batalla und Julie Christensen »Tower Of Song« als A-cappella-Version vor. Auf PR-Fotos von der Gala-Veranstaltung, die in Anwesenheit von Prinz Charles (der Cohen mit einem falschen Namen vorstellte) und Lady Diana stattfand, ist Cohen außer mit den beiden Vertretern des englischen Königshofes auch mit zahlreichen Rock- und Pop-Stars zu sehen, unter ihnen Brian May, Phil Collins, Eric Clapton, Mark Knopfler und die Bee Gees.

Das Filmteam der BBC, das schon das letzte Londoner Konzert aufgezeichnet und Cohen zuvor schon nach Athen und Hydra begleitet hatte, folgte ihm auch auf die am 5. Juli, nur drei Tage nach dem Ende der Europa-Tournee, beginnende US-Tour, um deren erstes Konzert im New Yorker Ritz mitzuschneiden. Dabei entstanden auch die Aufnahmen von den Straßen und der Skyline Manhattans, mit denen die Ende 1988 veröffentlichte Dokumentation von Cohens »I'm Your Man«-Tour beginnt. Das knapp 70minütige Video, für das sich als Produzent Jon Archer und als Regisseur Bob Portway verantwortlich zeichneten, wurde später von mehreren europäischen Fernsehanstalten ausgestrahlt.

In *Songs From The Life Of Leonard Cohen* sieht man zunächst, wie Leonard Cohen auf einem New Yorker Flughafen ankommt. Dann begleitet ihn die Filmcrew auf seiner Fahrt durch Manhattan bis zu seinem Auftritt im Ritz. Unterlegt sind die Bilder mit einem Auszug aus einer im Ritz vorgetragenen Live-Version von »First We Take Manhattan«. Es folgen weitere Live-Mitschnitte (»Suzanne«, »Chelsea Hotel No. 2«) sowie Sequenzen aus dem '64er Film *Ladies And Gentlemen, Mr. Leonard Cohen* und Interview-Segmente, die belegen, wie ernst Cohen seine Arbeit nach über 25 Jahren noch immer nimmt. *Ernsthaftigkeit bedeutet großes Vergnügen, auch wenn sie sehr oft nicht akzeptiert wird. Nimm die Ernsthaftigkeit ruhig weg! Es ist nicht nötig, sie aufzubewahren, denn sie gehört ohnehin zu unserer Realität. Ernsthaftigkeit bekommt unseren Herzen sehr gut. Und ich habe diese Welt erfahren, es ist also etwas ganz Natürliches für mich, meine Lieder um diese Art von Realität herum aufzubauen. Ja, ich bin der einsame Mann im schwarzen Anzug gewesen, der durch die Straßen von Montreal gewandert ist. Aber das ist sehr lange her.*

Daran schließen sich aktuelle Konzertversionen der Songs »Take This Waltz« und »Hallelujah« sowie alte Fotos von Marianne Jensen, Filmaufnahmen vom jungen Leonard Cohen, der seine ersten Gedichte rezitiert, und Bilder vom Besuch des BBC-Teams in Cohens Domizil auf Hydra im Juni 1988 an.

Mit dem Abstecher nach Hydra hatte Cohen allerdings seine Probleme: *Ich hatte zunächst Angst zurückzukehren. Ich wußte nicht, wie ich darauf reagieren würde, nach so langer Zeit – es waren ja über fünf Jahre – gerade mit einem Filmteam dorthin zurückzukommen. Es ist schon seltsam:*

ich kam her, mietete das Haus für 14 Dollar im Monat, traf ein Mädchen, kaufte das Haus und blieb zehn Jahre. In den Jahren seiner Abwesenheit hatte Leonard Cohen sein Haus des öfteren an Familienurlauber vermietet und zwischendurch renovieren lassen.

Konzertmitschnitte von »Who By Fire«, »Bird On The Wire«, »So Long, Marianne«, »The Partisan«, »Ain't No Cure For Love« und »Dance Me To The End Of Love« sowie Momentaufnahmen von einem Soundcheck im Lykabeattus-Theater von Athen rundeten das Porträt ab. Ohne einen Anflug von Nostalgie kam es jedoch nicht aus, auch wenn Cohen beteuerte: *Ich neige nicht zum Grübeln, ich schaue nicht zurück. Und ich habe erst recht keinen Hang zur Nostalgie. Ich habe kein Gedächtnis, das mir erlauben würde zurückzuschauen.*

Auch während seiner darauffolgenden USA-Tournee war Leonard Cohen stets umgeben von Medienvertretern. An manchen Tagen gab er zehn Interviews. Darüber hinaus hatte er Bandproben zu absolvieren und Gespräche mit seinem Manager zu führen. Nach Konzerten in New York (5./6. Juli), San Francisco (8. Juli) und Los Angeles (11. Juli) nahm er darüber hinaus noch am *New Music Seminar* teil, einem seit 1980 alljährlich in New York stattfindenden internationalen Musikertreffen. Die Veranstalter hatten ihn zu einem *Artist's Panel* eingeladen, an dem auch Dave Stewart, die männliche Hälfte des Pop-Duos Eurythmics, der ehemalige Police-Gitarrist Andy Summers und Ian »Lemmy« Kilminster, Kopf der Heavy-Metal-Band Motörhead, teilnahmen. Auf dieser Podiumsdiskussion erklärte Cohen: *In New York gibt es eine permanente Ehe zwischen Musik und Geld. Irgend jemand hat einmal diese Ehe als eine unheilvolle bezeichnet; ein anderer hat sie eine Ehe genannt, die man nur bei vollem Bewußtsein eingeht. In jedem Fall ist es eine sehr gefährliche Ehe. Denn es besteht eine sehr heilige Beziehung zwischen dem Künstler und seinem Publikum. Und unser höchstes Anliegen sollte stets sein, diese Ehe durch gute Songs zu erhalten.*

Diesem Anspruch wurde Leonard Cohen auch auf seiner folgenden Tournee gerecht, die ihn vom 23. Oktober bis 16. November durch die USA und Kanada führte; es wurde seine bisher längste in Nordamerika. Die Konzertkritiken waren die besten, die Cohen dort seit fast zwei Jahrzehnten erhalten hatte. Die New York Post sprach von einem »atemberaubenden Konzert«, die Daily News bezeichneten ihn als »Soldat des Herzens, der sein Konzert zu einer der interessantesten Odysseen des 20. Jahrhunderts werden ließ«. Der San Francisco Herald zeigte sich von der »*golden voice*«, die Cohen mit dem Konsum von Millionen Zigaretten erklärte, so angetan, daß er feststellte: »Der Mann beherbergt in seiner Kehle eine Kathedrale.« Ähnlich begeistert auf Cohens elektrifizierende Performance reagierte auch das Publikum, das sich aus Vertretern sämtlicher Alters- und Gesellschaftsschichten zusammensetzte. Egal ob jung oder alt, männlich oder weiblich, proletarisch oder bourgeois, sie alle starren auf ihn, dessen Performance einer meditativen Pilgerreise in die Psyche der Menschen gleicht. *Ich habe mir nie viele Gedanken darüber gemacht, wie man mein Publikum charakterisieren könnte. Ich habe nur festgestellt – und das auch erst anhand von Zeitungskritiken in der Sprache, die ich lesen kann –, daß ich eines habe. Unterschiede gibt es nur in bezug auf Alter, Klasse und Ideologie. Da sind Punks und Raver, Junge und Alte, gut und weniger gut angezogene Leute. Doch trotz aller Unterschiede gibt es zwischen ihnen etwas Verbindendes, die Art und Weise, wie sie mit meinen Songs umgehen.*

Nach Abschluß der Tournee im November 1988 verbrachte Leonard Cohen das folgende Jahr damit, *weitere Seiten Papier zu schwärzen*, neue Songs zu schreiben und endlich das etwas ruhigere Leben eines etablierten und vielgeehrten Künstlers zu führen. Er lebte in Montreal, New York, Los Angeles und, wenn es seine Zeit erlaubte, auch wieder auf Hydra und bei seinen Kindern in Paris.

1985 hatte Cohen sein Verhältnis zu Kindern mit Blick auf seine damals zwölfjährige Tochter Lorca und seinen zehnjährigen Sohn Adam folgendermaßen erklärt: *Kinder tun, was sie immer tun. Sie verstecken sich in der Welt, vor der du sie bewahren willst. Sie bemächtigen sich einer Realität, die du nicht zu deiner eigenen machen willst . . . Du kannst dich von deiner Vergangenheit immer nur so weit entfernen, wie es deine Kinder nicht beeinträchtigt. Was dir bleibt, ist zu akzeptieren, daß du da sein mußt, wenn sie dich brauchen, aber auch zu akzeptieren, daß sie dir selbst dann, wenn sie dich eines Tages verlassen, um sich in die von dir abgelehnte Welt zu begeben, nichts schulden, daß du dann aber noch immer Verantwortung für sie trägst.*

Vier Jahre später, im Jahr 1989, revanchierten sich Cohens Kinder mit anerkennenden Worten. Sein Sohn Adam bekannte: »Dad, ich habe gerade dein ›Various Positions‹-Album gehört, und ich muß dir sagen, daß ich deine Art zu schreiben wirklich respektiere.« Und als Lorca ihrem Vater gestand, daß sie selber Gedichte schrieb, war Cohen, wie er zugab, gerührt.

Grund zur Freude hatte Leonard Cohen auch, als ihn zur selben Zeit die *Performing Rights Organization Of Canada* mit einem Preis ehrte und er der Zeitschrift Chatelaine entnahm, daß er mit seinen inzwischen 55 Jahren noch immer als einer der zehn *sexiesten* Männer Kanadas galt.

5. Kapitel

Die 90er Jahre – Zurück in die Zukunft

Seit *I'm Your Man* fühlte sich Leonard Cohen wieder »zurück in der Zukunft«. 1989 begann er mit der Arbeit an den Songs für sein nächstes Album; von einigen, die ursprünglich zur Veröffentlichung auf dem vorigen gedacht waren, lagen bereits Rohversionen vor. Aber wieder einmal erwies sich für Cohen der Prozeß des Songschreibens als schwierig; bekanntermaßen ist es bei Cohen ein schwer nachvollziehbarer Prozeß, wie und wann ein Song fertiggestellt ist. *Sogar bei einigen meiner älteren Songs habe ich das Gefühl, daß ich sie noch nicht richtig im Griff habe. Erst in den letzten zehn oder zwölf Jahren habe ich verstanden, daß man sich mit einem Song lange genug beschäftigen muß, damit er sich einem öffnet . . . Ein Song hat gewöhnlich nur eine einzige mögliche Existenzform. Ich habe nie den Luxus einer Wahl gehabt. Ich habe nie bewußt eine Platte für die 60er oder für die 80er Jahre gemacht. Ich habe nie eine Strategie in bezug darauf gehabt, wie ich vorgehen muß. Was meine Arbeit betrifft, ist es immer ein Kampf gewesen, der schwer zum Abschluß zu bringen war. Erst wenn ich einen Weg gefunden hatte, ihn zu beenden, wußte ich, daß es der einzig mögliche gewesen war.*

Zu seiner Songwriting-Technik erklärt Cohen: *Ich schreibe nicht auf ein Ziel hin; ich bin froh, wenn es am Ende zusammenpaßt. Und dabei ist es immer ein Risiko, aus sich herauszugehen.* Cohen bekennt, froh zu sein, wenn ihm diese »Gnade« widerfahren ist. *Im Leben fünf oder sechs Songs wie »Suzanne« geschrieben zu haben, ist schon sehr viel.*

Das Songschreiben betrachtet Cohen nach wie vor als harte Arbeit: *Es heißt, wenn man alt wird, braucht man mehr Liebe. Ich selbst brauche auch mehr Arbeit. Ich werde immer fleißiger, sorgfältiger. Ein Grund, weshalb ich Bücher schreibe, ist, daß ich besser schreiben als reden kann. Das, was ich mündlich sage, kommt mir immer unpräzise vor. Aber wenn ich lange Zeit an einem Text gefeilt habe, weiß ich, daß er richtig ist; dann kann ich an ihn glauben.*

An »Democracy«, einem der Songs für das neue Album, hatte Cohen über drei Jahre gearbeitet. *Ich glaube, daß Arbeit das Wichtigste für jeden Menschen ist. Ich glaube nicht, daß es eine Frage von Freiheit ist; kaum jemand geht freiwillig zur Arbeit. Auf der anderen Seite kann man der ökonomischen Notwendigkeit zu arbeiten nicht entfliehen. Wichtig ist aber auch, wie hoch man sein Selbstwertgefühl bei der Arbeit ansetzt. Der dritte Punkt ist, wie man sich selbst und seinen Charakter in der Arbeit verwirklichen kann. Freiheit ist dabei ein Gedanke, den man besser den Theologen und Politikern überläßt.*

Aber Leonard Cohen schreibt die Songs nicht und erzählt die Geschichten nicht, um sich selbst zu erkennen. *Die Spiegel sind für die anderen da. Ich glaube, daß viele Leute in meine Songs zuviel hineinlesen. Gerade in letzter Zeit schreibe ich viel prägnanter.* Und was geschieht, wenn der Text eines Songs identisch mit dem eines Gedichts ist? Nimmt das Gedicht dann eine neue Bedeutung an? *Mit der Vertonung eines Gedichts verändert man es, wie zum Beispiel am Vaterunser deutlich wird. Wenn man es liest, ist es sehr eindrucksvoll, aber ruhig, tief und flüsternd. Dagegen ist die in Amerika populäre* [musikalische] *Version feierlich, ausladend und bestimmend. Die Musik hat immer eine andere Qualität, sie macht das Gedicht empfindsamer.*

Grundsätzlich beschreibt Cohen seine Musik nicht gern, *weil man sie nicht beschreiben kann, weil es immer nur Beschreibungen von außen sind.* Bereits im Jahr 1974 hatte er in einem Interview mit dem Kölner Stadtanzeiger erklärt: *Ein guter Song berührt das Unterbewußtsein. Und wenn man sich ihm vom Unterbewußtsein oder vom Herzen her nähert, fragt man nicht nach den Wirkungen auf das eigene Ich. Man fragt nicht danach, ob der Song melancholisch stimmt, ob er verschlüsselt, schwer zugänglich, psychologisierend oder sonstwas ist. Ich persönlich finde solche Fragen überflüssig. Bei meinen Songs muß man drinsein, um was von ihnen zu haben.*

Auch auf die Frage, ob er nun der Welt größter Wortschmied, ein Chronist von Stimmungen, der Messias der Outcasts oder ein moderner Ikarus sei, der den Tod auf seinen Flügeln trägt, wiegelt er ab: *Das alles sind wunderbare Anmerkungen, doch haben sie nichts mit mir zu tun. Natürlich befassen wir uns alle mit der Unsterblichkeit und haben das Geheimnis bis heute nicht lüften können. Was wir wissen, ist, daß wir sterben müssen. Warum sollten wir uns da Selbsttäuschungen hingeben? Meine Lieder erzählen deshalb davon.* Und dabei verbindet Cohen auf geniale Weise Intellekt mit Gefühl, Poesie mit Spannung und Gewalt mit Entspannung. Er selbst spricht von »pathologischen Songs«. *Ich kann mich nicht erklären. Frag jemand, der einen anderen küßt, was ein Kuß ist. Frag jemand, der einen anderen in den Arm nimmt, was eine Umarmung ist. Er muß die Antwort schuldig bleiben. Sicher können Wissenschaftler, Psychologen, Soziologen oder auch Voyeure den Kuß oder die Umarmung definieren und beschreiben. Ich kann nur schreiben und bin dabei ein bourgeoiser, individualistischer Poet und Sänger, der die meiste Zeit über sich selbst nachdenkt und hauptsächlich an seiner Selbstverwirklichung arbeitet. Warum sollte ich mich meiner Erfahrungen beim Schreiben und Komponieren schämen?*

Daß Cohen dafür sehr viel Zeit benötigt, stört ihn nicht weiter. *Es braucht so lange, weil ich erst dann die perfekten Strophen schreiben kann. Der Schreibprozeß ist ein Denkprozeß, das Schreiben an sich nur der Reflexionsprozeß. Erst die Songs haben die Rufe des Herzens hervorgebracht.* Politische Themen aufzugreifen, ist niemals Cohens Ziel gewesen – *höchstens die der Psycho-Geo-Politik*, wie er beteuert. Sein Thema ist die Liebe. Aber Cohen legt Wert auf die Feststellung, daß er nie eine Liebesbeziehung für seine Arbeit als Songschreiber benutzt oder gar manipuliert hat. *Ich bin kein Vampir, der eine Beziehung aussaugt, nur um darüber schreiben zu können. Es geht wohl eher darum, in der Asche einer längst erkalteten Glut zu lesen. Aber es ist immer harte Arbeit.*

In Cohens Songs finden sich immer wieder Kräfte, die sich gegenseitig anziehen und abstoßen; Stimmungen werden aufgebaut und wieder zerstört. Das beste Beispiel dafür ist wohl der Titel »Chelsea Hotel No. 2«, den er noch heute in seinen Konzerten spielt. *Es ist ein leidenschaftlicher Song mit viel Gefühl, an dessen Ende ich mir jedoch eingestehe, daß dieser Song nicht dein ganzes Leben, nicht das Wichtigste in deinem Leben, nicht die Frau deines Lebens ist, und ich glaube sogar, daß Janis [Joplin] diese Wende am Ende des Songs gefallen hätte.* Angst, in seinen Songs zu persönlich zu werden, hat Cohen nicht. *Ich glaube nicht, daß ich jemals zu weit gegangen bin. Ich bin immer nur kurz davor.*

Die in Montreal und Los Angeles begonnene Arbeit an *The Future* wurde von einigen Schicksalsschlägen in Leonard Cohens persönlichem Umfeld begleitet. Zunächst starb sein Freund und Anwalt Marty Machat und kurz darauf, am 6. Dezember 1988, im Alter von 52 Jahren der von Cohen geschätzte Sänger Roy Orbison. Am 30. September 1987 war Cohen noch einer der Ehrengäste seiner »Black And White Night« gewesen. Bei diesem Konzert im Coconut Grove von Los Angeles wurde Orbison von einer All-Star-Band begleitet, zu der neben anderen Jackson Browne, Elvis Costello, Bruce Springsteen und Tom Waits gehörten, aber auch Jennifer Warnes, die mit Bonnie Raitt und K. D. Lang die weibliche Hälfte des Backup-Chors bildete. In der Filmaufzeichnung des Ereignisses, die 1988 als Kauf-Video veröffentlicht wurde, konnte man Cohen zusammen mit Rebecca de Mornay im Publikum entdecken.

Im Juli 1990 erreichte Leonard Cohen schließlich die Nachricht, daß sein Sohn Adam auf der Antilleninsel Guadeloupe einen schweren Autounfall gehabt hatte. *Er lag vier Monate im Krankenhaus. Ich blieb die ganze Zeit bei ihm, und darum wurde die Platte, die schon für das Frühjahr 1991 angekündigt war, verschoben.* Während dieser vier Monate lebte Cohen in einem Hotel in North York, Ontario, um seinen Sohn täglich besuchen zu können.

Noch im selben Jahr ging Cohen eine Kooperation mit dem Produzenten und Was-Not-Was-Leader Don Was ein; auf dem Album *Are You Okay?* lieh er dessen Band für den Song »Elvis' Rolls Royce« seine Stimme. Cohen und Was hatten sich 1989 in den USA während der »David Sunborn Show« kennengelernt, einer TV-Sendung, in der Cohen mit seiner eigenen Band zunächst »Tower Of Song« und »Who By Fire« vortrug und seine Musiker anschließend mit den Was-Leuten den Song »I Can't Tell You« spielten. Später äußerte sich Leonard Cohen über diese erste Begegnung mit Don Was: *Wir kannten unsere Arbeit, schätzten einander und waren uns von der ersten Minute an sehr sympathisch. Also beschlossen wir, es einmal mit einem gemeinsamen Song zu versuchen. Die Zusammenarbeit klappte hervorragend, und ursprünglich wollte ich auch, daß wir an* The Future *gemeinsam arbeiteten. Das einzige, was uns wohl daran gehindert hat, so etwas noch mal oder überhaupt mehr zusammen zu machen, war die Tatsache, daß Was sehr schnell arbeitet. Ich hingegen benötige viel mehr Zeit, wie man immer wieder sieht.*

Durch die Aufnahme seiner Songs in zwei populäre Film-Soundtracks erfuhr Leonard Cohen weitere Anerkennung. Für Allan Moyles Teen-Movie *Pump Up The Volume* (Hart auf Sendung) spielte die Band Concrete Blonde eine Fassung von »Everybody Knows« ein. Für *Bird On A Wire – Ein Vogel auf dem Drahseil,* ein Road-Movie von John Badham mit Mel Gibson und Goldie Hawn in den Hauptrollen, coverten die Neville Brothers seinen gleichnamigen Song (der anschließend auch auf ihrem eigenen Album *Brother's Keeper* erschien) und landeten damit einen Top Ten-Hit; Cohen selbst erhielt dafür ein Jahr später den Juno Award als »Songwriter of The Year«.

Zur selben Zeit befaßte sich Cohen auch mit eigenen Projekten. So war er in das Vorhaben involviert, sein *Book Of Mercy* als Rezitationsalbum herauszubringen, für das seine Gedichte unter der Leitung von Jeremy Lubbock mit den Klängen eines Streichquartetts unterlegt werden sollten; und unter dem Arbeitstitel »If The Moon Has A Sister« nahm er ein Buch mit neuen »*selected poems*« in Angriff.

Darüber hinaus wurden Leonard Cohens Songs auch weiterhin von zahlreichen Musikern gecovert. Nachdem sich schon zu Beginn seiner Karriere so namhafte Interpreten wie Judy Collins, Joan Baez und Joe Cocker an Cohens Liedern versucht hatten, entdeckten sein Werk nun auch viele jüngere Künstler und Künstlerinnen (siehe Anhang II: »Cover-Versionen von Cohen Songs: Interpreten von A bis Z«). Unter ihnen waren viele Vertreterinnen der neuen weiblichen Singer/Songwriter-Bewegung. Nachdem Tanita Tikaram bereits 1988 sein »Ain't No Cure For Love« in Konzerten gesungen hatte, trug Suzanne Vega 1991 während der Verleihung der Juno Awards »Who By Fire« vor, und Tori Amos präsentierte während ihrer '94er Tournee hin und wieder den »Famous Blue Raincoat«.

»Ich war schon siebzehn, als ich endlich meine erste Platte kaufte«, erinnert sich Suzanne Vega. »Noch dazu stammte sie von einem Mann, der eine Konzertgitarre mit Nylonsaiten spielte und darüber sang, was er persönlich dachte. Es war wie ein Privatkonzert, das dieser Typ für mich zu Hause gab – ein sehr intimes Erlebnis. Er wirkte nicht wie jemand, der mir irgend etwas erzählen wollte, eher wie jemand, der genausoviel Zeit mit seiner eigenen Person verbracht hatte wie ich. Es war Leonard Cohen.« Cohen wurde für die junge Künstlerin zum großen Vorbild. »Er nimmt Bilder und stellt sie einander gegenüber, um einen bestimmten Effekt oder eine bestimmte Stimmung zu erzielen. Ich versuche diese Technik in meinen Songs nachzuvollziehen. Ich wollte surrealistischer schreiben, um mehr Gefühl in meine Texte zu legen. Ich habe den Erzähler weggelassen und abgewartet, was geschieht, wenn man die Bilder einfach losläßt. Meine Texte ergeben darum in der Realität keinen Sinn; nur im Traum, in der Traumwelt des Lieds ist die Absicht hinter den Worten erkennbar.« Damit hatte Suzanne Vega, ohne es vielleicht zu wissen, nicht nur ihre eigene Arbeitsmethode, sondern auch die Leonard Cohens treffend beschrieben.

Cohen unterstützte die Songwriterin auf jede erdenkliche Weise, zunächst Ende der 80er Jahre mit dem berühmt gewordenen Promotion-Foto, auf dem er ihren Kopf mit den Händen umschließt, und im Oktober 1992 dadurch, daß er auf Bitten ihrer Plattenfirma im Rahmen der Werbekampagne für das Album *99,9 F°* in Los Angeles ein Interview mit ihr führte. Darin gestand Cohen, er finde ihre neuen Aufnahmen »etwas feucht, erotisch und gewaltig«. Laut einer Übersetzung, die der Journalist Andreas Dosch angefertigt hat, entspann sich zwischen Leonard Cohen und Suzanne Vega auch folgender Dialog:

Cohen: Da gibt es etwas in deiner Psyche, immer präsent, aber nie deutlich artikuliert. Ein dunkles Geheimnis?

Vega: An sich geht es nur um das Geheimnis einer jeden Frau ... Das müßtest du doch wissen.

Cohen: Keine Ahnung.

Vega: Es ist an sich nicht mehr als eine bestimmte Empfindung. Manchmal zieht sie dich in die Tiefe, umgibt dich mit Dunkelheit. Manchmal ist sie brutal. Manchmal ist es einfach die Gewißheit, etwas zu erfahren, wofür es noch zu früh ist ...

Cohen: Ich empfinde es als vollkommen faszinierend, wie sich dieses Gefühl auf deiner Platte entfaltet. Da liegt etwas im verborgenen, verhüllt hinter einem Schleier.

Vega: Was zählt, ist doch die Arbeit – sie ist für die Öffentlichkeit bestimmt, der Rest hat nur mit mir zu tun. Die Arbeit ist die Arbeit, und sie wird hoffentlich noch dasein, wenn ich selbst von der Bildfläche verschwunden bin.

Aber Leonard Cohen erfuhr auch von Künstlern anderer Stilrichtungen Anerkennung. Sogar Nirvana, die Protagonisten des Anfang der 90er Jahre aufkommenden Grunge-Rock, nährten den Kult. *In Utero*, das '93er Album der Band, enthielt einen hymnenhaften Song mit dem Titel »Pennyroyal Tea«, den Kurt Cobain, der »Kronprinz der Generation X« (Newsweek), der sich am 8. April 1994 in seinem Haus in Seattle mit einem Gewehr das Leben nahm, im Jahr 1990 in nur einer halben Stunde geschrieben hatte: »*I'm on time with everyone/I have a very bad posture/Sit and drink Pennyroyal tea/Distill the life that's inside of me/Sit and drink Pennyroyal tea/I'm anaemic royalty/Give me a Leonard Cohen afterworld/So I can sigh eternally/I'm so tired I can't sleep/I'm a liar and a thief ...*«

In seiner Nirvana-Biographie *Come As You Are* zitiert der Journalist Michael Azerrad eine Äußerung Cobains, die deutlich macht, worum es dem Nirvana-Chef bei diesem Song ging: »Ich hielt es für ein gutes Bild. Ich kannte Mädchen, die diesen Tee tranken, weil sie dachten, sie wären schwanger. [Anm. des Autors: Der *pennyroyal tea*, der aus einer unter den Namen Flohkraut und Poleiminze bekannten Heilpflanze gewonnen wird, soll, in entsprechend hoher, fast tödlich wirkender Dosis eingenommen, einen Abortus bewirken.] In dem Song geht es um Reinigung, um das Austreiben alles Bösen. Das soll aber nur funktionieren, wenn man das Zeug in großen Mengen zu sich nimmt. Doch Kräuter funktionieren bei mir überhaupt nicht. Ginseng und der ganze Scheiß sind nichts als ein Haufen linksfaschistischer Hippie-Propaganda.«

In einem Gespräch von 1995, das der Leonard Cohen-Kenner und ATN-Toronto-Korrespondent Peter Howell mit ihm führte, bekannte der selbst im Umgang mit Drogen nicht unerfahrene Cohen, daß er Cobains zornigem Weltschmerz, dem dieser zunächst mit Drogenkonsum begegnet war und schließlich mit Schrotkugeln ein Ende gemacht hatte, gern etwas entgegengesetzt hätte: *Ich treffe eine Menge Leute im Zen-Zentrum, die ihre Erfahrungen mit Drogen gemacht und herausgefunden haben, daß von ihnen loszukommen kein leichter Weg ist. Aber es gibt immer Alternativen, und ich hätte ihm vielleicht etwas darüber beibringen können. Vielleicht auch nicht.*

Aber es gibt noch einige weitere direkte und indirekte Verbindungslinien zwischen Leonard Cohen und Kurt Cobain. Am 1. Juli 1993 besuchten die Nirvana-Musiker Cohens Konzert in Seattle, und Cobains Witwe Courtney Love gestand Cohen, daß sie vor den Shows ihrer Band Hole seine Platten spiele. Außerdem gab sie in einem Interview dem Rolling Stone-Reporter David Fricke auf seine Frage nach ihren ersten musikalischen Einflüssen zu Protokoll (Rolling Stone/Deutsche Ausgabe, Januar 1995): »Ich weiß noch, daß ich mit den Platten von Leonard Cohen aufwuchs und dachte: ›Ich wünschte, das wäre ich, über die er da singt.‹ Ich wollte Suzanne sein, ich wollte ›*down by the river*‹ leben. Nachdem ich noch zu jung war, um zu wissen, was ich werden will, wollte ich das Mädchen aus dem Cohen-Song sein. [. . .] Und dann wurde mir irgendwann plötzlich klar: ›Nee, nee, ich will nicht dieses Mädchen sein.‹ Ich will selbst Leonard Cohen sein!« (Am Rande sei erwähnt, daß Cohens Tochter Lorca mit der derzeitigen Hole-Bassistin Melissa Auf der Maur befreundet ist.)

Aber auch europäische Musiker erwiesen Cohen die Ehre. Wolfgang Niedecken, Chef der Kölner Gruppe BAP, wagte sich bereits 1988 an eine kölsche Version von »First We Take Manhattan«. Die englischen Sisters Of Mercy, die erste Gruppe, die sich nach einem Cohen-Song getauft hatte, nahmen den Song »Teachers«, den sie schon 1981 bei ihrem Konzertdebüt gespielt hatten und der bis 1983 zum festen Repertoire ihrer

Gigs gezählt hatte, im Jahr 1993 wieder in ihr Programm auf; im Rahmen eines Medleys spielten sie ihn auch während ihrer Deutschlandkonzerte. Und der Holländer Herman van Veen, der mit »Suzanne« bereits um 1970 einen großen Hit gelandet hatte, spielte am Ende seiner '94er Konzerte regelmäßig »Hey, That's No Way To Say Goodbye« auf dem Piano.

Der 3. März des Jahres 1991 markierte den Beginn einer Flut von offiziellen Ehrungen: Leonard Cohen wurde in die »Juno Hall Of Fame« aufgenommen. Während der Verleihungszeremonie in Vancouver bemerkte er: *Hätte man mir diese Aufmerksamkeit mit 26 Jahren geschenkt, hätte es mich wohl in mancherlei Hinsicht verändert. Mit 36 hätte es mich auf meinem geistigen Weg in die Morbidität bestätigt. Mit 46 hätte ich versagt und ein Alibi gehabt, um zu flüchten. Mit 56 bin ich erst richtig in Schwung gekommen, und darum macht es mir heute nichts mehr aus.*

Sieben Wochen später, am 19. April, wurde Cohen zum »Officer Of The Order Of Canada« ernannt. Außerdem erschien mit dem 43 Songs enthaltenden Band *Anthology* sein bislang umfangreichstes Songbook, und Cohen erhielt darüber hinaus noch einen Juno Award als »Songwriter Of The Year«.

Bevor Cohen im Oktober 1991 als Überraschungsgast beim »International Festival Of Authors« in Toronto auftauchte, wo er eine Rede auf seinen langjährigen Freund und Mentor Irving Layton hielt, erlebte er im September den Höhepunkt dieser Ehrungen, Auszeichnungen und Anerkennungen. Mit der Veröffentlichung des Tribute-Albums *I'm Your Fan – The Songs Of Leonard Cohen* hatte der Herausgeber des französischen Rockmagazins Les Inrockuptibles und Cohen-Spezialist Christian Fevret ein bisher einzigartiges Projekt verwirklicht. Er hatte zahlreiche Musiker, die sich Cohen nahe oder von ihm beeinflußt fühlten, gebeten, dessen Gedankenwelt durch die Einspielung von Cover-Versionen seiner Songs einem jüngeren Publikum zugänglich zu machen. Dabei waren zahlreiche hervorragende Aufnahmen entstanden (vgl. die Songliste des Albums in Anhang I, »Tribute-Alben«).

Auf das Album angesprochen, erklärte Leonard Cohen: *Ich werde sehr oft nach meiner Meinung darüber gefragt, aber was soll ich darauf antworten? Ich freue mich natürlich. Ich bin sehr stolz darauf. Doch mir ein Urteil zu bilden, wie gut oder wie schlecht einer meiner Songs interpretiert wird, ist nicht meine Sache. Ich werde mich davor hüten, einen anderen Künstler zu kritisieren. Die Rolle des Richters liegt mir fern.* Von einer früheren Adaption seines Songs »Avalanche«, die der Australier Nick Cave (der auf »I'm Your Fan« mit »Tower Of Song« vertreten war) für sein '84er Album *From Here To Eternity* vorgenommen hatte, war Cohen jedoch schon damals begeistert gewesen: *Mir gefällt, was er mit dem Lied gemacht hat. Er hat die Stimmung des Liedes verstanden. Mit meiner Version bin ich schon sehr weit gegangen, aber er hat die Grenze überschritten. Mit einem Song wie »Avalanche« kann man das machen. Nicht nur der Gesang, auch die ganze Art seiner Version ist angebracht und inspirierend.*

Verliert aber nicht der Künstler jeden Besitzanspruch auf sein Werk, wenn es popularisiert wird? *Die Verbindung zwischen dem Künstler und seinem Werk gibt dem Werk erst seinen Wert. Viele der Sonette von Shakespeare würden vielleicht nicht so hoch bewertet werden, wenn man nicht den Namen Shakespeare mit ihnen in Verbindung bringen könnte. In gewissem Sinne – und in historischer Hinsicht ganz sicher – gehört das Werk immer dem Künstler. Es gibt aber von beiden Seiten einen Besitzanspruch. Sobald der Künstler es zeigt, veröffentlicht oder singt, nimmt es seinen Platz unter all den anderen Dingen auf der Welt ein und neigt damit auch zu den Veränderungen, denen die Dinge unterliegen. Mit den Worten von [Jorge Luis] Borges: »Dinge, die danach kommen, verändern es.«*

Die Begeisterung prominenter Künstlerkollegen für Leonard Cohen hielt an. Der Ex-Eurythmic Dave Stewart etwa lud ihn zur Mitarbeit an seinem '91er Album *Dave Stewart & The Spiritual Cowboys* ein; aus dem darauf enthaltenen Duett »On Fire« war Cohens Stimme allerdings kaum herauszuhören. Der Produzent Hal Willner engagierte ihn für *Weird Nightmare – Meditations On Mingus* (1992), ein Tribute-Album für den legendären Jazz-Bassisten Charles Mingus; dort trat Cohen bei dem Song »Chill Of Death« als Musiker und in »Eclipse« als Co-Autor mit der Sängerin Diamanda Galas in Erscheinung. Im selben Jahr assistierte er auch wieder seiner Freundin Jennifer Warnes; auf ihrem Album *The Hunter* teilte er sich für den Song »Way Down Deep« mit ihr und einer gewissen Amy LaTelevision die Songwriting-Credits. Ein Jahr später sang er mit Elton John auf dessen Album *Duets* den Titel »Born To Lose«, eine Hommage an Ray Charles.

Auch andere Produktionen trugen zur Festigung von Leonard Cohens Kultstatus bei: die Erstaufführung von »The New Step«, einem bislang unveröffentlichten Theaterstück aus den 60er Jahren, *Sincerely A Friend*, ein Anfang 1992 für das »Stephenville Festival« inszeniertes Bühnenstück mit Texten von Cohen, und *Everyone Else A Stranger*, ein Theaterstück von Ted Allen, das mit Cohens ersten »klassischen« Kompositionen unterlegt war. (Siehe dazu auch Anhang II, »Rund um Leonard Cohen – Diverses«.)

Für weiteres Aufsehen sorgte Cohens Liaison mit der 28 Jahre jüngeren Schauspielerin Rebecca de Mornay. Die blonde Schönheit, die als das mörderische Kindermädchen in dem Psycho-Thriller *Die Hand an der Wiege* bekanntgeworden war, tauchte des öfteren an Cohens Seite in der Öffentlichkeit auf. Kennengelernt hatte Cohen die frühere Frau Bruce Wagners und damalige Freundin von Tom Cruise bereits 1988. *Sie lebt unweit von mir in Los Angeles. Robert Altman hatte uns vorgestellt. Anfangs ignorierten wir uns; sie war in Begleitung eines anderen da. Es war genau die Art von Nichtbeachtung, mit der man reagiert, wenn man einander beachten, die Begleitung aber nicht kompromittieren möchte. Erst einige Jahre später trafen wir uns wieder und beachteten uns so gründlich, wie wir uns damals ignoriert hatten. Es begann mit einem Gespräch, das dann nicht mehr aufhörte.* Dieses Gespräch wurde 1991 angefangen und endete 1993. *Sie war weise genug, mich zu verlassen*, erklärte Cohen dem Autor im Jahr 1994. *Aber wir werden immer Freunde sein. Unsere Beziehung ist durch viele persönliche Phasen von solcher Tiefe gegangen, daß man sie nicht vergessen kann. Eine von ihnen war sehr romantisch und heiratsverdächtig. Aber so ist es heute nicht mehr. Rebecca ist eine sehr scharfsinnige und intelligente Frau und hat eine großartige Stimme; außerdem spielt sie hervorragend Gitarre. Eine gute Beziehung . . . Ich kenne nur zwei Frauen, die künstlerisch absolut unterbewertet sind. Die eine ist Jennifer Warnes, die andere Rebecca de Mornay, eine der besten Schauspielerinnen unserer Zeit, die bisher nur noch nicht die richtige Rolle gefunden hat.* Auf die Frage, warum ihre Beziehung auseinanderging, antwortete Cohen nur: *Weil sie sich mit mir eingelassen hat.*

Dennoch machte Rebecca de Mornay so großen Eindruck auf Cohen, daß er es ihr überließ, die Auswahl für seine 1993 unter dem Titel *Stranger Music* erschienene Sammlung neuer »*selected poems*« zu treffen. Nur Marianne Jensen war es 25 Jahre zuvor vergönnt gewesen, auf sein Werk Einfluß zu nehmen und zugleich einen Song von ihm gewidmet zu bekommen. Rebecca de Mornay war nicht nur Co-Produzentin und -Arrangeurin des *The Future*-Songs »Anthem«; Cohen widmete ihr gleich das ganze Album, indem er ihm das bereits in der Einleitung dieses Buchs zitierte Bibelwort aus dem Buch Genesis voranstellte: »*And before I had done speaking in mine heart, behold, Rebecca came forth with her pitcher on her shoulder, and she went down unto the well, and drew water; and I said unto her, Let me drink, I pray thee. And she made haste, and let down her pitcher from her shoulder, and said, Drink, and I will give thy camels drink also: so I drank, and she made the camels drink also.*«

Trotz all dieser Aktivitäten arbeitete Leonard Cohen Anfang der 90er Jahre unaufhörlich weiter an seinem neuen Album *The Future*, das zunächst den Arbeitstitel »Busted« trug und in das er bis zum Zeitpunkt der Fertigstellung insgesamt vier Jahre investiert haben soll. Jeweils sechs Monate des Jahres lebte Cohen während dieser Zeit in Montreal und Los Angeles. Sofern er nicht auf Tournee ist oder sich für mehrere Wochen in Roshis Kloster auf dem Mount Baldy aufhält, verbringt er bis heute das Frühjahr und den Sommer in Montreal. Seine zweistöckige Wohnung, in deren unterer Etage seine Sekretärin ein Büro leitet, liegt unweit vom jüdischen Viertel nahe der Fairfax Avenue. Das Haus, zu dem auch ein Meditationsraum gehört, ist mit Ausnahme von Cohens Arbeitszimmer, in dem ein Synthesizer, ein Faxgerät und ein Computer stehen, recht spartanisch eingerichtet und erinnert aufgrund der vorwiegend weißen Inneneinrichtung ein wenig an sein Domizil auf Hydra. Cohen selbst verbringt dort seine Zeit mit Zen-Übungen am frühen Morgen, erledigt anschließend Geschäftliches oder geht schwimmen, begibt sich ins nicht weit entfernt gelegene Studio oder stattet seinem Lieblingslokal, dem »Crenshaw District Cafe«, einen seiner regelmäßigen Besuche ab. Wenn es seine Zeit erlaubt, experimentiert er dort auch mit Computergraphiken, von denen einige im Programmheft der '93er World-Tour abgebildet sind. 1992 lebte Cohen in Montreal mit seiner damals 18jährigen Tochter Lorca; sein von den Folgen des Autounfalls inzwischen genesener Sohn Adam wohnte zeitweise auch in Paris bei seiner Mutter Suzanne.

»Gib mir Crack und Anal-Sex/Nimm den einzigen Baum, der übrig ist/ und stopf damit das Loch in deiner Kultur/Gib mir die Berliner Mauer zurück/gib mir Stalin und den heiligen Paulus/Ich habe die Zukunft gesehen, Bruder:/sie ist mörderisch«, schreibt Cohen im Chorus des Titelsongs von *The Future*, nicht unbeeindruckt von den Vorgängen um sich herum: Er war unmittelbarer Zeuge der blutigen Straßenschlachten von Los Angeles im Jahre 1992 gewesen. Bereits im Vorfeld der Veröffentlichung seines neuen Albums äußerte sich Cohen dazu: *All die Geschäfte, in denen ich auch selbst einkaufe, wie etwa im Music Store, sah ich zerstört. Allein von meinem Balkon aus sah ich fünf große Brände. Doch überrascht hat mich all das nicht. Seit Jahren habe ich von solchen Apokalypsen gesprochen und geschrieben – wie sollte ich mich da überrascht fühlen?*

Auch wenn Leonard Cohen Los Angeles als eine »riskante« Stadt bezeichnet – *weil sie auseinanderzufallen droht, nicht nur wegen der Erdbeben, wie beispielsweise die Unruhen bewiesen haben* –, entschloß er sich kurzfristig, *The Future* nicht in Montreal, sondern in L.A. aufzunehmen. (Interessant zu erwähnen ist dabei, daß neben Cohen und Rebecca de

Mornay noch Steve Lindsey, Bill Ginn, Leanne Ungar und Yoav Goren als Produzenten und das Image Recording, The Mad Hatter sowie The Complex als Studios genannt werden.) Der Grund für die Aufnahme in L.A. war, daß er dort für das Album bereits den Song »Democracy« zusammen mit Jennifer Warnes eingespielt hatte. So kam es dazu, daß auf *The Future* anders als geplant nicht die Musiker von *I'm Your Man*, sondern eine Vielzahl renommierter Instrumentalisten von der Westcoast spielten, die im Booklet der CD aufgeführt sind.

Ende 1992 begab sich Leonard Cohen auf eine 14tägige Promotion-Tour durch Europa, die ihn fast täglich in ein anderes Land führte. Da er unter einer starken Erkältung litt, war im Oktober sein Abstecher nach Hamburg kürzer ausgefallen als geplant; dort ist das bekannte Pressefoto entstanden, das ihn während eines Interviews mit Mütze und Schal im Bett zeigt. Die übrigen deutschen Interviewtermine mußten auf Ende November und Anfang Dezember verschoben werden. Aber auch in Frankfurt hielt sich Cohen, der aus Kopenhagen eingeflogen war und anschließend nach Brüssel weiterreiste, kaum 24 Stunden auf; schon um die Mittagszeit verließ er die Stadt, um am Abend desselben Tages eine 90minütige Live-Sendung im SWF3 zu bestreiten (deren Moderator als inkompetenter Übersetzer »glänzte«). Die ersten Interviews von dieser Promo-Tour – eine Konzerttournee war noch nicht in Sicht – erschienen in den Musikmagazinen Rockworld, Me/Sounds, LIVE Magazin Saar, Tabou, Hifi/Vision und diversen Tageszeitungen wie der Saarbrücker Zeitung, den Nürnberger Nachrichten, der Badische Zeitung und der FAZ. Am 23. November, demselben Tag, an dem Leonard Cohens neues Album in Deutschland veröffentlicht wurde, erreichte den Autor von der Presseabteilung der Firma Sony Music die Nachricht, daß für den 2. Dezember ein Interviewtermin in Frankfurt angesetzt war.

Suite 392 im Grand Hotel Arabella, Konrad-Adenauer-Straße, Frankfurt: Leonard Cohen ist erst am Tag zuvor in »Mainhattan« angekommen, und das erste Interview des bis zur letzten Minute seines Aufenthalts prall gefüllten Terminkalenders beginnt bereits am Morgen um zehn Uhr dreißig. Zunächst überreicht ihm der Autor dieses Buches ein Exemplar seines Buches *So Long, Leonard*, dann folgt bei einer Tasse schwarzen Kaffees ein kurzer Smalltalk. Schließlich wird es Zeit für das Interview, in dem Cohen wie immer bedächtig und langsam antwortet, mit langen Pausen zwischen den Sätzen. Manchmal scheint es, als wolle er zunächst gar nicht antworten, aber wenn er antwortet, offeriert er immer wieder »Diamanten« wie diese: *Die Zeit heilt alle Wunden. Es braucht nur sehr kurze Zeit, um eine Narbe zu bekommen. Aber es kann sein, daß man sie ein Leben lang mit sich herumträgt. – Niemand ist ein Heiliger. Wir alle sind nur Pfadfinder.* Diese »Diamanten« sind jedoch nicht das schmückende Beiwerk zu sachlichen Auskünften, sondern vielmehr Spiegelbild von Cohens Persönlichkeit. Sie sind es, die am meisten über jenen Künstler verraten, der nur alle paar Jahre ein Album veröffentlicht und der mit nur wenigen Akkorden und einem Stimmvolumen, das man wohl kaum »umfassend« nennen kann, Texte vertont, die es wahrhaft verdienen, als Poesie bezeichnet zu werden. Selbst mit diesen seltenen Diamanten, die er in Gesprächen preisgibt, könnte Leonard Cohen Bücher füllen, von denen jedes einer Diamantenmine gleichkäme. Doch weshalb begnügen wir uns nicht mit dem, was er uns freiwillig gibt – mit seiner Lyrik und seinen Alben, die, in der richtigen Stimmung aufgenommen, dem Rezipienten allesamt mehr geben, als man normalerweise von einem künstlerischen Produkt erwarten kann? Hieße es nicht, die Diamanten zu verschleudern, würde man in jedes beliebige Interview einige von ihnen einstreuen? Ist es nicht sinnvoll, das Publikum hungrig zu halten? Oder, aus der Perspektive des Gebenden: Wäre Sättigung nicht der Tod jeglicher Kreativität? Außerdem steht dem »Abbau von Diamanten« in diesem Feld das Diktat der Zeit im Wege: Die für ein Interview angesetzten dreißig bis maximal sechzig Minuten sind viel zu wenig für einen Mann, der langsam und ruhig spricht, der beim Sprechen nachdenkt über das, was er sagen möchte, der jeden Satz präzise ausformuliert und dem man eigentlich sehr viel mehr Zeit geben müßte, statt ihn mit immer neuen Fragen unter Druck zu setzen.

Im September 1996 wird Cohen 62 Jahre alt. Wenn man ihm gegenübersitzt, will man es kaum glauben. Man trifft auf einen älteren Gentleman mit jungenhaftem Charme, der lebenserfahren, aber nicht verlebt wirkt. *Überleben bedeutet oft, auf die Knie zu gehen*, erklärt er. *Überleben heißt, beinahe unterzugehen – bis zu dem Punkt, wo man alles vergißt, was einen davon abhält.* Sätze wie diese nimmt man ihm ebenso ab wie seine immer wieder vorgetragene Erklärung, daß er vor allem Zeit brauche, Zeit für sich und für seine Projekte. Man nimmt ihm ab, was er erzählt. Cohen, der über sich selbst sagt, er habe in manchen Kreisen jahrelang als Witz gegolten, läßt seinen Interpreten genügend Freiraum – nicht jeder Song und jedes Gedicht verlangen nach einer Deutung.

Die unter dem Titel *Stranger Music* erschienene zweite Folge seiner *Selected Poems And Songs,* eine Zusammenstellung älterer und neuerer bislang unveröffentlichter Gedichte, hat ebenso viele Jahre auf sich warten lassen wie das aktuelle Studioalbum *The Future.* Ein ganz neues Buch ist vorerst nicht geplant. *Wenn du Pläne machst, ist es nur der Teufel, der sich ins Fäustchen lacht*, erklärt Cohen und unterstreicht damit seine Lebensmaxime: *Weitermachen und abwarten, was passiert! Das Wohlgefühl, nirgendwo hin zu müssen! Mit einer schönen Frau eine Woche lang im Bett verbringen! TV, Room-Service und Sex! Das ist wunderbar.*

Auch wenn die Texte der Songs auf *The Future* mitunter sarkastisch wirken, betrachtet Cohen das Album nicht als ein pessimistisches Werk (was schon die recht optimistisch klingende Musik dokumentiert). *In* The Future *geht es mehr um das, was hinter dem Pessimismus steht. Ein Pessimist ist einer, der ständig auf den Regen wartet; ich dagegen bin in diesem Song ständig naß. Es ist der Tanz auf dem Vulkan, der Tanz der Zukunft, der in diesem Song beschrieben wird. Und auch wenn die Worte recht pessimistisch wirken, paßt die Musik ganz gut zu diesem Tanz. Sie gehören zusammen. Text und Musik verschmelzen zu einer Einheit, so wie sich Luft aus Sauerstoff und Stickstoff zusammensetzt. Wenn du das Album verstehen willst, brauchst du nur zu atmen . . . Auf die nukleare Zerstörung zu warten, ist ein nutzloses Alibi. Die Katastrophe hat längst stattgefunden, die psychische Katastrophe hat sich bereits ereignet. Die Flut ist hereingebrochen, wir stehen mittendrin. Wie also sollen wir uns verhalten? Wir versuchen, über Wasser zu bleiben, in dem wir uns am Treibholz festklammern, an einem Baum. Und wenn man dabei besonders geschickt ist, winkt man vielleicht noch einem Freund zu, der an einem vorbeitreibt. Darum geht es in dem Song.*

»Vor einiger Zeit hast du in einem Interview erklärt, daß du dein Gedächtnis verloren hast. Du konntest dich an vieles nicht mehr erinnern. Ist das noch immer so?« frage ich und falle damit ein wenig auf Cohens bewährte Strategie herein, allzu aufdringliche Fragen mit dem Hinweis auf seine Amnesie abzuwehren. Die Antwort fällt diplomatisch aus: *Ich bin wirklich sehr froh darüber, daß es einiges in meinem Leben gibt, an das ich mich heute nicht mehr erinnern kann. Gehe ich zurück in die Jahre '82, '83, weiß ich sehr wohl, daß ich an den Alben* Various Positions, I'm Your Man *und* The Future *sehr viel gearbeitet habe. Daran, insbesondere an die Arbeit, erinnere ich mich noch. Aber an bestimmte Dinge in meinem Leben davor erinnere ich mich überhaupt nicht mehr. Ich erinnere mich nur, daß die Sonne auf- und untergegangen ist. Aber ich lebe nicht mehr in der Vergangenheit.*

»Woran liegt es denn nun wirklich, daß du für deine Songs so lange brauchst?« – *Nun, mit Sicherheit ist es keine Frage der Zeit, einen Song zu* schreiben! *Es geht vielmehr um die Suche nach der Existenzberechtigung eines Songs. Und dabei mache ich es mir nicht einfach, obwohl ich es mir manchmal einfacher machen könnte. Es ist auch nicht so, daß ich darüber glücklich bin; ich wünschte mir, es ginge schneller. Hank Williams zum Beispiel hat seine Songs auf dem Rücksitz eines Taxis geschrieben. Oder Bob Dylan – er hat mich nach einem Konzert in Paris, wo er meinen Song »Hallelujah« sang, gefragt, wie lange ich für diesen Song gebraucht habe. Ich habe ihm geantwortet, daß es ungefähr zwei Jahre gedauert hat, bis der Song fertig war. Für sein »I and I« dagegen hat er gerade mal fünfzehn Minuten gebraucht.*

»Vergleicht man deine alten Aufnahmen mit denen von heute, stellt man fest, daß deine Stimme früher wesentlich klarer und höher klang.« *Oh ja, das ist richtig, sie ist tiefer geworden. Der Grund dafür sind wohl die über 50 000 Zigaretten, die ich in mich reingezogen habe, dazu eine Unzahl Gallonen von Whisky. Aber vor anderthalb Jahren habe ich das Rauchen aufgegeben. Seither warte ich darauf, daß meine Stimme wieder höher wird. –* »War es schwer für dich, mit dem Rauchen aufzuhören? Wenn ich mich recht erinnere, hast du Kette geraucht.« – *Als ich hörte, wie einige meiner Freunde an Lungenkrebs gestorben waren, habe ich schlagartig damit aufgehört.* »Schaffst du das mit den ›Gallonen von Whisky‹ auch?« – *Ich trinke nur von Berufs wegen. Das heißt, auf Tourneen trinke ich schon mal was, aber nie aufgrund von Problemen. Während der übrigen Zeit trinke ich überhaupt keinen Alkohol, meist also nur aus gesellschaftlichen oder geschäftlichen Gründen. Das ist auch das, was ich meinen Musikern immer sage: »Trinkt nie aus Kummer!«*

»Zurück zu ›The Future‹. Der Titelsong hört sich mit seinem Up-tempo-Rhythmus fast wie ein diabolischer Square-Dance an.« *»The Future« beginnt wie alle meine Songs. Er ist wie eine Blackbox, in die man hineinschauen möchte, um zu sehen, was darin ist. Diese Box ist aber kein Selbstbedienungsladen; sie bietet nichts, womit man gleich die Lösung hätte. So war es etwa bei der Zeile über den Fall der Mauer. Ich will mit Sicherheit nichts heraufbeschwören; ich spüre aber, daß etwas geschehen wird. Darüber schreibe ich, Vers für Vers, Strophe für Strophe; erst dadurch erfahre ich, wie der Song endet.*

»Für welchen Song hast du am wenigsten Zeit gebraucht?« *Es hat nur einen Song gegeben, den ich wirklich sehr schnell geschrieben habe, »Sisters of Mercy« von meinem ersten Album. Die Melodie hatte ich sehr schnell im Kopf. Als ich damals in Edmonton/Kanada in einen Schneesturm geriet, traf ich zwei junge Mädchen, die ich mit in mein Hotel nahm und die bei mir übernachteten, während ich aus dem Fenster schaute und dem Schneetreiben zusah. Als sie am Morgen aufwachten, spielte ich ihnen den Song vor. Danach habe ich ihn auch nicht mehr verändert. Das ist der in der kürzesten Zeit entstandene Song, an den ich mich erinnern kann.*

Nach »The Future«, dem Titelsong und Opener des Albums, bietet Leonard Cohen im zweiten Song, »Waiting For The Miracle«, eine überraschende Alternative zur Bewältigung zwischenmenschlicher Krisen; erstmals schlägt er als einer, der in diesem »Partisanenkrieg« reichlich Erfahrung gesammelt hat, vor, sich zu arrangieren: *»Baby, let's get married,/we've been alone too long./Let's be alone together./Let's see if we're that strong.«*

»Be For Real«, der dritte Song, ist eine sanfte Ballade und zugleich eine von zwei Cover-Versionen auf dem Album. Mit dem von Frederick Knight im Jahr 1975 komponierten Song drückt Cohen die Gefühle eines jeden aus, »dessen Welt von einem Moment auf den anderen von den Launen seines Lebenspartners zerstört werden kann« (Cohen).

In »Closing Time« geht Cohen musikalisch zurück zu seinen Country-Wurzeln. Der Song ist ein beißender Kommentar zum Konzept der freien Liebe: Die Frauen reißen sich ihre Blusen vom Leibe, die Männer wechseln ständig ihre Frauen, aber wenn die Musik aufgehört hat zu spielen, wird allen die Rechnung präsentiert: *»it's hell to pay when the fiddler stops:/it's CLOSING TIME«*. »Hat sich in den letzten Jahren irgend etwas in deiner Beziehung zu Frauen geändert?« frage ich Cohen und erhalte eine kokette Antwort: *Nichts außer der Tatsache, daß sie sich nicht mehr für mich interessieren . . . Aber Sex hat für einen Mann in meinem Alter sowieso keine Bedeutung mehr.* »In ›Closing Time‹ beschreibst du die Liebe als eine Gratwanderung zwischen Liebe und Haß.« *Nun, ich denke, daß dieses Lied nicht mehr ausdrückt, als daß alles, was bisher war, vergessen sein soll und man von vorne anfangen kann, egal, was einmal gewesen ist. Nicht das Bereuen, sondern das Vergeben steht hier im Vordergrund. Auch wenn man noch immer liebt – es ist vorbei. Es sieht aus wie Freiheit, aber es scheint eher eine Art Tod zu sein. Die sexuelle Revolution, wie auch immer sie gewesen sein mag, ist Vergangenheit. Ich denke, wenn du mit jemandem zusammenlebst und verliebt bist, mußt du sowohl die Liebe als auch den Haß hinter dieses Zusammenleben zurückstellen. Du mußt frei von Liebe und frei von Haß sein, um überhaupt vergeben zu können. Ich denke, daß die Ehe oder jedes andere Bündnis der Friedhof der Liebe ist, das Mausoleum der Liebe. Wahre Liebe ist es nur, wenn du frei von Liebe bist. Du darfst nicht eingeengt sein.*

Der Text des von Rebecca de Mornay coproduzierten und -arrangierten »Anthem« wirkt wie eine Antwort auf Bob Dylans pessimistische Songs »Ring Them Bells« und »Everything Is Broken« von seinem '89er Album

Oh Mercy. »*Ring the bells that still can ring./Forget your perfect offering./There is a crack in everything./That's how the light gets in*«, singt Cohen. Damit stellt er zwar ebenfalls fest, daß »alles zerbrochen« ist, geht jedoch einen Schritt weiter als Dylan, indem er bemerkt, daß durch die Risse das Licht fällt. *Aus dem Unkraut der Verwesung sprießen die Samen unserer Regeneration*, kommentiert Cohen den Song.

An »Democracy«, dem sechsten Song des Albums, hatte Leonard Cohen über drei Jahre gearbeitet; aber nur sechs der insgesamt 80 Strophen, die das Opus am Ende umfaßte, sind auf *The Future* zu hören. Frage: »Für mich spricht aus dem Song der Geist der 60er Jahre, in denen sich die USA in einem ebensolchen Umbruch befanden wie heute. Ist darauf die Textzeile ›*Democracy is coming to the U.S.A.*‹ gemünzt? Und deutet diese Aussage auf einen neuen Feldzug des *Field Commander Cohen* hin?« *Zunächst finde ich es sehr freundlich von dir, dich noch an meinen damaligen Dienstgrad zu erinnern. Diesen Song habe ich aber lange vor der Wahl Clintons zum Präsidenten der USA geschrieben. Ich habe ihn gleich nach dem Fall der Berliner Mauer geschrieben. Die Menschen entwickelten damals ein neues Bewußtsein, und man sprach ständig von der Demokratisierung des Ostens. Aber ich stellte mir die Frage: Woher kommt die Demokratie? Die Demokratie kommt von überall her, und sie soll auch überall hinkommen. Warum dann nicht jetzt zuerst mal in die USA?*

»Hast du nicht schon vor fünf Jahren in ›First We Take Manhattan‹ eine ähnliche Auffassung vertreten?« *»First We Take Manhattan« ist ein Song, der all die Menschen, die nicht von irgendwelchen Politikern, Führern, Doktoren oder Priestern vertreten werden, dazu auffordern soll, ihr eigenes Leben in die Hand zu nehmen, auch ohne diese Repräsentanten . . . Und um auf den »Feldzug« zurückzukommen: ja, ich befinde mich wohl noch immer auf einem Feldzug. Meine Streitmacht wird immer größer. Ich habe klare Ziele und Absichten.* »Und welche sind das?« *Den Feldzug zu gewinnen!*

»›Light As The Breeze‹, der siebte Song des Albums, handelt von Liebe und Haß und dem Kampf der Geschlechter – ein Thema, das du immer wieder aufgreifst. Der Text wirkt wie die Autopsie einer Liebesbeziehung, die nur noch durch die Kraft des Sex am Leben erhalten wird. Die Beziehungen, die du in solchen Songs beschreibst, muten manchmal wie der gelebte Sadomasochismus an.« *Es kommt darauf an, wer der Sadist und wer der Masochist ist . . . Deine Fragen sind wundervoll.* »Deine Antworten auch. Ich versuche lediglich die Diamanten, die sich immer wieder in Gesprächen finden, herauszusuchen.« *Die Arbeit in einer Diamantenmine ist hart.* »Lohnt sich aber.« *»Light As The Breeze« beschreibt nicht nur die enorme Kraft des Sex, sondern auch eine Art von Mechanismus im*

Umgang der Geschlechter. Es ist ein Mechanismus, mit dem wir alle zu tun haben, weil wir nur aufgrund der Symbiose zwischen Gefühl und Verstand fähig sind zu leben. Ich selbst habe für mich eine Gesetzmäßigkeit dieses Mechanismus entdeckt: »Immer wenn du nach etwas suchst, findest du es nicht. Während dieser Suche findest du aber etwas anderes, etwas, nach dem du nicht gesucht hast, das dir aber trotzdem ein Gefühl der Zufriedenheit gibt. Heute morgen zum Beispiel habe ich mein schwarzes Hemd gesucht, konnte es aber nicht finden. Dafür habe ich meine Brille wiedergefunden. Dann habe ich mich damit abgefunden, zwar nicht mein schwarzes Hemd tragen, dafür aber sehen zu können. Wenn ich das auf The Future *übertrage, ist es derselbe Mechanismus, der sich dort durchsetzt. Auch wenn du denkst, um dich herum ist nur Dunkel, gibt es doch immer ein Licht. Wenn du denkst, eine Liebe ist verloren, erfährst du, daß du dieses Gefühl nie zurückgewinnen wirst. Trotzdem wird etwas passieren, daß dir viel von ihm zurückgibt, auch wenn du es nicht für möglich hältst. Du darfst nur nie aufhören zu suchen.*

»Mit ›Always‹, dem vorletzten Song des Albums, interpretierst du eine Komposition von Irving Berlin aus dem Jahr 1925. Warum hast du diesen Song aufgenommen?« *Es war das Lieblingslied meiner Mutter, und während meiner Kindheit war es in meinem Elternhaus sehr beliebt. Das ist der Grund.* »In deiner Version klingt es ziemlich sarkastisch.« *Ja, aber es ist die »andere« Seite des Sarkasmus.* »I'll be loving you always« *zum Beispiel kannst du nicht sarkastisch singen, wenn es, trotz der ziemlich einfachen Worte, auf eine ehrliche Weise aus dir rauskommt. Der Sarkasmus liegt vielleicht nur in der Art der Intonation.* »›Always‹ ist mit gut acht Minuten ein ziemlich langer Song. Läßt man sich auf seine Stimmung ein, gewinnt man den Eindruck, daß abgesehen davon, daß er das Lieblingslied deiner Mutter war, auch noch eine andere Geschichte dahintersteckt. *Ja, das ist richtig, denn hätten wir »Always« so auf das Album gebracht, wie wir es im Studio gespielt haben, wäre die Aufnahme 25 Minuten lang geworden. Wenn ich an die Studioaufnahmen zurückdenke, erinnere ich mich nur noch an einen Cocktail namens Red Needle, den ich für die Musiker gemixt habe. Der Drink kam so gut an, daß wir in eine Spiellaune verfielen, in der wir einfach nicht aufhören konnten zu spielen. Es war eine wunderbare Stimmung. Und wenn wir uns heute daran erinnern, sagen alle Musiker dasselbe; nie zuvor seien sie auf einer lustigeren Studio-Session gewesen als auf dieser.* »Woraus besteht dieser Cocktail?« *Aus Tequila, Preiselbeersaft und einer Auswahl von Früchten.*

Das Album endet mit dem instrumentalen »Tacoma Trailor« und das Interview mit der Frage nach seinen Computer-Graphiken. Cohen über seine diesbezüglichen Ambitionen: *Malen bedeutet für mich bloß Entspannung. Früher waren es Wasserfarben, heute sind es Computer Graphics und Brush Paintings, mit denen ich mich entspanne. Malen ist für mich nichts von Bedeutung, kein Anliegen, aus dem irgend etwas herauszuinterpretieren wäre. Ich interessiere mich nur für meine Songs, weniger für mich selbst.*

The Future erntete weltweit positive Kritiken. »In flammenden Worten wettert er gegen jede Form von Extremismus und setzt dann in romantischen Liebesliedern ein Zeichen der Hoffnung. Wie kein anderer vermag es Leonard Cohen, den gerade aktuellen Zeitgeist auf die Spiellänge einer CD zu bannen«, urteilte etwa der Kritiker der Frankfurter Allgemeine und fügte hinzu, daß »der ehemals so karge Folkie, dessen dünn-traurige Stimme ›Suzanne‹ in alle Mädchenzimmer der Sechziger gesäuselt hatte, seit einigen Jahren mit diversen Keyboards experimentiert und sich nun einen süffigen, unverwechselbaren Bombastsound zusammengebastelt hat. Seine Stimme hat im Laufe der Zeit ein laszives rauhes Timbre gewonnen, das vor allem den Liebesliedern erotisches Flair verleiht.« Mit dieser Kritik reiht sich die FAZ in den weltweiten Medien-Tenor ein. Ob man Besprechungen in der Times oder im Rolling Stone nimmt, die Kritiker sind begeistert. Und das Publikum auch: Auch wenn »The Democracy« mit einer Spieldauer von sieben Minuten fürs Airplay zu lang ist, verkauft sich das Album allein in Kanada innerhalb von vier Monaten über 100 000mal und wurde dort mit Platin ausgezeichnet. Zur Popularisierung des als Single ausgekoppelten Titels »Democracy« trug natürlich auch Cohens Auftritt auf dem Festball bei, den der Musikkanal MTV im Januar 1993 anläßlich der Einführung von Bill Clinton ins Präsidentenamt ausrichtete.

Wie zuvor schon das Album *I'm Your Man*, so wurde auch *The Future* von zwei Video-Clips begleitet. Das Video für den Titelsong, das insgesamt fünfte in Cohens Karriere und zugleich das erste, das nicht in Schwarzweiß, sondern in Farbe gedreht worden war, wurde fast zeitgleich mit dem Album veröffentlicht. Mit seinen psychedelischen Farben erinnert der »Future«-Clip, der den in Untertiteln eingeblendeten Songtext bebildert, ein wenig an den 1967 gedrehten »Poen«-Film: Aus dem Dunkel tauchen nach und nach Bilder auf, die zunächst noch sehr klein sind, schließlich aber den gesamten Bildrahmen ausfüllen. Man erkennt Cohen in schwarzem Anzug, weißem Hemd und Krawatte. Close-ups von seinem Gesicht wechseln ab mit Ganzkörperaufnahmen und Shots von den Körpern eines Mannes und einer Frau, die langsam in die Tiefen eines Meeres fallen. Anschließend sieht man Cohen in einem leeren Hotelzimmer, durch das ein Regensturm tobt. Darauf folgt ein Schnitt zu Spiegelbildern seiner Sängerinnen Perla Batalla und Julie Christensen und ein weiterer zu Cohen, der zur Musik steppt oder klatschnaß im Regen steht. Am Ende sieht man ihn, wie er in seinem inzwischen überfluteten Hotelzimmer niederkniet. Das wiederum in Schwarzweiß gedrehte Video zu »Closing Time« zeigt Cohen und seine Band im Ambiente eines Nightclubs sowie in Tanz- und Fantasy-Szenen, die die Story des Songs illustrieren.

Mit seinem 1993 erschienenen Buch *Stranger Music*, das auf 415 Seiten sämtliche Songtexte und Gedichte Leonard Cohens sowie elf »*uncollected poems*« enthält, bis heute jedoch leider noch nicht in deutscher Übersetzung vorliegt, baute Cohen seine Medienpräsenz in den 90er Jahren weiter aus. Stranger Music *ist eigentlich kein neues Buch. Es besteht aus zusammengetragenen Texten von Gedichten und Liedern aus der Vergangenheit, die ich zum Teil überarbeitet, zum Teil aber auch so gelassen habe, wie sie waren. Diejenigen, die bisher noch keinen Titel hatten, haben nun einen; diejenigen, die zuvor noch nicht geschrieben waren, sind nun geschrieben. Das Buch faßt den Hauptteil meiner Karriere zusammen und bietet, abgesehen von einigen neuen Texten, eine Übersicht über mein bisheriges Werk.*

Im Frühjahr 1993 verbrachte Leonard Cohen wieder einige Zeit in seinem Zen-Zentrum, wo er das kalifornische Erdbeben miterlebte. Anschließend machte er sich Gedanken über eine neue Tournee. Ihm war klar, daß heutzutage kaum ein Musiker sein Publikum ungestraft fünf Jahre auf ein neues Produkt mit anschließender Konzertreise warten lassen darf, es sei denn, er ist bereit, in Kauf zu nehmen, daß er in der Zwischenzeit einiges von seinem Marktwert und Bekanntheitsgrad einbüßt. Oder es sei denn, er heißt Leonard Cohen! Der konstante Erfolg seiner Alben und Tourneen bewies, daß er sich Markt- und Bühnenabstinenz über Jahre hinweg leisten konnte. So wurde auch die »Future«-World-Tour von 1993, die am 18. April mit einem »Test-Konzert« im The Complex von Los Angeles begann, ein großer Erfolg. Kaum ein Konzert, das nicht ausverkauft war, und kaum eine Kritik, in der Cohen nicht mit freundlichen Worten bedacht wurde – und das, obwohl speziell die deutschen Medien im Jahr 1993, anders als bei früheren Live-Aktivitäten Cohens, mit Berichten eher geizten.

Aber auch Leonard Cohen selbst gab sich diesmal in Presse-Angelegenheiten sehr zurückhaltend. Statt sich, wie inzwischen allgemein üblich, zwei bis drei Monate vor der Veröffentlichung eines neuen Albums oder dem Start einer Tournee mit unzähligen Journalisten, »die ohnehin immer nur dasselbe fragen«, herumzuquälen, gewährte er lediglich zwei Presseagenturen ein Interview. Als schließlich die Termine für seine ersten Deutschland-Konzerte seit fünf Jahren publik wurden, war auch die zweite Überraschung perfekt: Die Hälfte der gerade einmal sechs Konzerte sollte unter freiem Himmel stattfinden. Der erste dieser Auftritte ging am 22. Mai während des »Rock am See«-Festivals in Konstanz am Bodensee über die Bühne, wo Cohen mit Bands wie Pur, Die Fantastischen Vier, The Levellers und den spanischen Rock-Newcomern Heroes del Silencio auf ein ungewohntes musikalisches Umfeld traf.

Dieser Premiere, bei der Cohen als Head-Liner fungierte, folgte ein Triumphzug durch die europäischen Konzertsäle. Im dänischen Holstebro hatte noch am Tag vor dem offiziellen Tourneestart (23. April) ein zusätzliches Konzert anberaumt werden müssen, aber auch die folgenden Auftritte (Finnland, Norwegen, Schweden, Dänemark, Holland, Belgien, England, Frankreich, Spanien, Italien, Schweiz, Deutschland) trafen bei Publikum und Kritik auf äußerst positive Resonanz. »When the Cohen gets tough«, so schrieb The Independent über seine Konzerte in der Londoner Royal Albert Hall am 10. und 11. Mai. Und die Londoner Times stellte fest: »Thirty Years on, he's your man«; der Le Monde-Kritiker überschrieb seine Rezension mit »Leonard Cohen – La noirceur du timbre, la beauté des mots« (»Dunkle Töne, schöne Worte«); die spanische Zeitung El País pries Cohen unter der Headline »El abandonado eterno« (»Der ewig Verlassene«).

Das Publikum des Konstanzer Festivals spaltete sich zwar in zwei Lager, denn die Hälfte der circa 15 000 meist jugendlichen Zuschauer hatte es nach dem Auftritt der Heroes del Silencio nach Hause gezogen; doch »meine Freunde«, wie Cohen die Verbliebenen liebevoll nannte, harrten andächtig aus, während er seine Songs vortrug. Den Auftakt bildete »Dance Me To The End Of Love«, der kleine Wiener Walzer, der anschließend auch als Opener für die weiteren Konzerte dienen sollte und dessen Sinn das sich im Rhythmus wiegende Publikum schnell begriff. Der mittlerweile 58 Jahre alte Cohen zeigte sich über diese spontane Reaktion gerührt: *Ihr macht ein älteres Kind sehr glücklich.* Was die paar Tausend auf die Entfernung nicht sehen können: Cohen steht zu seinen grauen Haaren und trägt seine Falten mit Würde. Und sein Alter ist im heutigen Pop-Geschäft ja auch durchaus kein Grund, sich so kokett zum traurigen älteren Herrn zu machen.

Die Süddeutsche Zeitung notierte über den Auftritt: »Mitunter versackt Cohen im Nirgendwo zwischen Frank Sinatra und E. M. Cioran – ein

Schmerzensmann, der sein tränentrübes Handwerk beherrscht wie andere Pophelden das Dreschen der Gitarre, ein Zweifler und Verzweifelter, der sich in schönen Posen der Vergeblichkeit ergeht. Wenn er nach dem überall gleichen Intro ›Dance Me To The End Of Love‹, ›The Future‹ und ›Ain't No Cure For Love‹ den Klassiker ›Bird On The Wire‹ anstimmt, flechtet er vor der Textstelle, an der es heißt, er habe ›auf seine Art‹ die Freiheit gesucht, ein trockenes Lachen ein: Leonard Cohen tat es *his way.* In Wahrheit, das zeigt schon das bestechende Gospelarrangement zu ›Bird On The Wire‹, ist es ihm in wunderbar eleganter Weise gelungen, seinen noblen Weltschmerz über die Jahre zu retten.«

Obwohl Leonard Cohen seine alten Songs nicht mehr sang, wußte das Publikum die neuen Lieder, die er anscheinend für seine »neue« Stimmlage verfaßt hatte, zu schätzen; es lauschte gespannt, hielt sich in den Armen, und gelegentlich tanzte es sogar. Leonard Cohen, der sich wohl eher auf frontale Ablehnung eingestellt hatte, bedankte sich mehrmals auf für ihn untypische Weise mit Worten in deutscher Sprache und einer im Vergleich zur vorausgegangenen »I'm Your Man«-Tour wesentlich »heisereren« Interpretation von »Suzanne«. Am Ende des insgesamt 14 Songs umfassenden, rund 90minütigen Auftritts stand eine etwas verunglückte Version von »Hallelujah«.

Auch wenn Leonard Cohen heute von manchen noch ebenso kritisiert wird wie damals, als er als »Poet des US-Undergrounds« eher zufällig begann, seine Gedichte zu vertonen, wurde doch deutlich, daß er auf dem besten Weg war, ein »*elder statesman*« der Songwriter-Zunft zu werden. Die zweifellos nicht von einem Cohen-Kenner geschriebene Kritik in der Saarbrücker Zeitung, in der Cohens Deutschland-Premiere als »Gebabbel eines entgleisten Welt-Ordnungs-Perversen« abgetan wurde, war alles andere als typisch für den Tenor der Medienkritik. Natürlich trat Cohen auch in jener Stadt auf, mit der ihn seit Beginn seiner Karriere ein besonderes Verhältnis verband und die er auf seinen letzten beiden Alben sogar namentlich erwähnt hatte (in »First We Take Manhattan«, »The Future«): Berlin. Sein '93er Auftritt in Deutschlands neuer alter Hauptstadt provozierte jedoch weit weniger als seine dortigen Konzerte in den 70er und 80er Jahren. Hatte sich die Berliner Zeitung 1972 noch über Cohens fatales Goebbels-Zitat »Wollt ihr den totalen Krieg?« mokiert und die Bild-Zeitung 1980 unter dem Titel »Laute Töne vom stillen Leonard« moniert, daß Cohen sein Publikum im ICC aufgefordert hatte, den Saal auseinanderzunehmen und die Stühle mit nach Hause zu nehmen, so gab Cohen mit seinem '93er Konzert im Tempodrom keinen Anlaß zu solcher Kritik. Diesmal »rührte Leonard Cohen an deutsche Nöte« (Der Tagesspiegel), indem er die Textzeile »*Give me back the Berlin wall*« sang und das Publikum dazu »das Zelt im Tiergarten wackeln läßt wie die Stammtischbrüder in der Eckkneipe«. Dem »magischen Meister der Monotonie [. . .] zollte das bunt durch alle Altersgruppen gemischte Publikum mit langanhaltendem Applaus Tribut« (Berliner Morgenpost). Cohens ursprüngliche Bedenken, die er bei seinem ersten Promotion-Termin in Hamburg geäußert hatte (»Ich sollte dieses Land schnell wieder verlassen«), wichen der Rührung über die Ovationen, die man ihm während der sechs ausverkauften Konzerte im einstigen Nazi-Land entgegenbrachte.

Was Cohen tatsächlich mit der Textzeile »*First we take Manhattan, then we take Berlin*«? meint, weiß wohl nur er selbst. Am besten hält man sich an die Erklärung, die er selber bietet: »*First We Take Manhattan« handelt vom Extremismus im Denken der Menschen. Ich meine damit nicht die Politik oder die Gesellschaft, sondern den Extremismus im Geist des Individuums. Ich denke, daß heutzutage jeder ein Extremist und diese Position auch zu verteidigen bereit ist.* Cohen trifft also auch in den 90er Jahren den Zeitgeist, wenn er mit »The Future« die Fortsetzung der obigen Auffassung liefert: *Ja, es gibt eine Beziehung zwischen den beiden Stücken, wobei »The Future« viel mehr meine persönliche Auseinandersetzung mit dem Thema wiedergibt. Ich denke aber, daß die meisten Menschen diese Auffassung mit mir teilen.* »Welche Auffassung?« *Den Wunsch, einfach einen Schlußstrich ziehen und sagen zu können: Bis hierher und nicht weiter! Damit könnte ich wunderbar leben. Aber das ist nicht das Problem.* »Und was ist das Problem?« *Daß in Zukunft niemand mehr wirklich in Frieden leben kann.* »Deshalb deine Forderung nach Demokratie?« *Ich versuche immer eine Balance zu finden. Nicht nur meine Songs sollen wie die verschiedenen Ministerien einer Regierung wirken. Ich habe mich nicht gefreut, als die Berliner Mauer fiel. Ich war von Anfang an der Meinung, daß daraus ein großes Durcheinander entstehen würde – obwohl ich mit dieser Meinung in meinem Bekanntenkreis ganz alleine stand! Aber, weißt du, niemand ist in der Lage, mit der Freiheit umzugehen.*

In einer unveröffentlichten Strophe des insgesamt 80 Strophen enthaltenen Songs »Democracy« schreibt Leonard Cohen: »*It ain't coming to us European style/Concentration camp behind the smile/It ain't coming from The East/With its temporary feast/As Count Dracula comes strolling down the aisle.*« Entspricht das seinem Bild von Europa? *Das ist Europa für mich. Ich habe es um die Jahreswende '88/'89 geschrieben.*

Auch die Originalversion von »The Future« enthält Strophen, die Cohen nicht veröffentlicht hat, so zum Beispiel die folgende: »*If you could*

Cover-Foto für das »I’m Your Man«-Album, 1988

V. l. n. r.: Leonard Cohens Lebensgefährtin in den Neunzigern, Rebecca de Mornay, Leonard Cohen, INXS-Sänger und Cohen-Fan Michael Hutchence backstage beim Rock am Ring, 1993.

Bühnenabgang beim Rock am Ring 1993: Leonard Cohen, begleitet von Rebecca de Mornay und seinem Tour-Manager.

Intro an den Keyboards zu »Dance Me To The End Of Love«

Der »düstere Melancholiker« zeigt ein Lächeln.

Promotionfotos. Das Bild in der Mitte wurde für den Buchumschlag von »Stranger Music« verwendet.

Müde vom PR-Shooting?

Ein skeptischer Blick

Looking into the Future,
Juni 1994

Im Fischauge: Cohen und Band live beim Rock am Ring, 1993

»El Cohen« – »Partisan der Liebe«, umrahmt von seinen Sängerinnen Perla Batalla und Julie Christensen

Nach Cohens fast dreistündigem Konzert in der Frankfurter Alten Oper gratuliert eine schöne Unbekannte. (1993)

Leonard Cohen im Gespräch mit Andrew Eldritch von »The Sisters of Mercy«.

Andacht in Schwarz, Hamburg 1993

Zürich 1993

PR-Foto für das »The Future«-Album

Sonnenbad an der Alster, 1994

Beim Sichten von Fotos für das Buch-Projekt »Partisan der Liebe«, Hamburg 1994

Der Künstler bei der Arbeit, 1992

see what is coming next. The hidden takes. Give me love or give me Adolf Hitler.« Cohen kommentiert diese Sätze: *Ich habe erlebt, was passiert, wenn sich die Lebenssituation verschlechtert. Die Menschen klammern sich an den letzten Strohhalm. Türken, Juden, Deutsche – jeder sucht sich ein Identifikationsmuster, das ein enormes Gewaltpotential in sich birgt. Die Menschen fühlen sich letztlich nur noch in den Nischen des Rassismus wohl.*

Obwohl Leonard Cohen damit den Zeitgeist der 90er Jahre genau trifft, sieht er sich nicht als politischen Kommentator: *Ich schreibe keine soziologische Studien. Ich bin ein Reporter aus dem Zentrum meines eigenen Lebens, ein Mistkäfer, der unter die Scheiße kriecht und sie in ein musikalisches Gewand kleidet.*

27. Mai 1993, Frankfurt, Alte Oper – für mich das schönste Konzert dieser Tournee. Pünktlich um 20 Uhr geht das Licht aus, und Cohen begrüßt das Publikum mit »Guten Abend, meine Freunde. Dankeschön.« Auf der Bühne steht ein Mann im schwarzen Anzug, schmächtig, leicht gebeugt, mit grauem Haar, die Stimme tief und gebrochen. Bislang hat Cohen fast jeden seiner Auftritte mit dem Klassiker »Bird on The Wire« eröffnet; diesmal spielt er zunächst »Dance Me To The End Of Love«. Dann kündigt »der große Cohen« (Frankfurter Allgemeine) seinen zweiten Song, »The Future«, auf eine Weise an, als initiiere er einen Ritus. Offenbar ist es ihm wichtig, daß er verstanden wird, denn erstmals auf dieser Tournee zitiert er Auszüge aus seinen Songtexten.

Ist Leonard Cohen in der Vergangenheit nicht zuletzt aufgrund seiner rätselhaften Bildersprache nicht immer verstanden worden, so kann davon in den 90er Jahren keine Rede mehr sein. Tatsächlich scheint es, als habe man auf einen wie Cohen nur gewartet, der uns mit der nötigen Indiskretion und in poetischen Bildern zeigt, wie es um unser Leben steht. Millionen von Menschen, denen er in Form von Gedichten und Liedern zum Teil schon vor drei Jahrzehnten erstmals begegnet ist, schlägt er weiterhin in seinen Bann. Wie sie ist auch Cohen seit den Zeiten der Beats deutlich gealtert, doch er verkörpert eine Intellektualität, die »jung« geblieben, die zeitlos ist. Auch der Presse fiel dies auf: »Sie, die Cohen die Treue halten, sind die Sorgsamen im Umgang mit der eigenen Lebensgeschichte. Zu bereuen, Cohen in ihr Leben gelassen zu haben, ist seiner Gemeinde unmöglich« (Frankfurter Allgemeine).

Doch obwohl Cohen weiß, daß er für seine »Gemeinde« eine Identifikationsfigur darstellt, sieht er sich nicht über jede Kritik erhaben. Immer wieder läßt er in seinen Konzerten Selbstironie erkennen, dann etwa, wenn er wie an diesem Abend in Frankfurt hin und wieder auf seinem Keyboard klimpert, als wolle er augenzwinkernd auf seine beschränkte Fingertechnik aufmerksam machen. Andererseits nimmt er Zuneigungsbekundungen geschmeichelt entgegen, wenn er auf Zurufe reagiert, die Saalordner davon abhält, eine junge Verehrerin von der Bühne zu holen, oder sichtlich gerührt einen Strauß roter Rosen in Empfang nimmt. Während des Konzerts hält der »Hohepriester der Hoffnungslosigkeit«, wie die Frankfurter Rundschau ihn tauft, die Augen meist geschlossen, wie ein Heiliger, der von dieser Welt nicht erreicht werden will; dennoch entgeht ihm keine Reaktion des Publikums.

Auf »Bird On The Wire« folgen »Everybody Knows«, »Anthem«, »One Of Us Cannot Be Wrong« und ein »First We Take Manhattan«, bei dem sich Cohen zu seinen Sängerinnen Perla Batalla und Julie Christensen (er nennt sie »Sisters of Mercy«) stellt. Danach begibt er sich in die Pause. Der Niederländer Herman van Veen, Sitznachbar des Autors, zeigt sich schon nach der ersten Hälfte des Konzerts begeistert: »Ein Auftritt von ungeheurer Spiritualität!«

Nach der Pause kehrt Leonard Cohen, der inzwischen sein Jackett über dem schwarzen Sweatshirt abgelegt hat, zurück, um zunächst »Avalanche« solo zur Gitarre vorzutragen. Danach folgt mit den Songs »Suzanne«, »Tower Of Song«, »Democracy«, »The Miracle«, »I'm Your Man«, »Joan Of Arc«, »Closing Time«, »Take This Waltz«, »There Is A War« und »Sisters Of Mercy« eine brillante Mischung aus Blues-, Folk-, Gospel- und Pop-Klängen, bei der Jorge Calderon (Bass), Bob Furgo (Violine, Keyboards), Bill Ginn (Keyboards), Steve Meador (Schlagzeug), Bob Metzger (Gitarre, Pedal Steel) und Paul Ostermayer (Saxophon, Keyboards) – die beste Begleitband, mit der Cohen je auf Tour gewesen ist – alle Register ziehen. Auf eine aufwendig inszenierte Bühnenshow kann Cohen dabei verzichten – ihm gelingt, wovon viele andere Künstler nur träumen können: durch bloße Präsenz zu brillieren, einfach nur dazusein.

Nach drei Stunden, in denen Cohen sämtliche Highlights seiner Karriere präsentiert hat, verabschiedet er sich in die Garderobe, aus der er für die Zugaben »Hallelujah«, »Passing Through«, »I Tried To Leave You« und »So Long, Marianne« noch einmal auf die Bühne zurückgerufen wird. »Wither Thou Goest« bildet schließlich das definitive Ende des umjubelten Konzerts. Backstage arrangiert der Tournee-Veranstalter Marek Lieberberg, ein Cohen-Fan der ersten Stunde, noch ein Treffen zwischen Leonard Cohen und Herman van Veen, der zwei Tage später in der Alten Oper auftreten wird. Am Tag darauf gibt Cohen ein Konzert im Münchner Zirkus Krone-Bau. Wieder erntet er *standing ovations* und gute Presse:

»Fast unbeweglich rezitiert Leonard Cohen über Gott und die Welt, stirbt viele kleine und große Tode« (Münchner Abendzeitung).

Leonard Cohens letzter Deutschland-Auftritt sollte vor einem noch größeren Publikum stattfinden. Über 50 000 Zuschauer pilgerten zu dem 1985 ins Leben gerufenen und seither zur Institution gewordenen Open Air Festival »Rock Am Ring«. 1993 hatten sich die Veranstalter mit einer ausgewogenen Mischung verschiedenster Musikstile »mit der Zeitmaschine auf Spurensuche« begeben. Damit »der Drei-Tages-Trip quer durch die Rock-Geschichte« (Rhein-Zeitung) gelang, hatte man »klassische« Bands und Solisten wie Def Leppard, Brian May (ex Queen) und Robert Plant (ex Led Zeppelin) ebenso engagiert wie Newcomer (The Jayhawks, World Party, Hothouse Flowers, The Black Crowes, Melissa Etheridge, INXS und andere). Daß man Cohens Auftritt zwischen die von Brian May, Melissa Etheridge und diversen Heavy-Bands plaziert hatte, erwies sich jedoch als Fehlentscheidung. Die Kölnische Rundschau bemerkte richtig: »Cohen fand unter all den Metal-Freaks wenig Freunde. Dabei hatte er eine unschlagbare Band hinter sich und weit mehr drauf als melancholisches Geplänkel. Er unternahm gar Ausflüge in den Blues-Rock und offerierte eine tolle Version von ›First We Take Manhattan‹« (Kölnische Rundschau). Auch Cohen selbst erkannte rasch, daß seine leisen Töne in diesem Rahmen fehl am Platze waren, und konterte mit ungewohnt rockigen Versionen seiner Songs, wie man sie aus den Solo-Konzerten bis dato nicht kannte. Doch auch dieses Entgegenkommen fand bei den vorwiegend jugendlichen Open Air-Besuchern wenig Anerkennung. Gut die Hälfte des Publikums reagierte auf den knapp 50minütigen Auftritt, der insgesamt zehn Songs, darunter auch »Suzanne«, umfaßte, mit Ignoranz.

»Wer hätte gedacht, daß es mal ein Open Air Festival geben würde, und die Sonne scheint, und Cohen singt ›Suzanne‹, und die Hälfte pfeift . . .«, fragte sich der Kritiker des Kölner Stadt-Anzeiger. Marek Lieberberg ließ es sich als Mitveranstalter des Festivals nicht nehmen, nach dem mit Pfiffen bedachten Auftritt die Bühne zu betreten, um einen Appell an das Publikum zu richten. Er erinnerte an die jüngsten Anschläge von Neonazis in Mölln und Solingen und mahnte zur Toleranz gegenüber einem Mann, der sich stets gegen solche Gewaltaktionen ausgesprochen hatte. Backstage fand Cohen Trost bei seiner Freundin Rebecca de Mornay und seiner Tochter Lorca, die inzwischen abwechselnd in L.A. und Paris lebte, ihn auf dieser Tour etappenweise begleitete und auch dieses Konzert verfolgt hatte. Auch Musikerkollegen wie der INXS-Sänger Michael Hutchence bekundeten im Gespräch mit dem Autor ihre Verehrung für Cohen.

Leonard Cohens Europa-Tournee von 1993, die erste ohne einen Abstecher nach Israel, endete am 30. Mai in Wien mit einem Auftritt auf dem zweitägigen Open Air Festival »Rock auf der Donau-Insel«, dem Pendant zum deutschen »Rock Am Ring«. Das Konzert im Ernst-Happel-Stadion bestand aus neun Songs: »First We Take Manhattan«, »Ain't No Cure For Love«, »Dance Me To End Of Love«, »There Is A War«, »The Future«, »Bird On The Wire«, »Everybody Knows«, »Closing Time« und »Democracy«.

Das Fazit der World-Tour 1993: Fünf *Future*-Songs (»Anthem«, »Closing Time«, »Democracy«, »The Future« und »Waiting For The Miracle«) hatte Cohen live vorgestellt; den Bibeltext »Wither Thou Goest« hingegen nur zweimal vorgetragen, in Berlin und in Frankfurt. Vielen Songs hatte er eine Einleitung vorangestellt, indem er aus ihren ersten »offiziellen« sowie aus bislang unveröffentlichten Strophen zitierte. So präsentierte er in München, London, Philadelphia, Stockholm, Konstanz, Frankfurt, Detroit, Boston und Toronto jeweils einen oder mehrere der folgenden unpublizierten Verse aus »Democracy«:

It ain't coming to us European style
Concentration camp behind the smile
It ain't coming from the East
With its temporary feast
As Count Dracula comes strolling down the aisle

And I know your baby's missing
But we sighted her today
She was cleaning her machine-gun
Democracy is coming to the U.S.A.

It ain't comin' from the beauty of her face
As she stands so tall above the blackened waves
From the shining of her brow
As she renews her solemn vow
To liberate the energy of slaves

From the eye above the pyramid
In the dollar's cruel display
From the law behind the law
We still obey
Democracy is coming to the U.S.A.

First we killed the Lord and then we stole the blues
These gutter people always in the news

But who really gets to laugh
Behind the black man's back
When he makes his little crack about the Jews

Who really gets to profit
And who really gets to pay
Who gets to ride the ship
Right into Charleston Bay
Democracy is coming to the U.S.A.

Während seines Konzerts am 6. Mai 1993 in Kopenhagen trug Cohen darüber hinaus noch eine weitere unbekannte Strophe vor:

From the church where the outcasts can hide
From the mosque where the blood is dignified
Like the fingers on your hand
Like an hour-glass of sand
We can separate but not divide

Zwei der insgesamt 29 Songs, die Cohen auf seiner Europa-Tournee vorgestellt hatte, spielte er während der insgesamt 37 Konzerte umfassenden Tournee auf dem nordamerikanischen Kontinent nicht: »I Can't Forget« und »If It Be Your Will«. Die Tour, die am 5. Juni in Kitchener startete, führte ihn bis zum Schlußkonzert am 30. Juli in Victoria zweimal quer durch die USA und Kanada (siehe Anhang II: »Leonard Cohen On Stage«). Die Kritiken fielen ebenso positiv aus wie zuvor in Europa. »*Vital sounds from a voice of wisdom*«, kommentierte die Los Angeles Times den Auftritt vom 5. Juli, und die Montrealer Gazette stellte fest: »Leonard Cohen comes home«.

Nichts anderes als ein solches Willkommen hatte Leonard Cohen nach seinem jahrzehntelangen Erfolg in der Alten Welt und ebenso lang andauernder Ignoranz durch die Neue Welt verdient. Nachdem ihm schon am 16. Juni 1992 ein weiterer Ehrendoktortitel, diesmal von seiner alten McGill University, verliehen worden war, nahm er am 21. März 1993 in Toronto den Juno Award als bester männlicher Sänger sowie weitere Auszeichnungen wie etwa einen Juno Award für das beste Video des Jahres (»Closing Time«) entgegen. Am 26. November 1993 empfing er darüber hinaus – in Smoking und Fliege und mit nahezu kahl rasiertem Kopf, was ihm beinahe das Aussehen eines Zen-Mönchs verlieh –, den mit 10 000 Dollar dotierten »Governor General's Performing Arts Award« für seine Verdienste um die Musik Kanadas. In der Laudatio hieß es: »Er gilt als der berühmteste Kanadier der Welt. Richtiger wäre, ihn als den bekanntesten Kanadier zu bezeichnen, da er uns wie kein anderer tief in seine Seele, tief in die menschliche Seele und damit tief in *unsere* Seele blicken läßt. Er ist auf der ständigen Suche nach der Wahrheit seines eigenen, unseres Seins und erweist sich damit im wahren kosmopolitischen Sinn als Weltbürger. Manchmal ist er zwar etwas melancholisch, dafür aber oft sehr sexy.« Perla Batalla und Julie Christensen, seit zwei Tourneen Leonard Cohens Backup-Sängerinnen, trugen für ihn an diesem Abend zu Chor- und Orchester-Begleitung »Ring The Bells« vor. Die kurz zuvor, am 13. November, erfolgte Veröffentlichung des Buches *Stranger Music* rundete für Cohen das Erfolgsjahr 1993 ab.

Interessant sind in diesem Zusammenhang noch zwei Eigentümlichkeiten, die seit Leonard Cohens ersten Auftritten in der Öffentlichkeit von Album zu Album und von Tournee zu Tournee gleichblieben: zum einen die Tatsache, daß jedes neue Lebenszeichen Cohens von den Medien als »Comeback« gewertet wurde, zum anderen sein Umgang mit Journalisten. Im Gegensatz zu Bob Dylan, der bereits in D. A. Pennebakers Filmporträt *Don't Look Back* von 1967 gezeigt hatte, wie ernst oder vielmehr wenig ernst er Journalisten nahm, und der Pressegespräche schon seit vielen Jahren verweigerte, machte sich Cohen über die Medien eher lustig, indem er seit 1988 auf seine »Amnesie« verwies. Nahm Cohen in Amerika Anstoß an der ihm zunächst entgegengebrachten Ignoranz und der fortgesetzten zynischen Klischeebildung (in Amerika war neben bereits erwähnten Äußerungen dieser Art des öfteren zu lesen, daß man Leonard Cohen nur hören könne, wenn die Sonne scheint), so störten ihn in Europa trotz der Erfolge, die er dort feierte, die ewig wiederkehrenden Fragen nach seinem Image als »melancholischer Poet« und »Frauenschwarm«. Aber Leonard Cohen wußte stets zu unterscheiden zwischen Journalisten, die sich mit ihren Fragen als Kenner seines Werks auswiesen, und solchen, die fünf Minuten vor einem Interviewtermin gerade noch mal in ein Presse-Info geschaut hatten. Ersteren begegnet er bis heute auskunfts- und diskussionsfreudig; letztere speist er mit diplomatischen, aber plakativen Antworten ab, die ebenso nichtssagend sind wie die gestellten Fragen. Darüber hinaus macht Cohen einen Unterschied zwischen englisch- und nicht englischsprachigen Journalisten; was letztere betrifft, so ist nicht selten festzustellen, daß er sich über ihre Präsenz wundert.

Die bislang peinlichsten TV-Interviews mit Leonard Cohen waren wohl die des WDR und des ORF in den Jahren 1988 und '93. »*Are you alright?*« erkundigte sich beispielsweise ein WDR-Journalist, und Cohen antwortete mit einem lapidaren »*Yes*«. Daraufhin übte sich der Interviewer im Übersetzen: »Ja, er ist o.k., das heißt, dem Konzert steht nichts im Wege.« Damit nicht genug, entwickelte sich zwischen Cohen und einem WDR-Moderator kurz vor dem Kölner Konzert am 10. April 1988 mit folgendem live gesendeten Dialog das wohl aussagekräftigste Interview dieser Tournee. »Was mich schon immer interessiert hat: What do you think about rock'n'roll?« Cohen: »*It's a good life.*« Moderator: »Äh, something else?« Cohen: »*It's a good life and I'm happy to be able to play it and I'm happy to be considered in the family of rock'n'roll.*« Moderator: »Äh, also, er äußert sich eigentlich recht gut über Rock'n'Roll, aber er macht halt keinen, er macht lieber lyrische Musik.« Um dem Leser den Großteil des denkwürdigen Gesprächs zu ersparen, sei nur noch die letzte Frage zitiert: »Möchten Sie jemanden grüßen?« »*Ja, meine Mutter*«, erwidert Cohen und läßt den Moderator wissen, daß sie bereits seit Jahren tot ist. Eine ähnliche Glanzleistung bot ein ORF-Reporter, der Cohen während eines live übertragenen TV-Interviews mit Fragen wie diesen konfrontierte: »You sing not only songs, you write books also, so you are a bookwriter, too. What's about that, Mr. Leonard Cohen?«

Kein Wunder also, daß sich Leonard Cohen immer öfter auf seine Amnesie hinausredete. Wie es in Wahrheit um sie bestellt ist, zeigt ein internationaler Pressespiegel, der erkennen läßt, daß sich die Fragen verschiedener Journalisten nicht selten bis aufs letzte Komma gleichen und daß sie von Cohen mehr oder weniger ausführlich, immer jedoch ehrlich und manchmal sogar auf recht intime Weise beantwortet werden. So erfuhr man in drei von Bob Harris, Pete Frame und Johnnie Walker auf vorbildliche Weise geführten BBC-Interviews vom Sommer 1993 beziehungsweise '94 manches über seine ehemaligen Lebensgefährtinnen Suzanne und Marianne, was er in anderen Gesprächen unter Hinweis auf seine Amnesie verschwiegen hatte.

Zum Bedauern vieler seiner Anhänger ist Leonard Cohen von Bootleggern bis heute weitgehend ignoriert worden. Er selbst hat nur zwei Live-Alben herausgebracht (*Live Songs*, 1973; *Leonard Cohen Live In Concert*, 1994) und bis heute sind unter Sammlern nur 22 inoffizielle Veröffentlichungen bekannt, von denen allein neun denselben Auftritt (Zürich, 21. Mai 1993) dokumentieren und eine, *Leonard Cohen – Live In Los Angeles 1993*, kein »richtiges« Bootleg darstellt (vgl. Anhang I: »Bootlegs«).

Gemessen daran, daß sich Bob Dylans legendäres Piratenalbum *Great White Wonder* bis heute angeblich knapp eine halbe Million mal verkauft hat, nimmt sich die Cohenmania auf dem Schwarzmarkt bislang eher bescheiden aus. Wie Leonard Cohen selbst, so arbeiten auch seine Bootlegger offenbar langsam.

Die ersten beiden Cohen-Bootlegs tauchten jedoch bereits in den 70er Jahren auf. *Sincerely, A Friend* ist seit langem vergriffen und enthielt einen Mitschnitt des Glasgow-Konzerts vom 19. März 1972; *Live In Montreux* dokumentierte einen Auftritt aus dem Jahr 1976. Ein weiteres Bootleg (*Leonard Cohen At The Beeb*), das allerdings erst 1993 veröffentlicht wurde, basierte auf einer Radiosendung der BBC aus dem Jahre 1968. Das Besondere an diesem Live-Dokument war, daß Leonard Cohen bereits hier eine zusätzliche Strophe seines Klassikers »So Long, Marianne« vortrug, die seither nur noch äußerst selten zu hören gewesen ist:

If you leave, where will I keep you then?
In my heart as some men say
And I who was born to love everyone
Why should I keep you so far away?

© *Leonard Cohen*

Am 6. April 1972, während seiner »Bird On The Wire«-Tour, sang Cohen eine weitere bislang unbekannte Strophe des in den 60er Jahren entstandenen Songs. Erst 21 Jahre später, am 17. Juni 1993, trug er sie im O'Keefe Centre von Toronto erneut vor:

Oh your eyes, well, I forget your eyes
Your body's at home in every sea
How come you gave away your news to everyone
That you said was a secret for me

© *Leonard Cohen*

Obwohl aus den von den damaligen Leonard Cohen-Fanclubs (siehe Anhang II) archivierten Listen hervorgeht, daß auch aus dieser Zeit eine Vielzahl von Konzertmitschnitten existiert, kam erst 1985 ein neues Bootleg auf den Markt. Das Vinyl-Doppelalbum *Songs Of A Serious Old Man*, dessen weißes Cover ein Pressefoto von Leonard Cohen ziert, dokumentierte ebenso wie das angeblich nur in Polen erhältliche *Poland Album* zwei Konzerte der »Various-Positions«-Tournee von 1985. Auch von der

'88er »I'm Your Man«-Tour sind bis heute nur zwei »inoffizielle« Mitschnitte veröffentlicht worden, die Doppelalben *I'm Your Live Man* und *Warm Reception*. Ein 1991 in der Serie »Super Golden Radio Shows« erschienenes Album, laut Cover-Information die Aufzeichnung eines New Yorker Konzerts, enthielt in Wahrheit einen Mitschnitt von Cohens Auftritt in der ZDF-Reihe »Rock Pop Special« (1979).

Erst 1992 und 1993 holten die Cohen-Bootlegger auf. Die CDs *Diamonds In The Minefield* und *Heart Housed In Thorn-Bush* dokumentierten, wenn auch mit unterschiedlicher Songfolge, ein und dasselbe Konzert aus Montreux im Jahr 1985. Ähnlich erging es dem Sammler mit den Alben *First We Take Manhattan, The Presence* und *The Ladies' Man In Concert, No Cure For Love, For The Love Of Cain (Vols. I & II), The Housewife, The Referee And The Undertaker, Leonard Cohen Zürich '93* und *Greatest Hits Live '93*; die vom Veranstalter Ernst Buchmüller arrangierte Live-Übertragung des Züricher Cohen-Konzerts vom 21. Mai 1993 im Schweizer Rundfunk hatte gleich acht verschiedene Hersteller angelockt. Aber Vorsicht: sich alle Versionen zuzulegen, empfiehlt sich nur für ganz Hartgesottene, denn die Aufnahmen sind bis auf wenige Sekunden identisch. Nur dem, der Spaß an neun nahezu völlig gleichen Alben, nicht sonderlich attraktiven Covern und einer nicht immer authentischen Set List hat, sei die Anschaffung ans Herz gelegt. Übrigens wurden sämtliche Züricher Bootlegs aller Wahrscheinlichkeit nach nicht von den Master-Bändern gezogen, was auf deren gute Qualität schließen läßt. (Je ein Master-Tape befindet sich im Besitz von Ernst Buchmüller und Cohens Managerin Kelly Lynch.) Daß auf allen Alben zwischen den einzelnen Songs ausgeblendet wird, erklärt sich daraus, daß die ihnen zugrundeliegende Rundfunkübertragung zahlreiche Jingles enthielt.

Empfehlenswerter als die oben genannten Bootlegs ist *Above The Soul*, ein von Aufmachung und Inhalt her sehr attraktives Album, das den Mitschnitt eines Warm-up-Konzerts aus Los Angeles für die »The Future«-Tour bietet. Zu warnen ist hingegen vor *The Last Of The Bohemians*, einem als »Live in Athens 1988« angepriesenen Produkt, das lediglich die Songs aus dem offiziellen Video »Songs From The Life Of Leonard Cohen« (1988) und zusätzlich einige Schnipsel aus der »Super Golden Radio Show« enthält.

Im Gegensatz zu vielen anderen Künstlern hatte Leonard Cohen laut eigener Aussage nie etwas dagegen, daß Fans seine Konzerte für ihren eigenen Gebrauch mitschnitten. Er selber wollte den Markt nie mit Live-Alben überschwemmen; trotzdem gab er schließlich dem Wunsch nach einem zweiten offiziellen Live-Album nach und veröffentlichte am 28. Juni 1994 *Leonard Cohen Live In Concert*, das folgende Songs enthielt: »Dance Me To The End Of Love«, »Bird On The Wire«, »Everybody Knows«, »Joan Of Arc«, »There Is A War«, »Sisters Of Mercy«, »Hallelujah«, »I'm Your Man«, »Who By Fire«, »One Of Us Cannot Be Wrong«, »If It Be Your Will«, »Heart With No Companion«, »Suzanne«.

Cohen Live, wie er selber das Album nennt, umfaßte nicht nur Aufnahmen von seiner letzten Tournee; fünf Songs stammten von der »I'm Your Man«-Tour 1988.

Der Grund dafür ist, daß ich auf diese Weise eine größere Auswahl aus den beiden letzten sehr erfolgreichen Tourneen hatte. Außerdem haben beide Tourneen einiges gemeinsam: Die Band bestand 1993 mit Ausnahme von Stephen Zirkel, Tom McMorran und John Bilezikjian aus der gleichen Besetzung. Der Stil der Musik hat sich bis auf einige rockigere Klänge und meiner tiefer gewordenen Stimme nicht geändert. Und was von großer Bedeutung für mich ist: es dokumentiert die zwei vorigen Kapitel meiner Karriere. Wer weiß schließlich, wann ich die nächste Tournee bestreite! Wie du weißt, benötige ich allein für das Schreiben von Songs drei bis vier Jahre. – Jetzt bin ich sechzig. Bevor ich 65 bin, wird es also sicher keine Tournee mehr geben, betont Leonard Cohen, der schon seit *I'm Your Man* an keinen Vertrag mehr gebunden ist, der ihm Termine vorschreibt.

Was das neue Live-Album nach Cohens Meinung darüber hinaus auszeichnet, ist seine technische Ausgereiftheit. *Gegenüber dem Live-Album von 1973 hat sich einiges getan. Mit* Cohen Live *ist uns eine wirklich gute Arbeit auf einem hohen technischen Niveau gelungen, das nicht viele andere Live-Alben aufweisen können. Außerdem sind der Gesang und die Musik perfekt. Das Album ist eine hervorragende Momentaufnahme, ein gewisser Schlußpunkt hinter einer bestimmten Geschichte.*

Daß acht der dreizehn Songs in Kanada (Toronto, Vancouver), drei in den USA (Austin) und nur zwei in Europa (San Sebastian, Amsterdam) aufgenommen worden sind, hat, wie Cohen erklärt, *nichts mit einer Vorliebe für bestimmte Länder oder irgendwelchen Vorgaben von seiten der Plattenfirma zu tun. Die Auswahl der Songs lag ausschließlich bei uns. Dennoch unterlagen wir bei der Zusammenstellung gewissen Beschränkungen. Wir sind ja keine »große« Band, die es sich erlauben kann, eine ganze Tournee aufzunehmen, um anschließend aus der Fülle des Materials zu schöpfen. Wir haben uns also schon im voraus Gedanken darüber gemacht, wo eine gute Live-Atmosphäre zustande kommen könnte, auch wenn das nicht unbedingt voraussehbar ist. Das Publikum unterscheidet sich immer, das Umfeld ändert sich von Ort zu Ort – das Klima, die Halle, alles. Das Publikum selbst hat man nie im Griff. Ein weiterer Aspekt bei der Songauswahl war, dort aufzunehmen, wo es für uns und die Plattenfirma technisch und finanziell möglich war, unter besten Bedingungen zu arbeiten. Daß Kanada bevorzugt worden ist, liegt also nicht nur daran, daß es meine Heimat ist und daß uns das Publikum dort äußerst freundlich empfängt. Glaub mir, wir hätten gerne überall aufgenommen!*

Egal jedoch, wo Leonard Cohen aufgenommen hätte, es wären wohl überall hervorragende Live-Dokumente entstanden, wie die bereits zitierten Konzertkritiken belegen. Ebenso positiv wie diese fielen auch die *Cohen Live*-Rezensionen aus. »Sauber produziert, ohne vordergründige Effekte – und immer noch erfrischend eigenwillig«, urteilte beispielsweise die deutsche Zeitschrift Audio. Der amerikanische Journalist Paul Williams widmete dem Album in der Nr. 7 (Winter 1995) seines Magazins New Crawdaddy sogar eine dreiseitige Besprechung, die er mit einer auf Cohen bezogenen Frage des Dichters Allen Ginsberg einleitete: »*What's a poet? (What's a rock star?)*« Zunächst erklärte Williams, daß ihm das Album gefiel, ». . . weil es einfach ein Vergnügen ist, Cohen zuzuhören«. Anschließend stimmte er eine ausführliche Lobeshymne auf Leonard Cohen an, in der er unter anderem richtig bemerkte, daß dessen Live-Performances etwas »Schauspielerisches« anhafte und Cohen, anders als etwa Dylan, von einem Song zum anderen in immer neue Rollen schlüpfe.

Im Rahmen der bereits in der Einleitung dieses Buches erwähnten knapp zweiwöchigen Promotionreise durch Europa, die Leonard Cohen im Jahr 1994 unternahm, gelang es dem ambitionierten Musikjournalisten und Miteigentümer der Hamburger Presseagentur Public Adress, Günther Rammoser, eine originelle Gesprächskonstellation herzustellen. Den Wunsch des Sisters of Mercy-Leaders Andrew Eldritch, »einmal einen Nachmittag mit Leonard Cohen zu verbringen«, erfüllte er, indem er am 28. Juni ein circa einstündiges Treffen in Cohens Hamburger Hotel arrangierte. Die deutsche Musikzeitschrift Zillo, die das Gespräch in ihrer Januar-Ausgabe 1995 exklusiv veröffentlichte, sprach im redaktionellen Vorspann von der Begegnung »zweier Persönlichkeiten, die beide Protagonisten ihrer jeweiligen Ära sind. Zwei herausragende Musiker, die auf den ersten Blick scheinbar wenig verbindet, die sich dennoch näher stehen, als sie vorher vielleicht selbst glaubten.« Ursprünglich hatte Rammoser vorgehabt, das Treffen zwischen Andrew Eldritch und Leonard Cohen auch filmen zu lassen, doch leider scheiterte der Plan. Die nachfolgende, vom Autor leicht überarbeitete und bislang unveröffentlichte Wiedergabe des Gesprächs beruht auf einer von Günter Rammoser und Andrew Eldritch für dieses Buch freundlicherweise zur Verfügung gestellten Version.

Eldritch: Ich habe es sehr unverständlich gefunden, daß sich George Michael so aufregt, daß er nur 13 Millionen Dollar hat statt 74 Millionen oder weiß der Teufel, wieviel es genau war. [Anm. des Autors: Eldritch spielt auf den Rechtsstreit zwischen dem Ex-Wham-Sänger und der Plattenfirma Sony Music an.]

Cohen: Ich glaube, er spielt in der obersten Liga, was die Leute angeht, mit denen er zu tun hat, weißt du? Irgendwann fängt man halt an, sich Gedanken zu machen.

Eldritch: Klar, aber wenn du mit der Princess of Wales abhängst, sind doch solche Beträge nur Peanuts.

Cohen: Stimmt. Aber ich glaube, insgeheim haben viele von uns gehofft, daß er den Prozeß gewinnen würde.

Eldritch: Das hätte das komplette Chaos bedeutet. Ich bin kein Fan von Chaos. Ich bin einer von den Typen, die den kalten Krieg irgendwie gemocht haben. Hat es dir nicht ein bißchen leid getan, als die Mauer fiel?

Cohen: Auf einer meiner Platten heißt es: »*Give me back the Berlin wall, give me Stalin and St. Paul. Give me Christ or give me Hiroshima*«. Das ist meine Position auf dieser kleinen Promotion-Tour gewesen: die Rückkehr zur Ordnung. Nun, natürlich hast du die gleiche Einstellung in bezug auf deine Arbeit und die Gestaltung deiner Alben. Ich würde es als eine Art von rechtsgerichtetem Narzißmus bezeichnen. Es ist keine linke Perspektive und auch keine anarchistische Sichtweise.

Eldritch: Ich weiß nicht. Ich glaube, es ist eher eine Person, die ziemlich gern ein Anarchist wäre, aber einfach nicht weiß, wie man von hier aus dorthin kommt, und die die Welt, so wie sie ist, auch nicht unbedingt toll findet.

Cohen: Du bist dir ziemlich im klaren darüber, wer du bist . . .

Eldritch: Na ja, ich weiß nicht so recht. Es ist interessant zu erfahren, wie es auf den Platten rüberkommt.

Cohen: Ich würde sagen, es ist eine Art von mystischem, »gutmütigem« Faschismus, aber nicht frei von jeglichem politischen Interesse.

Eldritch: Ich denke, das ist sicher die Ästhetik, die dahintersteht. Es ist wie »Wenn die Bombe toll aussieht, dann mach sie nicht kaputt!« Es ist diese Art von Einstellung.

Cohen: Vor allem in der zweiten Hälfte des 20. Jahrhunderts ist es absurd, nicht zu versuchen, zu trennen und klar zu definieren, daß man verschiedene Einstellungen zu ethischen und ästhetischen Fragen haben kann. Die »Bombe« ist eine schlimme Sache, aber wenn sie toll aussieht, mußt du zumindest zur Kenntnis nehmen, daß sie toll aussieht. Und wenn sie nun mal existiert, kannst du auch nichts mehr daran ändern; und wenn alle dabei draufgehen, kannst du auch nichts daran ändern. Also kannst du dich genausogut auf die Straße stellen und sagen: »Hey, das sieht verdammt toll aus!« Tja, ich mag nun mal die Pfadfinder . . .

Eldritch: Wie bitte?

Cohen: Im Vergleich zur Hitlerjugend! Aber ich finde, die Pfadfinder sollten bessere Uniformen haben.

Eldritch: Dann wären sie genauso gefährlich. Und sie sind ja tatsächlich auch die Vorläufer der Hitlerjugend gewesen. Sind sie nicht von denselben Typen erfunden worden, die sich auch die Konzentrationslager in Südafrika ausgedacht haben?

Cohen: Ich glaube, jeder hat ein oder zwei Leichen im Keller.

Eldritch: Also, für meinen Geschmack ist die Erfindung des Konzentrationslagers eine ziemlich große Leiche. Es ist nicht unbedingt das, was man gerne in seinem Lebenslauf stehen haben würde. »Was machst du denn so?« »Na ja, ich habe drei oder vier Alben gemacht und das Konzentrationslager erfunden.« Es ist nicht gerade die Art von Bemerkung, die man in einer Unterhaltung fallenläßt, oder?

Cohen: [lacht] Das ist eine großartige Vorstellung.

Eldritch: Auf deinen Platten zeigt sich eine sehr alttestamentarische Auffassung von Rechtschaffenheit und Gerechtigkeit. Oft scheinst du Dinge zu glorifizieren, die einem unter ethischen Gesichtspunkten nicht unbedingt einleuchten, aber in ästhetischer Hinsicht einfach glorios sind.

Cohen: Das ist schön formuliert. Aber ich möchte dich bitten, nicht deutlicher zu werden, es sei denn, du willst mein Selbstvertrauen zerstören.

Eldritch: Darum bin ich hier. Nehmen wir nur mal die Geschichte von Isaak!

Cohen: Das ist lange her, sehr lange. »*The man of peace, the man of war, the peacock spreads his fan.*« [»Der Mann des Friedens, der Mann des Kriegs/der Pfau schlägt sein Rad.«]

Eldritch: Es steckt ein Gefühl von Freude in der ganzen Geschichte, ein Gefühl von Vergnügen, das da vielleicht gar nicht sein sollte.

Cohen: Es gibt Standpunkte, die sogar extrem reizvolle und tröstliche ethische Positionen unterhöhlen.

Eldritch: Ich habe auf einer Platte gesagt: »*I don't necessarily agree to everything I think.*« [»Ich stimme nicht unbedingt mit all dem überein, was ich denke.«] Das ist wahrscheinlich der gleiche Standpunkt.

Cohen: Ich habe einmal ein Statement mit ähnlichem Widerrufscharakter abgegeben: »*I'm deeply disinterested in my own opinions.*« [»Ich bin zutiefst desinteressiert an meinen eigenen Meinungen.«]

Eldritch: Wenn du eine Meinung oder einen Gedanken über irgend etwas hast, hast du dann das Gefühl, daß dabei immer ein Songwriter hinter dir steht und dich beobachtet?

Cohen: Nicht wirklich. Ich stecke nicht sehr tief in dieser Haut, dieser Songwriter-Haut. Manchmal trage ich sie wie eine Arbeitskleidung. Aber sie ist mir nicht ins Fleisch eingewachsen; sie repräsentiert nicht meine eigentliche Position.

Eldritch: Tust du so was wie »Zu Hause lachen, in der Öffentlichkeit weinen«?

Cohen: Eigentlich fühle ich mich mit mir selbst immer ziemlich identisch. Und du?

Eldritch: Wenn ich mich dabei erwische, daß ich so etwas tue – und ich erwische mich ständig dabei! –, dann ist es nie so unverfälscht und echt, wie es sein sollte. Innerhalb eines Sekundenbruchteils steht jemand hinter mir und beobachtet mich.

Cohen: Das einzige Mal, daß ich so etwas getan habe – und auf ziemlich feindselige Weise –, war zu einer gewissen Zeit in den frühen Siebzigern, als ich anfing, in Interviews sehr heftig über Drogen zu wettern, und mich zu selben Zeit dabei ertappte, daß ich immer mehr Drogen nahm. Ich betrachte mich ja nicht unbedingt als Songwriter. Ich schreibe zwar viele Songs, aber ich sehe es eher als Arbeit – »Arbeit« im Sinne des üblichen Begriffs. Es ist ein Job mit all den Widersprüchen, die jeder in seinem Job erfährt. Du mußt ihn machen, du machst ihn gern, du machst ihn nicht gern, aber du mußt dir deinen Lebensunterhalt verdienen.

Eldritch: Aber du mußt doch für deinen Lebensunterhalt bestimmt nicht mehr arbeiten.

Cohen: Doch, das muß ich wirklich. Dies ist das erste Mal in meinem Leben, daß ich nicht unbedingt ins Schwitzen gekommen bin. Aber meine Platten verkaufen sich nicht *so* toll! Außerdem hat man mich ein paarmal ziemlich abgezockt. Mir sind Copyrights gestohlen worden – laß es mich so ausdrücken! Die Rechte an »Suzanne« zum Beispiel hatte ich für ungefähr zwanzig Jahre verloren; ich habe sie erst kürzlich zurückbekommen. Also habe ich mir von Zeit zu Zeit Gedanken darüber machen müssen. Und was ist mit dir? Wie alt bist du?

Eldritch: 34, aber eigentlich erst knapp 20. Ich habe eine sehr späte Jugend gehabt. Ich glaube, als ich 19 wurde, dachte ich: »Hey, ich hab's geschafft, und es ist toll!« Darüber bin ich eigentlich nie wirklich hinausgekommen. Ich stecke immer noch in der Phase eines hinausgezögerten Erwachsenwerdens. Anders wäre es auch sehr schwer für mich, diesen Job zu machen.

Cohen: Du bist noch immer im Geschäft?

Eldritch: Ja. Manchmal muß man halt für das, was man inhaltlich sagen will, eine neue Form finden. Du selber hast eine sehr kunstvolle, spielerische, beinahe weibliche Herangehensweise. Du schaffst es über deine Texte. Aber du kommst ja auch aus einer Zeit, in der die Leute den Texten noch mehr Aufmerksamkeit geschenkt haben. Vielleicht war es eine Zeit, in der die Leute gebildeter waren und von der populären Musik noch »Aussagen« erwartet haben. Ich bin mir nicht sicher, ob sie das heute noch tun. Ich muß diese Lederhose und diese komischen Hemden tragen. Aber ich mache das gern. Es ist meine Art, das zu tun. Und es ist etwas, das diesem verzögerten Erwachsenwerden sehr entspricht. Wohingegen du die besseren Formulierungen und die besseren Satzmelodien hast!

Cohen: Es ist nett von dir, daß du das sagst.

Eldritch: Na ja, es ist schwer, nett zu sein, weil es ja inzwischen schon gar kein treffendes Wort mehr dafür gibt. Und das ist auch ein Teil des Problems. Das meine ich, wenn ich von einer Zeit rede, in der das nicht mehr gewürdigt wird. Es gibt kein richtiges Wort für die Art von Witz und Humor, die sich auf deinen Platten findet.

Cohen: Ich bin wirklich froh, daß wir die Gelegenheit haben, miteinander zu sprechen, weil ich deinen Standpunkt nicht kenne. Es ist anregend. Aber du sprichst über die Vergangenheit. Die meisten dieser Sachen gibt es gar nicht mehr.

Eldritch: Sogar über Isaak weiß niemand mehr Bescheid.

Cohen: Deshalb würde ich die Geschichte von Isaak auch nie mehr verwenden.

Eldritch: Ich bin immer einer von den Leuten gewesen, die nie verstanden haben, wieso sein Name im Titel auftauchen mußte. Es war doch so offensichtlich, und es wäre viel cooler gewesen, die Geschichte sich selber entwickeln zu lassen, bis es am Ende klargeworden wäre. Das wäre irgendwie besser gewesen. Aber das war nicht einmal damals mehr möglich. Heute müßtest du die Bibel gleich auf dem Cover abdrucken.

Cohen: Damals haben die Leute gesagt: »Jemand, der all diese Bibelzitate verwendet, muß ein religiöser Mensch sein.« Ich habe die Bibelzitate nur benutzt, weil es alles Geschichten waren, die jeder gekannt hat. Aber heute, wo niemand mehr diese Geschichten kennt, würde ich nie mehr auf sie zurückgreifen.

Eldritch: Es ist auch ein sprachwissenschaftliches Problem, besonders für mich als Engländer. Man wächst mit der King James-Ausgabe der Bibel auf. Es ist das beste Buch, das wir je gehabt haben.

Cohen: Daher die kahle, eisige Perspektive, aus der du singst . . .

Eldritch: Ich weiß nicht, was du gehört hast, aber vielleicht war es nicht ganz repräsentativ.

Cohen: Ich habe deine »Best Of« gehört und über die Jahre den einen oder anderen Song. Ich mag deine Stimme. Ja, ich mag deine Musik.

Eldritch: Sie ist nicht unbedingt das, was man Leonard Cohen zuschicken würde. Die Furcht vor Zurückweisung!

Cohen: Mein Gott, ich habe schon so lange mit keinem Intellektuellen mehr gesprochen! Du hast wirklich ein paar Ideen, und du bist 35! Du hast also, denke ich mal, viel mehr Kontakt als ich zu den Leuten, die in ihrem Leben noch reagieren werden, die den Laden mal übernehmen werden. Sie haben ja den Laden am Ende noch immer übernommen, ungeachtet, welche Positionen sie vertreten. Was, denkst du, werden sie tun?

Eldritch: Ich tue einfach, was *ich* tue. Aber ich glaube nicht, daß die Leute wirklich zuhören. Sie wählen irgendeinen Typen mit Dauerwelle und Schrotflinte.

Cohen: Der Song vom »*motherfucker in the motorcade* [Arschloch im Autostau]«?

Eldritch: Das war die beste Beschreibung für die Politik Amerikas, die ich je gehört habe.

Cohen: Das war auch wirklich gut, das ging ins Ohr.

Eldritch: Für deine Song-Arrangements benutzt du manchmal diese süßlichen Mädchenstimmen . . .

Cohen: In meiner mißlichen Lage bin ich normalerweise so ungeschützt. Sobald ich ins Studio gehe, habe ich das Bedürfnis, diese Sängerinnen dabeizuhaben. Es heitert mich einfach ein bißchen auf. Inzwischen verschafft mir das kein sehr viel besseres Gefühl mehr. 50 000 Zigaretten später ist ein wenig Erfahrung in der Stimme, die ich tolerieren kann. Aber es gab Zeiten, wo ich den Klang meiner Stimme nicht ertragen konnte, wenn nicht drumherum ein paar Frauen sangen. Wenn die Frauen sangen, passierte etwas anderes, und es war okay. Es war ein Platz, an den sie hingehörten.

Eldritch: Es war also kein Versuch, das »Süß-Sauer-Ding« zu übertreiben?

Cohen: Ich glaube, es war nur eine andere Art, das Süß-Saure zu betrachten. Es ist eine Art zu kochen, auf die ich nie schwören würde, die ich aber immer wieder sehr gerne mag. Wenn mich jemand fragen würde »Was ist deine Lieblingsart, Essen zuzubereiten?«, würde ich nie »süß-sauer« antworten. Aber eigentlich stehe ich total auf süß-sauer.

Eldritch: Wenn man zum Beispiel ein Wort wie »Motherfucker« singt, ist es viel besser, wenn das ein süßes Mädchen mit einem zusammen singt.

Cohen: Ja, aber ich würde das Wort »Motherfucker« nie benutzen, ebenso wie ich auch nie eine Standard-Blues-Nummer gemacht habe . . .

Eldritch: Aber wenn man einen Song über George Bush schreibt, kommt man eventuell nicht drumherum. Vielleicht sollten wir mehr Songs über Motherfucker schreiben.

Cohen: »Motherfucker« ist für mich ein schwarzes Wort. Ich würde es nie benutzen und auf die Bühne gehen und singen und so tun, als wäre ich ein schwarzer Blues-Sänger oder etwas Ähnliches. Ich denke einfach, daß es verschiedene Bereiche gibt. Wenn man Engländer ist – bist du Engländer? –, dann ist es ein total anderes »Motherfucker«.

Eldritch: Es klingt aber immer noch sehr seltsam aus einem englischen Mund, finde ich.

Cohen: Aber es ist trotzdem eine großartige Textzeile. Du hast sie gebracht, das ist alles, was zählt.

Eldritch: Weißt du, wonach ich jedesmal strebe, wenn ich Frauen dabei habe, damit sie das Süße zum Sauren meiner Stimme sind? Nach dem Refrain von »The Partisan«.

Cohen: Deine Frauen klingen opernhafter als meine . . .

Eldritch: Es ist schwierig, das Wahre zu finden, gute Frauen, gute Sängerinnen.

Cohen: Ich dachte, du stehst auf dieses Carmina-Burana-Flair, dieses Ritualistische, Liturgische . . .

Eldritch: Ich denke, das fällt weniger auf bei den Songs, die keine Singles waren, die nicht so bombastisch sind. Ich könnte mir vorstellen, daß du die gleichen Probleme hast. Du gibst deiner Plattenfirma zehn Songs, und sie sagen: »Wir können nur dieses Stück als Single verkaufen, weil es am Leonardmäßigsten ist.«

Cohen: Ich habe nicht einmal das Privileg solcher Diskussionen.

Eldritch: Das ist kein Privileg, das ist ein Fluch, Mann!

Cohen: Vielleicht ein Fluch. Aber was ich sagen wollte, ist, daß niemand meine Arbeit mit mir im Hinblick darauf diskutiert, was sich vielleicht gut verkaufen wird. Sie scheinen eher der Meinung zu sein: Dies wird den Leonard Cohen-Fans schon gefallen, und Leonard wird dafür sorgen, daß es sie erreicht.

Eldritch: Klingt nicht nach einer Platte, die dazu bestimmt ist, neue Freunde zu gewinnen.

Cohen: Welche, die Live-Platte? Ich weiß nicht, ich habe sie mir nicht aus vielen verschiedenen Perspektiven angehört, abgesehen davon, daß wir diese Tapes hatten, die wir auf den letzten beiden Tourneen aufgenommen hatten. Es waren einige sehr gute Auftritte darunter. Und irgendwie hat es etwas von Retrospektive an sich – als würde ich nicht noch einmal mit genau so einer Band zusammenarbeiten. Da es mich vier oder fünf Jahre kostet, eine Platte zu machen, werde ich nicht wieder auf der Bühne stehen, bevor ich 65 bin. Der Teufel lacht, wenn wir Pläne schmieden. Ich dachte also, diese

Aufnahmen repräsentieren mich zu einem bestimmten Zeitpunkt. Ich glaube nicht, daß es in dieser Form noch einmal passieren wird. Dann habe ich ein Buch veröffentlicht, das ausgewählte Gedichte enthält. Die ersten habe ich mit fünfzehn geschrieben, die letzten stammen aus dem vorigen Jahr. Songs, Gedichte, Texte. Und das alles fällt mit meinem sechzigsten Geburtstag zusammen. Verstehst du, ich empfinde es so, als ob etwas zu seinem Ende kommt. Ich mag die Platte einfach als Dokument, für mich ist sie genau das. Und ich habe keine besonderen Pläne mit dieser Platte, und ich glaube, offen gestanden, mein Label auch nicht. Man schickt mich zwar auf diese Promotion-Tour, und in gewisser Weise ist man auch sehr nett zu mir. Aber man kann nicht sagen, daß ich ihr heißestes Eisen wäre.

Eldritch: Könnte schlimmer sein. Meine Plattenfirma hat gerade Van Morrison rausgeschmissen.

Cohen: Aber dich doch noch nicht?

Eldritch: Ich bitte die ganze Zeit darum.

Cohen: Geht mir genauso. Aber das ist bei jedem die gleiche Geschichte, George Michael eingeschlossen.

Eldritch: Ich muß noch einmal auf ein paar von meinen Fragen zurückkommen . . .

Cohen: Du bist großartig, wirklich, Jesus Christus, Mann!

Eldritch: Bin ich nicht. Ein Teil des Problems ist, daß ich gedacht habe: »Was werde ich Leonard Cohen bloß fragen?« Seit Jahren sehne ich mich danach, diesen Mann zu treffen. Das ist ziemlich angsteinflößend. Du weißt einfach nicht, was du fragen sollst. Und wenn du über das nachdenkst, von dem du meinst, daß du es fragen möchtest, wird dir klar, daß das vordringliche Anliegen des Künstlers ist, nach einer Bestätigung seiner eigenen Meinung zu fragen, genauso wie Journalisten immer nach einer Bestätigung dessen heischen, was gerade auf ihrer geheimen Tagesordnung steht.

Cohen: Wenn ich es erkennen kann, gebe ich ihnen gehorsam Auskunft. Ich war einmal in Spanien. Ich kenne nichts von Spanien außer dem Palace Hotel in Madrid, und das hat nichts mit Spanien zu tun. Inzwischen hat eine große Kette das Palace Hotel erworben. Es ist aber immer noch ein tolles Hotel. Ich wohne immer dort, aus irgendeinem komischen Grund werde ich immer in diesem Hotel untergebracht. Und immer, wenn ich dort bin, komme ich mir wie ein faschistischer General vor. Ich trage ein schwarzes Hemd mit einer schwarzen Krawatte und einer Krawattennadel. Ich habe meine eigene Version der Geschichte des Franco-Regimes und fühle mich irgendwie als ein Teil davon. Ich sitze in der Bar des Palace Hotels und stelle fest, daß meine politische Gesinnung immer weiter nach rechts rutscht. Und ich habe mich schon dabei erwischt, Journalisten sehr ernsthaft und offen, sogar leidenschaftlich zu erzählen, daß wir die Militärkultur wieder stärken müssen. Daß wir die Jungen und Mädchen wieder in Uniformen stecken müssen und daß das vor allem die Leute im Westen angeht. Und daß wir belagert werden, und daß uns niemand mag, und daß das nicht die Zeit zum Abrüsten ist.

Eldritch: Viele deiner Platten können sehr leicht so verstanden werden.

Cohen: Ja, aber in Spanien, weißt du, im Palace Hotel, da schlage ich über die Stränge. Hier in Hamburg denke ich immer wieder, daß wir irgendwelche alten Hansekaufleute sind, mit all den Beratungen und Verhandlungen. Ich vertiefe mich völlig in die jeweils offensichtlichste Interpretation der Vergangenheit, die ich bekommen kann.

Eldritch: Ich habe einen weißen Anzug, den ich im Ausland trage, wenn es heiß ist. Es ist dieses »Unser Mann auf dem Vulkan«-Weiß.

Cohen: Ich habe eine gute Textzeile, die ich noch nicht verwendet habe und die noch aus Beirut stammt: *»For my white linen suit which is hanging to dry in the sun«* [»Wegen meines weißen Leinenanzugs, der zum Trocknen in der Sonne hängt«].

Eldritch: Hört sich nach einer sehr verlockenden Zeile an.

Cohen: Woher kommt dein Interesse an Schußwaffen? Es scheint, als ob sie zur festen Ausstattung eines großen Teils deiner Arbeit gehören.

Eldritch: Ich entnehme der Frage, daß du keine Schußwaffen magst . . .

Cohen: Ich habe immer ein oder zwei Schußwaffen gehabt. Ich bin mit diesen Dingern großgeworden, ich habe sogar meinen Kindern gezeigt, wie man sie benutzt; ich habe einen kleinen Schießstand im Keller meines Hauses in Montreal. Mein Rechtsanwalt hat meine Waffe, die ich immer mit nach New York genommen habe, einkassiert. Er sagte, es sei sehr unklug, es sei illegal. Ich hatte einen Waffenschein in Tennessee, wo ich früher gewohnt und auch die Waffe gekauft habe. Es war eine Walter PPK, ein wunderschönes Teil. Ich weiß nicht, was inzwischen mit ihr passiert ist. Er hat sie genommen und in seinen Safe gelegt. Und mein Vater besaß einen wunderschönen Armee-Revolver aus dem Ersten Weltkrieg, den er mir vererbt hat. Ich liebe diese Winchester, mit der ich immer von meiner Hütte in Tennessee aus auf Eiszapfen geschossen habe. Sie hingen im Winter an der Felswand gegenüber, und ich habe sie abgeschossen . . .

Eldritch: Sehr umweltfreundlich! Nein, ich denke, für Engländer sind Schußwaffen noch immer etwas Exotisches. Polizisten sollten eigentlich keine haben, Räuber sollten damit eigentlich nicht auf Beutezug gehen.

Cohen: Mal ehrlich, würdest du einen Politiker unterstützen, der dir Recht und Ordnung verspricht?

Eldritch: Hängt davon ab, wie er das schaffen will.

Cohen: Wie wäre es denn in deinem Sinne?

Eldritch: Ich glaube an das Recht. Was Ordnung angeht, bin ich mir nicht so sicher, Recht wäre genug. Ich mag diese Sorte Politiker nicht, die Ordnung zu sehr betonen. Ich mag auch diese Sorte Polizisten nicht, denen es in erster Linie darum geht, für Ordnung zu sorgen.

Cohen: Was für einen Effekt hat deiner Meinung nach deine Arbeit auf die Jugend?

Eldritch: Ich glaube nicht, daß sie in mir eine Art Revolutionär sehen. Ich habe mich immer bemüht zu betonen, daß die Welt nicht schwarzweiß ist. Zu viele Generationen sind einfach übers Ziel hinausgeschossen, weißt du. Sie haben sich zu weit übers Geländer gelehnt und sind niedergemäht worden, statt nachzudenken und ihre Energie zu kanalisieren.

Cohen: Denkst du, daß wir heute in einer Zeit leben, die Anlaß zur Besorgnis gibt?

Eldritch: Ja, die ganze Balkanisierung Europas ist sehr besorgniserregend. Und vom britischen Standpunkt aus ist es sehr besorgniserregend, wie England sich weigert, seine Rolle zur Stabilisierung der zivilisierten Teile Europas zu übernehmen. Das ist ein Teil der Ursache, weshalb es Europa als Ganzes so schwierig hat, sein Haus in Ordnung zu bringen. Das stört mich. Und wenn ich erst an die Polarisierung in der amerikanischen Gesellschaft denke – entsetzlich!

Cohen: Was meinst du: die Armen und die Reichen?

Eldritch: Die Armen und die Reichen, die Schwarzen und die Weißen, die Alle-die-nicht-weiß-sind und die Weißen.

Cohen: Gibt es irgend etwas im Westen, das es wert ist, erhalten zu werden?

Eldritch: Nicht im »fernen Westen«, und ich glaube, England hat inzwischen jede Art von moralischer Autorität an den Rest von Europa und Amerika verloren. Es ist einfach im Arsch.

Cohen: Wirklich? Was verstehst du unter moralischer Autorität?

Eldritch: Soziale Gerechtigkeit.

Cohen: Aber glaubst du, daß überhaupt irgendeine Gesellschaft so etwas hat?

Eldritch: Ich muß zugeben, daß ich immer noch irgendwie daran glaube, daß es Europa – die Vereinigten Staaten von Europa – auf die Reihe kriegen kann, das Beste aus den einzelnen Ländern in einen Topf zu werfen und das Schlechte zu streichen.

Cohen: Denkst du, es hat irgendwelche Feinde?

Eldritch: Es wird mit Sicherheit welche bekommen. Ich könnte mir vorstellen, daß es sich auf eine Art »Rollerball«-Zukunft zuentwickelt.

Cohen: Meinst du, du könntest Einfluß darauf nehmen?

Eldritch: Ich versuche es. Ich ziehe mein bißchen Föderalismus durch, was für einen Engländer ziemlich schwierig ist. Es gibt sehr wenige englische Föderalisten.

Cohen: Ein Welt-Föderalist?

Eldritch: In letzter Konsequenz, ja. Ich würde gerne eine Zukunft in der Art von »Star Trek« sehen. Die Voraussetzungen, auf denen »Star Trek« aufbaut, sind großartig.

Cohen: Könntest du dir vorstellen, daß die Einheitssprache dann Esperanto wäre?

Eldritch: Ich hätte lieber Englisch. Aber kein amerikanisches Englisch. Kanadisches Englisch ist okay.

Cohen: Kanadisches Englisch ist ein wundervolles Englisch, besonders das aus Montreal.

Eldritch: Aus einer zweisprachigen Stadt zu kommen – Montreal ist keine zweisprachige Stadt, es ist mehr französisch, oder? –, hat das geholfen?

Cohen: Ich hatte das Glück, eine ganze Menge Einflüsse zu haben, und das war einer davon. Die Tatsache, daß wir in dieser totalen »Alice im Wunderland«-Situation gelebt haben . . . Weißt du, jede Partei fühlte sich, als wäre sie die einzige, die dort wohnte. Die Franzosen, die Engländer, die Juden . . .

Eldritch: Das klappt doch ganz gut, und jede Gemeinschaft hat ihre eigene Identität und kann auch mit allen anderen auskommen. Der größte Teil Kanadas scheint seine Reichtümer ziemlich gut in einen Topf zu bekommen.

Cohen: Ich interessiere mich nicht für politische Trennungen. Ich würde mich für geographische Trennungen interessieren, wenn wir tatsächlich Quebec vom Rest des Landes abtrennen und an die Küste Floridas versetzen könnten. Ich glaube, das fände ich sehr interessant.

Eldritch: Aber dann würden die Amerikaner dort einziehen.

Cohen: Ich glaube nicht. Ich meine, wir könnten eine Republik aufrechterhalten oder eine Monarchie oder was auch immer wir wählen. Meine andere Lösung wäre die eines Austauschs der Bevölkerung mit der einer der karibischen Inseln. Aber ich fürchte, das klappt nicht. Ich glaube, Trennung funktioniert sowieso nicht. Es gibt eine hohe Wahrscheinlichkeit, daß wir demokratisch gewählt werden könnten. Gehen wir einmal davon aus, dann meine ich, daß wir uns mit ein paar Formen dieser Realität auseinandersetzen müssen, die interessanter sind als die einer bloß politischen Meinung. Politischer Separatismus im selben Boot – denn ökonomisch betrachtet, ist es tatsächlich dasselbe Boot! – wäre nur auf sehr komplizierte Weise zu bewerkstelligen. Außerdem haben sie dieselbe Währung. Sie wollen mit dem kanadischen Dollar zahlen und gleichzeitig die Trennung. Es ist sehr schwierig, mit der Bank von Kanada als regulierender Instanz; es ist eine beinahe unmögliche Haltung, die Währung des Landes benutzen zu wollen, von dem man sich trennt.

Eldritch: Nehmen wir einmal die geographische Nähe durch die Abwesenheit Quebecs als gegeben an! Denkst du, daß Kanada in der Zukunft – der Rest Kanadas, das englischsprachige Kanada – an einen Endpunkt gelangen wird?

Cohen: Ich denke, daß wir auch weiterhin immer wieder heiraten und uns auch immer wieder scheiden lassen werden. Es gibt ja diese Paare, die heiraten, sich scheiden lassen, wieder heiraten, sich wieder scheiden lassen, und immer so weiter. Das Elizabeth-Taylor/Richard-Burton-Syndrom der kanadischen Politik! Ich bin der Meinung, daß wir leidenschaftlich ineinander verliebt sind und uns auch weiterhin immer wieder streiten und vertragen werden. Aber ich denke, wir tun einander etwas an, das ebenso großartig wie irritierend ist, und daß wir für immer zusammenbleiben werden – jedenfalls bis zu meiner Lösung einer geographischen Trennung oder eines Bevölkerungsaustauschs. Die Leute dort unten versuchen immer, in den Norden zu kommen. Und wir haben sehr viele Leute aus Quebec, die nach Florida oder Kalifornien ausgewandert sind. Es gibt in Quebec also eine ganz natürliche Tendenz, in den Süden zu ziehen. Daher denke ich, ein Bevölkerungsaustausch mit einer der karibischen Inseln wäre eine sehr gute Lösung des Separationsproblems.

Eldritch: Es ist aber nicht unbedingt ein Wahlprogramm, oder?

Cohen: Ich glaube, es könnte funktionieren. Auf jeden Fall bringt es frischen Wind in die Diskussion.

Eldritch: Fühlst du dich noch immer sehr kanadisch?

Cohen: Ich liebe Kanada.

Eldritch: Das ist etwas anderes.

Cohen: Ich weiß nicht. Kanadier werden immer in diese metaphysische Krise in bezug darauf, wer sie eigentlich sind, hineingezogen. Was ist ein Kanadier? Das ist eine der typischen Fragen, die man Highschool-Studenten vorlegt, damit sie Aufsätze darüber schreiben. Wir stecken doch schon lange mittendrin in dieser metaphysischen Krise.

Eldritch: Ich glaube, bei vielen Europäern ruft der Name Cohen nicht automatisch irgendwelche Assoziationen hervor. Sie denken höchstens: Das ist eine Art Balladensänger, ein Singer/Songwriter aus der keltischen Tradition – eine sehr kanadische Sache, irgendwie folkloristisch.

Cohen: Keine Ahnung. Ich glaube, ich habe gerade den roten Faden verloren. Wir hatten über Kanada gesprochen. Und Kanada zu lieben, macht noch keinen Kanadier aus. Ich finde, die Liebe zum Land ist die Basis von Patriotismus.

Eldritch: Nein, ich denke, es ist die Liebe zum Land, egal, ob sie berechtigt ist oder nicht.

Cohen: Ich neige dazu, diesen Weg zu gehen.

Eldritch: Nein, Cohen, du verliebst dich viel eher, und das war schon immer so, wenn jemand offensichtlich völlig im Unrecht ist – einfach so, ohne besonderen Grund.

Cohen: Vielleicht hast du recht. Ich habe so vielem gegenüber ein Gefühl der Loyalität entwickelt, daß ich auch gegenüber Kanada loyal bin, gegenüber Kanada als Ganzem und gegenüber der Unverletzlichkeit seiner Geographie. Außerdem bin ich auch gegenüber Quebec sehr loyal. Ich verstehe das Bestreben der Unabhängigkeitsbewegung. Ich kenne viele Leute, die ihr angehören, und ich habe ein Buch namens *Beauti-*

ful Losers geschrieben, das wahrscheinlich auf seine Art zum ersten Mal die Position der englischsprachigen Separatisten vertritt. Ich fühle mich gegenüber den Bestrebungen Quebecs sehr loyal. Montreal ist für mich ein anderer Fall. Ich schlage zwar ebenfalls die Unabhängigkeit Montreals vor, in Gestalt eines möglichen Stadtstaates namens Montreal, aber ich glaube nicht, daß wir wirklich zu Quebec oder Kanada gehören. Für mich gehört auch eigentlich das Viertel von Montreal, in dem ich wohne, nicht wirklich zu Montreal . . .

Eldritch: Die Republik Cohenville! Als ich dieses Live-Album hörte, war ich, ehrlich gesagt, ziemlich überrascht von seinem Folklore-Feeling. Für mich persönlich war es fast schon ein Country-Band-Feeling. Irgendwie dachte ich: Vielleicht ist das nicht genau die Platte, die ich haben wollte; also muß es einen verdammt guten Grund dafür geben.

Cohen: Ich habe weder die Gründe dafür untersucht, noch mir Gedanken über die Ästhetik dieser Platte gemacht. Es waren einfach Tapes, die wir hatten.

Eldritch: Aber es muß einen Grund dafür geben, daß eine Band so klingt, wenn du so etwas machst.

Cohen: Mir wäre es lieber, wenn meine Band so klingen würde wie deine meistens. Ich glaube, bei meiner nächsten wird das der Fall sein.

Eldritch: Dann laß sie mich produzieren, ich produziere sie umsonst.

Cohen: Ich glaube, ich werde dich holen, um ein oder zwei Songs auf meiner nächsten Platte zu produzieren.

Eldritch: Es wäre mir mehr als ein Vergnügen.

Cohen: Es wird sicher großartig. Das ist der Grund, weshalb ich gesagt habe, daß dieses Album und das Buch *The Stranger Music*, das ich gerade veröffentlicht habe, etwas abschließen. Wohin es jetzt geht? Ich weiß es nicht. Aber, klar, bitte produzier'! Ich habe nur unglücklicherweise noch keine Songs. Ich bin mit nichts richtig zufrieden.

Eldritch: Ja, aber wer ist das schon? Ich habe die Songs immer als eine Art Resümee gehört. Und die weise Entscheidung, es ein bißchen nach einer Country-Band klingen zu lassen, gibt dem Ganzen etwas Spielerisches, Affektiertes.

Cohen: Nun, weißt du, ich bin mit dieser Art von Musik aufgewachsen. Es ist keine Affektiertheit.

Eldritch: Na bitte, das ist der »verdammt gute Grund«! Aber es klingt affektiert, besonders, wenn *du* so eine Platte herausbringst! Auf einem Konzert so zu spielen, ist eine andere Sache, aber du mußt zugeben, daß es wie die humoristische Ausgabe einer Kneipenband aus der Nachbarschaft klingt.

Cohen: So habe ich das noch nie gesehen. Das ist eine echte Erleuchtung, für die ich wirklich dankbar bin. Ich habe einige Zeit in Nashville gelebt, diese Musik auch eine Zeitlang geliebt und auch selber ein paar Country-Songs geschrieben. Ein paar meiner Songs werden sogar von Willie Nelson, Johnny Cash und Trisha Yearwood gecovert. Aus ihrem Mund klingt das Zeug gut, wahrscheinlich besser als aus meinem. Ich bin ein Jude aus der Stadt, der von früh an Country-Musik gemocht hat und schließlich nach Nashville gegangen ist, um dort zu leben. Wahrscheinlich bin ich einfach ein guter Country-Songwriter, denn diese Songs hören sich wirklich gut an.

Eldritch: Aber nicht auf dieser speziellen Platte. Ich stehe auf die früheren Platten, wo einfach jemand nachdenkt; die akustische Gitarre vermittelt einfach viel mehr Intimität . . .

Cohen: Die blaue Periode, weißt du. Es gibt immer eine Periode im Schaffen eines Künstlers, die die Leute besonders mögen.

Eldritch: Aber igendwie denke ich, daß die Arrangements und die Musik für dich als Songwriter wahrscheinlich sekundär sind. In bezug auf die Substanz der Songs gibt es keinen wirklichen Unterschied.

Cohen: Sie sind für mich in dem Sinne sekundär, daß die Songs immer nur in der Form existieren, wie ich sie aus mir herausbekomme. Es ist immer ein Kampf gewesen. Ich habe von Anfang an eigentlich nie gewußt, wie ich dieses *motherfukking*-Zeug hinkriegen soll. Es ist immer ein Kampf gewesen, die Songs fertigzubekommen, sie zu schreiben.

Eldritch: Aber es gibt Texte in deinen Songs, die sind die härtesten, gemeinsten . . .

Cohen: Ich meine das Songschreiben als Ganzes: Text, Arrangement, Musik, Stimme. Ich mache daraus einen Song, weil ich Songs mag. Als Kind habe ich in Montreal immer neben der Jukebox gesessen. Ich habe dagesessen und der Musik zugehört und wollte selber solche Musik machen. Ich hab's nie geschafft.

Eldritch: Ist es eine bewußte Entscheidung, die Platten so klingen zu lassen, wie sie klingen, oder nicht?

Cohen: Es hat nichts mit bewußter Entscheidung zu tun, sondern mit verzweifeltem Überlebenskampf. Das ist der einzige Weg, wie ich die Songs aus mir rauskriege. Es ist ja keineswegs so, daß ich an einem Büfett stehe und sage: »Diesen hätte ich gerne so, und der soll so klingen!«, um den Song herauszulocken, damit er als Song existiert. Und ich bin nie zufrieden gewesen, mit keinem einzigen von ihnen, außer vielleicht mit »The Future«.

Eldritch: Aber so stimmt das sicher nicht. Zu der Zeit, als diese Aufnahmen gemacht wurden, konntest du dir jeden Musiker, mit dem du zusammenspielen wolltest, aussuchen, und genauso konntest du dir aussuchen, wie es klingen soll.

Cohen: Ich konnte es nie zusammmenbringen, ich sage dir wirklich die Wahrheit. Nie konnte ich es zusammenbringen! Zu dieser Zeit bin ich aus meiner merkwürdigen Wohnung gestolpert und aus den merkwürdigen Umständen, unter denen ich meine Songs geschrieben hatte. Und ich habe mich in das Studio geschleppt, das ich kannte, und ich habe mit den Musikern gespielt, deren Telefonnummern ich zufällig hatte. So sind diese Sachen entstanden. So war es, und so ist es gewesen. Ich befinde mich inzwischen in einer etwas besseren Position. Vor allem stecke ich nicht mehr in einer dieser akuten Depressionen, mit denen ich die meiste Zeit meines Lebens zu kämpfen gehabt habe – akute klinische Depressionen, bei denen es schwer ist, es vom einen Moment zum nächsten zu schaffen. Darum habe ich auch sehr selten den Luxus gehabt, eine Situation wirklich von *einem* Standpunkt aus zu untersuchen. Es ist immer hart für mich gewesen, irgend etwas durchzuziehen, wirklich hart. Ganz ehrlich, zum ersten Mal in meinem Leben habe ich in den letzten paar Jahren hart an mir gearbeitet, zum größten Teil, indem ich in einem kalten Meditationssaal in den Bergen gesessen habe, unter sehr wenig Anleitung. Ich habe jetzt einen Zustand erreicht, wo ich tatsächlich gewisse reizvolle Aspekte dieser Existenz genießen kann. Bis dahin war es für mich immer nur ein »Wie soll ich das bloß schaffen?« Weil mir alles, was ich tue, so schlecht vorkommt! Das ist die Wahrheit darüber.

Eldritch: Findest du, daß die Stabilität, die du jetzt gefunden hast, auf Kosten deiner Komik gegangen ist?

Cohen: Komik?

Eldritch: Für mich waren die komischsten Zeilen in deinen Songs immer die bösartigsten.

Cohen: Ich weiß nicht. Um »The Future« zu zitieren: *»Give me crack and anal sex/take the only tree that's left/and stuff it up the hole/in your culture«* . . . Ich finde, das ist irgendwie komisch. *»I'm the little Jew who wrote the bible«* – ich finde, das ist auch irgendwie komisch. Ich denke, es hat schon immer ein paar Witze in meinem Werk gegeben. Aber es ist nicht mein primäres Interesse.

Eldritch: Es ist aber bestimmt der am häufigsten übersehene Aspekt an dem, was du tust.

Cohen: Oh ja, die Dinge, die übersehen werden . . .

Eldritch: Das wurmt mich total.

Cohen: Wirklich? Es freut mich sehr, in jemandem wie dir einen Verbündeten zu haben. Ich bin wirklich gerührt.

Eldritch: Na ja, besser, etwas weniger gerührt! Ich finde es nämlich schwierig, so etwas aus *dieser* Platte herauszuziehen. In »The Story Of Isaac« gibt es eine kleine Pause, und dann singst du: *»You must not do it anymore«*. Diese Zeile kommt so spielerisch und affektiert rüber wegen des Kontextes, in dem sie gesungen wird; sie funktioniert. Es ist kaum vorstellbar, daß so eine Zeile mit der Art von Band funktioniert, die du auf dieser Platte hast.

Cohen: Ich habe keine Ahnung, wo es als nächstes hingehen wird. Aber es wird nicht diese Band sein.

Eldritch: Wenn du eine Zeile singst wie »*Follow me, the wise man said/but he walked behind*« . . .

Cohen: Aber ich würde solche Songs nie mehr schreiben.

Eldritch: Empfindest du es nicht als Einschränkung, Songs mit solch bösartigem Humor nicht mehr schreiben zu können?

Cohen: Ich habe immer das Gefühl gehabt, daß ich die Leute glücklich nach Hause schicke. Ich habe einmal ein Konzert gegeben, das drei Stunden dauerte. Ich habe Songs gespielt wie »The Future« und bin dann mit meiner Gitarre rausgegangen und habe »Suzanne« gesungen. Ich finde das ziemlich gut; eine Polka-Band kann ich darin eigentlich nicht erkennen.

Eldritch: Von meinem Standpunkt aus bestimmt!

Cohen: Ich weiß deine Kritik wirklich sehr zu schätzen. Ich bin nie auf diese Idee gekommen, weil ich kaum je irgendwelche Rückmeldungen kriege, schon gar nicht von Musikerkollegen. Es ist wirklich wertvoll für mich. Ich habe es noch nie auf diese Weise gesehen. Ich habe immer nur gedacht, daß dies nun mal die Band ist, mit der ich die letzten paar Jahre und auf den letzten paar Tourneen gearbeitet habe.

Eldritch: Aber manchmal mußt du es so sehen, zum Beispiel dann, wenn du eine Platte wie dieses House-Ding von Laurie Anderson hörst, was noch immer sehr Laurie Anderson-mäßig war, aber in einem dramatisch anderen Rahmen . . .

Cohen: Von Laurie Anderson habe ich mir nichts mehr richtig angehört seit ihrem Film von damals [*United States*, 1983].

Eldritch: Es wäre eine Art musikalischer Umgebung . . .

Cohen: Ich habe nicht das Gefühl, daß ich die richtige musikalische Ehe schon eingegangen bin.

Eldritch: Das ist auch mein persönlicher Eindruck. Wenn ich John Cale mit dieser Bar-Band sehe, denke ich auch: Nein, ich würde ihn lieber total abrocken sehen, mit einer elektrischen Band oder allein am Piano singend – eines von beiden! Aber hinter diesem kumpelhaften »Hier ist die Band aus der Nachbarschaft!« steht eine andere Auffassung. Und diese Auffassung arbeitet, finde ich, gegen die Dinge, die ich an deinen Songs am liebsten mag.

Cohen: Ich höre sehr genau zu, weil ich diese Art von Kritik noch nicht bekommen habe. Ich könnte es »Experten-Kritik« nennen.

Eldritch: Aber sie kommt von einem mit Vorurteilen belasteten Standpunkt ... Okay, du schickst die Leute glücklich nach Hause. Aber ertappst du dich schon mal dabei, daß du richtig bescheuerte Versionen deiner Songs ablieferst, nur um den Erwartungen des Publikums *nicht gerecht zu werden?*

Cohen: Mich interessiert mehr, die Leute zu packen.

Eldritch: Aber es steckt soviel mehr Dramatik in der Konfrontation.

Cohen: Ich finde, wir leiden unter einem Übermaß an Konfrontation.

Eldritch: Du machst das noch immer auf eine »höfliche« Weise.

Cohen: Meiner Meinung nach ist Höflichkeit die Vorbedingung für Rechtschaffenheit, wenn man eine Gesellschaft aufrechterhalten will ... Du hast mir wirklich ein paar sehr erhellende Gedanken vermittelt.

Eldritch: Ich hake nur die Punkte auf meiner eigenen geheimen Tagesordnung ab.

Cohen: Ich finde deine Haltung wirklich erfrischend; du hast einige meiner Gefühle auf den Punkt gebracht.

Eldritch: Ich glaube, deine Platten bedeuten einer ganzen Menge Leute eine ganze Menge, auch auf eine Weise, die dir selber vielleicht nicht unbedingt bewußt ist.

Cohen: Ich weiß wirklich zu schätzen, was du gesagt hast. Aber ich setze den Kampf mit der musikalischen Form fort. Das ist für mich keineswegs irrelevant. Ich hege ein leidenschaftliches Interesse für die Musik, und trotzdem bin ich noch nicht auf die Art festgelegt wie du. Du hast eine bestimmte Art und Weise, es zu machen, und so machst du es. Ich bin

> noch nicht so weit. Ich habe es noch nicht so auf die Reihe bekommen wie Johnny Cash, wenn er mit drei Musikern *chicka-chicka-boom* macht. Ich finde, das funktioniert perfekt. Ich habe es noch nicht so hingekriegt; es ist noch zu eklektizistisch und enthält zu viele Einflüsse.

Auf der Basis weiterer Interviews, die Leonard Cohen anläßlich der Veröffentlichung seines Albums *Cohen Live* in Europa und Nordamerika gab, erschienen weltweit zahlreiche Artikel, Porträts und Features in Printmedien, Hörfunk und Fernsehen. Bereits zuvor, vom 22. bis 24. Oktober 1993, hatte in Red Deer, Alberta (Kanada) die »Red Deer Conference« stattgefunden. Dort war in Seminaren über Leonard Cohens Lebenswerk diskutiert worden, man hatte Filme über ihn vorgeführt, und in Konzerten hatten verschiedene Interpreten seine Songs vorgetragen. Cohen selbst war zwar nicht zugegen gewesen, dafür jedoch nahezu sämtliche Anhänger, die sich in den vergangenen Jahren um die Verbreitung seines Gedankenguts verdient gemacht hatten. Zu ihnen zählten die Cohen-Biographen Stephen Scobie und Ira Nadel ebenso wie die Gründer des zur Zeit weltweit einzigen Leonard Cohen-Fanclubs und Herausgeber des dreimonatlich erscheinenden Magazins Intensity (siehe Anhang II: »Fanclubs«). Neben der Weltpremiere von »The New Step«, einem »Ballett-Drama«, das Studenten des dortigen Colleges aus Cohens Gedichtband *Flowers For Hitler* entwickelt hatten, war einer der Höhepunkte der Veranstaltung ein Auftritt von Cohens Backup-Sängerin Perla Batalla, die fünf seiner Songs solo zur akustischen Gitarre vortrug. Einer von ihnen, »Seems So Long Ago, Nancy«, erschien Ende 1994 auch auf ihrem bislang einzigen Soloalbum.

Auch nach dieser Veranstaltung hielt die »Cohenmania« an. 1994 wurde das '88er Video »Songs From The Life Of Leonard Cohen« auf LaserDisc veröffentlicht, und Cohens Bücher wurden in zahlreichen Ländern neu aufgelegt. Allen Ginsberg, Joan Baez, Kris Kristofferson, Jennifer Warnes, Judy Collins und viele andere beteiligten sich mit schriftlichen Beiträgen an dem von Ken Norris und Michael Fournier herausgegebenen Band *A Celebration Of Leonard Cohen – Take This Waltz*. Darüber hinaus erschien in den USA unter dem Titel *Dance Me To The End Of Love* ein Buch mit Cohen-Gedichten und Bildern von Henri Matisse.

Leonard Cohens eigene Aktivitäten beschränkten sich in den Jahren 1994 und '95 darauf, daß er unter den Arbeitstiteln »I Was Never Any Good At Loving You« und »My Secret Life« ein neues Album in Angriff nahm, das auch sicher irgendwann erscheinen wird, und daß er in zwei

Film- beziehungsweise Fernsehprojekte involviert war. Bei dem ersten handelte es sich um eine einstündige norwegische TV-Produktion unter dem Titel *Bellman As You Please*, die dem schwedischen Lyriker Carl Michael Bellman (1740–1795) gewidmet war und für die man plante, Leonard Cohen zusammen mit Joan Baez, der isländischen Sängerin Björk und anderen Lieder von Bellman vortragen zu lassen. Das zweite Projekt war ein vom National Filmboard Of Canada produzierter Film über das tibetanische Totenbuch und das Leben der Buddhisten, in dem Cohen als Erzähler agierte und der auch ein Interview mit dem Dalai Lama enthielt.

Aber nicht nur als Person ist Leonard Cohen im Filmgeschäft nach wie vor gefragt; auch seine Songs erfreuen sich bei Regisseuren, die nach passenden Klängen für ihre Spiel- oder Dokumentarfilme suchen, großer Beliebtheit. So griff etwa im Jahr 1992 der israelische Filmemacher Assi Dayan für seinen Film *Life According To Agfa – Nachtaufnahmen* auf Musik von Leonard Cohen zurück, und der Amerikaner Oliver Stone verwendete für seinen Film *Natural Born Killers* (1994) neben Grunge- und Heavy-Nummern auch drei Cohen-Songs. Gleich zu Beginn des Films erklingt »Waiting For The Miracle«; die Gefängnissequenz – der Aufstand der Häftlinge – ist mit »Anthem« unterlegt, und im Abspann ertönt »The Future«. Im Gegensatz zu Robert Altman, der sich von Cohen für seinen Western *McCabe & Mrs. Miller* (1971/72) eigens neue Musik hatte komponieren lassen, griffen diese beiden Regisseure jedoch ausschließlich auf bereits vorhandenes Songmaterial zurück.

Leonard Cohen selbst stand der Verwendung seiner Songs in Filmen auch weiterhin aufgeschlossen gegenüber; schließlich hatte er sich schon immer für dieses Medium interessiert. *Ich wäre gern ein großer Filmemacher geworden – eine großartige Vorstellung! Ebenso gern wäre ich auch ein großer Bildhauer geworden. Ich mußte etwas finden, in dem ich meine Energie bündeln konnte. Filme zu machen, wäre großartig gewesen, aber ich glaube, dafür hat mir das Talent gefehlt.*

Natural Born Killers stieß erwartungsgemäß auf ein geteiltes Echo. Zahlreiche Kritiker bemängelten an dieser »Romanze in Blut«, in der sich ein einfältiges junges Pärchen durch die Wüste New Mexicos mordet und dadurch zum Liebling der gewaltversessenen Medien wird, sie würde letztlich das Publikum nur abstumpfen und die Reizschwellen für kollektiven Schauder heraufsetzen; andere konstatierten dagegen die beängstigende Nähe des Films zur heutigen Realität. In Kombination vor allem mit Stones hektischer, MTV-hafter Schnitttechnik gewinnt Cohens Musik in dieser anarchischen und zugleich alptraumhaften *Bonnie & Clyde*-Version eine geradezu mephistophelische Dimension.

In Pressegesprächen, die anläßlich des Deutschland-Starts von *Natural Born Killers* am 27. Oktober 1994 stattfanden, verteidigte Oliver Stone sein umstrittenes Werk mit Worten, die ihn als Geistesverwandten von Leonard Cohen auswiesen: »Bei ›Natural Born Killers‹ ging es mir nicht darum, die Gewalt zu glorifizieren, obwohl man mir dies vorwerfen wird. Die Schnitte sind schnell, und der Film ist so nervös, wie er sein muß. Der Gedanke, daß es zu Situationen wie denen im Film tatsächlich kommen kann, wird gewisse Leute von allen Seiten des politischen Spektrums abstoßen. Aber Satire muß, wenn sie funktionieren soll, schockieren. Der Schock ist hier ideologischer Art. Alternativen oder subversive Ideen kollidieren immer mit den Zeichen der Zeit. Hat nicht schon Kubrick mit ›Uhrwerk Orange‹ Grenzen der Gewalt überschritten? Haben nicht schon Jahre zuvor Dalí und Buñuel mit der Szene von dem Augapfel und der Rasierklinge schockiert und attackiert? [Anm. des Autors: Man erinnere sich an Cohens *Razorblade*-Zeilen in »Dress Rehearsal Rag«!] Oder Eisenstein mit dem Kinderwagen und der zersplitterten Brille? Es ist alles, denke ich, eine Frage des Stils. Wenn man so will, haben die griechischen Dramatiker mit ihren Blutbädern und ausgequetschten Augen mit all dem begonnen. In künstlerischer Hinsicht freilich dürfen wir nicht zwischen Inhalten unterscheiden. Wenn wir erst einmal damit beginnen, Themen auf der Basis von *political correctness* zu tabuisieren, ist der Prozeß der Untergrabung unserer fundamentalen Freiheiten schon in vollem Gang. Die Protagonisten Mickey und Mallory sind ohne jede Hemmung und ohne jedes Schuldbewußtsein; sie sind im Sinne von Swift oder Voltaire eine Karikatur unserer schlimmsten Alpträume. Sie sind aus der Gewalt entstanden. Gewalt wird von Generation zu Generation weitergegeben, und es wird kein Ende der Gewalt geben. Aber die besonders teuflische Seite des 20. Jahrhunderts zeigt sich in der namenlosen Gewalt des Völkermords. Indem wir in vielen Background-Projektionen Szenen von Hitler und Stalin, aus Vietnam und Armenien und so weiter zeigen, bringen wir zum Ausdruck, daß wir alle im Sumpf dieses Jahrhunderts stekken und darauf hoffen, daß wir uns irgendwann aus ihm befreien können. Ich bin überzeugt, daß am Ende, trotz allem, die Liebe stehen wird. Und ich glaube, um es mit den Worten einer meiner Figuren zu sagen, ›daß die Liebe den Dämon besiegt‹.«

Denkt man über Oliver Stones Ausführungen nach, kommt man zu dem Schluß, daß er keine bessere Entscheidung hätte treffen können, als für seinen Soundtrack Songs von Leonard Cohen auszuwählen, denn mit seinen Ausführungen lieferte er zugleich eine treffende Interpretation zumindest eines Teils des bisherigen Cohen-Œeuvres. Die Zeitprobleme, die Oliver Stone in seinem Film ansprach, hatte Leonard Cohen in Songs wie »The Future« selber aufgegriffen. *Ich schreibe heute nichts anderes, was ich früher geschrieben oder empfunden habe,* äußerte Cohen in anderen Zusammenhängen. *Ich bin ein Mistkäfer, der unter die Scheiße kriecht, um zu zeigen, was darunter ist . . . nur mißt man dem heute mehr Bedeutung zu, weil vieles eingetreten ist . . .*«

Leonard Cohen lebt heute meist in dem anderthalb Autostunden von Los Angeles entfernten Zen-Zentrum Roshis. Auf einem steinigen Weg gelangt man über den Südhang des fast immer schneebedeckten Mount Baldy zu dem Kloster, das zweimal im Jahr seine Pforten für alle öffnet, die an der »Seshin«-Praxis interessiert sind. Diese aus langen Meditationen im Lotos-Sitz und nur vier Stunden Schlaf pro Nacht bestehende Zen-Übung soll dem Schüler dazu verhelfen, durch Überwindung seines Willens geistige Reserven zu erschließen, die dem Menschen normalerweise nur in Ausnahmesituationen zugänglich sind. Es ist die Überwindung von Geist und Willen. *Das Seshin ist eine zu intensive Periode, um sich dem Schreiben hingeben zu können*, erklärt Leonard Cohen. *Tatsächlich ist sie von Januar bis April sehr intensiv. Außerdem bin ich jetzt ein »altes Ding«, und niemand erwartet von mir, daß ich super-produktiv bin.*

Der französische Journalist Gilles Tordjman und andere Besucher haben das Leben auf dem Mount Baldy anschaulich geschildert, die Mönche mit den kahlrasierten Schädeln, den schwarzen Kutten und dem schnellen Gang und die Stille, die nur vom gelegentlichen Klappern von Holzstöcken unterbrochen wird. In einem Artikel für das Magazin Les Inrokkuptibles beschrieb Tordjman eine Ankunft Leonard Cohens: »Im Zimmer nebenan hilft ein Mann dem Gast, der eine Legende ist, sein traditionelles Mönchsgewand anzuziehen. Davon, daß er eine Legende ist, möchte der Gast jedoch nichts wissen.« Cohen unterwirft sich ebenso wie die anderen »Schüler« einem festen Zeitplan und einem strengen Tagesablauf. Nachdem die Mönche bereits den Tee zubereitet haben, stehen die Schüler morgens um drei Uhr auf, um gemeinsam für drei Stunden ins Zendo, die Meditationshalle, zu gehen. Die erste Meditationsübung beginnt mit einer von Roshi gestellten Frage, dem sogenannten »koan«, einer Art Gleichnis, dessen Widersprüche der Schüler auf möglichst individuelle Weise analysieren soll. Nach drei Stunden des Nachdenkens findet sich jeder einzelne wieder bei Roshi zum »Zazen« ein, um ihm innerhalb von fünf Minuten seine Antwort zu geben. Nicht der Inhalt, sondern die

Art des Denkens ist es, die diese Meditation über die meist sehr leichten Fragen ausmacht. *Es inspiriert mich beim Schreiben,* erklärt Cohen. *Es gibt viele Dinge, die man sehen möchte, aber nicht sehen kann. Ist man aber ruhig genug, kann man sie hören und darüber schreiben.* Gegen sechs Uhr wird gefrühstückt; danach geht es wieder für eine halbe Stunde ins Zendo, wo die alltäglichen Hausarbeiten unter den Studierenden verteilt werden. Nach dem Mittagessen hat jeder eine Stunde zur freien Verfügung, um danach wieder bis 18 Uhr zu arbeiten. Darauf folgen weitere stundenlange Meditationen im Zendo.

Seit nunmehr über zwanzig Jahren hat Leonard Cohen sein Leben mit dem der Zen-Gemeinschaft vom Mount Baldy verbunden. Doch trotz der Ernsthaftigkeit, mit der er seine Zen-Studien betreibt, hat er nie daran gedacht, zum Buddhismus zu konvertieren. Gegenüber Gilles Tordjman hat er seine freigeistige Haltung mit den Worten erläutert: *Im Grunde genommen gibt es keinen Unterschied zwischen den alten Banditen und den gutmütigen Propheten: sie sind alle gleich.*

Vor ungefähr 25 Jahren, als ich noch auf Hydra lebte, berichtet Leonard Cohen, *lernte ich einen Freund kennen, Steve Stanfield. Er nahm auch an einer kleinen Arbeitsgruppe teil, die die buddhistischen Texte auf höchst interessante Weise interpretierte. Als er nach Los Angeles zurückkehrte, erzählte ihm jemand, daß sich in der Umgebung ein Meister niedergelassen habe. Er fing dann an, bei ihm zu studieren, und sprach mit mir darüber.* So kam es zu Cohens erster Begegnung mit dem bei Abschluß dieses Buches (Oktober 1995) 88jährigen Sasaki Roshi, der in der Ahnenreihe der »Meister« des Zen-Buddhismus Platz 81 einnimmt, trotz seiner spirituellen Lebensführung jedoch einer der ersten ist, wenn es darum geht, einen Drink zu nehmen.

Roshi spricht ein einzigartiges Pidgin-Englisch, das für jemanden, der nicht schon zehn Jahre in seiner Gesellschaft verbracht hat, zum Teil nur schwer verständlich ist, da in ihm hin und wieder seltsame, scheinbar unpassende Begriffe auftauchen, die die Kenntnis seiner Lehren voraussetzen. *Wenn man ihn von dem unerhörten und etwas lächerlichen Erfolg des »sanften« Buddhismus im Showbiz reden hört,* erzählt Cohen, *erkennt man, daß die Art und Weise, ihn richtig zu praktizieren, keinesfalls »in« ist; sie ist zu schwer. Es handelt sich ja im Grunde nicht um eine Religion. Die Menschen brauchen Religion, denn der Mensch braucht Seligkeit. Wenn Sie also die Sutra-Litaneien oder das Bild Gottes nüchtern und für sich allein genommen betrachten, dann haben Sie Glück, in dem Maße, wie es Ihnen guttut. Außerdem glaube ich, daß die großen Religionen schon genug Gläubige haben und daß viele Menschen nach neuen Formen religiöser Seligkeit suchen. Es geht dabei nicht um religiöse »Gnade«. Obwohl ich die ganze Zeit schon auf diese Weise lebe, habe ich mich nie als Buddhist betrachtet. Vor zwei Jahren hat Roshi einmal zu mir gemeint: »In den zwanzig Jahren, die ich dich kenne, habe ich nie versucht, dir meine Religion beizubringen. Ich begnüge mich damit, dir Tee einzuschenken.«*

Zum täglichen Programm in Roshis Kloster gehört auch das »Teisho«, eine Lektion über die Auslegung der buddhistischen Lehren. S. Yuong beschreibt deren Grundzüge folgendermaßen: »Seligkeit erlangen Sie im Buddhismus nicht durch die Beachtung von Regeln; sie kann nur von Ihnen selbst kommen! Der Buddhismus erfordert sehr wenig geistige Gymnastik in bezug auf Moralität. Fragen von der Art ›Darf ich den Mann umbringen, der meine Frau vergewaltigt hat?‹ sind in dieser Tradition nicht üblich. Der Buddhismus begnügt sich mit vier grundlegenden Geboten, die in aller Kürze lauten: nicht töten, nicht stehlen, nichts Böses bewirken, nicht lügen! Diese Gebote stellen jedoch nur allgemeine Richtlinien dar; im Einzelfall gilt es, Lösungen für moralische Fragen in der Meditation zu finden.«

Im Gespräch mit Gilles Tordjman erklärte Cohen: *Der Grundgedanke dabei ist folgender: Wenn die Leute so viele Regeln benötigen, liegt es an ihrer Weltanschauung, die von einer tiefen Unwissenheit über ihr Selbst getrübt ist. Es ist viel wichtiger, die Verwirrung und diese Unreinheit zu verarbeiten, als eine Art »fertiger« moralischer Reinheit zu finden oder sie zu erhoffen – eine moralische Reinheit, die sich in Regeln und Verboten äußern würde. Um es kurz zusammenzufassen, würde ich sagen, daß der Buddhismus höchst moralisch ist, jedoch absolut nicht moralistisch.*

Manches an der Zen-Praxis trägt radikale Züge, aber eben das macht ihre große formale Schönheit aus. Und dieser Extremismus der Verneinung, der in ihr zum Ausdruck kommt, knüpft auf unerwartete Weise an geheime Gedanken an, die zugleich interessantere und bescheidenere Perspektiven eröffnen: den Umsturz der Welt.

Daß Leonard Cohen den Weg, seine dialektische Denkweise zu verfeinern, im Buddhismus gefunden hat, ist kein Zufall. *Was mich an ihm in erster Linie angezogen hat, ist die Leere. Es ist ein Raum, wo es äußerst schwierig ist, an Gedanken festzuhalten. Aufgrund dieser Leere nähert er sich gewissen Extremformen der Lehren des Judaismus an. Nimm zum Beispiel die Überzeugung mancher Orthodoxer, die davon ausgehen, daß man den Namen Gottes nicht aussprechen darf, oder diese andere Vorstellung, daß man nicht einmal definieren darf, was Gott ist! Es ist eine geistige Haltung, die sich vielleicht dazu eignet, Zen besser zu begreifen. Am*

Judaismus habe ich immer diesen Aspekt geschätzt, daß niemand wirklich von Gott spricht. Es gibt diese Art von »barmherziger Leere«, die ich hier in einer sehr reinen Form wiedergefunden habe. Man denkt selbstverständlich, daß dieser Aspekt auch in anderen geschlossenen Traditionen hätte erfunden werden können, besonders im Judentum. Wenn ich mich nicht für die Kabbala interessiert habe, so ohne Zweifel, weil das Leben zu kurz ist, um alles vergleichen zu können. Man kann nicht gleichzeitig zwei Tassen Tee trinken. Das Zen ist in einem bestimmten Augenblick aufgetaucht, und dann hat es seinen Lauf genommen. Ich habe diesen alten Mann getroffen. Ich habe sofort geliebt, was er nicht *gesagt hat.*

»Er ist ein guter Schüler«, meint Roshi, »denn er umfaßt das Positive und das Negative.« Wer Leonard Cohens Platten kennt, hat nur ein unvollständiges Bild davon, wer Cohen wirklich ist – ein Mensch, der vor allem für seine Zen-Übungen lebt. Zu verstehen ist dies nicht, wenn man darauf beharrt, in dieser Entscheidung ein Opfer oder einen Verzicht zu sehen. Denn auch wenn sich Cohen entschlossen hat, auf dem Mount Baldy zu leben – sein Haus in Los Angeles dient ihm nur noch als Übernachtungsort zwischen zwei Reisen –, hat er auf kaum etwas verzichtet. Auf den ersten Blick scheinen zwar die strengen Klosterregeln jede Möglichkeit auszuschließen, ein »normales« Leben zu führen. Dies ist jedoch eine Fehleinschätzung, die Leonard Cohen korrigiert: *In Wahrheit habe ich auf nichts verzichtet. Die Situation bietet sogar gewisse erotische Möglichkeiten. Hier ist es viel einfacher, mit Mädchen zu flirten, als in den Pariser Bistros. Als ich noch ein junger Zen-Student war, habe ich hier einige sehr kurze, aber sehr intensive Momente erlebt; die einzige Schwierigkeit lag darin, diese Momente mit dem sehr strengen Tagesablauf in Einklang zu bringen. Okay, ich gebe zu, es ist ein verrücktes Leben. Eine Frau, ein Häuschen und einen coolen Job zu haben, ist gewiß leichter. Trotzdem hat man viel Spaß. Es ist so hart, daß man irgendwann lachen muß. Es ist so unmenschlich, daß sich einem die Menschlichkeit, die jeder in sich hat, offenbart. Sich dem Schreiben hinzugeben, um sich ausschließlich in der Ausübung der Meditation zu entfalten, kommt auch nicht in Frage. Es wäre dasselbe, als würde man sich den Regeln des Mönchtums unterwerfen, auch wenn man selber kein Mönch ist, und ich bin kein Mönch. Ich darf natürlich in Los Angeles anrufen oder auch in Los Angeles essen gehen, wenn ich Lust dazu habe . . . Aber jetzt, wo meine Kinder erwachsen sind, habe ich weniger Verantwortung zu tragen und kann mich ein bißchen um mich selber kümmern. Ich kann mich betrinken, ich mag auch die Frauen, und ich bin immer noch derjenige, der ich immer gewesen bin: ein echtes wandelndes Bordell. Ein amerikanischer Journalist hat berich-*

tet, daß er hier bei einem gläubigen Ehepaar einige Ausdauer-Rekorde im Sex miterlebt hat . . . Ich habe die Zeremonien immer gehaßt. Ich liebe es, mit einer Frau zusammen zu sein – auch eine enge Beziehung. Aber ich kann einfach nicht mit jemandem zusammenleben. Die Frau, die für mich in Frage kommt, muß sehr selbständig sein. Für eine Frau ist die Unabhängigkeit doch viel besser . . . Ich weiß nicht, ob ich jemals verliebt gewesen bin, obwohl der englische Ausdruck »falling in love« *diesen Zustand sehr genau beschreibt – daß einem schwindlig wird und man die Balance verliert. Sich verlieben und dabei einen schlimmen Unfall erleiden, das passiert mir immer wieder.* Über diese Erfahrung der selbstzerstörerischen Liebe zu einer Frau, von der man auf verschiedene Weise nicht loskommt, hat Cohen bekanntlich in dem Lied »Coming Back To You« gesungen: »*And all I've said was just instead of coming back to you . . .*«

Ich bin nie ein Ladies' Man gewesen, erklärt Leonard Cohen. *Ich bin zwar immer an Frauen interessiert gewesen, aber sie haben mich erst dazu gemacht.* Dann sinniert er darüber, wie es wohl ist, wenn er einmal nicht mehr bei Roshi sein kann. *Ich kann genausogut vor ihm sterben; das Leben ist so zerbrechlich. Ich mag lieber nicht daran denken. Ich weiß auch nicht, was ich nach seinem Tode tun werde, vielleicht werde ich mit allem aufhören. Ich erwarte nichts und spekuliere auch nicht. Ehrlich gesagt, wenn mir die Leute nicht solche Fragen stellen würden, würde ich auch nicht daran denken. Es gibt ja keine materiellen Wahrheiten . . . Ich habe eine gewisse Verantwortung, was seine Bestattung angeht. Er möchte auf traditionelle Weise auf einem Scheiterhaufen verbrannt werden – und daß dazu eine riesige Party organisiert wird! Er hat mir auch erlaubt, einen von seinen Knochen als kleines Andenken zu behalten, wenn ich Lust habe. Denn danach werde ich mich vielleicht zu alt fühlen, um hier weiterzumachen.*

Aber liegt nicht ein Widerspruch darin, daß sich Leonard Cohen, der Frauenschwarm, Dichter und Sänger, der in seinem Werk Götzen vom Sockel gestürzt, Heiligtümer entweiht, die Plünderung der Metropolen gefordert und von der Begierde nach Inzest und von Oralsex in ungemachten Betten gesungen hat, unter die »Fuchtel« eines alten Zen-Meisters stellt? Was wie ein Paradoxon wirkt, ist in Wahrheit sehr »*zen*«, denn im Zen sind alle Paradoxien aufgehoben. Cohen selbst faßt dies mit leichtverständlichen Worten zusammen, wenn er erklärt, daß es ihm darum gehe, *die Extreme zu kennen, das Innere und das Äußere, das Gute und das Böse, nicht um die wahre Mitte zu finden, sondern um sich im Zustand der Gnade vom einen zum anderen bewegen zu können.*

Doch im Grunde geht es bei Leonard Cohen nicht um »Verstehen«; Verstehenwollen birgt immer auch die Möglichkeit des Mißverstehens in sich. Cohen ist nicht nur der Bohemien, der sich zum Luxus hingezogen fühlt, wie es vielleicht den Anschein macht. Er ist nicht nur der Poet, der am Rande der Gesellschaft lebt. Er lebt Widersprüche aus, an denen andere scheitern. Er schafft Nähe. Er gibt sich preis, ohne sich zu verlieren. »Er ist ein Mann, der sich nicht scheut, auch in der Öffentlichkeit zu zeigen, daß ein Dämon in ihm steckt. Die meisten Menschen verstecken sich doch nur hinter ihrem Allerweltsgesicht – er nicht«, erklärt Suzanne Vega treffend.

Die Erfahrung eines Mannes von sechzig Jahren ist eine andere als die eines Zwanzigjährigen, erläutert Leonard Cohen. *Vielleicht werde ich etwas schlichter, naiver oder infantiler. Die Jungen sind halt etwas differenzierter, die Alten werden infantiler. Das Herz wird etwas reiner, wenn man älter wird. Die* »sweetness of solitude«, *die Freude am Alleinsein, kannst du nur genießen, wenn du ganz jung bist, oder als älterer Mensch. Dazwischen liegt eine lange Phase, in der du gegen sie ankämpfen mußt.* Partisanenartig. Illusionslos zwar, aber dennoch auf der Suche nach dem Paradies. Er kennt eben seinen Egoismus, den der anderen und die Realität, die nicht selten grausam ist. Nicht umsonst hat er schon in den 60er Jahren behauptet: *Die Institutionen sind in Ordnung, nur die, die in ihnen arbeiten, nicht.* Dreißig Jahre später klingt das bei ihm so: *Ich habe gewußt, daß die Menschen mit soviel Freiheit nicht umgehen können.*

Was macht also das Faszinosum Leonard Cohen und die Macht dieses Partisans der Liebe aus? Vor allem wohl seine Worte – Worte voller Poesie, Geheimnis und Schönheit, Worte aber auch voller Paradoxien, die sich nicht beim ersten Hören seiner Platten auflösen und deren Bedeutung sich nur dem erschließt, der bereit ist, sich auf Cohens Gedankenwelt einzulassen. Verstehen kann also nur, wer eine Liebe für Paradoxien aufbringt und sich einer tiefen künstlerischen Offenheit anvertraut. Doch ist Cohens Posie wirklich paradox? Oder handelt es sich nicht vielmehr um das Paradoxum einer extrem genauen Sprache, die nur Zustände und Situationen beschreibt, die selbst eben nicht genau sind? Manche Texte Cohens klingen nicht nur im ersten Augenblick geheimnisvoll und schön, sondern bleiben auch bei genauerer Analyse unzugänglich, erlangen nur im Kontext der Poesie Bedeutung und können nur im Kontext der Poesie Macht ausüben. Andere hingegen »versinken« in der Welt, um sie von innen heraus zu verändern, vielleicht sogar zu »retten«. Doch wie auch immer, jeder, der sich auf Cohens Paradoxien einläßt, kann gewiß sein, daß er nicht enttäuscht wird; er schließt sich einem Partisanen an, der die Welt mit all ihren Widersprüchen schildert und dabei zugleich die Hoffnung auf die Wiedergewinnung des verlorenen Paradieses wachhält, mal voller Traurigkeit wie in »The Partisan«, mal mit gewalttätigen Bildern wie in »First We Take Manhattan«, mal mit dem Optimistismus eines Messias wie in »Democracy«.

Aber auch als Person ist Leonard Cohen nicht frei von Widersprüchen. Zwar bezeichnet er sich als einen »Matriarchisten«, doch immer wieder wird zwischen den Zeilen seiner Texte deutlich, daß er im Grunde seines Herzens ein Konservativer ist, der nicht zuletzt Wert auf Umgangsformen legt. Cohen geht sogar soweit zu bekennen: *Ich glaube, ich hätte heutzutage einiges mit einem jungen Nazi gemeinsam. Ich glaube an ein Leben voller Disziplin. Ich glaube an ein Leben, das der Idee einer gewissen Reinheit gewidmet ist, ein Leben, das von Sinn erfüllt ist. Ich glaube an solche Ziele. Ich finde es nur traurig, daß die Faschisten die einzigen sind, die solche Aufrufe formulieren. Ich denke, es wäre langsam nötig, daß auch die liberalen Institutionen und die Konservativen solche Ziele artikulieren, die die Faschisten mittlerweile nur noch auf heuchlerische und verklärende Weise anbieten.*

Auf ähnliche Weise gibt sich Leonard Cohen als ein Mann zu erkennen, der einerseits ein gebrochenes Verhältnis zu Frauen hat (*Ich gestehe, daß es, wenn ich eine Frau in den Armen halte, einer Gotteserfahrung gleichkommt . . .; Frauen verwandeln sich, was ihre Persönlichkeit angeht, von Engeln zu Kreaturen, die imstande sind, dir das Herz herauszureißen«*), der andererseits jedoch ohne sie nicht auskommt. *Mit zunehmendem Alter wird Liebeskummer immer unerträglicher. Das einzige Rezept, das ich dagegen habe, ist, ein Liebeslied zu schreiben. Andere fühlen sich elend; ich schreibe. Im Grunde gibt es nur drei Varianten von Liebesliedern: Ich will dich. Ich habe dich. Ich habe dich verloren. Die letzte Variante macht bei mir den Hauptbestandteil aus. Wir verlieren uns doch unentwegt, auch wenn wir glauben, jemanden zu »haben«. Letztendlich sind wir immer nur in das ewige Drama »Liebt sie mich noch, liebe ich sie noch?« verstrickt. Außer Krieg und Arbeit ist die Liebe das einzige, was einen ein Leben lang bewegt: »Wen du einmal verloren hast, den findest du nicht wieder.« Die Liebe ist voll von Niederlagen und Zerstörungen.*

Äußerungen wie diese zeugen davon, daß Leonard Cohen aus einem reichen Erfahrungsschatz schöpft. *Man kann sich nicht als etwas präsentieren, das man nicht ist. Die Frau, für die ich »I'm Your Man« geschrieben habe, würde sich darüber wohl amüsieren. Aber es gibt keinen Grund, weshalb ein Geständnis, das man einer Frau macht, nicht auch amüsant sein kann. Die Frau, an die ich in diesem Fall gedacht habe* [Anm. des Autors: Rebecca de Mornay], *stand für mein Modell einer Beziehung, die ebenso von Ironie wie von Unbeschwertheit geprägt ist. Ich selber fühle mich ständig hin- und hergerissen. Ich bin nicht der Typ, der hingeht und sagt: »I'm your man.« Die Situation war vielmehr die, daß er mit dieser Frau zusammengewesen und daß dann alles auseinandergebrochen ist. Ein Mann wird niemals eine Frau zurückerobern, wenn er auf Knien vor ihr bettelt. Das ist der Schlüssel zu diesem Song. Du mußt deine Annäherung tarnen, du mußt ein wenig für diese Frau tanzen, sie ein wenig zum Lachen bringen. Man muß der Situation alles Feierliche nehmen. Wie soll man es sonst machen? Wir sitzen alle im selben Boot, im selben Käfig, unter denselben Bedingungen: wir brauchen einander.* Dennoch, gesteht Cohen, würde er nie einfach eine Frau ansprechen: *Dafür habe ich vor Frauen zuviel Respekt. Würde dagegen sie* mich *ansprechen, würde mein Herz vor Glück rasen . . . Ich habe mich nie für eine romantische Person gehalten, ich war schon glücklich, einfach nur Liebe zu finden.*

Der Partisan, der einst für die freie Liebe kämpfte, gibt nicht nur auf dem Album *The Future* wieder Hoffnung für die Zukunft. Cohen hatte sich schließlich einst nach dieser Welt gesehnt und sie miterschaffen, so wie wir sie jetzt haben. Die Verantwortung dafür sieht er jedoch nur bei dem Geschlecht, das er verehrt: *Warum begreifen wir also nicht, daß die Frauen doch die klügeren Köpfe sind und die Männer nichts anderes als Klatschweiber und Künstler? Dann könnten wir uns endlich unseren kindischen Projekten widmen, und sie würden die Welt am Laufen halten.*

Melancholie (im positiven Sinne) und Zynismus waren schon immer ebenso typisch für Leonard Cohen wie sein Bedürfnis, immer wieder Liebeslieder zu schreiben. Bei seinem Plädoyer für die Liebe weiß er mit Worten trotz seiner inzwischen grauen Schläfen noch immer so präzise umzugehen wie ein Chirurg mit seinem Skalpell. Große Botschaften will er mit seinen Songs jedoch nicht verkünden: *Die Zeit, in der man geglaubt hat, politische Songs könnten die Welt verändern, sind vorbei. Von Dylan und mir einmal abgesehen, zwingt man den Leuten damit nur eine Langeweile auf, die sie irritiert und sich unwohl fühlen läßt. Politische Songs sind nur Slogans, sonst nichts. Da höre ich mir lieber »I've found my thrill on blueberry hill« an. Soziologische Studien anzustellen ist nicht meine Sache. Ich sehe mich eher als Reporter aus dem Zentrum meines eigenen Lebens.* Cohen bezieht also nicht Stellung, sondern berichtet nur. Eine Fähigkeit, die keiner so gut in Songs umzusetzen weiß wie er. Cohen sammelt menschliche Synergieeffekte und verarbeitet sie zu etwas

Neuem. Wie ein Bildhauer studiert er sein Modell, um es so wirklichkeitsgetreu wie möglich abzubilden. Doch ganz so einfach macht er es seinem Publikum nicht. In surrealistischer Art offenbart er, was eigentlich versteckt werden sollte, und versteckt, was eigentlich offenbar ist. Nur die Bewertung dessen läßt Cohen offen. Vergleicht man Leonard Cohens heutige Liebeslieder mit denen, die er vor zwanzig Jahren geschrieben hat, gewinnt man den Eindruck, daß sich nicht nur seine Art, sie zu schreiben, verändert hat: *Die wahre Erfüllung finden wir Männer doch nur in Frauen. Daher rührt mein Bedürfnis, überhaupt noch ein Liebeslied zu schreiben. Das Lächeln einer Frau, wenn sie es hört, ist mir das wert. Eigentlich tun wir Männer doch alles nur, um den Frauen zu gefallen. Ob das ihnen gefällt, weiß ich nicht einmal; ich bin zu sehr damit beschäftigt, sie davon abzuhalten, mich zu ermorden.*

Das Image vom Mann im schwarzen Anzug, der von der Einsamkeit singt, wird Cohen ebensowenig los wie seinen Ruf als Frauenschwarm. Noch immer bestimmen die Themen Einsamkeit, Frauen, Krieg und Religion seine von Melancholie und Zynismus geprägten Arbeiten, von denen zahlreiche noch unveröffentlicht sind: *Vielleicht sind sie nicht gut genug. Weißt du, einen Roman zu schreiben, bedeutet für mich eine heilige Tätigkeit, die nicht leichtfertig beendet werden darf. Es ist keine Frage von Enthusiasmus, sondern eine Frage der inneren Bewegtheit, der Konzentration, die dann zu der heiligen Aufgabe wird, einen Roman zu schreiben oder ein Lied zu singen. Veröffentlichungen sind Beendigungen. Es ist schwer, ein Buch zu vollenden. Ich arbeite schon an einem einzigen Lied sehr lange, und im Augenblick bin ich Songwriter. An einen Roman ist da überhaupt nicht zu denken.*

Außerdem weist Leonard Cohen auf seine Schwierigkeiten beim Schreiben hin: *Immer wieder kommen Leute auf mich zu und erzählen mir, daß sie gerne einen Roman schreiben würden, aber im Getriebe der Großstadt nicht dazu kommen. Ich rate ihnen dann, auf meine Insel zu gehen. Ich gebe ihnen sofort die Adresse der Frau, die ihnen ein Haus vermietet, in dem kein Telefon klingelt und niemand stört. Soviel Geld kann jeder aufbringen. Ein paar tausend Dollar reichen dort für mehrere Monate. Aber dann kneifen sie. Sie haben Angst davor, mit der Tatsache konfrontiert zu werden, daß sie keine Schriftsteller sind. Die Reden sind nur Ausreden.*

Und wie steht es mit einer Autobiographie? Die schon in der Einleitung zu diesem Buch zitierte Antwort Leonard Cohens läßt kein solches Werk erwarten. Wahrscheinlicher ist, daß irgendwann einige Arbeiten erscheinen werden, die noch in Cohens eigenen Schubladen oder im Archiv der

Universität von Toronto liegen, von seinem noch unveröffentlichten ersten Roman *A Ballet Of Lepers* bis hin zu *A Woman Being Born*, der als Cohens dritter Roman gilt. 1980 hatte Leonard Cohen diese Werke seinem Verlag McClelland And Stewart angeboten. Jack McClelland jedoch hatte mit der Begründung abgelehnt: »Leonard, es ist zu persönlich. Diese Perlen sind für die Öffentlichkeit noch zu schade.« Warten wir also, bis die Öffentlichkeit reif für sie ist.

Abspann und Aufstieg zum *Tower Of Song*

Während der Autor bereits an den Korrekturfahnen dieses Buches arbeitet und sich darüber Gedanken macht, daß eigentlich jedes einzelne Album von Leonard Cohen als Dokument eines Lebensabschnitts ein solches Buch wert wäre, erreicht ihn ein *Post-Production-Audio-Tape,* das seine neu aufkommende Schreibwut weiter schürt. Das Band enthält die Songs des ursprünglich schon für September 1994, dann mehrfach verschobenen und schließlich Anfang September 1995 in den USA und Kanada erschienenen Tribute-Albums *Tower Of Song – The Songs Of Leonard Cohen*, das am 25. September 1995 auch in Deutschland veröffentlicht wurde.

Ein Grund für diese Verzögerung ist wohl darin zu sehen, daß Bono Vox, Kopf der Band U2, seine Interpretation von Cohens »Hallelujah« noch einmal überarbeiten wollte. Ein anderer Grund könnte die Absicht der Plattenfirma A&M gewesen sein, *Tower Of Song* nicht so rasch nach dem im Juni 1994 erschienenen *Cohen Live*-Album auf den Markt zu bringen.

Nach diesem Konzertalbum, dem vorausgegangenen Studio-Opus *The Future* (das sich bis heute weltweit über eine Million mal verkauft hat) und dem bereits 1991 veröffentlichten Cover-Album *I'm Your Fan* ist *Tower Of Song* die vierte Veröffentlichung in den 90er Jahren, die das Œuvre des Songwriters Leonard Cohen dokumentiert. Hatte ihm 1987 mit *Famous Blue Raincoat* eine einzige Künstlerin, Jennifer Warnes, ihre Reverenz erwiesen, und waren es im Falle von *I'm Your Fan* Musiker aus dem »alternativen« Rock-Lager gewesen, so hatten diesmal dreizehn hochkarätige Pop-Stars den Aufstieg zu Cohens »Tower of Song« gewagt.

Während sich die Herausgeber von *I'm Your Fan* zum Ziel gesetzt hatten, Leonard Cohen einer neuen und jüngeren Generation nahezubringen, so schien bei *Tower Of Song* die Idee der Popularisierung seines Liedguts im Vordergrund zu stehen. Nicht verwunderlich also, daß etwa die Interpretationen von Peter Gabriel, Sting, Elton John und Bono auf eine Weise arrangiert sind, daß sie durchaus auch als Single-Auskopplungen von einem ihrer eigenen Alben hätten durchgehen können. Zusammen mit den übrigen Aufnahmen deckte das Album alle erdenklichen Stilrichtungen ab, von Rock über Pop- und Country-Musik bis hin zum Folk.

In Angriff genommen wurde das von Produzent David Anderle und Leonard Cohens Managerin Kelly Lynch initiierte Projekt bereits 1993. Im Gespräch waren zunächst 18 Künstler gewesen, die den Cohen-Songs, wie Kelly Lynch erklärt, »so etwas wie einen Mainstream-Charakter verleihen« sollten. (Lynch ist übrigens mit dem Produzenten Steve Lindsey verheiratet, der zu dieser Zeit den A&M-Künstler Aaron Neville betreute.) Im Einvernehmen mit Anderle suchte Cohen die Künstler aus und nahm persönlich Kontakt zu ihnen auf.

Aber es ging den Initiatoren nicht nur darum, den Songs Leonard Cohens ein noch breiteres Publikum zu erschließen, sie wollten dem 61jährigen »Musik-Gott von Kanada« (The Globe And Mail, Toronto) auch Tribut zollen und die Arbeit von Musikern dokumentieren, die sich von ihm inspiriert oder ihm nahe fühlen. Cohen selbst wäre schon *mit einer CD nur mit Aufnahmen von Ray Charles, Charles Aznavour oder Phil Collins einverstanden* gewesen, *aber die waren leider zu beschäftigt, um rechtzeitig fertig zu werden.*

Von den Interpretationen auf *Tower Of Song* zeigt sich Cohen hingerissen: *Ich bin von allem begeistert, was man aus meinen Songs macht,* erklärt er, *und ich bin schon von weniger Gelungenem begeistert gewesen. Aber nun bin ich wirklich gerührt, wie diese großartigen Künstler mit mir umgegangen sind.*

»Alle hatten sie die Befürchtung, Cohens Songs nicht gerecht werden zu können«, erfährt man von David Anderle. Billy Joel zum Beispiel war vom Text des Songs »Light As The Breeze« so beeindruckt, daß er nicht ein einziges Wort ändern wollte; und Suzanne Vega weigerte sich, »Suzanne« zu interpretieren, da sie kein Liebeslied für jemanden mit dem Namen Suzanne singen könne. Phil Collins hingegen erteilte Leonard Cohen eine Absage, hinter der allerdings eine nette Geschichte steckt: *Ich habe ihn gefragt, und er hat abgelehnt. Ich schrieb ihm: »Würde Beethoven eine Einladung Mozarts ablehnen?« Er schrieb mir ein reizendes Fax zurück, in dem er sagte: »Beethoven muß leider ablehnen, da Beethoven mit dem-und-dem auf Tour geht . . .« Es war ein sehr charmantes Fax, das er mir geschickt hat, und ein völlig berechtigtes.*

Obwohl das Album, das Leonard Cohen als ein *Fest der Liebe und Harmonie* bezeichnet, nicht bei seiner eigenen Plattenfirma Sony herauskam, ließ er sich aus seinen Zen-Studien auf dem Mount Baldy und aus der Arbeit an neuen Projekten gerne herausreißen, um ihm so viel Unterstützung wie nur möglich zukommen zu lassen. So gab er schon im August 1995 eine Reihe von Promotion-Interviews, in denen man etwa im Zusammenhang mit Don Henleys Fassung von »Everybody Knows« erfuhr, daß es »El Cohen« sehr schätzt, wenn seine Songs für Soundtracks verwendet werden: *Ich liebe es zu sehen, bis zu welchem Punkt ein Song die Vorstellungskraft beflügeln kann.*

Zu »Coming Back To You« erklärt Cohen: *Die zwei Versionen von Trisha Yearwood und Depeche Modes Martin Gore rufen in mir wieder die Erinnerungen wach, die ich beim Schreiben dieses geheimnisvollen Songs hatte. Außerdem überraschen mich die Reime immer wieder von neuem.* Machte bei Yearwood und Gore diese Aura des Geheimnisvollen den Reiz der Aufnahme aus, so war es bei »Sisters Of Mercy« die Idee von Sting und der Gruppe The Chieftains, den Titel wie ein irisches Volkslied zu arrangieren.

Bonos »Hallelujah«, meint Leonard Cohen, *ist eine ebenso unerwartete wie gelungene Interpretation. Bono bleibt sehr dicht am Original. Ich denke, seine Interpretation ist so vorsichtig, daß sie wirklich ein »*cold and broken hallelujah*« ist.* Das von Tori Amos gesungene »Famous Blue Raincoat« kommentiert er mit den Worten: *Es ist der einzige impressionistische Song, den ich je geschrieben habe. Ich habe versucht, ihn zu erklären, als ihn Jennifer Warnes zum ersten Mal interpretiert hat. Ich habe das Geschlecht geändert und einige Wörter. Aber noch immer gehört er zu den Songs, deren Bedeutung sich von Zeit zu Zeit verändern.*

Aaron Nevilles »Ain't No Cure For Love« klingt, wie jeder perfekte Country-Song klingen sollte, lobt Cohen. *Er ist so komplett, daß man nichts vermißt. Meine Version ist etwas besinnlicher, dennoch ist mir die von Aaron lieb und teuer.* Elton John hingegen hatte »I'm Your Man« jeglicher Ironie entkleidet und aus dem Song eine hitverdächtige Nummer gemacht, die seinem eigenen »Rocket Man« ähnlicher war als dem Cohenschen Original. *Auch das war ein Song, für den ich besonders lange gebraucht habe, vor allem, weil er aus einer Periode stammt, in der mir das Schreiben nicht sonderlich leicht fiel. Ich dachte, er steht für einen Neubeginn meines Schreibprozesses. Elton hat daraus einen wirklich guten und fröhlichen Love-Song gemacht.*

»Bird On The Wire« (in den *Tower Of Song*-Credits als »Bird On A Wire« verzeichnet) klingt in Willie Nelsons Fassung wie ein lupenreiner Country-Folk-Song. Leonard Cohen zur Geschichte hinter dem Song: *Ich lebte gerade in meinem Haus in Griechenland, als sie für das ganze Dorf die elektrischen Leitungen verlegten. Ich ärgerte mich über die Strommasten, von denen es bis dahin in dieser Gegend noch keine gegeben hatte.*

Aber als ich sah, wie sie von den Vögeln benutzt wurden, tröstete mich das über diese Beleidigung hinweg. Zu Peter Gabriels Fassung von »Suzanne« meint Cohen: *Von »Suzanne« habe ich schon so viele Versionen gehört; es hat sogar schon Disco-Versionen davon gegeben. Aber diese hier ist eine wirklich gute.* Doch Billy Joels »Light As The Breeze« ist die Aufnahme, die sich Leonard Cohen, wie er gesteht, zumindest beim Autofahren immer wieder anhört, *weil ich immer das Gefühl hatte, diesen Song noch nicht beendet zu haben. Billy hat es nun getan und daraus meine »Standard-Version« gemacht.*

Nur zwei Vertreter der kanadischen Szene, Daniel Lanois und Jann Arden, waren an dem gesamten Projekt beteiligt. *Leider, ich hätte mir mehr gewünscht,* bedauert Cohen und fügt hinzu: *Dumm nur, daß zu der Zeit das kanadische Telefonnetz lahmgelegt war!* Diese Bemerkung ist wohl darauf gemünzt, daß Leonard Cohen keinen Kontakt zu Judy Collins bekam. Zwar fand der »Stranger Song«, den Daniel Lanois bereits aufgenommen hatte, keinen Eingang auf das Album, dafür jedoch Jann Ardens Version eines anderen Cohen-Titels. *»If It Be Your Will« ist ein Song, der unheimlich lange gebraucht hat, bis er fertig war, allein deshalb, weil der Text und die Melodie so schlicht sind. Ein falscher Schritt, und die Struktur des Songs geht verloren. Nimm nur all die Zeilen, die sich auf »-ill« reimen! Es bedarf wirklich eines sehr sorgsamen Umgangs damit. Trotzdem ist er einer der besten Songs, die ich je geschrieben habe.*

Zu »Story Of Isaac«, dem Song, für den sich Suzanne Vega schließlich entschied, nachdem sie »Suzanne« nicht hatte singen wollen, bemerkt Cohen, er sei noch immer im Besitz des Notizbuches, in das er einst den ersten Entwurf geschrieben habe. *Ich habe den Song in einem Motel am Franklin Boulevard beendet, in dem auch schon Janis Joplin gewesen ist.* Martin Gores Fassung von »Coming Back To You« bildete den Abschluß des Albums, das übrigens mit zwei verschiedenen Covern auf den Markt kam. Für die in den USA veröffentlichte Version hatte man auf die Rückseite des Covers der amerikanischen Ausgabe von Cohens Plattendebüt *Songs Of . . .* zurückgegriffen; die Vorlage für das in den übrigen Ländern verwendete Artwork bildete ein Foto seines Notizblocks.

Mit *Tower Of Song* hatten Leonard Cohen nun schon zum dritten Mal namhafte Musiker und Musikerinnen durch ihre Beteiligung an einem Tribute-Album ein Denkmal gesetzt. Bis heute haben etwa 200 verschiedene Interpreten seine Songs gecovert. Einige Bands wie die Sisters Of Mercy oder Who By Fire haben sich sogar bei der Wahl ihres Namens von seinen Songs inspirieren lassen. Außerdem suchen in den 90er Jahren immer wieder Musiker der neuen Generation seine Kooperation. Damit hat Leonard Cohen mehr als nur (s)ein Kapitel in der Geschichte der Populären Musik geschrieben. Wie bedeutsam seine Rolle für die Generation X ist, hat wohl am besten Kurt Cobain, die Kultfigur des Grunge-Rock, zum Ausdruck gebracht: »*Give me Leonard Cohen afterworld . . .*«

Leonard Cohen selbst arbeitet derweil bereits an neuem Material. In seiner Zelle in Roshis Zen-Zentrum auf dem Mount Baldy schreibt er, ausgerüstet mit seinem Synthesizer, an Songs für das nächste Album. Im Kopf hat er ein Konzept für 14 Songs, die allerdings wesentlich kürzer ausfallen sollen als die meisten seiner früheren – a*lles Songs unter drei Minuten.* Darüber hinaus arbeitet er an einem neuen Prosa-Werk, »The Book Of Longing«, für das er bis Oktober 1995 bereits über 100 Seiten verfaßt hat und das Ende 1996 veröffentlicht werden soll.

Leonard Cohens von Nikotin gezeichnete »goldene Stimme« – nach jahrelangem Verzicht auf Zigaretten qualmt er inzwischen Zigarren – wird also nicht verstummen. Der amerikanische Autor Tom Robbins hat sie in seinem Begleittext zu *Tower Of Song* als eine Stimme bezeichnet, die das Wort »nackt« so *nackt* wie keine andere klingen lasse und die vor allem dazu bestimmt sei, »die Namen von Frauen auszusprechen«.

Danksagungen

Und während Leonard Cohen bereits wieder in seinem *Tower of Song* arbeitet, schließe ich mein Buch mit einigen notwendigen Danksagungen ab.

Ich bedanke mich ganz herzlich bei allen, die es mir ermöglicht haben, dieses Buch zu schreiben, allen voran bei Leonard Cohen für sein Werk und seine Offenheit gegenüber meinen Fragen. Meinem Verlag, hier insbesondere Michael Schweins, danke ich für sein Interesse und Kurt-Jürgen Heering für seine Geduld. Dank spreche ich auch Uta Scholl für ihr zuverlässiges und professionelles Erstlektorat aus.

Meiner Liebe, Isabella Sobotta, und meinen Eltern gilt mein besonderer Dank für die geopferte Zeit und ihr Verständnis gerade im vergangenen Jahr und nicht zuletzt für ihre Liebe.

Mein herzlicher Dank gilt vor allem auch Yvonne Hakze, die mich als Herausgeberin des Leonard Cohen-Fan-Club-Magazins Intensity über Jahre hinweg ständig und konsequent mit aktuellem Cohen-Material versorgt hat. Ebenso danke ich Jim Devlin, Gerhard Schinzel und Michael Lohse für ihre gründliche Arbeit im Rahmen ihres »Leonard Cohen Information Service«. Nicht unerwähnt lassen möchte ich auch die in den Kapiteln und im Anhang genannten Personen und Publikationen wie etwa Günther Rammoser, Andrew Eldritch, Dr. Fritz Werner Haver, Steve Lake, Manuel Bonik, Thomas Lasarzki oder Helga Strehle (Sony Music) sowie die Verlage Zweitausendeins und März, denen ich für die freundliche Genehmigung zur Wiedergabe von Auszügen aus Leonard Cohens Büchern danke. Ebenso herzlich bedankt seien Bob Geldof und Klaus Hoffmann für ihre Vorworte.

Dieses Buch wäre auch nie möglich gewesen ohne die Unterstützung von Bea De Koning, Martine Moreau, Ken Norris, Carsten Baumann,

Hansi Hoffmann, Marek Lieberberg, Ingo Popp, Prof. Dr. Alois Hahn, Jörg Schröder, Valerie Lebouc, Mathias Utz, Frank Bredel, Inga Pustlank, Judy Bister, Martin Rupps, Andreas Schmahl, Winfried Becker, Suzanne, Dietmar Lüning und Ian Graham, dem im Bildteil genannten Fotografen, den Tournee- und Konzertveranstaltern Hoffmann-Konzerte, Marek Lieberberg Konzertagentur, Rainer Zosels Z-Concerts sowie Leonard Cohens Plattenfirma Sony Music. Mein Dank gilt darüber hinaus all jenen, deren Veröffentlichungen in Fernsehen, Rundfunk und Printmedien mir als Quelle von Hintergrund-Informationen gedient haben und deren Namen, soweit sie mir bekannt sind, im Anhang genannt werden. Zu guter Letzt auch der Dank an das Kultur-Café St. Johanner Markt in Saarbrücken, dessen Räumlichkeiten ich während der Schreibpausen zu meinem »zweiten Wohnzimmer« umfunktionierte. Last but not least bedanke ich mich bei allen, die zu erwähnen ich vergessen haben sollte.

Christof Graf
Saarbrücken, Oktober 1995

Diskographie

LEONARD COHEN: ALBEN (VINYL & CD)

Die folgende Album-Diskographie verzeichnet in chronologischer Reihenfolge alle Originalalben von Leonard Cohen inklusive der »Greatest Hits«-Kopplung von 1975. Das angegebene Datum bezeichnet Monat und Jahr der Erstveröffentlichung auf LP und/oder CD. Bestellnummern beziehen sich jeweils auf die CD, die zum Zeitpunkt des Redaktionsschlusses (Dezember 1995) im deutschen Plattenhandel erhältlich ist.

01/68
The Songs Of Leonard Cohen (CBS 63241)

Suzanne
Master Song
Winter Lady
The Stranger Song
Sisters Of Mercy
So Long, Marianne
Hey, That's No Way To Say Goodbye
Stories Of The Street
Teachers
One Of Us Cannot Be Wrong

Produzent: John Simon

04/69
Songs From A Room (CBS 63687)

Bird On The Wire
Story Of Isaac
A Bunch Of Lonesome Heroes
The Partisan
Seems So Long Ago, Nancy
The Old Revolution
The Butcher
You Know Who I Am
Lady Midnight
Tonight Will Be Fine

Produzent: Bob Johnston

03/71
Songs Of Love And Hate (CBS 69004)

Avalanche
Last Year's Man
Dress Rehearsal Rag
Diamonds In The Mine
Love Calls You By Your Name
Famous Blue Raincoat
Sing Another Song, Boys
Joan Of Arc

Produzent: Bob Johnston

04/73
Live Songs (CBS 65224)

Minute Prologue*
Passing Through*
You Know Who I Am**
Bird On The Wire***
Nancy*
Improvisation***
Story Of Isaac****
Please Don't Pass Me By (A Disgrace)*****
Tonight Will Be Fine******
Queen Victoria*******

Produzent: Bob Johnston

*	*London 1972*
**	*Brüssel 1972*
***	*Paris 1972*
****	*Berlin 1972*
*****	*London 1970*
******	*Isle Of Wight 1970*
*******	*Tennessee 1972*

08/74
New Skin For The Old Ceremony (CBS 69087)

Is This What You Wanted
Chelsea Hotel No. 2
Lover, Lover, Lover
Field Commander Cohen
Why Don't You Try
There Is A War
A Singer Must Die
I Tried To Leave You
Who By Fire
Take This Longing
Leaving Green Sleeves

Produzenten: Leonard Cohen, John Lissauer

11/75
Greatest Hits (CBS 69161)*

Suzanne
Sisters Of Mercy
So Long, Marianne
Bird On The Wire
Lady Midnight
The Partisan
Hey, That's No Way To Say Goodbye
Famous Blue Raincoat
Last Year's Man
Chelsea Hotel No. 2
Who By Fire
Take This Longing

* *in GB und USA als »Best Of Leonard Cohen« (Columbia 054113) geführt*

11/77
Death Of A Ladies' Man (CBS 86042)

True Love Leaves No Traces
Iodine
Paper-Thin Hotel
Memories
I Left A Woman Waiting
Don't Go Home Whith Your Hard-On
Fingerprints
Death Of A Ladies' Man

Produzent: Phil Spector

09/79
Recent Songs (CBS 86097)

The Guests
Humbled In Love
The Window
Came So Far For Beauty
The Lost Canadian
(Un Canadien Errant)
The Traitor
Our Lady Of Solitude
The Gypsy's Wife
The Smokey Life
Ballad Of The Absent Mare

Produzenten: Leonard Cohen, Henry Lewy

12/84
Various Positions (CBS 26222)

Dance Me To The End Of Love
Coming Back To You
The Law
Night Comes On
Hallelujah
The Captain
Hunter's Lullaby
Heart With No Companion
If It Be Your Will

Produzent: John Lissauer

02/88
I'm Your Man (CBS 460642)

First We Take Manhattan
Ain't No Cure For Love
Everybody Knows
I'm Your Man
Take This Waltz
Jazz Police
I Can't Forget
Tower Of Song

Produzent: Leonard Cohen

11/92
The Future (Sony/Columbia 472498)

The Future
Waiting For The Miracle
Be For Real
Closing Time
Anthem
Democracy
Light As The Breeze

Always
Tacoma Trailer

Produzenten: Leonard Cohen, Steve Lindsey, Bill Ginn, Leanne Ungar, Rebecca De Mornay, Yoav Goren

06/94
Cohen Live – Leonard Cohen In Concert
(Sony/Columbia 477171 2)

Dance Me To The End Of Love
Bird On The Wire
Everybody Knows
Joan Of Arc
There Is A War
Sisters Of Mercy*
Hallelujah
I'm Your Man
Who By Fire*
One Of Us Cannot Be Wrong*
If It Be Your Will*
Heart With No Companion*
Suzanne

Produzenten: Leanne Ungar, Bob Metzger

* *aufgenommen während der »I'm Your Man«-Tour 1988, alle übrigen Titel während der »Future«-Tour '93.*

LEONARD COHEN: SINGLES (VINYL & CD)

Die folgende Diskographie verzeichnet in chronologischer Reihenfolge alle in D und GB auf Vinyl und CD veröffentlichten Singles von Leonard Cohen. Auf die Angabe von Bestellnummern wurde verzichtet, da Singles in der Regel nur kurzzeitig im Tonträgerhandel erhältlich und demzufolge rasch vergriffen sind.

03/68 Suzanne/So Long, Marianne
05/69 Bird On The Wire/Seems So Long Ago, Nancy
07/71 Joan Of Arc/Diamonds In The Mine
??/72 Sisters Of Mercy/Winter Lady/Stranger Song
??/72 Stranger Song/Sisters Of Mercy
??/73 Passing Through/Seems So Long Ago, Nancy
03/73 Suzanne/Bird On The Wire
07/74 Bird On The Wire (live)/Tonight Will Be Fine (live)
11/74 Lover, Lover, Lover/Who By Fire
??/75 Tonight Will Be Fine/Why Don't You Try
05/76 Suzanne/Take This Longing
??/76 Do I Have To Dance All Night/The Butcher (live)
11/77 Memories/Don't Go Home With Your Hard-On
03/78 True Love Leaves No Traces/I Left A Woman Waiting
??/79 The Guests/The Lost Canadian
??/84 Dance Me To The End Of Love/Coming Back To You
??/84 Hallelujah/The Law
02/85 Dance Me To The End Of Love/The Law
01/88 First We Take Manhattan/Sisters Of Mercy
??/88 First We Take Manhattan/Suzanne/So Long, Marianne
05/88 Ain't No Cure For Love/Jazz Police
??/88 I'm Your Man/Chelsea Hotel/Who By Fire
??/92 The Future/Be For Real
??/?? Closing Time/Waiting For The Miracle/Ain't No Cure For Love/First We Take Manhattan
??/?? Closing Time/First We Take Manhattan/Famous Blue Raincoat/Winter Lady

LEONARD COHEN: EPs

Die folgende Diskographie verzeichnet in chronologischer Reihenfolge diverse EPs von Leonard Cohen. Auf die Angabe von Bestellnummern wurde, wie im Fall der obigen Singles-Diskographie, verzichtet, da auch EPs nur kurzzeitig im Handel erhältlich und alle hier verzeichneten Tonträger vergriffen sind.

??/69 **McCabe & Mrs. Miller (Soundtrack)**
The Stranger Song/The Stranger Song (Instrumental)/The Stranger Song/Sisters Of Mercy/Sisters Of Mercy/Sisters Of Mercy/Sisters Of Mercy (Instrumental In G-Dur)/Winter Lady/

Winter Lady (Instrumental in e-moll)/Winter Lady (Instrumental)/Stranger Song (Instrumental in G-Dur)/Winter Lady (Instrumental)/Winter Lady/Winter Lady

??/70 **Isle Of Wight/ Atlanta '70**
Triple-EP, inkl. »Tonight Will Be Fine«

07/72 **McCabe & Mrs. Miller (Soundtrack)**
Sisters Of Mercy/Winter Lady/The Stranger Song

??/83 **Scoop 33' Series, Vol. (?)**
Bird On The Wire/Lady Midnight/Joan Of Arc/Suzanne/Hey, That's No Way To Say Goodbye/Paper-Thin Hotel
Auch publiziert unter dem Titel »6 Track Hits: Leonard Cohen« (Pickwick 7 SR): Songauswahl identisch, jedoch Reihenfolge der Songs geändert.

01/88 First We Take Manhattan/Sisters Of Mercy/Bird On The Wire/Suzanne

05/88 Ain't No Cure For Love/Jazz Police/Hey, That's No Way To Say Goodbye/So Long, Marianne

LEONARD COHEN AUF DIVERSEN TONTRÄGERN

Die folgende Diskographie versammelt Aufnahmen, die nicht unter dem Namen »Leonard Cohen« veröffentlicht wurden: von frühen Mitschnitten seiner Lyrik-Lesungen über Beteiligungen an fremden Projekten bis hin zum Tribute-Album »Famous Blue Raincoat« seiner langjährigen Backup-Sängerin Jennifer Warnes (1987). Angegeben sind jeweils die Aufnahmen, an denen Cohen beteiligt war. Die meisten dieser Alben sind vergriffen; daher wurde auf die Angabe von Bestellnummern verzichtet.

1957
Diverse/Six Montreal Poets (Folkways Records)

For Wilf And His House/Beside The Shepherd/Poem/Lovers/The Sparrows/Warning/Les Vieux/Elegy

Leonard Cohen als Rezitator seiner Gedichte.

1966
Diverse/Canadian Poets, Vol. 1 (CBS)

What I'm Doing Here/You Have The Lovers/Now Of Sleeping/Style/Two Went To Sleep/Nothing Has Been Broken

Leonard Cohen als Rezitator seiner Gedichte.

1970
Diverse/Isle Of Wight (Atlanta Records)

Tonight Will Be Fine

Ein Triple-Album auf LP: Mitschnitt vom britischen Open Air Festival, auf dem der genannte Song aus Leonard Cohens Auftritt enthalten ist.

1975
The Earl Scruggs Revue/Anniversary Special, Vol. 1 (CBS)

Passing Through

Eine Studio-Session des amerikanischen Banjospielers Earl Scruggs, auf der sich Leonard Cohen die Lead-Vocals seines Songs mit Joan Baez, Buffy Sainte-Marie, Ramblin' Jack Elliott und den Pointer Sisters teilt.

1986
Diverse/Poets In New York (CBS)

Take This Waltz

Ein anderer, früherer Mix der 1988 auch auf dem Cohen-Album I'm Your Man *veröffentlichten Vertonung des Gedichts von Federico García Lorca.*

1987
Jennifer Warnes/Famous Blue Raincoat (BMG Ariola)

Joan Of Arc

Leonard Cohen im Duett mit seiner langjährigen Backup-Sängerin Jennifer Warnes.

1990
Was Not Was/Are You Okay? (Mercury/Fontana)

Elvis' Rolls Royce

Leonard Cohen als Gast (lead vocals).

1991
Dave Stewart & The Spiritual Cowboys/[dito] (BMG/RCA)

On Fire

Leonard Cohen im Duett mit dem ehemaligen Eurythmics-Mitglied Dave Stewart.

1991
Diverse/The Official 1991 Juno Award Collection (1991 CA)

Tower Of Song

Doppel-CD mit 24 Songs diverser Musiker. Tower Of Song *ist Leonard Cohens Beitrag zu dieser »Juno Award«-Compilation 1991.*

1992
Diverse/Weird Nightmare – Meditations On Mingus (Polydor/A&M)

Chill Of Death*
Eclipse**

Ein Tribute-Album des US-Plattenproduzenten Hal Willner für den Jazzbassisten Charles Mingus, mit Leonard Cohen als Musiker (*) und Co-Autor eines Songs mit Diamanda Galas (**).

1993
Elton John/Duets (Polygram)

Born To Lose

Leonard Cohen im Duett mit Elton John.

1993
Leonard Cohen Live! (Sony/Columbia)

First We Take Manhattan/Ain't No Cure For Love/Coming Back To You/Dance Me To The End Of Love/Democracy/Waiting For The Miracle/The Future/I'm Your Man

Manchmal fälschlich als »Bootleg« bezeichnetes Live-Tondokument der »Columbia Records Radio Hour«; in USA für Promotion-Zwecke veröffentlicht. Siehe auch »Leonard Cohen: Bootlegs«.

1994
Diverse/Rare On Air – Live Performances, Vol. 1 (Mammoth)

Poem

Leonard Cohen mit einem Gedicht (»Poem«, aus dem Band: Stranger Music, *Seite 3; siehe in Anhang II die »Bibliographie«), das er am 03. 12. 1993 während eines Live-Interviews für den Radiosender KCRW-FM (Santa Monica, California, USA) vortrug.*

1995
Diverse/Message To Love – »The Isle Of Wight«-Festival 1970 (Castle Communications)

Suzanne

Leonard Cohen live am 31. 08. 1970 auf dem bis dato größten europäischen Open Air Festival. Weitere Teilnehmer: The Who, The Doors, Jimi Hendrix, Jethro Tull, Ten Years After, Joan Baez, The Taste, Donovan, Kris Kristofferson, u. a.

LEONARD COHEN: COMPILATIONS

Die folgende Diskographie verzeichnet in chronologischer Reihenfolge Kopplungen von Leonard-Cohen-Songs und -Originalalben, die ohne Beteiligung ihres Urhebers von diversen Plattenfirmen veröffentlicht wurden.

1980
Liebesträume – Leonard Cohen singt seine schönsten Lieder (CBS 84 71 8)

Suzanne/So Long, Marianne/Sisters Of Mercy/I Left A Woman Waiting/Winter Lady/Take This Longing/Lady Midnight/Our Lady Of Solitude/Bird On The Wire/Tonight Will Be Fine/Lover, Lover, Lover/Chelsea Hotel/Diamonds In The Mine/The Partisan/Seems So Long Ago, Nancy/ Passing Thru

Song-Compilation, nur in Deutschland veröffentlicht.

198[?]
4-Album-Boxed-Set

Songs Of Leonard Cohen/Songs From A Room/Songs Of Love And Hate/New Skin For The Old Ceremony

Album-Compilation. Nur in Australien veröffentlichte Box mit den genannten Originalalben. Inklusive Booklet mit sämtlichen Songtexten.

1981
Songs & Poems (CBS 66373)

Songs Of Leonard Cohen/Songs From A Room/Songs Of Love And Hate

Album-Compilation. 3-CD-Box mit informativem Booklet.

1982
Top Artists Of Pop Music – Leonard Cohen (CBS/Memory 296 978-245)

Lover, Lover, Lover/Is This What You Wanted/Avalanche/Hey, That's No Way To Say Goodbye/ Leaving Green Sleeves/So Long, Marianne/Suzanne/Story Of Isaac/Teachers/Chelsea Hotel/Memories/Bird On The Wire

Song-Compilation, veröffentlicht im Rahmen der »CBS Memory Edition«.

1983
Starsound Collection – Leonard Cohen (Stereo [?] 296 947-270)

Who By Fire/So Long, Marianne/Chelsea Hotel No. 2/Lady Midnight/Sisters Of Mercy/Bird On The Wire/ Suzanne/Lover, Lover, Lover/Winter Lady/Tonight Will Be Fine/The Partisan/Diamonds In The Mine

Song-Compilation, nur in Deutschland veröffentlicht.

1983
Highlights (Pickwick PKD 3082)

Lover, Lover, Lover/Is This What You Wanted/Avalanche/Hey, That's No Way To Say Goodbye/Leaving Green Sleeves/So Long, Marianne/Suzanne/Story Of Isaac/Teachers/Chelsea Hotel No. 2/Memories/ Bird On The Wire

Britische Song-Compilation.

1989
The CBS Collection (CBS 465883 2)

Various Positions/Songs From A Room/Death Of A Ladies' Man/New Skin For The Old Ceremony/ Songs Of Love And Hate

Album-Compilation. 5 Cohen-Originalalben im Schuber, nur in Europa veröffentlicht.

1987
Two Originals (CBS 4610112 1)

Songs From A Room/New Skin For The Old Ceremony

Album-Compilation. 2 Cohen-Originalalben im Schuber, nur in Europa veröffentlicht.

1989/1990
So Long, Marianne (CBS 460500 2 und CBS 902297 2)

Who By Fire/So Long, Marianne/Chelsea Hotel/Lady Midnight/Sisters Of Mercy/Bird On The Wire/ Suzanne/Lover, Lover, Lover/Winter Lady/Tonight Will Be Fine/The Partisan/Diamonds In The Mine

Song-Compilation.

1992
Leonard Cohen Takes Manhattan (Sony Special Product A-22633)

Bird On The Wire/Avalanche/Take This Longing/Tonight Will Be Fine/The Guests/Seems So Long Ago, Nancy/Ballad Of The Absent Mare/Hey, That's No Way To Say Goodbye/Suzanne/First We Take Manhattan

Song-Compilation, nur in USA erhältlich.

1993
[Triple-CD-Pack] (Sony/Columbia 474146-2)

Songs Of Leonard Cohen/Songs Of Love And Hate/Live Songs

Album-Compilation mit 3 Cohen-Originalalben. Nur in USA veröffentlicht.

[?]
5-CD-Box (Sony 138950)

Various Positions/New Skin For The Old Ceremony/Death Of A Ladies' Man/Songs From A Room/ Songs Of Leonard Cohen

Album-Compilation. Ohne Jahresangabe der Veröffentlichung, vermutlich 1988 bis 1994.

[?]
3-CD-Box (Sony 081515)

Songs From A Room/Various Positions/Songs Of Love And Hate

Album-Compilation. Ohne Jahresangabe der Veröffentlichung, vermutlich 1988 bis 1994.

[?]
3-CD-Box (Sony 322382 bzw. 312130)

Songs From A Room/Various Positions/I'm Your Man

Album-Compilation. Ohne Jahresangabe der Veröffentlichung; vermutlich 1988 bis 1994.

[?]
2-CD-Pack (Sony 163388)

I'm Your Man/Greatest Hits

Album-Compilation. Ohne Jahresangabe der Veröffentlichung; vermutlich 1988 bis 1994.

[?]
2-CD-Pack (Sony 123483)

Death Of A Ladies' Man/Various Positions

Album-Compilation. Ohne Jahresangabe der Veröffentlichung; vermutlich 1988 bis 1994.

LEONARD COHEN: BOOTLEGS

Die folgende Diskographie verzeichnet in chronologischer Reihenfolge alle bekannten Leonard-Cohen-Bootlegs. Wo nicht anders angegeben, handelt es sich um Veröffentlichungen auf CD. Orthographische Fehler im Text der CD-Booklets, z. B. bei der Schreibung von Ortsnamen, wurden stillschweigend korrigiert. Auf die Korrektur falsch wiedergegebener Songtitel wurde verzichtet, um Sammlern die Identifizierung des jeweiligen Albums zu erleichtern. Die in runder Klammer angegebenen Daten entsprechen der im Deutschen üblichen Reihenfolge: Tag/Monat/Jahr. Für die Anmerkungen unter dem Titel des jeweiligen Albums hat sich der Autor der englischen Sprache bedient, um auch »internationalen« Sammlern die Benutzung dieser Diskographie zu ermöglichen.

1972
Sincerely A Friend [ohne Label]
Glasgow, England (19. 03. 1972)
Vinyl, double album.
Running Time: approximately 90:00

So Long, Marianne
Bird On A Wire
You Know
Lady Midnight
One Of Us Cannot Be Wrong
Passin' Through
The Stranger Song
Joan Of Arc
Sing Another Song, Boys
Poem: The 15-Year-Old-Girls
Sisters Of Mercy
Tonight We'll Be Fine
Famous Blue Raincoat
Hey, That's No Way To Say Goodbye
Intro/Suzanne
Story Of Isaac
Good Night

1985
Songs Of A Serious Old Man
(Metropol Records Inc.)
Wiesbaden, Germany (02. 02. 1985)
Vinyl.
Annotation on sleeve: »For Promotion Only. Cover by Atlan Prod. Art by Robert & Jo. Made in Italy«.

Bird On The Wire
Hey, That's No Way To Say Goodbye
The Law
Coming Back To You

Who By Fire
War Song
Dance Me To The End Of Love
Diamonds In The Mine
The Gypsy's Wife
So Long, Marianne
Leonard's Talking
Chelsea Hotel
Story Of Isaac
Famous Blue Raincoat
Lover Lover Lover
Introduction
Sisters Of Mercy
Suzanne
I Tried To Leave You
I Need You Now

1985
COHEN IN WARSAW (THE POLAND ALBUM)
Sala Kongesowa, Warsaw, Poland (22. 03. 1985)
Double-MC.

Who By Fire
The Law
Dance Me To The End Of Love
There Is A War
The Gipsy's Wife
Partisan
Sisters Of Mercy
The Night Comes On
Diamonds In The Mine
Avalanche
Chelsea Hotel Nr. 2
Lover, Lover, Lover
Famous Blue Raincoat
Suzanne
Hallelujah
Passing Thru
If It Be Your Will
Hey, That's No Way To Say Goodbye
So Long, Marianne
Tennessee Waltz
I Tried To Leave You

1988
I'M YOUR LIVE MAN (ACL 005)
Bergen, Norway (28. 06. 1988)
Vinyl, double album. Coloured vinyl incl. bonus poster.
Annotation on sleeve: »Limited edition of 200 copies«.

Dance Me To The End Of Love (Part One)
First We Take Manhattan
Ain't No Cure For Love
Everybody Knows
I'm Your Man
Take This Waltz
Heart Need No Companion
Bird On A Wire
Joan Of Arc
The Partisan
So Long, Marianne
Suzanne
Wither Though
There Is A War
Coming Back To You
The Sisters Of Mercy
Dance Me To The End Of Love (Part Two)

1991
SUPER GOLDEN RADIO SHOWS Nr. 044
(SGRS Records 044)
Annotation on sleeve: »Leonard Cohen – Performed live in New York 1979"
A fine transfer from the German TV/ZDF-»Rock Pop Special« (1979)
Total Running Time: 38:47
Actual Running Time: 44:00

So long, Marianne
The Window
Famous Blue Raincoat
Passing Through
Memories
The Guests
Suzanne

1992
DIAMONDS IN THE MINE FIELD
(BIG MUSIC 036)
Live in Montreux/Switzerland (1985).
Total Running Time: 75:44
Actual Running Time: 75:46

Bird On A Wire
The Law
Hey, That's Not The Way To Say Goodbye
There Is A War
Who By Fire
Dance Me To The End Of Love
Diamonds In The Mine Field
Night Comes On
Gypsy's Wife
Hallelujah
A Singer Must Die
The Stranger Song
Chelsea Hotel No. 2
Famous Blue Raincoat

1993
HEART HOUSED IN THE THORN-BUSH
(TS RRC 022)
Live in Montreux/Switzerland (09. 07. 1985)
Total Running Time: 76:00
Actual Running Time: 75:19

The Law
That's No Way To Say Goodbye
There Is A War
Dance Me To The End Of Love
Famous Blue Raincoat
Lover, Lover, Lover
The Partisan
Sisters Of Mercy
Memories
Passing Thru
If It Be Your Will
Coming Bach To You
I Tried To Tell You
Suzanne

1993
LAST OF THE BOHEMIANS
(Beautiful Loser Records, Montreux, Switzerland)
A fine transfer from the German TV/ZDF-»Rock Pop Special« (1979)
cf. »SUPER GOLDEN RADIO SHOWS«

First We Take Manhattan*
Dance Me To Ende Of Love*
Chelsea Hotel*
Who By Fire*
Take This Waltz*
Famous Blue Raincoat
*(rehearsal with Greek folk musicians)**
Hallelujah*
So Long, Marianne
The Window
Famous Blue Raincoat
Memories
The Guest
Suzanne
Minimal Art (& Solo On Harmonica)
Poem
Bird On A Wire
Second Poem
Suzanne
So Long, Marianne
Tower Of Song
There Ain'T No Cure For Love

* *recorded live in Athens, 1988, Lykabettus Theatre (taken from the official video »Songs From The Life Of Leonard Cohen«; cf. »Filmographie/Videographie«)*

1993
LIVE IN MONTREUX (Yellow Cat YC 004)
Montreux/Switzerland, Jazz Festival, Casino de Montreux (25. 06. 1976)
Total Running Time: 75:35

Bird On The Wire
So Long, Marianne
Who By Fire
That's No Way To Say Goodbye
Storeroom
One Of Us Cannot Be Wrong
Lady Midnight
There Is A War
I Tried To Leave You
Diamonds In The Mine
Chelsea Hotel
Stranger Song
Lover Lover Lover
Sisters Of Mercy
Tonight Will Be Fine

1993
THE LADIES' MAN IN CONCERT
(Flashback 07.93.0215)
Zurich/Switzerland, Kongresshalle (21. 05. 1993)
Total Running Time (Disc 1): 66:34
Total Running Time (Disc 2): 68:04

Dance Me To The End Of Love
The Future
Ain't No Cure For Love
Bird On A Wire
Everybody Knows
Anthem
First We Take Manhattan
Avalanche
Chelsea Hotel
Tower Of Song
Democracy
Waiting For The Miracle
I'm Your Man
Joan Of Arc
Closing Time
Take This Waltz
Sisters Of Mercy
Hallelujah
I Tried To Leave You
So Long, Marianne

1993
THE PRESENCE (Kiss No. 35)
2-CD-Set
Zurich/Switzerland (21. 05. 1993)
Total Running Time (Disc 1): 67:27
Total Running Time (Disc 2): 69:19

Dance Me To The End Of Love
The Future
There Ain't No Cure For Love
Bird On A Wire
Everybody Knows
Anthem
First We Take Manhattan
Avalanche
Chelsea Hotel
Tower Of Song
Democracy
Waiting For The Miracle
I'm Your Man
Joan Of Arc
Closing Time
Take This Waltz
Sisters of Mercy
Hallelujah
I Tried To Leave You
So Long, Marianne

1993
FIRST WE TAKE MANHATTAN
(NG 31 06 93-2)
2-CD-Set
Zurich/Switzerland, Kongresshaus (21. 05. 93)
Total Running Time: (Disc 1) 67:48
Total Running Time: (Disc 2) 68:47

Dance Me To The End Of Love
The Future
Ain't No Cure For Love
Bird On The Wire
Everybody Knows
Anthem
First We Take Manhattan
Avalanche
Chelsea Hotel
Tower Of Song
Democracy
[*]
I'm Your Man
Joan Of Arc
Closing Time
Take This Waltz
Sisters Of Mercy
Hallelujah
I'll Close The Book**
So Long, Marianne

[*] Not mentioned on sleeve but part of CD: »Waiting For The Miracle«.
*** Error! Actual name of this song: »I Tried To Leave You«.*

1993
ABOVE THE SOUL (KTS 212)
Los Angeles, California/U.S.A. (18. 04. 1993)
Total Running Time: 79:08

First We Take Manhattan
Ain't No Cure For Love
Coming Back To You
Dance Me To The End Of Love
Democracy
Waiting For The Miracle
The Future
I'm Your Man
Bird On A Wire
Everybody Knows
Avalanche
Suzanne
Tower Of Song
I Can't Forget

1993
GREATEST HITS LIVE '93
(Living Legend LLRCD 229)
Zurich/Switzerland (21. 05. 1993)
Total Running Time: 69:58

Dance Me To The End Of Love
Bird On A Wire
First We Take Manhattan
Avalanche
Chelsea Hotel
I'm Your Man
Joan Of Arc
Take This Waltz
Sisters Of Mercy
Hallelujah
So Long, Marianne

1993
FOR THE LOVE OF CAIN – Part 1
(RRC 037)
Zurich/Switzerland (21. 05. 1993)
Total Running Time: 71:12

Dance Me To The End Of Love
It Is Murder*
Ain't No Cure For Love

Bird On The Wire
Everybody Knows
First We Take Manhattan
Crumbs Of Love**
Chelsea Hotel
Tower Of Song
Democracy
Waiting For The Miracle

* *Error! Actual name of this song: »The Future«*
** *Error! Actual name of this song: »Avalanche«*

1993
FOR THE LOVE OF CAIN – Part 2
(RRC 038)
Zurich, Switzerland (21. 05. 1993)
Total Running Time: 59:26

I'm Your Man
Joan Of Arc
Closing Time
Take This Waltz
Sisters Of Mercy
Hallelujah
Right Before Your Eyes*
So Long, Marianne

* *Error! Actual name of this song: »I Tried To Leave You«*

1993
NO CURE FOR LOVE
(Crocodile Beat CB 53035)
Zurich, Switzerland (21. 05. 1993)
Total Running Time: 74:35

Dance Me To The End Of Love
Waiting For The Miracle
There Ain't No Cure For Love
Joan Of Arc
Bird On A Wire
First We Take Manhattan
Take This Waltz
Sisters Of Mercy
Avalanche
I Tried To Leave You
So Long, Marianne

1993
LEONARD COHEN AT THE BEEB
(Yellow Cat YC 018)
*Almost complete BBC 2 Broadcasting (31. 08. 1968, 07. 09. 1968)**
Total Running Time: 59:14

You Know Who I Am**
Bird On The Wire**
The Stranger Song**
So Long, Marianne**
Master Song**
Sisters Of Mercy
Teachers
Dress Rehearsal Rag
Suzanne
Hey, That's No Way To Say Goodbye
Story Of Isaac
Plus: A Short Improvisation With The Audience (»No, It Wasn't Good«)

* *Missing song: »One Of Us Cannot Be Wrong«*
** *Broadcast: 31. 08. 1968*

1993
WARM RECEPTION (IBR 2165)
Toronto/Canada, Massey Hall (09. 11. 1988)
Total Running Time: 69:17

Ain't No Cure For Love
Bird On The Wire
I'm Your Man
Heart With No Companion
Take This Waltz
Tower Of Song
Joan Of Arc
Jazz Police
First We Take Manhattan
Coming Back To You
Suzanne
I Tried To Leave You

1993
LEONARD COHEN LIVE – LOS ANGELES 1993 [ohne Label-Angabe]*
The »Columbia Records Radio Hour« presents from The Complex, Los Angeles, California/ USA . . . (18. 04. 1993)
Total Running Time: 49:05

First We Take Manhattan
Ain't No Cure For Love
Coming Back To You
Dance Me To The End Of Love
Democracy
Waiting For The Miracle
The Future
I'm Your Man

* *Official release but often sold as a »bootleg«; therefore listed here.*

1994
THE HOUSEWIFE, THE REFEREE AND THE UNDERTAKER (TB 80)
Zurich, Switzerland (21. 05. 1993)
Total Running Time: 73:27

Dance Me To The End Of Love
The Future
Bird On The Wire
Anthem
Chelsea Hotel No. 2
Democracy
Joan Of Arc
Closing Time
Take This Waltz
Hallelujah
So Long, Marianne

1994
LEONARD ZÜRICH '93 COHEN
(LSDC 51619)

I'm Your Man
Joan Of Arc
Closing Time
Take This Waltz
Sisters Of Mercy
Hallelujah
Right Before Your Eyes*
So Long, Marianne

* *Error! Actual name of this song: »I Tried To Leave You«.*

1994
LEONARD COHEN – FIRST WE TAKE L.A., THEN WE TAKE BERLIN (VM 010)
Los Angeles, California/U.S.A. (18. 04. 1993)
Total Running Time: 79:06
Actual Running Time: 68:24

First We Take Manhattan
Ain't No Cure For Love
Coming Back To You
Dance Me To The End Of Love
Democracy
Waiting For The Miracle
The Future
I'm Your Man
Bird On A Wire
Everybody Knows
Avalanche
Suzanne
Tower Of Song*
I Can't Forget*

* *Mentioned on sleeve but not part of CD.*

1994
LEONARD COHEN – LOS ANGELES 1993
(ARR 94.064)
Los Angeles, California/U.S.A. (18. 04. 1993)
Total Running Time: ca. 69:00
Actual Running Time: 68:24

First We Take Manhattan
Ain't No Cure For Love
Coming Back To You
Dance Me To The End Of Love
Democracy
Waiting For The Miracle
The Future
I'm Your Man
Bird On A Wire
Everybody Knows
Avalanche
Suzanne

LEONARD COHEN: TRIBUTE-ALBEN

Die folgende Diskographie verzeichnet in chronologischer Reihenfolge alle Alben, die ausschließlich – bzw. in einem Fall (Graeme Allright/Suzanne [?], 1992) vorwiegend – Cover-Versionen von Cohen-Songs enthalten.

1983
Maciej Zembaty/Ballady Leonarda Cohena
(Pol-jaa KPSJ-001/002)

Bird On The Wire
Story Of Isaac
You Know Who I Am
Tonight Will Be Fine
Teachers
Seems So Long Ago, Nancy
Lover, Lover, Lover
Sisters Of Mercy
Memories

Diamonds In The Mine
Hey, That's No Way To Say Goodbye
Famous Blue Raincoat
Suzanne
Is This What You Wanted
One Of Us Cannot Be Wrong
The Partisan
Who By Fire

Alle Songs in polnischer Sprache gesungen.

1987
Jennifer Warnes/Famous Blue Raincoat
(BMG Ariola 258 418)

First We Take Manhattan
Bird On A Wire
Famous Blue Raincoat
Joan Of Arc
Ain't No Cure For Love
Coming Back To You
Song Of Bernadette
A Singer Must Die
Came So Far For Beauty

1988
Maciej Zembaty/First We Take Manhattan/ Then We Take Warsaw (Cat. No. ZPR 1)

The Traitor
Joan Of Arc
Humbled In Love
Our Lady Of Solitude
First We Take Manhattan, Then We Take Warsaw *[sic]*
The Window
The Smokey Life
The Butcher

Mitschnitte aus einem Konzert, das Z.M. am 17. Januar 1988 in Warschau gab.

1989
Maciej Zembaty/Alleluja
(Cat. No. PROMIT M-0022)

Dance Me To The End Of Love
There Is A War
The Law
The Gypsy's Wife
Passing Thru
Avalanche
The Guests
Hunter's Lullaby
If It Be Your Will
Hallelujah

Alle Songs in polnischer Sprache gesungen.

1991
Diverse/Voulez-Vous Chanter Cohen

Bill Pritchard/I'm Your Man
Fatima Masions/Paper Thin Hotel
Peter Astor/Take This Longing
Geoffrey Orietta/Suzanne [Version Longue Instrumentale]

Mini-Album; Gratis-CD als Beilage zu einer Ausgabe des französischen Musikmagazins »Les Inrockuptibles«

1991
Diverse/I'm Your Fan
(Sony/Columbia 469032 2)

The House Of Love/Who By Fire
Ian McCulloch/Hey, That's No Way To Say Goodbye
The Pixies/I Can't Forget
That Petrol Emotion/Stories Of The Street
The Lilac Time/Bird On A Wire
Geoffrey Oryema/Suzanne
James/So Long, Marianne
Jean-Louis Murat/Avalanche IV
David McComb & Adam Peters/Don't Go Home With Your Hard-On
R.E.M./First We Take Manhattan
Lloyd Cole/Chelsea Hotel
Robert Forster/Tower Of Song
Peter Astor/Take This Longing
Dead Famous People/True Love Leaves No Traces
Bill Pritchard/I'm Your Man
Fatima Mansions/A Singer Must Die
Nick Cave/Tower Of Song
John Cale/Hallelujah

1991
Graeme Allwright/Suzanne
(Phonogram-France 848178-2 Vol. 3)

Suzanne
Lover, Lover, Lover
L'Étranger (Stranger Song)
Danse Moi Vers La Fin de L'Armour (Dance Me To The End Of Love)
Jeanne D'Arc (Joan Of Arc)
Les Soeurs De La Misericorde (The Sisters Of Mercy)
De Passage (Passing Through)
Avalanche
Vagabonde (Winter Lady)
Demain Sera Bien (Tonight Will Be Fine)
Si C'est Ta Volonté (If It Be Your Will)

Plus 7 Songs, die nicht aus Cohens Feder stammen. »Suzanne« ist eines von drei Alben der 3-CD-Box »Les Retrouvailles«. CD eins und zwei beinhalten keine L.C.-Songs.

1993
Cohen Pa Norsk/Hadde Manen en soster
(Kirkelig Kulturverksted FXCD 128)

Somebody's Darling & Kari Bremnes/
Dance Me To The End Of Love
Kari Bremnes/Everybody Knows
Kirsten Braten Berg/Bird On The Wire
Kristin Solli/Suzanne
Claudia Scott/Joan Of Arc
Sidsel Endresen/Sisters Of Mercy
Somebody's Darling/The Captain
Claudia Scott/There Is A War
Kari Bremnes/Famous Blue Raincoat
Kristin Solli/Who By Fire
Kirsten Braten Berg/So Long, Marianne
Sidsel Endresen/You Know Who I Am

??/95
Juraj Kukura/Isem TvuJ Muz (»I'm Your Man«)
(Tommu Records 610112 2331)

Bal (Take This Waltz)
Nakaza »Mam te rad«
(Ain't No Cure For Love)
Nemusis se bat (I Can't Forget)
Co s tou svobodou (Everybody Knows)
Jsem tvuj sen (means: »I'm Your Dream«;
analog: I'm Your Man)
Kdyz chces byt se mnou
(First We Take Manhattan)
Aleluja (Hallelujah)
Tancis (Dance Me To The End Of Love)
Susanne (Suzanne)

Obwohl Kukura ein Slowake ist, sind die Songs in tschechischer Sprache. Im Original bedeutet der Albumtitel »I'm Your Dream«, in Anlehnung an Cohens »I'm Your Man«-Album.

09/95
Diverse/Tower Of Song – The Songs Of Leonard Cohen (Polydor/A&M 540 259-2)

Don Henley/Everybody Knows
Trisha Yearwood/Coming Back To You
Sting & The Chieftains/Sisters Of Mercy
Bono/Hallelujah
Tori Amos/Famous Blue Raincoat
Aaron Neville/Ain't No Cure For Love
Elton John/I'm Your Man
Willie Nelson/Bird On A Wire
Peter Gabriel/Suzanne
Billy Joel/Light As The Breeze
Jann Arden/If It Be Your Will
Suzanne Vega/Story Of Isaac
Martin Gore/Coming Back To You

LEONARD COHEN: SOUNDTRACKS

??/69
McCabe & Mrs. Miller Soundtrack [Label?]
Soundtrack-Album zum Film von Robert Altman.

The Stranger Song
The Stranger Song (Instrumental)
The Stranger Song
Sisters Of Mercy
Sisters Of Mercy
Sisters Of Mercy
Sisters Of Mercy (Instrumental in G-major)
Winter Lady
Winter Lady (Instrumental in E-minor)
Winter Lady (Instrumental)
The Stranger Song (Instrumental in G-major)
Winter Lady (Instrumental)
Winter Lady
Winter Lady

??/70
Isle Of Wight/Atlanta '70 [Label?]
Triple-Album zum Festival. Enthält eine Live-Fassung des Songs »Tonight Will Be Fine«.

09/94
Natural Born Killers
(Nothing/Interscope 6544-9246-2)
Soundtrack-Album zum Film von Oliver Stone. Enthält die originalen Studioaufnahmen der Cohen-Songs »Waiting For The Miracle«, »Anthem« und »The Future“.

Anbei eine Auswahl von Filmen, in denen Songs von LEONARD COHEN als Soundtrack verwendet wurden:

1971
Warnung vor einer heiligen Nutte (Beware Of A Holy Whore)
Ein Film von Rainer Werner Fassbinder
??

1971
Fata Morgana
Eine Dokumentation über die Sahara von Werner Herzog
Suzanne
So Long, Marianne

1984
Other Tongues
Musical score by Zone Jaune und Leonard Cohen

1985
Moving Picture
Ein Tanzfilm von Ann Ditchburn, die u. a. auch als Tänzerin (Gypsy Wife) in dem Video-Film »I'm A Hotel« agiert.
First We Take Manhattan
Famous Blue Raincoat (gesungen von Jennifer Warnes)

1990
Bird On A Wire
Eine romantische Komödie von John Badham (Titelsong gesungen von The Neville Brothers)

1990
Love At Large
Eine romantische Komödie von Alan Rudolph
Aint't No Cure For Love

1990
Pump Up The Volume
Teen-Movie von Allan Moyles
Everybody Knows (gesungen von Concrete Blonde)

1992
The Life According To Agfa (Ha Chayim Alpy Agfa)
Ein Drama von Assi Daya
If It Be Your Will
First We Take Manhattan
Chelsea Hotel #2
Dance Me To The End Of Love
Take This Waltz
Who By Fire

1993
Dear Diary (Caro Diario)
Ein Film von Nanni Moretti
I'm Your Man

1994
Exotica
Ein Drama von Atom Egoyan
Everybody Knows

Desweiteren taucht in vielen Reportagen und Dokumentationen immer wieder der ein oder andere LEONARD COHEN-Song auf, wie z. B. in einer Folge der Serie »Liebe Sünde« (PRO 7) aus dem Jahre 1995 (»The Future«)

LEONARD COHEN: AUFGENOMMENE SONGS VON A BIS Z

Die folgende Liste enthält die Titel sämtlicher von Leonard Cohen geschriebenen und auf seinen Originalalben veröffentlichten Songs. Mit den englischen Artikeln »A« und »The« beginnende Songtitel stehen unter »A« bzw. »T«; der Autor orientiert sich damit an der von Cohens Originalalben vorgegebenen alphabetischen Einordnung seiner Titel, die z. B. von Bootleggern durch Streichung des Artikels nicht immer berücksichtigt wird. So findet sich in der folgenden Auflistung etwa »A Bunch of Lonesome Heroes« unter »A«, »The Stranger Song« unter »T«. In Klammer angegeben sind jeweils die Titel der Cohen-Alben, auf denen der Song zu finden ist, sowie das Jahr ihrer (Erst-)Veröffentlichung.

A Bunch Of Lonesome Heroes	(*Songs From A Room,* 1969)
A Singer Must Die	(*New Skin For The Old Ceremony,* 1974)
Ain't No Cure For Love	(*I'm Your Man,* 1988)
Always	(*The Future,* 1992)

Anthem	(*The Future,* 1992)
Avalanche	(*Songs Of Love And Hate,* 1971)
Ballad Of The Absent Mare	(*Recent Songs,* 1979)
Be For Real	(*The Future,* 1992)
Bird On The Wire	(*Songs From A Room,* 1969; *Live Songs,* 1973; *Greatest Hits,* 1975; *Cohen Live,* 1994)
Came So Far For Beauty	(*Recent Songs,* 1979)
Chelsea Hotel No. 2	(*New Skin For The Old Ceremony,* 1974; *Greatest Hits,* 1975)
Closing Time	(*The Future,* 1992)
Coming Back To You	(*Various Positions,* 1984)
Dance Me To The End Of Love	(*Various Positions,* 1984; *Cohen Live,* 1994)
Death Of A Ladies' Man	(*Death Of A Ladies' Man,* 1977)
Democracy	(*The Future,* 1992)
Diamonds In The Mine	(*Songs Of Love And Hate,* 1971)
Don't Go Home With Your Hard-On	(*Death Of A Ladies' Man,* 1977)
Dress Rehearsal Rag	(*Songs Of Love And Hate,* 1971)
Everybody Knows	(*I'm Your Man, 1988; Cohen Live,* 1994)
Famous Blue Raincoat	(*Songs Of Love And Hate,* 1971; *Greatest Hits,* 1975)
Field Commander Cohen	(*New Skin For The Old Ceremony,* 1974)
Fingerprints	(*Death Of A Ladies' Man,* 1977)
First We Take Manhattan	(*I'm Your Man,* 1988)
Hallelujah	(*Various Positions,* 1984; *Cohen Live,* 1994)
Heart With No Companion	(*Various Positions,* 1984; *Cohen Live,* 1994)
Hey, That's No Way To Say Goodbye	(*The Songs Of Leonard Cohen,* 1968; *Greatest Hits,* 1975)
Humbled In Love	(*Recent Songs,* 1979)
Hunter's Lullaby	(*Various Positions,* 1984)
I Can't Forget	(*I'm Your Man,* 1988)
I Left A Woman Waiting	(*Death Of A Ladies' Man,* 1977)
I Tried To Leave You	(*New Skin For The Old Ceremony,* 1974)
If It Be Your Will	(*Various Positions,* 1984; *Cohen Live,* 1994)
Improvisation	(*Live Songs,* 1973)
Iodine	(*Death Of A Ladies' Man,* 1977)
Is This What You Wanted	(*New Skin For The Old Ceremony,* 1974)
I'm Your Man	(*I'm Your Man,* 1988; *Cohen Live,* 1994)
Jazz Police	(*I'm Your Man,* 1988)
Joan Of Arc	(*Songs Of Love And Hate,* 1971; *Cohen Live,* 1994)
Lady Midnight	(*Songs From A Room,* 1969; *Greatest Hits,* 1975)
Last Year's Man	(*Songs Of Love And Hate,* 1971; *Greatest Hits,* 1975)
Leaving Green Sleeves	(*New Skin For The Old Ceremony,* 1974)
Light As The Breeze	(*The Future,* 1992)
Love Calls You By Your Name	(*Songs Of Love And Hate,* 1971)
Lover, Lover, Lover	(*New Skin For The Old Ceremony,* 1974)
Master Song	(*The Songs Of Leonard Cohen,* 1968)
Memories	(*Death Of A Ladies' Man,* 1977)
Minute Prologue	(*Live Songs,* 1973)
Nancy	(*Live Songs,* 1973)
Night Comes On	(*Various Positions,* 1984)
One Of Us Cannot Be Wrong	(*The Songs Of Leonard Cohen,* 1968; *Cohen Live,* 1994)
Our Lady Of Solitude	(*Recent Songs,* 1979)
Paper-Thin Hote	(*Death Of A Ladies' Man,* 1977)
Passing Through	(*Live Songs,* 1973)
Please Don't Pass Me By (A Disgrace)	Live Songs, *1973)*
Queen Victoria	(*Live Songs,* 1973)

Seems So Long Ago, Nancy	(*Songs From A Room,* 1969)
Sing Another Song, Boys	(*Songs Of Love And Hate,* 1971)
Sisters Of Mercy	(*The Songs Of Leonard Cohen,* 1968; *Greatest Hits,* 1975; *Cohen Live,* 1994)
So Long, Marianne	(*The Songs Of Leonard Cohen,* 1968; *Greatest Hits,* 1975)
Stories Of The Street	(*The Songs Of Leonard Cohen,* 1968)
Story Of Isaac	(*Songs From A Room,* 1969; *Live Songs,* 1973)
Suzanne	(*The Songs Of Leonard Cohen,* 1968; *Greatest Hits,* 1975; *Cohen Live,* 1994)
Tacoma Trailer	(*The Future,* 1992)
Take This Longing	(*New Skin For The Old Ceremony,* 1974; *Greatest Hits,* 1975)
Take This Waltz	(*I'm Your Man,* 1988)
Teachers	(*The Songs Of Leonard Cohen,* 1968)
The Butcher	(*Songs From A Room,* 1969)
The Captain	(*Various Positions,* 1984)
The Future	(*The Future,* 1992)
The Guests	(*Recent Songs,* 1979)
The Gypsy's Wife	(*Recent Songs,* 1979)
The Law	(*Various Positions,* 1984)
The Lost Canadian (Un Canadien Errant)	(*Recent Songs,* 1979)
The Old Revolution	(*Songs From A Room,* 1969)
The Partisan	(*Songs From A Room,* 1969; *Greatest Hits,* 1975)
The Smokey Life	(*Recent Songs,* 1979)
The Stranger Song	(*The Songs Of Leonard Cohen,* 1968)
The Traitor	(*Recent Songs,* 1979)
The Window	(*Recent Songs,* 1979)
There Is A War	(*New Skin For The Old Ceremony,* 1974; *Cohen Live,* 1994)
Tonight Will Be Fine	(*Songs From A Room,* 1969; *Live Songs,* 1973)
Tower Of Song	(*I'm Your Man,* 1988)
True Love Leaves No Traces	(*Death Of A Ladies' Man,* 1977)
Waiting For The Miracle	(*The Future,* 1992)
Who By Fire	(*New Skin For The Old Ceremony,* 1974; *Greatest Hits,* 1975; *Cohen Live,* 1994)
Why Don't You Try	(*New Skin For The Old Ceremony,* 1974)
Winter Lady	(*The Songs Of Leonard Cohen,* 1968)
You Know Who I Am	(*Songs From A Room,* 1969; *Live Songs,* 1973)

Filmographie/Videographie

LEONARD COHEN IM FILM

1957
Six Montreal Poets
Filmporträts von Leonard Cohen und fünf weiteren kanadischen Autoren.

1964
Ladies And Gentlemen, Mr. Leonard Cohen
Filmporträt des jungen Schriftstellers Leonard Cohen, produziert vom National Filmboard of Canada.

1966
Angel
Der knapp siebenminütige Film der National Film Board Of Canada zeigt Leonard Cohen bei einem »Gastauftritt« während einer Lesung. Die kanadische Folk-Rock-Gruppe »Stormy Clovers« singt zudem einige Cohen-Songs in diesem Film.

1967
Poen
Leonard Cohen liest im Hintergrund aus seinem Roman »Beautiful Losers«.

1967
The Earnie Game
Ein weiterer Film der National Filmboard Of Canada in der Leonard Cohen einen Gastauftritt hat. In dem ca. 88minütigen Film wird Cohen kurz beim Vortrag des »Stranger Song« während einer Party gezeigt.

1972
Bird On A Wire
Tournee-Film von Tony Palmer.

1979
The Songs Of Leonard Cohen
Vom kanadischen Fernsehsender CBC im Jahr 1980 ausgestrahlter Film (Regie: Harry Hasky). Enthält die Titel »Bird On A Wire«, »There Is A War«, »Memories«, »The Window« (Gedicht), »So Long, Marianne«, »Hey, That's No Way To Say Goodbye«.

1983
I Am A Hotel
Leonard Cohen in einem von seinen Songs untermalten ca. 30minütigen Film-Essay über Cohens Liebe zu Hotels.

1985
Personenbeschreibung: Hallelujah in Moll
30minütiges TV-Feature von Georg Stefan Troller für das Zweite Deutsche Fernsehen (ZDF); vgl. die Abteilung »Wichtige TV-Features«.

1988
A Moving Picture
Ca. einstündiger kanadischer Fernsehfilm mit Leonard Cohen in einer Nebenrolle.

1988
Miami Vice/»Französische Spiele“
Zwei Kurzauftritte von Leonard Cohen in einer ca. 45minütigen Folge der berühmten US-Krimi-Serie.

LEONARD COHEN AUF VIDEO

1985
Dance Me To The End Of Love
Video-Clip zu obigem Song.

1986
Take This Waltz
Video-Clip zu obigem Song.

1987
First We Take Manhattan
Video-Clip zu Jennifer Warnes' Cover-Version des obigen Songs (siehe Diskographie/Tribute-Alben: Famous Blue Raincoat*): Leonard Cohen mit Jennifer Warnes und dem Gitarristen Stevie Ray Vaughan.*

1988
First We Take Manhattan
Video-Clip zu Leonard Cohens Originalversion des obigen Songs.

1988
Songs From The Life Of Leonard Cohen
Ca. 70minütige BBC-TV-Dokumentation über Leonard Cohen, von CMV Enterprises (CBS Music Video Enterprises) als VHS-Kaufvideo veröffentlicht (Bestl.-Nr. 01-049804-81).

1988
The Prince's Trust Rock Gala
Video-Mitschnitt der Londoner Gala-Veranstaltung mit verschiedenen Künstlern. Leonard Cohen trägt seinen Song »Tower Of Song« vor.

1992
Closing Time
Video-Clip zu obigem Song.

1994
The Future
Video-Clip zu obigem Song.

1995
Suzanne
Leonard Cohen während des »Isle Of Wight«-Festivals 1970. Wurde erstmals am 26. 8. 95 auf BBC 2 gezeigt. Als Kauf-Kassette unter dem Titel »Message To Love« – The Isle Of Wight-Festival 1970 sowie als CD-Video und Laserdisc erhältlich.

LEONARD COHEN: WICHTIGE TV-FEATURES

Im Zuge der ab Mitte bis Ende der 80er Jahre zunehmenden Multimedialisierung und TV-Verkabelung entstanden aus Anlaß der Veröffentlichung von Cohen-Alben und im Zusammenhang mit Cohen-Tourneen zahlreiche Dokumentationen von oft geringer Dauer, die vollständig kaum zu recherchieren sind. Die in der folgenden Liste aufgeführten TV-Features befinden sich in der Kollektion des Autors.

1964
Ladies And Gentlemen, Mr. Leonard Cohen
Vgl. die Abteilung »Leonard Cohen im Film«.

1968
Leonard Cohen sings Leonard Cohen
TV-Feature der BBC. Enthält 12 Songs von Leonard Cohen.

1973
Leonard Cohen – Live
Feature des schwedischen Fernsehens. Enthält 10 Songs von Leonard Cohen.

1979
A propos M.U.S.I.C.
Feature des österreichischen Fernsehens. Enthält 7 Songs von Leonard Cohen.

1979
»Rock Pop«-Special
Special innerhalb der Musikreihe des Zweiten Deutschen Fernsehens (ZDF), auch ausgestrahlt vom Sender 3SAT. Enthält, je nach Sender variierend, 9 bzw. 10 Songs von Leonard Cohen.

1979
The Songs Of Leonard Cohen
Feature des kanadischen Fernsehsenders CBC (Regie: Harry Rasky). Enthält mehrere Songs von Leonard Cohen.

1984
I Am A Hotel
Vgl. die Abteilung »Leonard Cohen im Film«.

1985
Personenbeschreibung: Hallelujah in Moll
30minütiges TV-Feature von Georg Stefan Troller für das Zweite Deutsche Fernsehen (ZDF). Enthält 6 Songs von Leonard Cohen.

1988
Live in Oslo
40minütiger Film des schwedischen Fernsehens.

1988
Austin City Limits
USA.

1988
Live in San-Sebastian
Film des spanischen Fernsehens.

1989
Leonard Cohen – Special
Feature des belgischen Fernsehsenders BRT.

1992
I'm Your Man
German-TV (1Plus)
Vom deutschen Fernsehsender 1Plus ausgestrahlte gekürzte Version des Kaufvideos »SongsFrom The Life Of Leonard Cohen«; vgl. die Abteilung »Leonard Cohen auf Video«.

1992
Songs From A Room
30minütiges Feature des finnischen Fernsehsenders TV1 über die Reise zweier Journalisten zu Leonard Cohens Haus auf Hydra; ohne Cohens Beteiligung.

1993
The Future Show
Feature des spanischen Fernsehsenders RTE.

1993
The Future Concert
Feature des finnischen Fernsehens.

1993
In Concert – Leonard Cohen Introduces Various Artists
Show des US-Fernsehsenders ABC.

1994
Much Music
30minütiges Special des kanadischen Fernsehens mit Videos und Interviews anläßlich Cohens 60. Geburtstag.

1994
Leonard Cohen [ohne Titel]
Ca. 15minütiges Interview während einer samstagabendlichen Kultursendung, ausgestrahlt im Dezember '94 vom europäischen TV-Kulturkanal ARTE.

Bibliographie

LEONARD COHEN: BUCHVERÖFFENTLICHUNGEN

Die folgende Bibliographie verzeichnet in chronologischer Reihenfolge alle von Leonard Cohen publizierten Romane, Gedichtbände und Songtext-Sammlungen. Nicht aufgenommen wurden Raubdrucke wie das Mitte der 70er Jahre in Europa kursierende, vermutlich in Holland angefertigte Typoskript (38 geheftete Seiten im flexiblen Cover) mit den zum Teil falsch transkribierten Songtexten der Alben Songs Of Leonard Cohen, Songs From A Room, Songs Of Love And Hate *und* Live Songs.

Let Us Compare Mythologies
Contact Press (McGill Poetry Series No. 1), Toronto 1956; Reprint: McClelland and Stewart, Toronto 1966
Dt. Erstausgabe: *Laßt uns Mythologien vergleichen, Zweitausendeins,* Frankfurt 1976
Anm.: Erstveröffentlicht als Privatdruck von Leonard Cohen, Montreal/Kanada.

The Spice-Box Of Earth
McClelland and Stewart, Toronto 1961
Dt. Erstausgabe: *Die Gewürzdose der Erde,* Zweitausendeins, Frankfurt 1976

The Favourite Game
Viking Press, New York 1963; Secker and Warburg, London 1963
Dt. Erstausgabe: *Das Lieblingsspiel,* März Verlag, Frankfurt 1972

Flowers For Hitler
McClelland and Stewart, Toronto 1964
Dt. Erstausgabe: *Blumen für Hitler,* März Verlag, Frankfurt 1971

Beautiful Losers
McClelland and Stewart, Toronto 1966
Dt. Erstausgabe: *Schöne Verlierer,* März Verlag, Frankfurt 1970

Parasites Of Heaven
McClelland and Stewart, Toronto/Montreal 1966
Dt. Erstausgabe: *Parasiten des Himmels,* Zweitausendeins, Frankfurt 1976

Selected Poems 1956-1968
McClelland and Stewart, Toronto/Montreal 1968
Jonathan Cape, London/England 1969 [*gekürzte Ausgabe*]
Anm.: In Deutschland bislang nicht veröffentlicht.

The Energy Of Slaves
McClelland and Stewart, Toronto 1972
Dt. Erstausgabe: *Die Energie von Sklaven,* Zweitausendeins, Frankfurt 1975

Death Of A Lady's Man
McClelland and Stewart, Toronto/Montreal 1978
Dt. Erstausgabe: *Letzte Prüfung – Death Of A Lady's Man,* Zweitausendeins, Frankfurt 1982

Leonard Cohen – Romane, Gedichte/Lieder
Zweitausendeins, Frankfurt 1980
Anm.: Sonderausgabe der März/Zweitausendeins-Bände Das Lieblingsspiel, Gedichte/Lieder, Schöne Verlierer, Parasiten des Himmels *und* Die Energie von Sklaven.

Book Of Mercy
McClelland and Stewart, Toronto/Montreal 1984
Dt. Erstausgabe: *Wem sonst als dir – Book Of Mercy,* März Verlag, Herbstein 1985

Stranger Music – Selected Poems And Songs
Jonathan Cape, London, 1993
Anm.: In Deutschland bislang nicht veröffentlicht.

BÜCHER ÜBER LEONARD COHEN

Die folgende Bibliographie verzeichnet in chronologischer Reihenfolge die Sekundärliteratur zu Leonard Cohen, inklusive des vorliegenden Buches und angekündigter Veröffentlichungen. Wo immer möglich, wurde die neueste Ausgabe bzw. letzte Auflage der Publikation angegeben.

Ondaatje, Michael:
Leonard Cohen (McClelland and Stewart, Toronto 1970)

Morley, Patricia:
The Immoral Moralists: Hugh MacLennann and Leonard Cohen (Charles Irwin, Toronto 1972)

Vassal, Jacques/Brierre, Jean Dominique: Leonard Cohen
(Albin Michel, Paris 1974)

Matos, Manuel Cadafaz de:
Leonard Cohen: Redescoberta da Vida e uma Alegoria a Eros (Livres F/Logiar a Terra, Lissabon 1975)

Gnarowski, Michael:
Leonard Cohen: The Artist and His Critics (McGraw Hill, New York 1976; Ryerson, Toronto 1976)

Lee, Dennis:
Savage Fields: An Essay In Literature And Cosmology (Anansi, Toronto 1977)

Manzano/Lizandro/Alberto:
Leonard Cohen (Unilibrio, Barcelona 1978)

Scobie, Stephen:
Studies In Canadian Literature: Leonard Cohen (Douglas and McIntyre, Vancouver 1978)

Schinzel, Gerhard/Lohse, Michael:
Recordings Of Leonard Cohen 1957–1986 (Eigenverlag, München 1986)

dies.:
Recordings Of Leonard Cohen 1957–1988 (Eigenverlag, München 1988; 2. erweiterte Auflage des oben genannten Titels)

Graf, Christof:
So Long, Leonard – Leben und Lieder von Leonard Cohen (Palmyra, Heidelberg 1990)

Dorman, Loranne S./Rawlins, Clive L.:
Leonard Cohen – Prophet Of The Heart (Omnibus Press, London/New York/Sydney 1990)

[*Hrsg.?*]:.
Leonard Cohen Anthology (London, o.J.)
Anm.: Songbuch mit Noten und Texten von 43 Songs.

University of Western Ontario/Department of English (Hrsg.):
The Proceedings Of The Leonard Cohen Conference (Canadian Poetry Series No. 33, University Of Western Ontario, Ontario 1993)

Cotto, Massimo:
Leonard Cohen
Arcana Editrice (Mailand, [*?*])
Anm.: Enthält alle Songtexte von Leonard Cohen in englischer Sprache und italienischer Übersetzung sowie ein Interview mit L.C. plus 4 Zeichnungen und 6 Computergrafiken von L.C.

Nadel, Ira B.:
Leonard Cohen – A Life In Art (ECW Press, Toronto, 1994)

Norris, Ken/Fournier, Michael:
Take This Waltz – A Celebration Of Leonard Cohen (The Muses' Company/La Compagnie des Muses Ste. Anne de Bellevue, Quebec 1994)

[*Hrsg. ?*]:
Leonard Cohen/Henri Matisse: Dance Me To The End Of Love (Welcome Enterprises, New York 1995)
Anm.: Leonard Cohens Songtext mit Bildern von Henri Matisse.

Graf, Christof:
Leonard Cohen – Partisan der Liebe (vgs Verlagsgesellschaft, Köln 1996)

ders.:
Leonard Cohen – Eine Hommage/Un Hommage (Zwischen Matisse und Picasso)
Anm.: Veröffentlichung in Vorbereitung.

Devlin, Jim:
Recordings Of Leonard Cohen 1957-1993 (Sheffield)
Anm.: Veröffentlichung in Vorbereitung.

Nadel, Ira B.:
Various Positions – A Life Of Leonard Cohen
Anm.: Biographie in Vorbereitung; Veröffentlichung angekündigt für September 1996.

Leonard Cohen: Auszeichnungen und Ehrungen

1955 MacNaughton Prize (Auszeichnung für Kreatives Schreiben der kanadischen McGill University)
Peterson Memorial Prize (Literaturpreis)

1959 Canada Council Arts Scholarship

1961 Canada Council Arts Scholarship (mit 1.000 kanadischen Dollar dotierte Auszeichnung für den Gedichtband *Spice-Box Of Earth*)

1963 CBC Prize (dotiert mit 500 kanadischen Dollar)

1964 Quebec Literary Prize (Auszeichnung für den Roman *The Favourite Game*)

1969 Governor General's Literary Award For English Language-Poetry (Auszeichnung für den Gedichtband *Selected Poems 1956-1968*)

1970 Honorary Degree (Ehrendoktorwürde der Dalhousie University, Halifax, Kanada)
Entertainer Of The Year (Wahl der kanadischen Tageszeitung »Globe And Mail«)

1985 Canadian Author's Association Literary Award For Poetry (Auszeichnung für den Gedichtband *Book Of Mercy*)
Juno Award for »Best Movie Score« (Auszeichnung für die Texte zum Film-Musical »Night Magic«)
Goldene Rose von Montreux (Auszeichnung für den Film *I Am A Hotel*)

1988 Crystal Globe Award (Auszeichnung der US-Plattenfirma Columbia für 5 Millionen außerhalb der USA verkaufter Tonträger)

1991 Juno Award for Canadian Music, Hall Of Fame, Toronto
Juno Award for »Songwriter Of The Year« (Auszeichnung für: »Bird On A Wire«)
Officer Of The Order Of Canada

1992 Honorary Degree (Ehrendoktorwürde der McGill University)

1993 Juno Award for »Best Male Vocalist Of The Year«
Juno Award for »Best Video« (Auszeichnung für: »Closing Time«)
Governor General's Performing Arts' Award

Rund um Leonard Cohen: Diverses

bis 1954	Diverse unveröffentlichte Kurzgeschichten und Texte, archiviert an der University of Toronto, Canada
1955/56	A Ballad Of Lepers (unveröffentlichter Roman)
1957	Songs für die Gruppe The Stormy Cloves »?« (unveröffentlichtes Theaterstück)
1960	Enough Of Fallen Leaves (unveröffentlichtes Theaterstück) Lights On The Black Water (unveröffentlichtes Theaterstück) Up With Nothing (unveröffentlichtes Theaterstück) A Man Was Killed (Theaterstück; fertiggestellt 1960, veröffentlicht 1977 in der »Canadian Theatre Review«)
1961	Trade (Kurzgeschichte) Luggage Fire Sale (Kurzgeschichte)
1965/66	The New Step (Theaterstück, uraufgeführt und vom kanadischen Fernsehsender CBC aufgezeichnet 1965 am Shoestring Theatre; erneut aufgeführt 1966 an der Sir George Williams University)
1967	Poen (Bestandteil des Soundtracks zu einem Psychedelic-Kurzfilm, dem der Text von »My Mind Seems To Go Out On A Path« aus Buch 9 des Romans *Beautiful Losers* unterlegt wurde)
1967/68[?]	My Name Is Jack (Zusammen mit John Simon, dem Produzenten seines ersten Albums, ist Leonard Cohen Co-Autor des Manfred-Mann-Hits von 1968.)
1970	The Shining People Of Leonard Cohen (szenische Interpretation der frühen Liebeslyrik Cohens durch das Royal Winnipeg Ballet; uraufgeführt in Paris)
1971	McCabe & Mrs. Miller (Soundtrack zum Spätwestern von Robert Altman) »Marianne«: von dem amerikanischen Singer/Songwriter und Schauspieler David Blue (1941–1982; richtiger Name: S. David Cohen) auf seinem Album *Stories* veröffentlichter Song für Marianne Jensen, der sich auf Leonard Cohens »So Long, Marianne« bezieht: *»I loved Marianne in the winter/In the loft of her favorite lover [. . .]/I knew her*

from another song/Her older poet wrote before/We played it in the morning laughing on the floor/Till he came knocking on the lower Eastside door«). Siehe auch unten: 1980, The Leonard Cohen Show.

1980 Livre d'Artiste (Two Views And Seven Poems) (Kunstbuch in limitierter Auflage von 100 Exemplaren. Inhalt: bekannte Texte von Leonard Cohen und Zeichnungen von Gigino Falconi)
The Leonard Cohen Show (Bühnenstück von Leonard Cohens langjährigem Freund Barrie Lee Wexler und Catherine Latraverse, das im Sommer des Jahres drei Wochen lang in Montreal/Kanada aufgeführt wird; David Blue [siehe oben: 1971, »Marianne«] spielt Leonard Cohen)

1981 Bird On The Wire (Musical mit 18 Cohen-Songs unter Leitung von Stefan Rudnicki)
The Sisters Of Mercy (von Andrew Eldritch mitbegründete und nach Leonard Cohens Song benannte Band, die in ihren Anfängen »Gruft-Rock« spielte)

1985 Night Magic (Film-Musical von Lewis Furey, zu dem Leonard Cohen sämtliche Songtexte beisteuerte; auch dokumentiert auf dem gleichnamigen Doppel-Album, Bestl.-Nr. RCA 70643 2)

1987 Sincerely, L. Cohen (Broadway-Produktion von Barbara Vann)

1988 The Leonard Cohen Water Colours Portfolio (3 Aquarelle von Leonard Cohen, als signierte Kunstdrucke [70 x 50 cm] in der limitierten Auflage von 200 Mappen erschienen in der dänischen Edition Flemming Schmidt & Steen Mariboe/Strangeland ApS)

1988–'93 Computer Graphics (Computergrafiken von Leonard Cohen; zum Teil unveröffentlicht, zum Teil veröffentlicht im offiziellen Tour Book zu Cohens World Tour 1993)

1992 Sincerely A Friend (Bühnenproduktion mit Texten von Leonard Cohen, aufgeführt während des »Stephenville Festival« [30. 01.–08. 02. 1992] im Magnus Theatre
Who By Fire (Unter diesem Namen formiert sich das englische Trio Rick Davies/Paul Batheram/Steve Craig und veröffentlicht sein erstes Album »Roadmovie«.)

1993 Singer As Lover, Reconsidered – A Conference At Red Deer College, Alberta, Canada (Vom 22. bis 24. Oktober findet in Alberta, Kanada, eine Konferenz zu Leonard Cohens bisherigem Gesamtwerk statt. Als Referenten treten auf: Stephen Scobie und Ira B. Nadel. Außerdem findet ein Konzert statt, in dem verschiedene Künstler Cohen-Songs interpretieren.)
The New Step (Uraufführung des 1965/66 entstandenen und in Cohens Buch »Flowers For Hitler« veröffentlichten Theaterstücks während der oben genannten »Singer As Lover, Reconsidered«-Konferenz)
Everyone Else A Stranger (Theaterstück von Ted Allen, musikalisch untermalt mit Leonard Cohens ersten klassischen Kompositionen)
»Leonard Cohen – Singer as Lover, Reconsidered/A Conference at Red Deer College, 22.–24. Oct 1993; Arts Centre, Red Deer College, Alberta« (Buch-Dokumentation zur o.g. Konferenz, als »No. 33« der »Canadian Poetry«-Serie [ISSN 0704-5646] beim Department of English der University of Western Ontario erhältlich)

1994 The Mammoth Book Of Erotica (enthält eine Story von Leonard Cohen)
The Tibetan Book Of The Death (Leonard Cohen als Erzähler in einem Film über die Geschichte des Tibetanischen Totenbuchs und das Leben als Buddhist)
Songs From The Life Of Leonard Cohen (Das gleichnamige Video [siehe die Abteilung »Leonard Cohen auf Video«] erscheint als Laserdisc; Bestl.-Nr.: Sony SRLM 856)

Nicht aufgenommene Cohen-Songs von A bis Z

Die folgende Liste enthält die Titel aller Songs oder Texte, die Leonard Cohen – zumindest in dieser Form – nie offiziell veröffentlicht hat. In Klammern angegeben ist jeweils Cohens Live-Auftritt, bei dem er den Song oder Text nachweislich vorgetragen hat.

1970 Everybody's Child (Frühe 70er Jahre; bislang unveröffentlichter Song)

1972 Chelsea Hotel No. 1 (Konzert in Frankfurt, 06. 04. 1972)

1975 Traitor Song (Konzert in Bryn Mawr/USA, 1975)

1976 Storeroom (Konzert in Montreux, 25. 06. 1976)

1979 Heart With No Companion (Konzert in London, 06. 12. 1979)

1980 Do I Have To Dance All Night (Konzert in Amsterdam, 30. 10. 1980)

1988 My Secret Life (Interview für den französischen Fernsehsender TV5: Cohen rezitiert den Text seines bis heute unveröffentlichten Songs.)
Wither Thou Goest (Konzert in London, 01. 06. 1988; a cappella vorgetragener Text, basierend auf dem biblischen Alten Testament, Buch Ruth, Kapitel 1, Vers 16)

Cover-Versionen von Cohen-Songs: Interpreten von A bis Z

Die folgende Liste enthält die von diversen Interpreten verstreut veröffentlichten bzw. in Konzerten gesungenen Cohen-Songs. Für ausschließlich oder vorwiegend Leonard Cohen gewidmete Alben siehe in der Diskographie die Abteilung Tribute-Alben.

Allwright, Graeme	9 Cohen-Songs in französischer Sprache (Album *Graeme Allwright chante Leonard Cohen*)
ders.	Demain Saéra Bien (Tonight Will Be Fine)*
ders.	Suzanne*
ders.	L'Étranger (Stranger Song)*
	Danse-Moi Vers La Fin De L'Amour (Dance Me To The End Of Love)*
	(*Alle auf dem Album »Graeme Allwright En Concert«, 1993)
ders.	Lover Lover Lover*
ders.	Diamonts Dans La Minc (Diamonds In The Mine)*
ders.	L'Homme De l'An Passe (Last Year's Man)*
ders.	Vagabonde (Winter Lady)*
	(*Alle auf dem Album »Sacrée Bouteille«, 1994)
Amos, Tori	Famous Blue Raincoat (Live in San Francisco, 31. 08. 1994)
Andre, Fabrizio de	Joan Of Arc (1974)*
ders.	Suzanne (1974)*
	(* beide auf dem Album »Canzoni«, 1974)
ders.	Nancy (italienische Version von »Seems So Long Ago, Nancy« auf dem Album »Fabrizio de Andre, Vol. 8«, 1975)
Artery	Diamonds In The Mine (1984)
Baez, Joan	Famous Blue Raincoat (auf dem Album *Diamonds And Rust In The Bullring,* 1988)
dies.	Suzanne (1972, 1980 und auf dem Live-Doppelalbum *From Every Stage*)
dies.	The Partisan
BAP	Eez steht he: Manhattan (»Kölsche« Version von First We Take »Manhattan«, live während der BAP-Tournee 1988)
Batalla, Perla	Anthem (Live während eines Interviews am 30. 12. 1992 beim Radiosender KCWR)
dies.	Bird On The Wire, The Window, If It Be Your Will, Nancy, Closing Time (Solo-Versionen mit akustischer Gitarre während der Red Deer Conference vom 22. bis 24. Oktober 1993 in Red Deer, Alberta, Kanada)
dies.	Seems So Long Ago, Nancy (auf Batallas erstem Solo-Album »Perla Batalla«, 1994)

Batalla, Perla/ Christensen, Julie	Anthem (Live während der Verleihung des Juno Award an Leonard Cohen, 1993)
dies.	Ring The Bells (Live während der Verleihung des Governor General's Performing Arts Award an Leonard Cohen, 1993)
Belafonte, Harry	Suzanne (auf dem Album *Belafonte Returns To Carnegie Hall,* 1960)
Black-Eyed Susans, The	Memories (auf dem Album *All Souls Alive,* 1994)
Blonde On Blonde	Everybody Knows (8/19[??])
Blue, David	Lover, Lover, Lover (auf dem Album *Com'n* [sic] *Back For More,* 1975)
Bobs, The	Bird On The Wire (1994)
Buckley, Jeff	Hallelujah (auf dem Album *Grace,* 1994 sowie auf dem Live-Album *Live From The Bataclan*, 1996)
Cale, John	The Queen And Me (1991)
ders.	Hallelujah (auf dem Live-Album *Fragments Of A Rainy Season,* 1992)
Cash, Johnny	Bird On A Wire (auf dem Album *American Recordings,* 1994)
Cave, Nick	Avalanche (auf dem Album *From Here To Eternity,* 1984)
Chelon, Georges	Goodbye (Live-Version von »Hey, That's No Way To Say Goodbye« in französischer Sprache, 1971)
ders.	Adieu Marianne (Live-Version von »So Long, Marianne« in französischer Sprache, 1971)
Close Lobsters	Paper-Thin Hotel (B-Seite der Single »Nature Thing,« 1989)
Cocker, Joe	Bird On The Wire (Live während der Tourneen von 1969, '71 und '72 sowie auf dem Live-Doppelalbum *Mad Dogs & Englishmen,* 1970)
ders.	I'm Your Man (Live während der Tournee von 1988/89 und auf dem Album *One Night Of Sin,* 1989)
Cochrane, Tom & Red Rider	Bird On The Wire (auf dem Album *Symphony Session,* 1989)
Coil	Who By Fire (auf dem Album *Horse Rotorvator,* ca. 1985)
Cole, Lloyd	Famous Blue Raincoat (auf der Compilation *Rare On Air, Vol. 2,* 1994)
Collins, Judy	Bird On The Wire (auf dem Album *Who Knows Where The Time Goes,* 1968)
dies.	Dress Rehearsal Rag (auf dem Album *In My Life,* 1967)
dies.	Famous Blue Raincoat (auf dem Album *Living,* 1971)
dies.	Hey, That's No Way To Say Goodbye (auf dem Album *Wildflowers,* 1968)
dies.	Joan Of Arc (auf dem Album *Living,* 1971)
dies.	Priests (1967)
dies.	Sisters Of Mercy (auf dem Album *Wildflowers,* 1967)
dies.	Story Of Isaac (auf dem Album *Who Knows Where The Time Goes,* 1968)
dies.	Suzanne (auf dem Album *In My Life,* 1967)
dies.	Take This Longing (auf dem Album *Bread And Roses,* 1976)
Concrete Blonde	Everybody Knows (auf dem Soundtrack-Album zum Film *Pump Up The Volume* [dt. Verleihtitel »Hart auf Sendung – Pump Up The Volume«] von Allan Moyle, 1990)
Coolidge, Rita	Bird On The Wire (1972)
Coughlan, Mary	Ain't No Cure For Love (auf dem Album *Sentimental Killer*)
Croce, Larry& The Mountain Stage Band	Bird On The Wire (auf dem Album *The Best Of Mountain Stage Live,* 1991)
Dancing Hoods	Hallelujah (1989)
DeShannon, Jackie	Bird On The Wire (1970)
Diamond, Neil	Suzanne (auf dem Album *Rainbows,* 1973)

Dickson, Barbara	Song Of Bernadette
Dion	Sisters Of Mercy (197[?])
Diverse	Soundtrack zum Film-Musical *Night Magic* (1986, siehe die Abteilung »Rund um Leonard Cohen: Diverses«)
Dragomir, Dana	Bird On A Wire/Pan-Flute-Instrumental auf dem Album *Demiro*
Duin, Andre van	Suzanne
Dylan, Bob	Hallelujah (Live am 8. Juli in Montreal und am 6. August in Los Angeles)
Echo And The Bunnymen	Suzanne
Fairport Convention	Bird On The Wire (1968, auf der Compilation *Heyday*)
dies.	Suzanne (1968, auf der Compilation *Heyday*)
Faithfull, Marianne	Tower Of Song (Live, 1989[?])
Fatima Mansions	Paper-Thin Hotel (1991)
Flack, Roberta	Hey, That's No Way To Say Goodbye (1971)
dies.	Suzanne (auf dem Album *Killing Me Softly,* 1973)
Flying Lizards	Suzanne (auf dem Album *Top Ten,* 1984)
Gibson, Kate	Dance Me To The End Of Love (s. auch Soundtrack zu dem Film *Strange Days*)
Goya, Francis	Dance Me To The End Of Love (auf dem Album *Concerto For My Love* als Gitarrensolo, 1987)
Hail	So Long, Marianne (1988)
Hamilton IV, George	Sisters Of Mercy (1971)
Hamilton IV, George	Suzanne (1974)
Hardin, Tim	Bird On The Wire (auf dem Album *Bird On The Wire,* 1971)
Harris, Emmylou	Ballad Of A Runaway Horse (Cohens Gedicht, vertont; auf dem Album *Cowgirl's Prayer,* 1994)
Harrison, Noel	So Long, Marianne (1968)
Havens, Richie	Priests (1969)
Hector	Suzanne (Finnische Version des gleichnamigen Songs als Single, 1972 und auf dem Album *Lapsuuden Coppu*, 1987 veröffentlicht)
ders.	Hallelujah (auf dem Album *Kultaiset Lehdet*, 1995)
Henley, Don	Democracy
Hoh, Kimiko	Hey, That's No Way To Say Goodbye (1986)
Jaensch, Jürgen	Memories (1978)
Jesus And Mary Chain	Tower Of Song (auf der EP *Roller Coaster,* 19[??])
Johnstons, The	Hey, That's No Way To Say Goodbye (1969)
dies.	Seems So Long Ago, Nancy (1971)
Lama, Serge	Vivre Tout seul (Live-Version von »Bird On The Wire« in französischer Sprache)
Laure, Carole	Coming Back To You (1989)
Lifshitz, Sharon	Me'il hagcshem hakachol (Israelische Version von »Famous Blue Raincoat« auf dem Album »Qav Ha'osher!«, 1992)
Lyon, Ken & Tombstone	Bird On The Wire (1974)
Maréchal, Sylvie	It Just Feels (ein bisher unveröffentlichter Text von Leonard Cohen; auf dem Album *Voie Lactée*)
McComb, David	Memories (Live am 27. April 1994 in Gent/Belgien)
ders.	Passing Through (Live am 27. April 1994 in Gent/Belgien)
McCulloch, Ian	Hey, That's No Way To Say Goodbye (1992)
ders.	Lover, Lover, Lover (1992)
Michael, George	Suzanne (Live am 22. 03. 1991 im Londoner Wembley-Stadion)
Michaels, Lindy	Suzanne
Mitchell, Joni	The Priest (auf dem Album *Ladies Of The Canyon,* 1970)

Mouskouri, Nana	The Ballad Of The Absent Mare (Französische Version unter dem Titel »La Ballade du Chien-Loup«; live in Griechenland, 1982; auch auf dem Album *Ballads*)
dies.	The Guests (Live in Griechenland, 1982)
Nature Thing	Paper-Thin Hotel (1989)
Neckar, Vaclav	Suzanne (1972)
Neuvonen, Kiti	Ensin napatan Ouluisit Kaapataan (Finnische Version von »First We Take Manhattan« auf dem Album »Parhaat«)
Neville, Aaron & Linda Ronstadt	Song Of Bernadette (auf Aaron Nevilles Album *The Grand Tour,* 1993)
Neville Brothers, The	Bird On A Wire (Studio-Version auf dem Soundtrack-Album zum Film *Bird On A Wire* [dt. Verleihtitel: *Ein Vogel auf dem Drahtseil*] von John Badham [1989/90], live während der Tour 1990 sowie auf dem Neville-Brothers-Album *Brother's Keeper,* 1990)
Nouvelle Frontière,	La So Long, Marianne (1973)
Ofarim, Esther	Bird On The Wire (1969)
dies.	Don't Pass Me By
dies.	Hey, That's No Way To Say Goodbye
dies.	Suzanne
dies.	The Partisan (1969)
dies.	You Know Who I Am (1969)
Perttu, Tapani	I'm Your Man*
ders.	Hallelujah*
ders.	Ain't No Cure For Love*
ders.	Take This Waltz*
	(* als finnische Version auf dem Album *Tanssi elaman tann si*, 1988)
Pixies, The	I Can't Forget
Reininger, Blaine L.	Bird On The Wire (auf dem Album *Byzantium*)
R.E.M.	First We Take Manhattan (auf der 4-CD-Box *The Automatic Box,* 1993)
Robinson, Sharon	Lucky
Ron & José	So Long, Marianne
Ronk, Dave van	Bird On The Wire (197[?])
Ross, Diana	Summertime (auf dem Album *Red Hot Rhythm'n'Blues,* 1987)
Rudolph, Alan	Ain't No Cure For Love (auf dem Album *Love At Large)*
Ruin	Famous Blue Raincoat (1986)
dies.	Master Song (auf dem Album *Hiho,* 1984)
Rypdal, Inger Lise	Ain't No Cure For Love
Sainte-Marie, Buffy	Bells (frühe Version von »Take This Longing«; auf dem Album *She Used To Wanna Be A Ballerina,* 1971)
dies.	God Is Alive, Magic Is Afoot (Text aus Cohens Buch *Beautiful Losers,* vertont von Buffy Sainte-Marie; auf dem Album *Illuminations,* 1970; Neueinspielung auch auf dem Album *Up Where We Belong*, 1996)
dies.	Song Of The French Partisan (auf dem Album *She Used To Wanna Be A Ballerina,* 1971)
Shusha	Dance Me To The End Of Love (1986)
dies.	Joan Of Arc (1972)
Simone, Nina	Suzanne (1969)
Sisters Of Mercy, The	Teachers (Live während des ersten Konzerts der Band in England, 16. 02. 1981)
Soul, David	Bird On The Wire (1976)
Stewart, Al	One Of Us Cannot Be Wrong (Live, 1988)
Stipe, Michael & Indigo Girls	First We Take Manhattan (1988)

St. John, Bridget	Suzanne (frühe 70er Jahre)
Straightjacket Fits	So Long, Marianne (B-Seite der Single »Hail«, 1988)
Tapio, Kari	Tanssi Loppuun Rakkauden (Finnische Version von »Dance Me To The End Of Love« auf dem Album *Rakkaudella*, 1991)
Tikaram, Tanita	Ain't No Cure For Love (Live während der Tournee 1988)
Trident	Suzanne (1975)
Veen, Herman van	Hey, That's No Way To Say Goodbye (1994, u. a. live in Saarbrücken am 27. Oktober in der Kongresshalle)
ders.	The Partisan
ders.	Suzanne (ab 1969 in zahlreichen Konzerten gesungen; zu hören auf diversen Compilations und Live-Alben, z. B. *Das Beste von Herman van Veen, Bis Hierher und Weiter, Carre Amsterdam* und *Weet Je Nog*)
Vega, Suzanne	Who By Fire (Live am 03. 03. 1991 während der Verleihung der Juno Awards in Vancouver, Kanada)
Warnes, Jennifer	9 Songs, 1987 (siehe in der Diskographie die Abteilung »Tribute-Alben«)
dies.	Ballad Of The Runaway Horse (Cover-Version von »Ballad Of The Absent Mare« auf dem Album *Duets* des Bassisten Rob Wasserman; auch live 1989)
dies.	Ain't No Cure For Love (Live während der Kanada-Tournee von J. W. im Juni 1987)
dies.	Hallelujah (Live während der Kanada-Tournee von J. W. im Juni 1987)
dies.	Waiting For The Miracle (Live während der Kanada-Tournee von J. W. im Juni 1987)
dies.	Way Down Deep (Interpretation des zusammen mit Leonard Cohen geschriebenen Songs; auf dem J. W.-Album *The Hunter*, 1992)
Washington Squares, The	Everybody Knows
Williams, Iris	Hey, That's No Way To Say Goodbye (Version in walisischer Sprache, 1970)
Williamson, Ann	Famous Blue Raincoat
Yovel, Hanan	Suzan (Hebräische Version von »Suzanne« auf dem Album *Hanan Yovel*, 1974)
Zembaty, Maciej	(1983, siehe in der Diskographie die Abteilung »Tribute-Alben«)
ders.	Alleluja (gesungen in polnischer Sprache)
ders.	First We Take Manhattan, Then We Take Warsaw [sic] (gesungen in polnischer Sprache)
Zoss, Roland	Suzanne (schweizer Version des gleichnamigen Songs auf dem Album *Die Ewigkeit klopft an*, 1985)

Leonard Cohen als Interpret »fremder« Songs

Die folgende Liste enthält alle Songs, die Leonard Cohen auf seinen Alben und/oder in Konzerten gesungen, aber nicht selber geschrieben hat. In Klammern angegeben sind, sofern recherchierbar, der Komponist/Texter und das Jahr der Entstehung des Songs.

Always	(Irving Berlin, 1925)
As der rebbe elimelech	(Jiddisches Volkslied)
As Time Goes By	(Herman Hupfield, 1931)
Banks Of Marble	(Les Rice, 1962)
Be For Real	(Frederick Knight, 1975)
Beloved Comrade	(Lewis Allan/Fred Katz, 1936)
Billy Sunday	
Born To Lose	(Ted Daffan [1943]/Ray Charles)
Can't Help Falling In Love	
Chante Rossignol	(Französisches Volkslied)
Die Gedanken sind frei	(Deutsches Volkslied, 18. Jahrhundert)
Dona Nobis Pacem	
Guerrero	
Guten Abend, gute Nacht	(Johannes Brahms, 19. Jahrhundert)
I Guess It's Time	
Kalinka	(Russisches Volkslied)
Kevin Barry	(Irisches Volkslied)
Misty Blue	
Passin' Thru	(Richard Blakeslee)
Red River Valley	(Amerikanisches Volkslied)
Tennessee Waltz	(Redd Stewart/Pee Wee King, 1947)
The Lost Canadian	(M.A. Gerin-Lajoie, 1842)
The Partisan	(Anna Marly/Hy Zaret, 1944)
To Love Somebody	
Un As Der Rebbe Singt	(Jiddisches Volkslied)
We Shall Not Be Moved	
Wither Thou Goest	*A-cappella-Version eines religiösen Volkslieds mit einem Text aus dem alttestamentarischen Buch Ruth, Kapitel 1, Vers 16.*
You Are My Sunshine	(Davis/Mitchell)

Musiker auf Alben von A bis Z

Assouly, Mayel	Back Voc	(First We Take . . .)
Barnes, John	Synth Bass	(The Future)
Batalla, Perla	Vocals	(The Future)
Baudet, Richard	Saxophon	(First We Take . . .)
Beck, Roscoe	Bass	(Recent Songs)
Bilezikijan, John	Oud	(Recent Songs)
Bilezikjian, John	Oud	(First We Take . . .)
Bindiger, Emily	Vocals	(New Skin . . .)
Blaine, Hal	Drums	(Death Of . . .)
Blakley, Ronee	Back Voc	(Death Of . . .)
Blue, Peggy	Back Voc	(The Future)
Brechtlein, Tom	Drums	(First We Take . . .)
Briseno, Luis	Violin	(Recent Songs)
Bruce, Bobby	Fiddle	(Death Of . . .)
Bryant, Brenda	Back Voc	(Death Of . . .)
Candoli, Conte	Trumpet	(Death Of . . .)
Castro, Lenny	Percussion	(First We Take . . .)
Castro, Lenny	Tamb, Perc	(The Future)
Cervantes, Agostin	Violin	(Recent Songs)
Chamberlain, Gerald	Trombones	(New Skin . . .)
Christensen, Julie	Vocals	(The Future)
Cohen, Larry	Keyboards	(First We Take . . .)
Colaiuta, Vinnie	Drums	(First We Take . . .)
Cornelius, Ron	Guitar	(Songs From A Room)
Cornelius, Ron	Guitar	(Songs Of Love And H.)
CORONA Academy	Children's Voices	(Songs Of Love And H.)
Cox, Jim	Piano	(The Future)
Crooks, Crooks	Drums	(Various Positions)
Crowder, Crowder	Bass, Vocals	(Various Positions)
Daniels, Charlie	Bass, Guitar, Violin	(Songs From A Room)
Daniels, Charlie	Guitar, Bass, Fiddle	(Songs Of Love And H.)
Davis, Jesse, Ed	Guitar	(Death Of . . .)
Dickens, Erin	Back Voc	(Various Positions)
Dickens, Erin	Vocals	(New Skin . . .)
Diez, Bill	Back Voc	(Death Of . . .)
Douglas, Steve	Saxophon, Flute	(Death Of . . .)

Drake, Oma	Back Voc	(Death Of . . .)
Dumler, Earle	Oboe, English Horn	(Recent Songs)
Dylan, Bob	Back Voc	(Death Of . . .)
Estes, Gene	Percussion	(Death Of . . .)
Faith, Chrissie	Back Voc	(Various Positions)
Fields, Brandon	Tenor Sax	(The Future)
Fields, Venetta	Back Voc	(Death Of . . .)
Finnigan, Michael	Organ Pad	(The Future)
Fisher, Jeff	Keyboards	(First We Take . . .)
Fisher, Jeff	Keyboards	(The Future)
Fowler, Bubba	Guitar, Banjo	(Songs From A Room)
Fowler, Bubba	Guitar, Banjo, Bass	(Songs Of Love And H.)
Furey, Lewis	Viola	(New Skin . . .)
Furgo, Bob	Violin	(The Future)
Gadson, James	Drums	(The Future)
Garrett, Gerry	Back Voc	(Death Of . . .)
Getman, Ron	Harmonica, Back Voc	(Various Positions)
Gibbs, Terry	Percussion,Vibes	(Death Of . . .)
Gibson, Ralph	Guitar	(New Skin . . .)
Gilstrap, James	Back Voc	(Recent Songs)
Ginn, Bill	Electronic Piano	(Recent Songs)
Ginsberg, Alan	Back Voc	(Death Of . . .)
Glaub, Bob	Bass	(The Future)
Goldberg, Barry	Keyboards	(Death Of . . .)
Gonzales, Ricardo	Guitar	(Recent Songs)
Gouche Farris, Jacqueline	Back Voc	(The Future)
Greene, Ed	Drums	(The Future)
Groves, Lani	Back Voc	(Various Positions)
Hakopian, Raffi	Violin	(First We Take . . .)
Hakopian, Raffi	Violin	(Recent Songs)
Halburian, Armen	Percussion	(New Skin . . .)
Hanney, Corlynn	Vocals	(Songs From A Room)
Hanney, Corlynn	Vocals	(Songs Of Love And H.)
Hebey, Evelyine	Back Voc	(First We Take . . .)
Hensley, Tom	Keyboards	(Death Of . . .)
Herring, Dennis	Guitar	(The Future)
Hudson, Garth	Accordeon	(Recent Songs)
Isaac, David	Guitar	(Death Of . . .)
Jackson, Paul, Jr.	Guitar	(The Future)
Johnson, Jean	Back Voc	(The Future)
Johnston, Bob	Keyboards, Guitar	(Songs From A Room)
Johnston, Bob	Piano	(Songs Of Love And H.)
Johnstone, Jude	Back Voc	(First We Take . . .)
Jolly, Pete	Keyboards	(Death Of . . .)
Keltner, Jim	Drums	(Death Of . . .)
Kenerly, St., Roger	Back Voc	(Recent Songs)
Kerber, Randy	Keyboards	(The Future)
Kessel, Dan	Guitar, Keyboards, Synthesizer, Organ, Back Voc	(Death Of . . .)
Kessel, David	Guitar, Back Vocals	(Death Of . . .)
King, Cluydie	Back Voc	(Death Of . . .)
Kisilenko, Peter	Bass	(First We Take . . .)
Kleinow, Peter	Slide Pedal Guitar	(Death Of . . .)

Kleinow, Peter	Steel Guitar	(First We Take . . .)
Kosek, Kenneth	Fiddle	(Various Positions)
LA MASS Choir	Chor	(The Future)
Laboriel, Abraham	Bass	(Recent Songs)
Lang, Mike	Keyboards	(Death Of . . .)
Layton, Jeff	Guitar, Mandolin, Banjo, Trumpet	(New Skin . . .)
Lazarowitz, Barry	Percussion	(New Skin . . .)
Lewis, Yvonne	BackVoc	(Various Positions)
Lindsey, Steve	Organ,Mellotron,Piano, Keyboards	(The Future)
Lissauer, John	Keyboards, Woodwinds, Vocals	(New Skin . . .)
Lissauer, John	Piano	(Recent Songs)
Lissauer, John	Piano, Back Voc	(Various Positions)
Loper, Charles	Trombone	(Death Of . . .)
Lovelace, Jimmy	Drums	(Songs Of L. C.)
Lustgarden, Ed	Cello	(Recent Songs)
Markovitz, Ray	Drums	(New Skin . . .)
Matthews, Sherlie	Back Voc	(Death Of . . .)
Mays, Bill	Keyboards	(Death Of . . .)
McGinness, Sid	Guitar	(Various Positions)
Meador, Steve	Drums	(Recent Songs)
Meador, Steve	Drums	(The Future)
Menza, Don	Saxophon, Flute	(Death Of . . .)
Metzger, Bob	Guitars & Pedal Steel	(The Future)
Migliori, Jay	Saxophon	(Death Of . . .)
Miller, John	Bass	(Recent Songs)
Miller, Johnny	Bass	(New Skin . . .)
Miller, Merle	Back Voc	(Various Positions)
Morgan, David	Back Voc	(The Future)
Munson, Art	Guitar	(Death Of . . .)
Mussmano, Sue	Vocals	(Songs From A Room)
Mussmano, Sue	Vocals	(Songs Of Love And H.)
Neapolitan, Ray	Bass	(Death Of . . .)
Ostermayer, Paul	Saxophone	(Recent Songs)
Parks, Dean	Mandolin, Guitar	(The Future)
Payne, Don	Bass	(New Skin . . .)
Perez, Felipe	Trumpets, Biguela	(Recent Songs)
Perkins, Albert	Slide Pedal Guitar	(Death Of . . .)
Phillinganes, Greg	Piano	(The Future)
Pinkston-Mayo, Valerie	Back Voc	(The Future)
Pohlman, Ray	Guitar, Bass	(Death Of . . .)
Price, Lon	Tenor Sax	(The Future)
Quintero, Armando	Violin	(Recent Songs)
Radocchia, Emil	Percussion	(Death Of . . .)
Randi, Don	Keyboards	(Death Of . . .)
Redmond, Jack	Trombone	(Death Of . . .)
Robidoux, Michel	Keyboards	(First We Take . . .)
Robitaille, Devra	Synthesizer	(Death Of . . .)
Ruff, Willie	Bass	(Songs Of L. C.)
Sahl, Michael	Strings	(Songs Of Love And H.)
Sandoval, Miguel	Violin,Trumpets, Guitar	(Recent Songs)
Sklar, Lee	Bass	(The Future)
Smith, Greg	Baritone Sax	(The Future)
Spector, Phil	Guitar, Keyboards, Back Voc	(Death Of . . .)

Spruill, Stephanie	Back Voc	(Recent Songs)
Stanley, Bob	Guitar	(First We Take . . .)
Thedford, Biliy	Back Voc	(Death Of . . .)
Thomas, Anjani	Back Voc	(The Future)
Thomas, Anjani	Back Voc	(Various Positions)
Thomas, Anjani	Keyboards, Vocals	(First We Take . . .)
Thornburg, Lee, R.	Trumpet, Trombone	(The Future)
Tillman, Julia	Back Voc	(Death Of . . .)
Tillman, Julia	Back Voc	(Recent Songs)
Valletto, Elisabeth	Back Voc	(First We Take . . .)
Waldman, Randy	Organ	(Recent Songs)
Warnes, Jennifer	Back Voc	(The Future)
Warnes, Jennifer	Vocals	(First We Take . . .)
Warnes, Jennifer	Vocals	(Recent Songs)
Warnes, Jennifer	Vocals	(Various Positions)
Warren, Tony	Back Voc	(The Future)
Waters, Oren	Back Voc	(Death Of . . .)
Watkins, Mitch	Guitar	(Recent Songs)
Willard, Lorna	Back Voc	(Death Of . . .)
Willard, Maxine	Back Voc	(Recent Songs)
Wright, Edna	Back Voc	(The Future)
Zimmitti, Bob	Percussion	(Death Of. . .)

(LIVE SONGS und COHEN LIVE s. Musiker auf Tourneen von 1970, 1972, 1988 und 1993)

Musiker auf Tourneen von A bis Z

Barner, Cheryl	Vocals	(1976)
Batalla, Perla	Vocals	(1988)
Batalla, Perla	Vocals	(1993)
Beck, Roscoe	Bass	(1979)
Beck, Roscoe	Bass	(1980)
Bilezikijan, John	Oud	(1979)
Bilezikijan, John	Oud	(1980)
Bilezikjian, John	Oud, Mandolin	(1988)
Bindiger, Emily	Vocals	(1974)
Branigan, Laura	Vocals	(1976)
Burgh, Steve	Guitar	(1975)
Calderon, Jorge	Bass	(1993)
Christensen, Julie	Vocals	(1988)
Christensen, Julie	Vocals	(1993)
Collins, Carter, CC	Percussion	(1975)
Cornelius, Ron	Guitar	(1970)
Cornelius, Ron	Guitar	(1972/1973?)
Crooks, Richards	Drums	(1985)
Crowder, John	Bass, Vocals	(1985)
Daniels, Charlie	Bass, Guitar, Violin	(1970)
Dickens, Erin	Vocals	(1974)
Dickens, Erin	Vocals	(1975)
Fowler, Bubba	Guitar, Banjo	(1970)
Furgo, Bob	Keyboards, Violin	(1988)
Furgo, Bob	Violin & Keyboards	(1993)
Getman, Ron	Guitar, Pedal Steel, Vocals	(1985)
Ginn, Bill	Keyboards	(1979)
Ginn, Bill	Keyboards	(1980)
Ginn, Bill	Keyboards	(1993)
Hakopian, Raffi	Violin	(1979)
Hakopian, Raffi	Violin	(1980)
Hanney, Corlynn	Vocals	(1970)
Johnston, Bob	Keyboards	(1972/1973?)
Johnston, Bob	Keyboards, Guitar	(1970)
Layton, Jeff	Guitar, Mandolin, Banjo, Strings	(1974)
Lissauer, John	Keyboards	(1975)

Lissauer, John	Keyboards, Woodwinds, Sax	(1974)
Marshall, Peter	Bass	(1972/1973?)
McGinnes, Sid	Guitar	(1976)
McMorran, Tom	Keyboards	(1988)
Meador, Steve	Drums	(1979)
Meador, Steve	Drums	(1980)
Meador, Steve	Drums	(1988)
Meador, Steve	Drums	(1993)
Metzger, Bob	Guitars & Pedal Steel	(1993)
Metzger, Bob	Pedal Steel Guitar	(1988)
Miller, Johnny	Bass	(1974)
Miller, Johnny	Bass	(1975)
Miller, Johnny	Bass	(1976)
Mussmano, Sue	Vocals	(1970)
O'Connor, David	Guitar	(1972/1973?)
Ostermayer, Paul	Saxes & Keyboards	(1993)
Ostermayer, Paul	Brass	(1979)
Ostermayer, Paul	Brass	(1980)
Rix, Luther	Drums	(1976)
Robinson, Sharon	Vocals	(1979)
Robinson, Sharon	Vocals	(1980)
Thaylor, Fred	Keyboards	(1976)
Thomas, Anjani	Keyboards, Vocals	(1985)
Warnes, Jennifer	Vocals	(1972/1973?)
Warnes, Jennifer	Vocals	(1979)
Washburn, Donna	Vocals	(1972/1973?)
Watkins, Mitch	Guitar	(1979)
Watkins, Mitch	Guitar	(1980)
Watkins, Mitch	Guitars, Keyboards, Vocals	(1985)
Zimmerman, Lorri	Vocals	(1975)
Zirkel, Stephen	Bass, Keyboards, Trumpet	(1988)

Produzenten auf Alben von A-Z

COHEN, Leonard	(I'm Your Man, 1988)
COHEN, Leonard	(New Skin For The Old Ceremony, 1974)
COHEN, Leonard	(Recent Songs, 1979)
COHEN, Leonard	(The Future, 1992)
De Mornay, Rebecca	(+ The Future, 1992)
Ginn, Bill	(+ The Future, 1992)
Goren, Yoav	(+ The Future, 1992)
Johnston, Bob	(Live Songs, 1973)
Johnston, Bob	(Songs From A Room, 1969)
Johnston, Bob	(Songs Of Love And Hate, 1971)
Lewy, Henry	(Recent Songs, 1979)
Lindsey, Steve	(Greatest Hits, 1975)
Lissauer, John	(New Skin For The Old Ceremony, 1974)
Lissauer, John	(Various Positions, 1984)
Metzger, Bob	(Cohen Live In Concert, 1994)
Reusser, Jean-Michel	(+ I'm Your Man, 1988)
Robidoux, Michel	(+ I'm Your Man, 1988)
Simon, John	(The Songs Of Leonard Cohen, 1968)
Spector, Phil	(Death Of A Ladie's Man, 1977)
Ungar, Leanne	(+ The Future, 1992)
Ungar, Leanne	(Cohen Live In Concert, 1994)

Das (+) bedeutet, daß diese Produzenten neben anderen auf dem jeweiligen Album mitgewirkt haben.

Fanclubs

Leonard Cohen Information Service [Infoblätter, 12/84 – 05/89]
Michael Lohse/Gerhard Schinzel, Georg-Wopfner-Str. 28, 80939 München

Leonard Cohen Information Service [Info-Blätter, 12/84 – 12/94]
Jim Devlin, 25 Whirlow Court Road, Whirlow, Sheffield, South Yorks S 11 9NS, England

Leonard Cohen Club Nederland [seit 01/87]
Intensity, Yvonne Hakze, Jutte 90, 8447 NL-AE Heerenveen
Anm.: Ca. vierteljährlich erscheinendes informatives Fanzine; jährliches Club-Treffen in Oranjewoud/ Niederlande.

Leonard Cohen Info Service
Soheyl Dahi, 755 N San Mateo Drive # 3, San Mateo, California [Zip Code (?)], U.S.A.

The Leonard Cohen Fan Information Files [seit 07/95]
siehe »Leonard Cohen im Internet: The L. C. Information Files«

Leonard Cohen im Internet

Die folgende Liste verzeichnet in alphabetischer Reihenfolge alle bei Redaktionsschluß (Dezember 1995) bekannten Internet-Adressen zum Thema Leonard Cohen. Während der ersten drei Monate des Bestehens von »Jarkko Arjatsalo's Page« wurden über 4000 Internet-User aus aller Welt gezählt; »Jarkko Arjatsalo's Page« ist somit die derzeit meistgenutzte Informationsquelle zu Leonard Cohen im Internet. Die älteste und bekannteste, an der sich J. A. zu Beginn orientiert hat, ist »Carter's Page's Page (Bird On The Wire)«. Diese beiden Internet-Connections liefern den zur Zeit wohl umfassendsten Überblick über Leonard Cohens Leben und Werk und seine aktuellen Aktivitäten. Die übrigen »Pages« sind kleiner und bieten zum Teil nur Leonard-Cohen-Songbücher. Bei der Internet-Adresse »The Leonard Cohen Newsgroup« handelt es sich um ein Computerforum mit »interaktivem« Charakter. Darüber hinaus bietet die Plattenfirma SONY einen speziellen News-Service zu Leonard Cohen an (siehe »SONY Artist Info«). Für Musiker, insbesondere Gitarristen, dürfte von besonderem Interesse eine Adresse sein, unter der Tabulaturen von Cohen-Songs erhältlich sind (siehe »Tabulaturen«).

Jarkko Arjatsalo (The Leonard Cohen Information Files)
http://www.vsonic.fi/~ja/cohenl
E-Mail: ja@vsonic.fi
Telefax : +358-0-88170166
Adresse: Jarkko Arjatsalo, Tähdenlennonkuja 22, 02240 Espoo, Finnland.

Carter's Page's Page (Bird On The Wire)
http://ccat.sas.upenn.edu/cpage/Leonard_Cohen/

The French Leonard Cohen Page
http://macval.citi.doc.ca/chron-que/Cohen-int.html

Giovanni's Leonard Cohen Page
http://www.dsi.unimi.it/Users/Students/pensa/lcohen/home.html

Jean-Marc's Leonard Cohen Page
http://fy.chalmers.se/~jmo/acoustic.guitar.song.collection.html#LCohen

The Leonard Cohen Newsgroup
news:alt.music.leonard-cohen

Paul's Leonard Cohen Page
http://cmwww.unn.ac.uk/~paulb/head_page.html

Ryan's Leonard Cohen Page
http://www.ccn.cs.dal.ca/~ac628/Profile.html

Sibel's Leonard Cohen Page
http://www.cs.umd.edu/~sibel/poetry/my_corner.html

SONY Artist Info
http://www.sony.com/Music/ArtistInfo/LeonardCohen.html

Tabulaturen
http://www.leo.org./cgi-bin/leo-dls/pub/rec/music/guitar/songs/olga/c/leonard_cohen/00-index.html

Leonard Cohen On Stage: Tourneedaten

Die folgende Liste enthält in chronologischer Reihenfolge alle Tourneen, Einzelkonzerte, Festival-Auftritte und, soweit recherchierbar, Lesungen von Leonard Cohen.

1957 Jazz-und-Poesie-Lesungen in Montreal/Kanada (mit Maury Kaye, Lenny Brean, u. a.)

1958–1967 Diverse Lesungen in Kanada und USA

1958
08. 04. Montreal/Kanada, Dunn's Progressive Jazz Parlour (Lesung zu Piano-Begleitung; ältester in Sammlerkreisen bekannter Mitschnitt einer Cohen-Lesung)

1959
12. 11. New York, 92nd Street, YM-YWHA (Lesung)

1966
14. 02. New York, 92nd Street, YM-YWHA (Lesung)

1967
[??]. 04. Buffalo State University (Lesung)
30. 04. New York, Town Hall (»Sane«-Konzert mit Judy Collins)

USA
16. 07. Rhode Island, Newport Folk Festival, N. Y.
Central Park, New York City, N. Y. (Festival)
[??].[??]. Rheingold Music Festival

1970

Europa
04. 05. Hamburg, Musikhalle
06. 05. Frankfurt, Jahrhunderthalle
08. 05. München, Zirkus Krone
09. 05. Wien, Konzerthaus
10. 05. London, Royal Albert Hall
11. 05. London, Institute of Contemporary Arts (Lesung)
13. 05. Paris, Olympia

USA
25. 07. New York, Forest Hills Tennis Stadium (Festival)

Europa
02. 08. Aix-en-Provence (Festival)
31. 08. Isle of Wight (Festival)

USA
[??].[??]. Berkeley, Community Theatre

Musiker: »The Army"

Ron Cornelius	*guitar*
Bubba Fowler	*guitar, banjo*
Charlie Daniels	*bass, guitar, violin*
Bob Johnston	*keyboards, guitar*
Corlynn Hanney	*vocals*
Sue Mussmano	*vocals*

1971 **Kanada**
10. 12. Montreal [unbestätigt]

1972 **Europa, Israel**
18. 03. Dublin, National Stadium
18. 03. Dublin, River Club (with Blondel)
19. 03. Glasgow, Kelvin Hall
20. 03. Manchester, Belle Vue
21. 03. Leeds, University
22. 03. Newcastle, City Hall
23. 03. London, Royal Albert Hall
03. 04. Stockholm
04. 04. Kopenhagen
05. 04. Hamburg, Musikhalle
06. 04. Frankfurt, Jahrhunderthalle
07. 04. Düsseldorf, Rheinhalle
08. 04. Berlin, Sportpalast
09. 04. Wien, Konzerthaus
11. 04. München, Zirkus Krone
14. 04. Genf, Victoria-Halle
15. 04. Amsterdam, Concertgebouw
16. 04. Brüssel
18. 04. Paris, Salle Pleyel
19. 04. Jerusalem, Yad Eliahu Sports Palace, Tel Aviv
21. 04. Tel Aviv

Musiker:

Ron Cornelius	*guitar*
David O'Connor	*guitar*
Peter Marshall	*bass*
Bob Johnston	*keyboards*
Jennifer Warnes	*vocals*
Donna Washburn	*vocals*

1973 **Israel**
Sept./Okt. Mehrere Konzerte auf verschiedenen Militärbasen

Musiker: [»The Army"?]

1974 **Europa**
01. 09. Brüssel
05. 09. Brüssel
06. 09. Eastbourne, CBS Convention

07. 09. Paris, Parc de la Courneuve
10. 09. Edinburgh, Usher Hall
11. 09. Glasgow, Apollo
12. 09. Manchester, Free Trade Hall
13. 09. Newcastle, City Hall
14. 09. Liverpool, Empire Theatre
15. 09. Bristol, Hippodrome
16. 09. Brighton, The Dome [?]
17. 09. Sheffield, City Hall
18. 09. Birmingham, Hippodrome
20. 09. London, Royal Albert Hall
22. 09. Kopenhagen, Falkonercentret
24. 09. Berlin, Philharmonie
25. 09. Düsseldorf, Philipshalle
26. 09. Hamburg, Congress Centrum
28. 09. München, Zirkus Krone
29. 09. Köln, Gürzenich [zwei Konzerte]
01. 10. Rotterdam
02. 10. Amsterdam
04. 10. Heidelberg, Stadthalle [zwei Konzerte]
06. 10. Frankfurt, Jahrhunderthalle
07. 10. Wien, Stadthalle
12. 10. Barcelona, Palaú de la Musica Catalana
13. 10. Barcelona, Palaú de la Musica Catalana
14. 10. Madrid, Teatro Monumental
19. 10. Paris, Olympia [zwei Konzerte]

Musiker:

Jeff Layton	*guitar, mandolin, banjo, strings*
Johnny Miller	*bass*
John Lissauer	*keyboards, woodwinds, saxophone*
Erin Dickens	*vocals*
Emily Bindiger	*vocals*

USA

29. 11. New York, Bottom Line [zwei Konzerte]
30. 11. New York, Bottom Line [zwei Konzerte]
01. 12. New York, Bottom Line [zwei Konzerte]
[??]. 12. Nashville, »Earl Scruggs Session«, Quadrophonic Sound Studios
[??]. 12. Los Angeles, Troubadour [Club-Gig, unbestätigt]

Musiker: s.o.

1975 **USA, Kanada**

[??]. 01. Hamilton, McMaster University
[??]. 01. University of Waterloo
[??]. 01. University of Western Ontario
28. 01. London/Ontario
[??]. 01. London/Ontario, Psychiatric Hospital
31. 01. Toronto, Massey Hall
01. 02. Passaic, Capitol Theatre
[??]. 02. Philadelphia, Irvine Auditorium
05. 02. University of Pennsylvania
07. 02. New York, Avery Fisher Hall
10. 02. Montreal, Théâtre du Nouveau Monde [zwei Konzerte]

[??]. [??]. Minneapolis
[??]. [??]. Berkeley, Community Theatre
[??]. [??]. Boston, Symphony Hall
04. 03. Phoenix, Celebrity Theater
[??]. 11. Bryn Mawr, The Main Point
[??]. 11. Atlanta, Great Southeast Music Hall

Musiker:

Steve Burgh	*guitar*
Johnny Miller	*bass*
Carter C.C. Collins	*percussion*
John Lissauer	*keyboards*
Erin Dickens	*vocals*
Lorri Zimmerman	*vocals*

1976 **Europa**

22. 04. Berlin, Philharmonie
23. 04. Berlin, Philharmonie
24. 04. Hamburg, Congress Centrum
25. 04. Frankfurt, Jahrhunderthalle
27. 04. Ludwigshafen, Friedrich-Ebert-Halle
28. 04. Münster, Halle Münsterland
30. 04. Düsseldorf, Philipshalle
01. 05. Köln, Messehalle B
02. 05. Saarbrücken, Saarlandhalle
04. 05. Mainz, Rheingoldhalle
06. 05. Stuttgart, Liederhalle
07. 05. Stuttgart, Liederhalle
08. 05. München, Zirkus Krone
09. 05. München, Zirkus Krone
11. 05. Dublin, National Stadium
12. 05. Oxford, New Theatre
13. 05. Leicester, DeMontfort Hall
14. 05. Sheffield, City Hall
15. 05. Glasgow, The Apollo
16. 05. Edinburgh, Usher Hall
17. 05. Newcastle, City Hall
18. 05. Southport, Southport Theatre
19. 05. Manchester, Free Trade Hall
20. 05. Birmingham, Town Hall
22. 05. Plymouth, ABC
23. 05. Portsmouth, Guildhall
24. 05. Bristol, Colston Hall
25. 05. London, Royal Albert Hall
29. 05. Oslo
30. 05. Göteborg, Scandinavium
31. 05. Amsterdam, Concertgebouw
[??]. [??]. Kopenhagen
04. 06. Paris, Olympia
05. 06. Paris, Olympia
06. 06. Paris, Olympia
07. 06. Paris, Olympia
09. 06. Reims
10. 06. Brüssel

14. 06. Wien, Stadthalle
15. 06. Graz, Liebenauer Eishalle
16. 06. Linz, Brucknerhaus
18. 06. Nürnberg, Meistersingerhalle
19. 06. Karlsruhe, Schwarzwaldhalle
21. 06. Zürich, Kongresshaus
22. 06. Zürich, Kongresshaus
23. 06. Strasbourg
24. 06. Nancy
25. 06. Montreux, Casino de Montreux (»10. Montreux Jazz & Blues Festival«)
28. 06. Besançon
29. 06. Dijon, Jazz & Folk Festival
30. 06. Lyon
03. 07. Wien, Konzerthaus
03. 07. Wien, Arena
04. 07. Wien, Arena
06. 07. London, New Victoria Theatre
07. 07. London, New Victoria Theatre

Musiker:

Sid McGinnes	*guitar*
Johnny Miller	*bass*
Luther Rix	*drums*
Fred Thaylor	*keyboards*
Cheryl Barner	*vocals*
Laura Branigan	*vocals*

1979 **Europa**

07. 10. London, Shepperton Studios (Konzertprobe)
08. 10. London, Shepperton Studios (Konzertprobe)
09. 10. London, Shepperton Studios (Konzertprobe)
10. 10. London, Shepperton Studios (Konzertprobe)
13. 10. Göteborg, Scandinavium
14. 10. Stockholm, Konserthuset
15. 10. Oslo, Chateau-Neuf
17. 10. Kopenhagen, Folkonercentret
20. 10. Nizza, Théatre de Verdure
22. 10. Paris, Pavillon de Paris
24. 10. Bordeaux, Parc d'Exposition
25. 10. Nantes, Parc d'Exposition
26. 10. Cambrais, Palais des Grottes
27. 10. Antwerpen, Konigin Elizabeth Zaal
28. 10. Brüssel, Palais des Beaux Arts
29. 10. Montpellier, Palais des Sports
30. 10. Paris, Théatre des Champs Elysées
31. 10. Unterföhring, Live im ZDF-Studio (»Rock Pop«, TV-Aufzeichnung)
01. 11. Frankfurt, Jahrhunderthalle
02. 11. Böblingen, Sporthalle
04. 11. Aachen, Eurogress
05. 11. Berlin, ICC
06. 11. Münster, Halle Münsterland
08. 11. Mainz, Rheingoldhalle
09. 11. Bochum, Ruhrlandhalle
11. 11. Hannover, Kuppelsaal

12. 11. Kassel, Stadthalle
13. 11. Bremen, Stadthalle
14. 11. Ulm, Donauhalle
15. 11. Nürnberg, Meistersingerhalle
17. 11. Köln, Sporthalle
18. 11. Düsseldorf, Philipshalle
19. 11. Kiel, Ostseehalle
21. 11. Hamburg, Congress Centrum
22. 11. Braunschweig, Stadthalle
23. 11. Hamburg, Congress Centrum
25. 11. Freiburg, Stadthalle
26. 11. Ludwigshafen, Friedrich-Ebert-Halle
27. 11. Lausanne, Théâtre de Beaulieu [?]
28. 11. Zürich, Kongresshaus [zwei Konzerte]
30. 11. München, Zirkus Krone
01. 12. München, Zirkus Krone [zwei Konzerte]
03. 12. Bonn, Beethovenhalle
04. 12. London, Hammersmith Odeon
05. 12. London, Hammersmith Odeon
06. 12. London, Hammersmith Odeon
08. 12. Birmingham, Odeon Theatre
09. 12. Manchester, Apollo Theatre
10. 12. Glasgow, Apollo Theatre
11. 12. Edinburgh, Odeon Theatre
13. 12. Preston, Guildhall
14. 12. Dublin, National Stadium [zwei Konzerte]
15. 12. Brighton, Dome Theatre

Musiker:
Mitch Watkins — *guitar*
Roscoe Beck — *bass*
Steve Meador — *drums*
Bill Ginn — *keyboards*
Raffi Hakopian — *violin*
John Bilezikijan — *oud*
Paul Ostermayer — *brass*
Sharon Robinson — *vocals*
Jennifer Warnes — *vocals*

1980 **Australien**

06. 03. Melbourne, The Comedy Theatre
07. 03. Melbourne, The Comedy Theatre
08. 03. Melbourne, The Comedy Theatre
09. 03. Melbourne, The Comedy Theatre
11. 03. Adelaide, Apollo Stadium
13. 03. Sydney, Capitol Theatre
14. 03. Sydney, Capitol Theatre

Musiker:
Mitch Watkins — *guitar*
Roscoe Beck — *bass*
Steve Meador — *drums*
Bill Ginn — *keyboards*
Raffi Hakopian — *violin*

John Bilezikijan	*oud*
Paul Ostermayer	*brass*
Sharon Robinson	*vocals*

USA
03. 10. Berkeley, Greek Theatre (Bread & Roses Festival)
05. 10. Berkeley, Greek Theatre – With The Chambers Brothers (unbestätigt)

Musiker: s.o.

Europa, Israel
23. 10. Besançon (Konzertprobe)
24. 10. Besançon, Palais des Sports
25. 10. Genf, Victoria-Halle
26. 10. Zürich, Kongresshaus [zwei Konzerte]
28. 10. Lille, Palais Saint-Sauveur
29. 10. Brüssel, Palais des Beaux Arts
30. 10. Amsterdam, Concertgebouw
01. 11. Wien, Konzerthaus [zwei Konzerte)]
02. 11. München, Zirkus Krone
03. 11. Dortmund, Westfalenhalle II
04. 11. Bonn, Beethovenhalle
05. 11. Eppelheim, Rhein-Neckar-Halle
07. 11. Frankfurt, Jahrhunderthalle
08. 11. Nancy [zwei Konzerte]
09. 11. Strasbourg, Palais de Congrès et de la Musique
10. 11. Mulhouse, Palais des Sports
12. 11. St. Etienne, Palais des Sports
13. 11. Lyon, Bourse du Travail
14. 11. Clermont-Ferrand, Palais des Sports
16. 11. San Sebastian, Velodromo de Anoeta
17. 11. Barcelona, Palacio de Deportes
18. 11. Toulouse, Hall Comminges
20. 11. Berlin, ICC
21. 11. Hamburg, Congress Centrum
22. 11. Freiburg, Stadthalle
24. 11. Tel Aviv, Mann Auditorium [zwei Konzerte]

Musiker: s.o.

1985 **Europa**
28. 01. Speyer, Stadthalle (Konzertprobe)
29. 01. Speyer, Stadthalle (Konzertprobe)
30. 01. Speyer, Stadthalle (Konzertprobe)
31. 01. Mannheim, Rosengarten
01. 02. Münster, Halle Münsterland
02. 02. Wiesbaden, Rhein-Main-Halle
03. 02. Berlin, ICC
04. 02. Hamburg, Congress Centrum
06. 02. Oslo, Central Kino
07. 02. Helsinki, Kulttuuritalo
08. 02. Stockholm, Konserthuset
09. 02. Kopenhagen, Falkoner Teatret
11. 02. Rotterdam, De Doelen
12. 02. Strasbourg, Palais de Congrès

13. 02. Lausanne, Palais de Beaulieu
15. 02. Bilbao, Palacio Municipal de Deportes
16. 02. Madrid, Pabellón de Deportes del real Madrid
18. 02. Cascais, Pavilhao Dramatico
22. 02. Paris, Salle Pleyel
23. 02. Paris, Salle Pleyel [zwei Konzerte]
25. 02. London, Hammersmith Odeon
26. 02. London, Hammersmith Odeon
27. 02. Manchester, Apollo Theatre
28. 02. Birmingham, Odeon
02. 03. Dublin, National Stadium [zwei Konzerte]
04. 03. Brüssel, Palais des Beaux Arts
05. 03. Basel, Mustermessehalle
06. 03. Wien, Konzerthaus
07. 03. Wien, Konzerthaus
08. 03. Linz, Sporthalle
09. 03. München, Rudi-Sedlmayer-Halle
10. 03. Böblingen, Sporthalle
11. 03. Köln, Sporthalle
13. 03. Hannover, Kuppelsaal
14. 03. Essen, Grugahalle
16. 03. Göteborg, Konserthuset
17. 03. Stockholm, Konserthuset
19. 03. Poznan
20. 03. Wrozlaw (Breslau)
21. 03. Katowice
22. 03. Warszawa, Sala Kongresowa
24. 03. Milano, Teatro Orfeo [zwei Konzerte]

Musiker:

Mitch Watkins	*guitars, keyboards, vocals*
Ron Getman	*guitar, pedal steel, vocals*
John Crowder	*bass, vocals*
Richards Crooks	*drums*
Anjani Thomas	*keyboards, vocals*

USA, Kanada, Australien, Europa, Israel
30. 04. Philadelphia, Walnut Street Theatre
01. 05. Philadelphia, Walnut Street Theatre
04. 05. Boston, Berklee Performance Center
05. 05. New York, Carnegie Hall
09. 05. Ottawa, NAC Opera
10. 05. Montreal, Place des Arts
11. 05. Toronto, Massey Hall
14. 05. Winnipeg, Centennial Concert Hall
15. 05. Vancouver, Orpheum Theatre
21. 05. Brisbane
24. 05. Sydney, Entertainment Centre
25. 05. Melbourne, State Theatre
26. 05. Melbourne, State Theatre
27. 05. Melbourne, State Theatre
02. 06. Adelaide, Festival Theatre
05. 06. Perth, Concert Hall
06. 06. Perth, Concert Hall

08. 06. San Francisco, Warfield Theatre
09. 06. Los Angeles, The Wiltern Theatre
27. 06. Helsinki, Kultuuritalo
28. 06. Roskilde Festival
29. 06. Helsingborg, Sofiero Slott
30. 06. Oslo, Kalvoya
02. 07. Jerusalem
04. 07. Caesarea, Amphiteatre
06. 07. Wien
07. 07. Graz, Schloßberg
09. 07. Montreux, Casino de Montreux, »19. Montreux Jazz & Blues Festival“
11. 07. San Sebastian, Polideportivo de Anoeta
12. 07. Zaragoza, Anfiteatro del Rincón de Goya
13. 07. Guehenno, Elixir Festival
15. 07. Borgholm, Slottruinen
17. 07. Nice
19. 07. Roma, Foro Italico
21. 07. Saint-Jean-de-Luz

Musiker: s.o.

1986 **USA, Frankreich**

März Los Angeles, The Complex [Session mit Jennifer Warnes]
März–Mai Lesungen in USA [Lesereise]
März–Mai New Yorks Carneval Of Spoken Word (Literaturtage, mit Allen Ginsberg, u. a.]
25. 09. Paris, Studio Montmartre [Aufnahmen zum Album *Poets in New York*]
26. 09. s.o.
27. 09. s.o.

1987 **Deutschland**

15. 04. München, Park Café [anläßlich der Präsentation von Jennifer Warnes' Album *Famous Blue Raincoat*]

1988 **Europa, USA, Kanada**

05. 04. Mainz, Rheingoldhalle
06. 04. Stuttgart, Liederhalle
07. 04. München, Philharmonie
09. 04. Berlin, ICC
10. 04. Köln, Philharmonie
12. 04. Mannheim, Rosengarten
13. 04. Hannover, Kuppelsaal
14. 04. Hamburg, Congress Centrum
16. 04. Antwerpen, Koningin Elizabethzaal
17. 04. Antwerpen, Koningin Elizabethzaal
18. 04. Amsterdam, Muziek Theater
19. 04. Amsterdam, Muziek Theater
21. 04. Aarhus, Musikhuset
22. 04. Göteborg, Lisebergshallen
23. 04. Köbenhav, Falkoner Teatret
24. 04. Lund, Olympen [zwei Konzerte]
26. 04. Stockholm, Konzerthuset
28. 04. Helsinki, Ice Hall

30. 04. Stockholm, Konzerthuset
01. 05. Oslo, Konzerthuset [zwei Konzerte]
03. 05. Bergen, Grieg Hallen
04. 05. Bergen, Grieg Hallen
06. 05. Stavanger, Kongeparken
07. 05. Oslo, Konzerthuset [zwei Konzerte]
09. 05. Madrid, Sports Palace
10. 05. Nürnberg, Meistersingerhalle
11. 05. Wien, Austria Center
15. 05. Zürich, Kongresshaus
16. 05. Zürich, Kongresshaus
17. 05. Milano, Teatro Orfeo
20. 05. Bilbao, Sports Palace
21. 05. Palma de Mallorca, Auditorium
22. 05. Sevilla, Auditorio Prado
24. 05. Barcelona, Palacio de Deportes
27. 05. Paris, Grand Rex
28. 05. Paris, Grand Rex [zwei Konzerte]
30. 05. London, Royal Albert Hall
31. 05. London, Royal Albert Hall
01. 06. London, Royal Albert Hall
04. 06. Dublin, National Stadium [zwei Konzerte]
05. 06. London, Royal Albert Hall [Auftritt im Rahmen des »Prince's Trust Benefit« mit Perla Batalla und Julie Christensen (»Tower Of Song«)]
06. 06. London, Royal Albert Hall (s.o.)
07. 06. Lissabon
08. 06. Badajoz
11. 06. Huesca
12. 06. San Sebastian, Valedromo Anoeta
14. 06. Marseille
15. 06. Venedig
16. 06. Roma
19. 06. Athena, Lykabettus Theater
20. 06. Athena, Lykabettus Theater
24. 06. Reykjavik
26. 06. Oslo
28. 06. Bergen
30. 06. Stockholm
02. 07. Roskilde Festival

Musiker:

Bob Furgo	*keyboards, violin*
Bob Metzger	*pedal steel*
Steve Meador	*drums*
Stephen Zirkel	*bass, keyboards, trumpet*
John Bilezikijan	*oud, mandolin*
Tom McMorran	*keyboards*
Julie Christensen	*vocals*
Perla Batalla	*vocals*

USA, Kanada

05. 07. New York, The Ritz
06. 07. New York, Carnegie Hall
08. 07. Berkeley, Zellerbach Auditorium

11. 07. Los Angeles, The Wiltern Theatre
23. 10. Edmonton, Jubilee
24. 10. Calgary, Centre For The Performing Arts
26. 10. Vancouver, Queen Elizabeth Theatre
27. 10. Seattle, Paramount Theatre
28. 10. Portland, Schgmitzer Auditorium
29. 10. San Francisco, The Fillmore
30. 10. Los Angeles, Wiltern Theatre
31. 10. Austin, City Limits
01. 11. Austin, Opry House
02. 11. Atlanta, Center Stage
03. 11. Washington, Warner Theatre
04. 11. Philadelphia, Theatre Of The Living Arts
06. 11. Ann Arbor, Michigan Theatre
07. 11. Chicago, Park West
09. 11. Toronto, Massey Hall
10. 11. Toronto, Massey Hall
11. 11. Ottawa, Congress Centre
12. 11. Quebec
13. 11. Montreal, St. Denis
14. 11. Montreal, St. Denis
15. 11. Boston, Opera House
16. 11. New York, Beacon Theatre

Musiker: s.o.

1993 **USA**
18. 04. Los Angeles, The Complex

Europa
25. 04. Holstebro, Hallen
26. 04. Holstebro, Hallen
27. 04. Odense, Idrershal
29. 04. Helsinki, Icchall
01. 05. Oslo, Specktrum
02. 05. Göteborg, Lisenberghall
03. 05. Stockholm, Cirkus
04. 05. Stockholm, Cirkus
06. 05. Copenhagen, Falkoner Theatre
07. 05. Copenhagen, Falkoner Theatre
08. 05. Den Haag, Congresgebouw
09. 05. Gent, Flanders Expo [Anti Rassismus Festival]
10. 05. London, Royal Albert Hall
11. 05. London, Royal Albert Hall
13. 05. Paris, Zenith
14. 05. Montpellier, Zenith
15. 05. Barcelona, Palacio Municipal des Deportes
16. 05. Madrid, Palacio Municipal des Deportes Comunidad
18. 05. Bologna, Teatro Medico
19. 05. Mailand, Teatro Smeraldo
21. 05. Zürich, Kongresshaus
22. 05. Konstanz, Bodensee-Stadion/Rock am See
23. 05. Nijmegen
25. 05. Berlin, Tempodrom

26. 05. Hamburg, Stadtpark
27. 05. Frankfurt, Alte Oper
28. 05. München, Zirkus Krone
29. 05. Koblenz, Nürburgring [Rock am Ring-Festival]
30. 05. Wien, Ernst-Happel-Stadion [ursprünglich als »Rock auf der Donau-Insel« angekündigt]

Musiker:

Bob Metzger	*guitars, pedal steel*
Steve Meador	*drums*
Paul Ostermayer	*saxes, keyboards*
Bill Ginn	*keyboards*
Bob Furgo	*violin, keyboards*
Jorge Calderon	*bass*
Perla Batalla	*vocals*
Julie Christensen	*vocals*

Vom 05. 06. bis 30. 07. befindet sich L. C. auf einer ausgedehnten und hochgelobten USA- und Kanada-Tournee. Die vier bis fünf deutschen Zusatzkonzerte im September 1993 – für das Konzert am 11. 09. 1993 im Mannheimer Mozartsaal sind sogar schon Plakate und Anzeigen gedruckt – werden unter Hinweis auf Cohens Engagement in den USA abgesagt.

Kanada, USA, Kanada

05. 06. Kitchener, Centre In The Square
06. 06. London, Centennial Hall
07. 06. Hamilton, Hamilton Place
08. 06. Ottawa, Congress Centre
10. 06. Montreal, Théâtre Du Forum
11. 06. Quebec, Capital Theatre
14. 06. New York, Paramount Theatre
16. 06. Toronto, O'Keefe Centre
17. 06. Toronto, O'Keefe Centre
18. 06. Toronto, O'Keefe Centre
19. 06. Detroit, State Theatre
20. 06. Chicago, Park West
22. 06. Minneapolis, State Theatre
24. 06. Winnipeg, Walker Theatre
25. 06. Regina, Centre Of The Arts
26. 06. Calgary, Jack Singer Hall
27. 06. Edmonton, Jubilee
29. 06. Victoria, Royal Theatre
30. 06. Vancouver, Orpheum
01. 07. Seattle, Paramount
03. 07. San Francisco, Warfield Theatre
05. 07. Los Angeles, Wiltern Theatre
06. 07. Los Angeles, Wiltern Theatre
08. 07. San Diego, Humphries By The Bay
09. 07. Santa Fé, Paolo Solari
11. 07. Austin, Back Yard
12. 07. Austin, Austin City Limits [TV-Show]
13. 07. Atlanta, Roxy
15. 07. Philadelphia, Keswick Theatre
16. 07. Boston, Berklee

18. 07. Washington D.C., Lisner Auditorium
Ursprünglich sollte die obige Tour in Washington D.C., USA, enden. Doch aufgrund des großen Publikumszuspruchs fanden noch einige weitere Konzerte in Kanada statt:

20. 07. Toronto, O'Keefe Centre
22. 07. Thunder Bay, Community Auditorium
24. 07. Winnipeg, Walker Theatre
26. 07. Saskatoon
27. 07. Calgary, Jacky Singer Hall
29. 07. Vancouver, Orpheum Theatre
30. 07. Victoria, Royal Theatre

Musiker: s.o.

Tour- und Song-Liste Europa/ USA/ Europa 1970 und Kanada 1971 (fortlaufend)

In Ergänzung zu »Leonard Cohen On Stage: Tourneedaten« sind im folgenden die Tour- und Song-Listen der einzelnen Tourneen und Konzerte aufgeführt. Beachtung finden hierbei nur jene Konzerte, deren Song-Liste (soweit dem Autor bekannt) vollständig sind und zumeist in Sammlerkreisen als »Tapes« kursieren. Diese Übersicht von 1970 bis 1993 dient dabei zur Dokumentation einzelner Konzertverläufe. Für Interessenten von zusätzlichen Listen auch unvollständiger Mitschnitte und weiteren Details sei auf Lohse/Schinzels »Recordings Of L. C. 1957–1986« sowie auf Devlins »L. C. Information Service Nr. 1–37+« (s. »Bücher über L. C.« und »Fanclubs«) verwiesen.

Ort	Hamburg		Frankfurt		München	Wien	London	London		Paris		New York		Aix-en-P.	Isle OF Wight					*Montreal*
Land	D		D		D	A	GB	GB		F		US		F	GB					*CD*
Jahr	**70**	**70**	**70**	**70**	**70**	**70**	**70**	**70**	**70**	**70**		**70**		**70**	**70**					***71***
Monat	**05**											**07**		**08**	**08**					***12***
Song/Tag/Gedicht	04	05	06	07	08	09	10	11	12	13		25		02	31					*10*
A Person W. E. M															7					
Avalanche							***8***													
Bird On The Wire			2			1	1							1	1					
Celebration			17																	
Dead Song			5			4	4								4					
Diamonds			13			12	13							10	12					
Famous Blue R.			15			14	15								16					
Hey, T. N. W. T. S. G.			18			17	17								11					
Joan Of Arc			9			8	9							7						
Lady Midnight			6			5	5							4	5					
One Of Us C. B. W.			7			6	6							5	8					
Please Don't P. M. B.			20			19	19													
Seems So L. A., N.															17					
Sing Another S., B.			16			15	16								14					
Sisters Of Mercy			12			11	12							9						
So Long, Marianne			3			2	2							2	2					
Story Of Isaac			14			13	14													
Suzanne			19			18	18								13					
The Partisan			11			10	11							8	15					
The Stranger Song			***8***			***7***	***7***							***6***	***9***					
They Locked U. A. M															6					
Tonight Will Be F.			<u>10</u>			<u>9</u>	<u>10</u>							11	10					
Travel						16														
Un As Der Rebbe S.			***1***																	
You Know W. I. A.			4			3	3							3	3					
Total			**20**			**19**	**19**							**11**	**17**					

Bemerkungen: A = Österreich, AUS = Australien, B = Belgien, CD = Canada, CH = Schweiz, D = Deutschland, DK = Dänemark, E = Spanien, F = Frankreich, FIN = Finnland, GB = Großbritannien, GR = Griechenland, I = Italien, N = Norwegen, NL = Niederlande, PL = Polen, S = Schweden, US = USA; **Leerspalten = Day Off;** *kursiv = unbestätigt*; ? = unbekannt; <u>unterstrichen</u> = danach Pause; **Song/Tag/Gedicht = fett = Gedicht;** ***Song/Tag/Gedicht = fett+kursiv = L. C. solo.***

Tour- und Song-Liste Europa 1972

Ort	Dublin	Dublin II	Glasgow	Manchester	Leeds	Newcastle	London											Stockholm	Kopenhagen	Hamburg
Land	IRL	IRL	GB	GB	GB	GB	GB											S	DK	D
Monat	**03**															**04**				
Song/Tag/Gedicht	18	18	19	20	21	22	23	24	25	26	27	28	29	30	31	01	02	03	04	05
As Times Goes By	17																			
Avalanche							***1***													
Banks Of Marble																				
Bird On The Wire	2		2				2												2	
Chelsea Hotel							8													
Come D. T. M. R.	14																			
Famous Blue R.	11		13				19												15	
Hey, T. N. W. T. S. G.	15		14																11	
Joan Of Arc	10		8				7													
Kevin Barry	4																		10	
Lady Midnight	3		4																4	
One Of Us C. B. W.	5		5				5												5	
Passin' Thru'	9		6				11												13	
Seems So L. A., N.							14													
Sing Another S., B.	7		?				9												8	
Sisters Of Mercy	16		11				12												12	
So Long, Marianne	1		1				4												3	
Story Of Isaac	13		16																	
Suzanne	12		15				13												14	
The Partisan	8																		9	
The Stranger Song	***6***		*7*				***6***												***6***	
Tonight W. B. F.			12																7	
We Shall Not B. M.																				
You Know W. I. A.			3				3												1	
Total	**17**		**16**				**14**												**15**	

Tour- und Song-Liste Europa/Israel 1972 und Israel 1973

Ort	Frankfurt	Düsseldorf	Berlin	Wien		München			Genf	Amsterdam	Brüssel		Paris	Jerusalem		Tel Aviv			?	?
Land	D	D	D	A		D			CH	NL	B		F	ISR		ISR			ISR	ISR
Jahr	**72**	**72**	**72**	**72**	**72**	**72**	**72**	**72**	**72**	**72**	**72**	**72**	**72**	**72**	**72**	**72**			**73**	**73**
Monat	**04**																		**09**	**10**
Song/Tag/Gedicht	06	07	08	09	10	11	12	13	14	15	16	17	18	19	20	21			?	?
As Times Goes By						20				20										
Avalanche	***4***			*7*		***17***				***13***										
Banks Of Marble	10																			
Bird On The Wire	2			1		2+ 22				1										
Chelsea Hotel	16			14		13				11										
Come D. T. M. R.																				
Famous Blue R.	14			10		11				12										
Hey, T. N. W. T. S. G.	9			12		14				14										
Joan Of Arc	19			6		5				8										
Kevin Barry	17			18		18				15										
Lady Midnight	3			11		4				4										
One Of Us C. B. W.	7			4		7				6										
Passin' Thru'						15														
Seems So L. A., N.	15																			
Sing Another S., B.	8			8		10				10										
Sisters Of Mercy	12					16				16										
So Long, Marianne	1			2+ 17		1				2+ 18										
Story Of Isaac	13			15		12														
Suzanne	18			13		19				17										
The Partisan	11			9		9				9										
The Stranger Song	***6***			***3***		***6***				***5***										
Tonight W. B. F.				16 +1 9		8				7										
We Shall Not B. M.										19										
You Know W. I. A.	5			5		3				3										
Total	**19**			**19**		**22**				**20**										

Tour- und Song-Liste Europa 1974

Ort	Brüssel				Brüssel	Eastbourne	Paris			Edinburgh	Glasgow	Manchester	Newcastle	Liverpool	Bristol	Brighton	Sheffield	Birmingham		London
Land	B				B	GB	F			GB	GB	GB	GB	GB	GB	GB	GB	GB		GB
Monat	**09**																			
Song/Tag/Gedicht	01	02	03	04	05	06	07	08	09	10	11	12	13	14	15	16	17	18	19	20
A Singer Must D.	***15***																	***13***		***12***
Beloved Comrade							4													
Bird On The Wire	1+ 27						2											1+ 19		25
Chelsea Hotel	***13***																	***11***		***10***
Diamonds I. T. M.	9						6											5		4
Dona Nobis Pacem																				
Famous Blue R.	20																	20		16
Hey, T. N. W. T. S. G.	8						5											10		9
I Tried To Leave Y.	21																	21		17
Is This What Y. W.							10											25		21
Joan Of Arc	7																	7		6
Lady Midnight	10						15											9		8
Love C. Y. B. Y. N.	3						14											3		2
Lover, Lover, Lover	11 +2 3						3+ 16											23		19 +2 6
One Of Us C. B. W.	5																	4		3
Passin' Thru'	28																			27
Seems So L. A., N.																		17		24
Sisters Of Mercy	22						13											22		18
So Long, Marianne	2						1											2		1
Story Of Isaac	19																	16		15
Suzanne	25						8											26		22
Take This Longing	24																	24		20
The Butcher	26						12											18		
The Partisan	17						9											15		14
The Stranger Song	***14***						***11***											***12***		***11***
There Is A War	6						7											27		
Tonight Will Be F.	12																			23
Un As Der Rebbe S.	18																			
Who By Fire	4																	8		7
Why Don't You Try																		6		
You Know W. I. A.	***16***																	***14***		***13***
Total	**28**						**16**											**27**		**27**

Tour- und Song-Liste Europa 1974

Ort		Kopenhagen		Berlin	Düsseldorf	Hamburg		München	Köln	Köln II		Rotterdam	Amsterdam		Heidelberg	Heidelberg II		Frankfurt	Wien	
Land		DK		D	D	D		D	D	D		NL	NL		D	D		D	A	
Monat	**09**											**10**								
Song/Tag/Gedicht	21	22	23	24	25	26	27	28	29	29	30	01	02	03	04	04	05	06	07	08
A Singer Must D.		***12***		***14***				***15***										***14***		
Beloved Comrade																				
Bird On The Wire		27		1				1+ 28										1+ 28		
Chelsea Hotel		***10***		***12***				***13***										***12***		
Diamonds I. T. M.		4		5				5										11		
Dona Nobis Pacem								29												
Famous Blue R.		16		18				19										18		
Hey, T. N. W. T. S. G.		9		10				6										10		
I Tried To Leave Y.		17		19				20										19		
Is This What Y. W.				26				24												
Joan Of Arc		6		7				8										7		
Lady Midnight		8		9				26										9		
Love C. Y. B. Y. N.		2		3				4										3		
Lover, Lover, Lover		19		21				22										21 +2 9		
One Of Us C. B. W.		3		4				3										5		
Passin' Thru'		26																27		
Seems So L. A., N.		24		25				12										26		
Sisters Of Mercy		18		20				21										20		
So Long, Marianne		1		2				2										2+ 30		
Story Of Isaac		15		17				18										17		
Suzanne		22		24				25										24		
Take This Longing		20		22				23										22		
The Butcher		25		27				27										25		
The Partisan		14		16				17										16		
The Stranger Song		***11***		***13***				***14***										***13***		
There Is A War				23				11										6		
Tonight Will Be F.		23		***11***				7										23		
Un As Der Rebbe S.																				
Who By Fire		7		8				10										4		
Why Don't You Try		5		6				9										8		
You Know W. I. A.		***13***		***15***				***16***										***15***		
Total		**27**		**27**				**29**										**30**		

Tour- und Song-Liste Europa/USA 1974

Ort				Barcelona	Barcelona	Madrid					Paris	Paris II	New York	New York II	New York	New York II	New York	New York II	Nashville	Los Angeles
Land				E	E	E					F	F	US	US	US	US	US	US	US	US
Monat	**10**												**11**				**12**			
Song/Tag/Gedicht	09	10	11	12	13	14	15	16	17	18	19	19	29	29	30	30	01	01	?	?
A Singer Must D.											***14***	***14***								
Beloved Comrade																				
Bird On The Wire				*1+ 25*							1	1+ 28	*1*		1+ 24					
Chelsea Hotel				***12***							***12***	***12***	***6***		***7***					
Diamonds I. T. M.				*11*							***11***	***11***	*8*		9					
Dona Nobis Pacem																				
Famous Blue R.				*16*							18	18	*12*		15					
Hey, T. N. W. T. S. G.				*10*							10	10	7		8					
I Tried To Leave Y.				*17*							19	19	*13*		16					
Is This What Y. W.												23	*17*		21					
Joan Of Arc				7							7	7								
Lady Midnight				*9*							9	9	*5*		6					
Love C. Y. B. Y. N.				*3*							3	3	*20*		3					
Lover, Lover, Lover				*19*							21	21 +3 1	*15*		18					
One Of Us C. B. W.				*5*							*5*	*5*	*21*							
Passin' Thru'												29			22					
Seems So L. A., N.				*23*							25	26	*9*		10					
Sisters Of Mercy				*18*							20	20	*14*		17					
So Long, Marianne				*2*							2	2+ 30	*2*		2					
Story Of Isaac				*15*							17	17	*11*		13					
Suzanne				*22*							24	24	*18*		20					
Take This Longing				*20*							22	22	*16*		19					
The Butcher				*24*							26	27			23					
The Partisan				*14 +2 6*							16	16	*10*		11					
The Stranger Song											***13***	***13***								
There Is A War				*6*							*6*	*6*	*3*		4					
Tonight Will Be F.				*21*							23	25	*19*		14					
Un As Der Rebbe S.																				
Who By Fire				*4*							4	4	*4*		5					
Why Don't You Try				*8*																
You Know W. I. A.				*13*							***15***	***15***			***12***					
Total				***26***							**26**	**31**	***21***		**24**					

Tour- und Song-Liste USA/Kanada/USA 1975

Ort	Hamilton	Waterloo	W. Ontario						London/Ont.	London/Ont.		Toronto	Bassaic		Philadelphia		Pennsylvania		New York	
Land	US	US	US						US	US		CD	CD		US		US		US	
Monat	**01**	**01**	**01**						**01**	**01**	**01**	**01**	**02**							
Song/Tag/Gedicht	?	?	?						28	?		31	01		?		05	06	07	08
A Singer Must D.															16				14	
Beloved Comrade																				
Bird On The Wire												1			1+ 29				1+ 28	
Chelsea Hotel												***14***			***12***				***12***	
Diamonds I. T. M.												13			11				11	
Dona Nobis Pacem																				
Famous Blue R.												18			20				18	
Hey, T. N. W. T. S. G.												10			9				9	
I Tried To Leave Y.												19			21				19	
Is This What Y. W.												5+ 23			25				23	
Joan Of Arc												8			7				7	
Lady Midnight												11			8				25	
Love C. Y. B. Y. N.												3			3				3	
Lover, Lover, Lover												21			23				21	
One Of Us C. B. W.												6			5				5	
Passin' Thru'																				
Red River Valley												4								
Seems So L. A., N.												24			27				26	
Sisters Of Mercy												20			22				20	
So Long, Marianne												2			2				2	
Story Of Isaac												17			19				17	
Suzanne												22							24	
Take This Longing															24				22	
The Butcher												25			28				27	
The Music Crept B. U												12			10				10	
The Partisan												16			18				16	
The Stranger Song															13				13	
There Is A War												7			6				6	
Tonight Will Be F.												9			26				8	
Un As Der Rebbe S.															14 +2					
Who By Fire															4				4	
Why Don't You Try																				
You Know W. I. A.												***15***			***17***				***15***	
Total												**25**			**29**				**28**	

Tour- und Song-Liste USA/Kanada 1975

Ort				Phoenix														Bryn Mawr	Atlanta	
Land				US														US	US	
Monat	**03**																	**11**	**11**	
Song/Tag/Gedicht	01	02	03	04														?	?	
A Singer Must D.																				
Beloved Comrade																				
Bird On The Wire																		1		
Came So Far For B.																		15		
Chelsea Hotel																				
Diamonds I. T. M.																		9		
Don't G. H. W. Y. H. O.																		11		
Dona Nobis Pacem																				
Famous Blue R.																		14		
Guerrero																		8		
Hey, T. N. W. T. S. G.																		7		
I Guess It's Time																		17		
I Tried To Leave Y.																				
Is This What Y. W.																		20		
Joan Of Arc																				
Lady Midnight																		21		
Love C. Y. B. Y. N.																		3		
Lover, Lover, Lover																		19		
One Of Us C. B. W.																		5		
Passin' Thru'																				
Seems So L. A., N.																				
Sisters Of Mercy																		16		
So Long, Marianne																		2		
Story Of Isaac																		13		
Suzanne																				
Take This Longing																				
The Butcher																				
The Partisan																		12		
The Stranger Song																		6		
The Traitor Song																		18		
There Is A War																		4		
Tonight Will Be F.																				
Un As Der Rebbe S.																				
Who By Fire																		10		
Why Don't You Try																				
You Know W. I. A.																				
Total																		21		

Bemerkungen: Beim Konzert in Bryn Mawr wurde als zweiter Song »Bird On The Wire« auf französisch (Je veux vivre seul) vorgetragen.

Tour- und Song-Liste Europa 1976

Ort	Berlin	Berlin	Hamburg	Frankfurt		Ludwigshafen	Münster		Düsseldorf	Köln	Saarbrücken		Mainz		Stuttgart	Stuttgart	München	München		Dublin
Land	D	D	D	D		D	D		D	D	D		D		D	D	D	D		IRL
Monat	**04**									**05**										
Song/Tag/Gedicht	22	23	24	25	26	27	28	29	30	01	02	03	04	05	06	07	08	09	10	11
Avalanche				***14***		***14***							***14***							***19***
Bird On The Wire				1+ 29		1+ 29							1+ 29							1+ 33
Chelsea Hotel				***15***		***15***							***15***							***20***
Diamonds I. T. M.				7		7							7							7
Die Gedanken S. F.				8		8							8							
Do I Have T. D. A. N.				13 +3 1		13 +3 2							13 +3 1							17
Everybody's Child				5		5							5							
Famous Blue R.				20		20							20							25
Hey, T. N. W. T. S. G.				4		4+ 30							4							4
I Tried To Leave Y.				26		27							30							5
Is This What Y. W.				23		23							23							28
Joan Of Arc				12		12							12							18
Lady Midnight				10		10							10							9
Lover, Lover, Lover				21 +3 2		21							21							26
One Of Us C. B. W.				6		6							6							6
Passin' Thru'				33																
Seems So L. A., N.				9		9							9							8
Sisters Of Mercy				22		22							22							27
So Long, Marianne				2		2							2							2+ 34
Store Room				27		25							25							
Story Of Isaac				19		19							19							24
Suzanne				25									27							31
Take This Longing						24							24							29
The Butcher				24		26							26							30
The Music C. B. U.																				
The Partisan				18		18							18							23
The Stranger Song				***16***		***16***							***16***							***21***
There Is A War				11		11							11							10
Tonight Will Be F.				28		31							28							32
Un As Der Rebbe S.																				
Who By Fire				3		3							3							3
Why Don't You Try				30																
You Know W. I. A.				***17***		***17***							***17***							***22***
Total				**33**		**32**							**31**							**34**

Bemerkungen: Beim Konzert in Dublin vom 11. 05. 1976 wurden zusätzlich die Gedichte **»I Did Not Know, Come Down To My Room, A Person Who Eats Meat, The 15-Year-Old Girls, It's Good To Sit With People, Under Ben Bulben, Part IV«** als »Song« 11–16 vorgetragen.

Tour- und Song-Liste Europa 1976

Ort	Oxford	Leicester	Sheffield	Glasgow	Edinburgh	Newcastle	Southport	Manchester	Birmingham		Plymouth	Portsmouth	Bristol	London				Oslo	Göteborg	Amsterdam
Land	GB	GB	GB	GB	GB	GB	GB	GB	GB		GB	GB	GB	GB				N	S	NL
Monat	**05**																			
Song/Tag/Gedicht	12	13	14	15	16	17	18	19	20	21	22	23	24	25	26	27	28	29	30	31
Avalanche							***21***												***17***	
Bird On The Wire							1+ 36												1	
Chelsea Hotel							***22***												***18***	
Diamonds I. T. M.							7												8	
Die Gedanken S. F.																				
Do I Have T. D. A. N.							20 +3 7												16	
Everybody's Child																				
Famous Blue R.							27												23	
Hey, T. N. W. T. S. G.							4												4	
I Tried To Leave Y.							19												15	
Is This What Y. W.							30												25	
Joan Of Arc							18												9	
Lady Midnight							9												29	
Lover, Lover, Lover							28													
One Of Us C. B. W.							6												5	
Passin' Thru'																				
Seems So L. A., N.							8													
Sisters Of Mercy							29												24	
So Long, Marianne							2												2	
Store Room							32												6	
Story Of Isaac							26												22	
Suzanne							34												27	
Take This Longing							31													
The Butcher							33												26	
The Music C. B. U.																			10	
The Partisan							25												21	
The Stranger Song							***23***												***19***	
There Is A War							10												7	
Tonight Will Be F.							35												28	
Un As Der Rebbe S.																				
Who By Fire							3												3	
Why Don't You Try							5													
You Know W. I. A.							***24***												***20***	
Total							**37**												**29**	

Bemerkungen: Beim Konzert in Southport am 18. 05. 1976 wurden zusätzlich die Gedichte **»Celebration, Gift, Poem, I Did Not Know, Come Down To My Room, The 15-Year-Old Girls, It's Good To Sit With People«** als »Song« 11–17 und am 30. 05 1976 in Göteborg **»Come Down To My Room, A Person Who Eats Meet, This Is The Only Poem, The 15-Years-Old-Girls«** als »Song« 11–14 vorgetragen.

Tour- und Song-Liste Europa 1976

Ort		Kopenhagen		Paris	Paris	Paris	Paris		Reims	Brüssel				Wien	Graz	Linz		Nürnberg	Karlsruhe	
Land		DK		F	F	F	F		F	B				A	A	A		D	D	
Monat	**06**																			
Song/Tag/Gedicht		?		04	05	06	07	08	09	10	11	12	13	14	15	16	17	18	19	20
Avalanche					***18***				***13***					***13***		***11***		***12***	***11***	
Bird On The Wire					1+ 31				1					1+ 27		1+ 24		1+ 24	1+ 23	
Chelsea Hotel					***19***				***14***					***14***		***12***		***13***	***12***	
Diamonds I. T. M.					8				10					7		7		7	7	
Die Gedanken S. F.														5		5			4	
Do I Have T. D. A. N.					17 +3 3				12 +2 7					12 +2 8		27		25	24	
Everybody's Child																				
Famous Blue R.					24				19					20		17		18	15	
Hey, T. N. W. T. S. G.					4+ 35				4					4		4		4+ 27	5+ 30	
I Tried To Leave Y.					7+ 34				11					11		21		8	10	
Is This What Y. W.					27				22					23		20		21	18	
Joan Of Arc					16				9					10		8		11	8	
Lady Midnight					10				7					8		9		9	9+ 27	
Lover, Lover, Lover					25 +3 6				20					21		18		19	16 +3 1	
One Of Us C. B. W.					5				5					6		6		6	6	
Passin' Thru'																				
Seems So L. A., N.					32				28							26		29	25	
Sisters Of Mercy					26				21					22		19		20	17	
So Long, Marianne					2				2					2+ 29		2		2+ 28	2+ 28	
Store Room					6				6							26		26		
Story Of Isaac					23				18					19		16			14	
Suzanne					29				23					25		22		22	21	
The Butcher					28				24					24		23		23	20	
The Music C. B. U.					11															
The Partisan					22				17					18		15		17	13	
The Stranger Song					***20***				***15***					***15***		***13***		***14***		
There Is A War					9				8					9		10		10	19	
Tonight Will Be F.					30				26							25			22	
Un As Der Rebbe S.																				
Who By Fire					3				3					3		3		3	3	
Why Don't You Try																				
You Know W. I. A.					***21***				***16***					***16***		***14***		***15***		
Total					36				**32**					**29**		**27**		**30**	**31**	

Bemerkungen: Beim Konzert am 05. 06. 1976 in Paris wurden zusätzlich die Gedichte **»Come Down To My Room, I Did Not Know, A Person Who Eats Meat, The 15-Years-Old Girl«** (12–15) vorgetragen.

Tour- und Song-Liste Europa 1976

Ort	Zürich	Zürich	Strasbourg	Nancy	Montreux			Besancon	Dijon	Lyon			Wien	Wien II	Wien		London	London		
Land	CH	CH	F	F	CH			F	F	F			A	A	A		GB	GB		
Monat	**06**										**07**									
Song/Tag/Gedicht	21	22	23	24	25	26	27	28	29	30	01	02	03	03	04	05	06	07		
Avalanche	***13***	***13***	***13***																	
Bird On The Wire	27	1+ 25	1+ 27		1+ 22															
Chelsea Hotel	***14***	***14***	***14***		***11***															
Diamonds I. T. M.	5	6	5		10															
Die Gedanken S. F.		29																		
Do I Have T. D. A. N.	11 +1 2+ 29	12 +3 0	12		25															
Everybody's Child																				
Famous Blue R.	19	19	19		16															
Hey, T. N. W. T. S. G.	3+ 30	4	4+ 29		4															
I Tried To Leave Y.	8	7	10		9															
Is This What Y. W.	22	22	23		19															
Joan Of Arc	10	11	11		24															
Lady Midnight	6	9	7		7															
Lover, Lover, Lover	20 +3 1	20 +2 8	20		17															
One Of Us C. B. W.	4	5	9		6															
Passin' Thru'																				
Seems So L. A., N.	28	27	26																	
Sisters Of Mercy	21	21	24		18															
So Long, Marianne		2	2+ 28		2															
Store Room	9	8	6		5															
Story Of Isaac	18	18	18		15															
Suzanne	25	23	21		20															
The Butcher	24	24	22		21															
The Music C. B. U.																				
The Partisan	17	17	17		14															
The Stranger Song	***15***	***15***			***12***															
There Is A War	7	10	8		8															
Tonight Will Be F.	26	26	25		23															
Un As Der Rebbe S.																				
Who By Fire		3	3		3															
Why Don't You Try																				
You Know W. I. A.	***16***	***16***	***16***		***13***															
Total	31	30	29		25															

Tour- und Song-Liste Europa 1979

Ort	Götheburg	Götheburg	Oslo		Kopenhagen			Nizza		Paris		Bordeaux	Nantes	Cambrais	Antwerpen	Brüssel	Montpellier	Paris	Frankfurt	Böblingen
Land	S	S	N		DK			F		F		F	F	F	B	B	F	F	D	D
Monat	**10**																		**11**	
Song/Tag/Gedicht	13	14	15	16	17	18	19	20	21	22	23	24	25	26	27	28	29	30	01	02
A Singer Must Die					***11***					***12***								***10***	***11***	
Absent Mare					5															
Avalanche																				
Billy Sunday																				
Bird On The Wire					1					1+ 27								1	1+ 25	
Chelsea Hotel					***10***					***11***								***9***	***10***	
Diamonds I. T. M.																				
Famous Blue R.										17								18	15	
Field Commander C					3					4								4	4	
Gypsy's Wife					15													22	16	
Hey, T. N. W. T. S. G.					4					3								3	3	
I Tried To Leave Y.					17					23								23	24	
Iodine					7					6									8	
Joan Of Arc					8					7										
Lady Midnight										22										
Lover, Lover, Lover					21					19									17	
Memories					20					20								15	21	
One Of Us C. B. W.										5									7	
Our Lady Of S.										16								13	13	
Passin' Thru'										24								6	6	
Seems So L. A., N.										26										
Sisters Of Mercy																		16	22	
Smokey Life																				
So Long, Marianne					18					8								7	23	
Story Of Isaac					14					15								21		
Suzanne					***6***					***13***								***11***	***20***	
Take This Longing																				
The Guests										18								14	14	
The Music C. B. U.																				
The Partisan					13					14								12	12	
The Stranger Song					***9***					***9***								***8***	***9***	
The Window																		5	5	
There Is A War																		19		
Tonight Will Be F.					19					25								20	19	
Un As Der Rebbe S.					12															
Who By Fire					2					2								2	2	
Why Don't You Try					16					21								17	18	
Total					**21**					**27**								**23**	**25**	

Bemerkungen: Am 22. 10. 1979 spielte L. C. den Song »Chante Rossignol« (10) in Paris. Am 31. 10. 1979 wurden die Songs »Bird On The Wire, The Guests, So Long, Marianne, The Window, Famous Blue Raincoat, Passin' Thru, Memories, The Guests, Suzanne« im ZDF-Studio in Unterföhring für die Sendung »Rock-Pop« bzw. »Rock-Pop-Special« aufgezeichnet.

Tour- und Song-Liste Europa 1979

Ort		Aachen	Berlin	Münster		Mainz	Bochum		Hannover	Kassel	Bremen	Ulm	Nürnberg		Köln	Düsseldorf	Kiel		Hamburg	Braunschweig
Land		D	D	D		D	D		D	D	D	D	D		D	D	D		D	D
Monat	**11**																			
Song/Tag/Gedicht	03	04	05	06	07	08	09	10	11	12	13	14	15	16	17	18	19	20	21	22
A Singer Must Die																			13	
Absent Mare																				
Avalanche						10									10				10	
Billy Sunday																				
Bird On The Wire						1									1				1	
Chelsea Hotel						***11***									***11***				***11***	
Diamonds I. T. M.															5				17	
Famous Blue R.						15									16				15	
Field Commander C																				
Gypsy Wife						16									15				7	
Hey, T. N. W. T. S. G.						2									3				2	
I Tried To Leave Y.															21				25	
Iodine																				
Joan Of Arc						7													8	
Lady Midnight																				
Lover, Lover, Lover																			24	
Memories						19									18				19	
One Of Us C. B. W.						4									6					
Our Lady Of S.						17														
Passin' Thru'						5									8				5	
Seems So L. A., N.															23				21	
Sisters Of Mercy						13									22				18	
Smokey Life																				
So Long, Marianne						9									9				9	
Story Of Isaac						21									17					
Suzanne						***20***									***19***				***20***	
Take This Longing																				
The Guests						18									7				16	
The Music C. B. U.																				
The Partisan						14									13				14	
The Stranger Song						***12***									***12***				***12***	
The Window						6													4	
There Is A War															14				6	
Tonight Will Be F.						23									20				23	
Un As Der Rebbe S.																				
Who By Fire						3									4				3	
Why Don't You Try						22														
Total						**23**									**23**				**25**	

Bemerkungen: Am 08. 11. 1979 spielte L. C. in Mainz zusätzlich den Song »Red River Valley« als »Song«-Nr. 8. Am 21. 11. 1979 spielte L. C. in Hamburg zusätzlich den Song »Is This What You Wanted« als »Song«-Nr. 22.

Tour- und Song-Liste Europa 1979

Ort	Hamburg		Freiburg	Ludwigshafen	Lausanne	Zürich	Zürich II		München	München	München II		Bonn	London	London	London		Birmingham	Manchester	Glasgow
Land	D		D	D	CH	CH	CH		D	D	D		D	GB	GB	GB		GB	GB	GB
Monat	**11**									**12**										
Song/Tag/Gedicht	23	24	25	26	27	28	28	29	30	01	01	02	03	04	05	06	07	08	09	10
A Singer Must Die				13						11			10			11			11	
Absent Mare																				
Avalanche				***10***																
Billy Sunday																			23	
Bird On The Wire				1+ 25						1+ 24			1+ 22			1			1+ 27	
Chelsea Hotel				***11***						***10***			***9***			***10***			***13***	
Diamonds I. T. M.				7						22						20			8	
Famous Blue R.				15						14			12			13			15	
Field Commander C										6						5			4	
Gypsy Wife				8						15			14			14			22	
Hey, T. N. W. T. S. G.				2						2			2			2			2	
I Tried To Leave Y.				22									21			24			24	
Iodine																				
Joan Of Arc				***23***						***17***						***25***				
Lady Midnight																				
Lover, Lover, Lover				16						21			6			15			16	
Memories				20						19			17			17			19	
One Of Us C. B. W.				6						7			18			4			7	
Our Lady Of S.																				
Passin' Thru'				5						4			4			7			5	
Seems So L. A., N.										23						21			25	
Sisters Of Mercy				21						20			20			16				
Smokey Life																22			17	
So Long, Marianne				9						8			7			8			9	
Story Of Isaac																				
Suzanne				***19***						***18***			***16***			***18***			***20***	
Take This Longing																				
The Guests				17									15			27			18	
The Music C. B. U.																19				
The Partisan				14						12			11			12			14	
The Stranger Song				***12***						***9***			***8***			***9***			***10***	
The Window				4						5			5			6			6	
There Is A War				18						16			13			23			21	
Tonight Will Be F.				24						25			19			26			26	
Un As Der Rebbe S.										13										
Who By Fire				3						3			3			3			3	
Why Don't You Try																				
Total				**25**						**26**			**22**			**29**			**27**	

Bemerkungen: Am 01. 12. 1979 spielte L. C. in München den zusätzlichen Song »Guten Abend, Gute Nacht« (26). Desweiteren am 06. 12. 1979 in London den Song »Thirsty For The Kiss« (28). Am 09. 12. 1970 trug L. C. in Manchester zusätzlich das Gedicht **»I Stood At The Corner Of 23 Rd«** (12) vor.

Tour- und Song-Liste Europa 1979

Ort	Edinburgh		Preston	Dublin	Dublin II	Brighton														
Land	GB		GB	IRL	IRL	GB														
Monat	**12**																			
Song/Tag/Gedicht	11	12	13	14	14	15														
A Singer Must Die				11																
Absent Mare																				
Avalanche	***9***			10																
Billy Sunday	19			19																
Bird On The Wire	1+ 27			1																
Chelsea Hotel	***11***			***9***																
Diamonds I. T. M.	16			14																
Famous Blue R.	15			13																
Field Commander C	4																			
Gypsy Wife				15																
Hey, T. N. W. T. S. G.	2			2																
I Tried To Leave Y.	24																			
Iodine																				
Joan Of Arc	22																			
Lady Midnight																				
Lover, Lover, Lover	14			20																
Memories	18			16																
One Of Us C. B. W.	7			5																
Our Lady Of S.																				
Passin' Thru'	5			4																
Seems So L. A., N.	25																			
Sisters Of Mercy	20			21																
Smokey Life	23			6																
So Long, Marianne	8			7																
Story Of Isaac	21																			
Suzanne	***17***			***17***																
Take This Longing																				
The Guests																				
The Music C. B. U.																				
The Partisan	13			12																
The Stranger Song	***12***			***8***																
The Window	6			18																
There Is A War																				
Tonight Will Be F.	26			22																
Un As Der Rebbe S.																				
Who By Fire	3			3																
Why Don't You Try																				
Total	**27**			**22**																

Bemerkungen: Am 11. 12. 1979 trug L. C. zusätzlich das Gedicht »**I Stood At The Corner Of 23 Rd**« (10) vor.

Tour- und Song-Liste Australien*/USA/Europa 1980**

Ort	Besancon	Genf	Zürich	Zürich II		Lille	Brüssel	Amsterdam	Wien	Wien II	München	Dortmund	Bonn	Eppelheim		Frankfurt	Nancy	Nancy II	Strasbourg	Mulhouse
Land	F	CH	CH	CH		F	B	NL	A	A	D	D	D	D		D	F	F	F	F
Monat	**10**								**11**											
Song/Tag/Gedicht	24	25	26	26	27	28	29	30	01	01	02	03	04	05	06	07	08	08	09	10
Avalanche						***10***			***9***											
Bird On The Wire						1+ 24			1	1				1		1				
Chelsea Hotel						***11***			***10***	***9***				***10***		***13***				
Dance Me T. E. O. L.																				
Diamonds I. T. M.						5			7	5				6		18				
Do I Have To D.										21										
Famous Blue R.						16			13	12				16		24				
Gypsy Wife						4			15					14		19				
Hey, T. N. W. T. S. G.						2			2	2				2		2				
I Tried To Leave Y.						21			19	19				21		23				
Joan Of Arc																6				
Lady Midnight						22			17	20				19		8				
Lover, Lover, Lover									14	13				13		15				
Memories									16	17				18		16				
One Of Us C. B. W.						8				6										
Passin' Thru						7			5	7				4		4				
Seems So L. A., N.						20										11				
Sisters Of Mercy						19			18	14				17		21				
So Long, Marianne						9				19				22		22				
Story Of Isaac						15			12	11				12		20				
Suzanne						17			8	16				8		9				
The Guests						23			4	4				7		5				
The Music C. B. U.																17				
The Partisan						13			11	10				11		14				
The Stranger Song						***12***				***8***				***9***		***12***				
The Window						6			6					5						
There Is A War						14				15				20		10				
To Love Somebody														15		7				
Tonight Will Be F.						18										25				
Who By Fire						3			3	3				3		3				
Total						**24**			**19**	**21**				**22**		**25**				

Bemerkungen: L. C. begann die 80er Tournee mit Konzerten in Australien* vom 06. 03. 1980 bis 09. 03. 1980 in Melbourne, 11. 03. 1980 in Adelaide und vom 13. + 14. 03. 1980 in Sydney, von denen jeweils keine Song-Listen bekannt sind. Des weiteren sind die Listen vom 03. + 05. 10 1990 in Berkeley (USA**) unbekannt.

Tour- und Song-Liste Europa/Israel 1980

Ort		St. Etienne	Lyon	Clermont-F.		S. Sebastian	Barcelona	Toulouse		Berlin	Hamburg	Freiburg		Tel Aviv	Tel Aviv II					
Land		F	F	F		E	E	F		D	D	D		ISR	ISR					
Monat	**11**																			
Song/Tag/Gedicht	11	12	13	14	15	16	17	18	19	20	21	22	23	24	24					
Avalanche																				
Bird On The Wire											1+ 21									
Chelsea Hotel											***10***									
Dance Me T. E. O. L.																				
Diamonds I. T. M.											15									
Do I Have To D.											22									
Famous Blue R.											12									
Gypsy Wife											5									
Hey, T. N. W. T. S. G.											2									
I Tried To Leave Y.											19									
Joan Of Arc											6									
Lady Midnight											20									
Lover, Lover, Lover											13									
Memories											17									
One Of Us C. B. W.																				
Passin' Thru											7									
Seems So L. A., N.											14									
Sisters Of Mercy											16									
So Long, Marianne											18									
Story Of Isaac																				
Suzanne											8									
The Guests											4									
The Music C. B. U.																				
The Partisan											11									
The Stranger Song											***9***									
The Window																				
There Is A War																				
To Love Somebody																				
Tonight Will Be F.																				
Who By Fire											3									
Total											**22**									

Tour- und Song-Liste Europa 1985

Ort	Mannheim	Münster	Wiesbaden	Berlin	Hamburg		Oslo	Helsinki	Stockholm	Kopenhagen		Rotterdam	Strasbourg	Lausanne		Bilbao	Madrid		Cascais	
Land	D	D	D	D	D		N	FIN	S	DK		NL	F	CH		E	E		F	
Monat	**01**	**02**																		
Song/Tag/Gedicht	31	01	02	03	04	05	06	07	08	09	10	11	12	13	14	15	16	17	18	19
A Singer Must Die																				
Avalanche	***12***	***12***	***12***	***12***			***12***	***11***	***10***	***10***										
Bird On The Wire	1+ 25	1+ 23	1+ 24	1+ 25			1+ 24	1	1+ 23	1+ 25							1+ 23			
Chelsea Hotel	***13***	***13***	***13***	***13***			***13***	***12***	***11***	***11***										
Coming Back To Y.	4	4	4	4			4	4	4	4							4			
Dance M. T. E. O. L.	10	8	8	8			8	10	9	9							9			
Diamonds I. T. M.	8	9	9	9			9	8	8	8							6			
Famous Blue R.	16	16	16	16			16	15	15	14							13			
Gypsy Wife	9	10	10	10			10	9	7	7							7			
Hallelujah	20	22		20			23	21	22	18							10			
Heart With No C.	26																			
Hey, T. N. W. T. S. G.	3	3	2	3			3	3	3	3							3			
I Tried To Leave Y.	22	21	21	21			21	18	20	19							19			
If It Be Your Will																				
Joan Of Arc				24					21								21			
Lover, Lover, Lover	17	17	17	17			17	16	16	15							14			
Memories	23		22	23			20	19	19	21							20			
Night Comes On	7	7	7	7			7	7	7	23										
One Of Us C. B. W.																				
Passin' Thru	19	19	19	19			19			24							16			
Sisters Of Mercy	18	18	18	18			18	17	18	20							15			
So Long, Marianne	11	11	11	11			11			12							8			
Story Of Isaac	15	15	15	15			15	14	14	13							22			
Suzanne	21	20	20	22			22	20	***12***	17							18			
Tennessee Waltz									17	16							11			
The Captain																				
The Guests	24		23																	
The Law	2	2	3	2			2	2	2	2							2			
The Partisan																	12			
The Stranger Song	***14***	***14***	***14***	***14***			***14***	***13***	***13***	***12***										
There Is A War	6	6	6	6			6	6	6	6							17			
Who By Fire	5	5	5	5			5	5	5	5							5			
Total	**26**	**23**	**24**	**25**			**24**	**21**	**23**	**25**							**23**			

Bemerkungen: Während der 85er-Tournee wurden teilweise zwei Versionen (solo/akustisch sowie mit Band) von »Sisters Of Mercy« und »Suzanne« gespielt.

Tour- und Song-Liste Europa 1985

Ort			Paris	Paris	Paris II		London	London	Manchester	Birmingham		Dublin	Dublin II		Brüssel	Basel	Wien	Wien	Linz	München
Land			F	F	F		GB	GB	GB	GB		IRL	IRL		B	CH	A	A	A	D
Monat	**02**										**03**									
Song/Tag/Gedicht	20	21	22	23	23	24	25	26	27	28	01	02	02	03	04	05	06	07	08	09
A Singer Must Die																				
Avalanche			***10***	***16***				***10***	***20***	***11***		***17***	***15***			***11***	***12***	***10***		***10***
Bird On The Wire			1+ 24	1	1+ 22		1+ 25	1+ 28	1+ 27	1+ 27		1	1			1+ 24	1+ 26	1	1+ 24	1+ 22 +26
Chelsea Hotel			***11***	***17***			***19***	***11***	***21***	***12***		***18***	***16***			***12***	***13***	***11***	***18***	***11***
Coming Back To Y.			4	4	4		4	4	4	4		4	4			4	4	4	4	4
Dance M. T. E. O. L.			16	6	6		6	6	6	20		7	7			6	6	6	6	6
Diamonds I. T. M.			9	7	8		8	7	9	9		8				7	7	7	9	9
Famous Blue R.				12	13		13	14	12	15		14	10			14	16	14	12	14
Gypsy Wife			7	8	7		7	8	8	8		6	6			8	8	8	7	7
Hallelujah			23	9	18		16	17	15	19		11	11			17	20	17	15	17
Heart With No C.																				
Hey, T. N. W. T. S. G.			3	3	3		3	3	3	3		3	3			3	3	3	3	3
I Tried To Leave Y.			19	19	19		22	22	23	21		19	18			22	24	19	21	20
If It Be Your Will			22		21		23	24	17	23						21	17	21	22	24
Joan Of Arc				20				26												18
Lover, Lover, Lover			17	11	14		14	15	14	17		15	13			15	18	9	13	15
Memories			21	22	15		21	21	25	24			14			20	22	23	20	19
Night Comes On			8		17		9	18	24	22		9				9	19		8	
One Of Us C. B. W.																				
Passin' Thru								25	26	26			19			23	25		23	25
Sisters Of Mercy			18	13	16		15	20	13	16		12	12			19	21	18	16	23
So Long, Marianne				14	11		24	9	19	10		21				10		20	10	
Story Of Isaac			14	10			20	27	18	25		13					15	13		8
Suzanne			20	21	20		17	23	16	18		16	20			18	23	22	19	21
Tennessee Waltz			15		9		11	16	10	6			8			16	9	16	14	16
The Captain																				
The Guests																				
The Law			2	2	2		2	2	2	2		2	2			2	2	2	2	2
The Partisan			13		12		12	13	11	14		10	17			13	11		11	13
The Stranger Song			***12***	***18***			***18***	***12***	***22***	***13***							***14***	***12***		***12***
There Is A War			6	15	10		10	19	7	7			9				10	15	17	
Who By Fire			5	5	5		5	5	5	5		5	5			5	5	5	5	5
Total			**24**	**22**	**22**		**25**	**28**	**27**	**27**		**19**	**21**			**24**	**26**	**23**	**24**	**26**

Tour- und Song-Liste Europa/USA 1985

Ort	Böblingen	Köln		Hannover	Essen		Göteborg	Stockholm		Poznan	Breslau	Kattowicz	Warschau		Mailand	Mailand II		Philadelphia	Philadelphia	
Land	D	D		D	D		S	S		PL	PL	PL	PL		I	I		US	US	
Monat	**03**																	**04**	**05**	
Tag	10	11	12	13	14	15	16	17	18	19	20	21	22	23	24	24		30	01	02
A Singer Must Die	12	11		10	***11***		10	***11***								***11***				
Avalanche																				
Bird On The Wire	1	1		1	1		1	1								1+ 23				
Chelsea Hotel	***13***	***12***		***11***	***12***		***11***	***12***								***12***				
Coming Back To Y.	8			17	5		21	4												
Dance M. T.E.O.L.	5	5		5	6		5	5								7				
Diamonds In. T. M.	7	6		7	7		6	19												
Famous Blue R.	15	15		14	15		14	15								15				
Gipsy Wife	6	7		6	8		7	8												
Hallelujah	16	18		18	18		9	21								10				
Heart With No C.																				
Hey, T. N. W. T. S. G.	3	3		3	3		3	3								3				
I Tried To Leave Y.	24	21		22	23			26												
If It Be Your Will		19					18	24								20				
Joan Of Arc				21																
Lover Lover Lover	19	16		15	16		15	16								16				
Memories	22	20		20	21		19	10								18				
Night Comes On	9	8		8	9			17								8				
One Of US C. B. W.																				
Passin' Thru	23	22			24		20	25								21				
Sisters Of Mercy	18	13		16	17		16	18								5				
So Long, Marianne	11				22		22	23								22				
Story Of Isaac	17			13	14			22								14				
Suzanne	20	17		19	20		8	9								19				
Tennessee Waltz					19			20								17				
The Captain																				
The Guests																				
The Law	2	2		2	2		2	2								2				
The Partisan	21	10		9			13	14								9				
The Stranger Song	***14***	***14***		***12***	***13***		***12***	***13***								***13***				
There Is A War	10	9			10		17	7								6				
Who By Fire	4	4		4	4		4	6								4				
Total	**24**	**22**		**22**	**24**		**22**	**26**								**23**				

Tour- und Song-Liste USA/Kanada/Australien 1985

Ort		Boston	New York				Ottawa	Montreal	Toronto			Winnipeg	Vancouver						Brisbane	
Land		US	US				CD	CD	CD			CD	CD						AUS	
Monat	**05**																			
Tag	03	04	05	06	07	08	09	10	11	12	13	14	15	16	17	18	19	20	21	22
A Singer Must Die			***13***					***11***	***12***											
Avalanche			***12***					***10***	***11***											
Bird On The Wire			1+ 28					1	1											
Chelsea Hotel																				
Coming Back To Y.			4					4	4											
Dance M. T.E.O.L.			6					6	6											
Diamonds In T. M.			9					7	7											
Famous Blue R.			19					19	15											
Gypsy Wife			10					15	9											
Hallelujah			11					9	10											
Heart With No C.																				
Hey, T. N. W. T. S. G.			3					3	5											
I Tried To Leave Y.			21					23	19											
If It Be Your Will			22					25	22											
Joan Of Arc									24											
Lover Lover Lover			17					14	16											
Memories			23					20	18											
Night Comes On			8					8	8											
One Of US C. B. W.																				
Passin' Thru			26					24	23											
Sisters Of Mercy			18					19	17											
So Long, Marianne			24					26	26											
Story Of Isaac			15					13	14											
Suzanne			20					21	21											
Tennessee Waltz			16					17	20											
The Captain			27																	
The Guests																				
The Law			2					2	2											
The Partisan			25					22	25											
The Stranger Song			***14***					***12***	***13***											
There Is A War			7					16												
Who By Fire			5					5	3											
Total			**28**					**26**	**26**											

Tour- und Song-Liste Australien/USA/Europa 1985

Ort		Sydney	Melbourne	Melbourne	Melbourne		Adelaide			Perth	Perth		S. Francisco	L. A.		Helsinki	Roskilde	Helsingborg	Oslo	
Land		AUS	AUS	AUS	AUS		AUS			AUS	AUS		US	US		FIN	DK	S	N	
Monat	**05**						**06**									**06**				
Tag	23	24	25	26	27		02	03	04	05	06	07	08	09		27	28	29	30	
A Singer Must Die		***14***	***12***	***12***														*11*		
Avalanche		***13***	***11***	***11***														***10***		
Bird On The Wire		1+ 30	1	1													1	*1*	1	
Chelsea Hotel		***16***	***14***	***14***														***13***		
Coming Back To Y.		4	10	10														*8*		
Dance M. T.E.O.L		8	6	6													6	5	5	
Diamonds In T. M.		10	8	8													7	*9*	7	
Famous Blue R.		19	16	16														*16*		
Gypsy Wife		9	7	7														*20*		
Hallelujah		12	9	9													8		8	
Heart With No C.																		*24*	14	
Hey, T. N. W. T. S. G.		3	3	3													3	*3*	3	
I Tried To Leave Y.		25		24													15	*22*	16	
If It Be Your Will		27		20														*23*		
Joan Of Arc		29	22	22														*26*		
Lover Lover Lover		20	17	17													10	*15*	9	
Memories		24	23	23													13	*19*	13	
Night Comes On		7	5	5														*25*		
One Of US C. B. W.		***17***																		
Passin' Thru		26		26													16		17	
Sisters Of Mercy		22	18	18														*7*		
So Long, Marianne		11		28													22			
Story Of Isaac		18	15	15														*14*	15	
Suzanne		23	21	21													14	*18*	10	
Tennessee Waltz		21	20	19													9	*17*	11	
The Captain																				
The Guests																				
The Law		2	2	2													2	2	2	
The Partisan		28		27													12	*21*		
The Stranger Song		***15***	***13***	***13***														***12***		
There Is A War		6	19	25													5	*6*	6	
Who By Fire		5	4	4													4	*4*	4	
Total		**30**	**23**	**28**													**16**	***26***	**17**	

Tour- und Song-Liste Israel/Europa 1985

Ort	Jerusalem		Caesarea		Wien	Graz		Montreux		S. Sebastian	Saragossa	Guehenno		Borgholm		Nizza		Rom		
Land	ISR		ISR		A	A		CH		E	E	E		S		F		I		
Monat	**07**																			
Tag	02	03	04	05	06	07	08	09	10	11	12	13	14	15	16	17	18	19	20	21
A Singer Must Die					***12***			***12***												
Avalanche					***11***	***11***		***11***						***10***						
Bird On The Wire					1	1		1						1						
Chelsea Hotel					***14***	***12***		***14***						***11***						
Coming Back To Y.					10	10		27						9						
Dance M. T.E.O.L					6+ 29	6		6+ 29						5						
Diamonds In T. M.					8	7		7						6						
Famous Blue R.					17	15		16						14						
Gypsy Wife					7	8		9												
Hallelujah					9	9		10						7						
Heart With No C.					28	24		24						17						
Hey, T. N. W. T. S. G.					3	3		3						3						
I Tried To Leave Y.					27	25		25						23						
If It Be Your Will					24	21		23						21						
Joan Of Arc						23		28												
Lover Lover Lover					18	16		17						15						
Memories					23	20		21						20						
Night Comes On					15	27		8						26						
One Of US C. B. W.																				
Passin' Thru					26	22		22						22						
Sisters Of Mercy					19	26		20						18						
So Long, Marianne					22									25						
Story Of Isaac					16	14		15						13						
Suzanne					25	19		26						19						
Tennessee Waltz					20	17		18						16						
The Captain																				
The Guests																				
The Law					2	2		2						2						
The Partisan					21	18		19						8						
The Stranger Song					***13***	***13***		***13***						***12***						
There Is A War					4	4		4						4						
Who By Fire					5	5		5						24						
Total					**29**	**27**		**29**						**26**						

Tour- und Song-Liste Europa 1988

Ort	Mainz	Stuttgart	München		Berlin	Köln		Mannheim	Hannover	Hamburg		Antwerpen	Antwerpen	Amsterdam	Amsterdam		Århus	Göteborg	Kopenhagen	Lund
Land	D	D	D		D	D		D	D	D		B	B	NL	NL		DK	S	DK	S
Monat	**04**																			
Tag	05	06	07	08	09	10	11	12	13	14	15	16	17	18	19	20	21	22	23	24
A Singer Must Die																				
Ain't No Cure F. L.	4	4	4		4	4		4	4	4				4				3	3	
Avalanche	***11***	***11***	***11***		***11***	***11***		***11***	***10***	***10***				***10***				***8***	***9***	
Bird On The Wire	1	1	1		1	1		1	1	1				1				5	5	
Chelsea Hotel	***13***	***12***	***13***		***13***	***13***		***12***	***11***	***11***				***10***				***9***	***10***	
Coming Back To Y.	9	9	9		9	9		9	8	8				8				19	7	
DanceMeT.E.O.L.I.	5	5	5		5	5		5	14	2				2				2	2	
DanceMeT.E.O.L.II.																				
Everybody Knows	17	17	17		17	17		16	15	14				13				11	13	
FWTM I	10	10	10		10	10		10	9	9				9				7	8	
FWTM II					24			24											22	
Gypsy Wife																				
Hallelujah	21	21	21		21	18		18	17	16				16				13	15	
Heart With No C.	7	7	7		7	7		7	7	6				6				1	1	
Hey, T. N. W. T. S. G.	2	2	2		2	2		2	2	20				18						
I'm Your Man	8	8	8		8	8		8	7	7				7				4	6	
I Can't Forget	15	15	15		15	15		14	21					19					19	
I Can't Help F. I. L																				
ITriedToLeaveY.	25	24	26		25	24		23	23	22								21	21	
I Was Arrested																				
If It Be Your Will																				
Jazz Police																				
Joan Of Arc																			20	
My Secret Life																				
One Of US C. B. W.	16	16	16		16	16		15		13				12					18	
Passin' Thru	22	23	24		23	23		22										15		
Sisters Of Mercy	23	22	23		22	20			22	17				17				17	16	
So Long, Marianne	24		25					20	20	21				21				14		
Story Of Isaac			22																	
Suzanne	20	20	20		20	19		21	19	19				20						
Take This Waltz	18	18	18		18	22		19	16	15				15				12	14	
The Law	6	6	6		6	6		6	5	5				5				18		
The Partisan																				
The Stranger Song	***12***	***13***	***12***		***12***	***12***		***12***										***20***	***11***	
There Is A War	19	19	19		19	21		17	18	18				14				16	17	
Tower Of Song	14	14	14		14	14		13	13	12				11				10	12	
Who By Fire	3	3	3		3	3		3	3	3				3				6	4	
Wither Thou Goest																				
Total	**25**	**24**	**26**		**25**	**24**		**24**	**23**	**22**				**21**				**21**	**22**	

Bemerkungen: Während der 88er Tournee ging L. C. meist nach der ersten Version von »FWTM« in eine ca. 15minütige Pause und setzte danach das Konzert mit einem der ***akustischen*** Songs (Solo) fort.

Tour- und Song-Liste Europa 1988

Ort	Lund II		Stockholm		Helsinki		Stockholm	Oslo	Oslo II		Bergen	Bergen		Stavanger	Oslo	Oslo II		Madrid	Nürnberg	Wien
Land	S		S		FIN		S	N	N		N	N		N	N	N		E	D	A
Monat	**04**							**05**												
Tag	24	25	26	27	28	29	30	01	01	02	03	04	05	06	07	07	08	09	10	11
A Singer Must Die																				
Ain't No Cure F. L.	3		4		3				3			3		3					2	2
Avalanche	***9***		***11***		***10***				***10***			***9***		***9***					***8***	***8***
Bird On The Wire	5		6		5				5			5		5					4	4
Chelsea Hotel	***10***								***11***			***12***							***9***	
Coming Back To Y.			9		8				8			7		7						15
DanceMeT.E.O.L.II.																				
DanceMeT.E.O.L.I.	2		3		2				2			2		2					1	1
Everybody Knows	12		13		13				13			13		12					12	11
FWTM I	8		10		9				9			8		8					7	7
FWTM II			22						21					22						
Gypsy Wife																				
Hallelujah	15		17		17				15					14					13	13
Heart With No C.	1		2		1				1			1		1					21	20
Hey, T. N. W. T. S. G.	18																			
I'm Your Man	6		7		6				6			6		6					5	5
I Can't Forget																				
I Can't Help F. I. L																				
ITriedToLeaveY.	19		21						20			18		21					20	19
I Was Arrested																				
If It Be Your Will					***11***							***10***		***17***					***10***	***9***
Jazz Police																				
Joan Of Arc					14				16			16		19					17	16
My Secret Life					14A															
One Of US C. B. W.			19																18	18
Passin' Thru			20		19							17		18						
Sisters Of Mercy	16		18		18				18			15		15					6	6
So Long, Marianne			23						19					16					19	
Story Of Isaac																				
Suzanne	14		16									19		11					15	12
Take This Waltz	13		14		16				14			14		13					14	14
The Law	7		8		7				7											
The Partisan																				
The Stranger Song					***20***															
There Is A War	17		15		15				17										16	17
Tower Of Song	11		12		12				12			11		10					11	10
Who By Fire	4		5		4				4			4		4					3	3
Wither Thou Goest			1		21				22			20		20					22	21
Total	**19**		**23**		**21**				**22**			**20**		**22**					**22**	**21**

Tour- und Song-Liste Europa 1988

Ort				Zürich	Zürich	Mailand			Bilbao	Mallorca	Sevilla		Barcelona			Paris	Paris	Paris II		London
Land				CH	CH	I			E	E	E		E			F	F	F		GB
Monat	**05**																			
Tag	12	13	14	15	16	17	18	19	20	21	22	23	24	25	26	27	28	28	29	30
A Singer Must Die																				
Ain't No Cure F. L.				2	2	2										2		2		2
Avalanche				***8***	***9***	***9***										***9***		***9***		***9***
Bird On The Wire				4	4	4										4		4		4
Chelsea Hotel				***9***	***10***	***10***										***10***		***10***		***10***
Coming Back To Y.				20	7	7										7		7		7
DanceMeT.E.O.L.I.				1	1	1										1		1		1
DanceMeT.E.O.L.II.																				
Everybody Knows				12	12	13										12		13		14
FWTM I				7	8	8										8		8		8
FWTM II																		23		
Gypsy Wife				19														21		
Hallelujah				14	16	17										13		15		16
Heart With No C.				17	19	20														
Hey, T. N. W. T. S. G.																				
I'm Your Man				5	5	5										5		5		5
I Can't Forget																				
I Can't Help F. I. L																				
ITriedToLeaveY.				21	20	21										20		22		19
I Was Arrested																				
If It Be Your Will				***11***												***22***				***13***
Jazz Police																				
Joan Of Arc				13	17	14										14		14		15
My Secret Life																				
One Of US C. B. W.					13															
Passin' Thru																				
Sisters Of Mercy				6	6	6										6		6		6
So Long, Marianne				22		18														24
Story Of Isaac																19		20		21
Suzanne				16	18	19										18		19		20
Take This Waltz				15	15	16										16		17		18
The Law																				
The Partisan																17		18		19
The Stranger Song						***11***												***12***		***12***
There Is A War				18	14	15										15		16		17
Tower Of Song				10	11	12										11		11		11
Who By Fire				3	3	3										3		3		3
Wither Thou Goest					21	22										21		24		23
Total				**22**	**21**	**22**										**22**		**24**		**24**

Tour- und Song-Liste Europa 1988

Ort	London	London			Dublin	Dublin II	London	London	Lissabon	Badajoz			Huesca	San Sebastian		Marseille	Venedig	Rom		
Land	GB	GB			IRL	IRL	GB	GB	P	E			E	E		F	I	I		
Monat	**05**	**06**																		
Tag	31	01	02	03	04	04	05	06	07	08	09	10	11	12	13	14	15	16	17	18
A Singer Must Die																				
Ain't No Cure F. L.	2	2			2	2												2		
Avalanche	***9***	***9***			***8***	***8***												***8***		
Bird On The Wire	4	4			4	4												4		
Chelsea Hotel	***10***	***10***			***9***	***9***												***9***		
Coming Back To Y.	7	7			6	17												20		
DanceMeT.E.O.L.II.																				
DanceMeT.E.O.L.I.	1	1			1	1												1		
Everybody Knows	13	13			12	11												11		
FWTM I	8	8			7	7												7		
FWTM II	23																			
Gypsy's Wife	24	22																		
Hallelujah	15	15			13	13												16		
Heart With No C.	23	20			20	19												18		
Hey, T. N. W. T. S. G.																				
I'm Your Man	5	5			5	5												5		
I Can't Forget	22																			
I Can't Help F. I. L																				
I Tried To Leave Y.	20	21				20														
I Was Arrested																				
If It Be Your Will																				
Jazz Police																				
Joan Of Arc	14	14			14	12												12		
My Secret Life																				
One Of US C. B. W.	21				18															
Passin' Thru																				
Sisters Of Mercy	6	6			5	6												6		
So Long, Marianne		23			21													21		
Story Of Isaac																		19		
Suzanne	19	19			19	18												17		
Take This Waltz	17	17			16	15												14		
The Law																				
The Partisan	18	18			17	14												15		
The Stranger Song	***12***	***12***			***11***													***22***		
There Is A War	16	16			15	16												13		
Tower Of Song	11	11			10	10												10		
Who By Fire	3	3			3	3												3		
Wither Thou Goest	26	24				21												23		
Total	**26**	**24**			**21**	**21**												**23**		

Tour- und Song-Liste Europa/USA 1988

Ort	Athen	Athen				Rejkjavik		Oslo		Bergen		Stockholm		Roskilde			New York	New York		Berkeley
Land	GR	GR				ISL		N		N		S		DK			US	US		US
Monat	**06**												**07**							
Tag	19	20	21	22	23	24	25	26	27	28	29	30	01	02	03	04	05	06	07	08
A Singer Must Die																		12		
Ain't No Cure F. L.												3		3			2	2		2
Avalanche																	***9***	***9***		***9***
Bird On The Wire												6		7			4	4		4
Chelsea Hotel																	***10***	***10***		***10***
Coming Back To Y.												17					6	7		21
DanceMeT.E.O.L.I.												1		1			1	1		1
DanceMeT.E.O.L.II.														13						
Everybody Knows												4		4			13	13		12
FWTM I												2		2			8	8		8
FWTM II												16		10			21	21		22
Gypsy's Wife																				
Hallelujah												14		12			15	15		14
Heart With No C.												9		8			19	19		15
Hey, T. N. W. T. S. G.																				
I'm Your Man												5		5			5	5		5
I Can't Forget																				
I Can't Help F. I. L																				
ITriedToLeaveY.												19					20	23		23
I Was Arrested																				
If It Be Your Will																		***20***		
Jazz Police																				
Joan Of Arc												12					14	14		13
My Secret Life																				
One Of US C. B. W.																				
Passin' Thru												13								
Sisters Of Mercy												18					7	6		6
So Long, Marianne																				19
Story Of Isaac																				7
Suzanne												15		14			18	18		18
Take This Waltz												8		6			16	16		16
The Law																				
The Partisan												11		11			17	17		17
The Stranger Song																	***12***	***22***		***20***
There Is A War												7								
Tower Of Song												10		9			11	11		11
Who By Fire																	3	3		3
Wither Thou Goest												20					22	24		
Total												**20**		**14**			**22**	**24**		**23**

Tour- und Song-Liste USA/Kanada/USA/Kanada 1988

Ort	L. A.		Edmonton	Calgary		Vancouver	Seattle	Portland	San Francisco	L. A.	Austin	Austin	Atlanta	Washington	Philadelphia		Ann Arbor	Chicago		Toronto
Land	US		CD	CD		CD	US	US	US	US	US	US	US	US	US		US	US		CD
Monat	**07**		**10**									**11**								
Tag	11		23	24	25	26	27	28	29	30	31	01	02	03	04	05	06	07	08	09
A Singer Must Die																				
Ain't No Cure F. L.						2		2						2	2			2		2
Avalanche						***9***		***11***						***9***	***9***			***10***		***10***
Bird On The Wire						4		4						7	4			7		4
Chelsea Hotel						***10***		***12***						***10***	***10***			***11***		***11***
Coming Back To Y.						23												8		8
DanceMeT.E.O.L.I.						1		1						1	1			1		1
DanceMeT.E.O.L.II.																				
Everybody Knows						12		14						13	12			13		13
FWTM I						8		10						8	8			9		9
FWTM II															24					23
Gypsy Wife																				
Hallelujah						13		16						19	14			16		16
Heart With No C.						17		9						6	7			7		7
Hey, T. N. W. T. S. G.																				
I'm Your Man						5		5						4	5			5		5
I Can't Forget								7												
I Can't Help F. I. L																				
ITriedToLeaveY.						20		22						23	22			23		24
I Was Arrested						13A														
If It Be Your Will						***22***		***21***						***12***	***23***			***22***		***22***
Jazz Police						14		20						24	17			19		15
Joan Of Arc						18		19						14	13			14		14
My Secret Life																				
One Of US C. B. W.						21								20	20			21		19
Passin' Thru														22	19					
Sisters Of Mercy						6		8						5	6			6		6
So Long, Marianne																				
Story Of Isaac						7		6							21			18		21
Suzanne						19		18						21	18			20		20
Take This Waltz						16		17						17	16			17		17
The Law																				
The Partisan						15		15						18	15			15		18
The Stranger Song																				
There Is A War																		16		
Tower Of Song						11		13						11	11			12		12
Who By Fire						3		3						3	3			3		3
Wither Thou Goest						24		23						24	25			24		25
Total						**24**		**23**						**24**	**25**			**24**		**25**

Tour- und Song-Liste Kanada/USA 1988

Ort	Toronto	Ottawa	Quebec	Montreal	Montreal	Boston	New York													
Land	CD	CD	CD	CD	CD	US	US													
Monat	**11**																			
Tag	10	11	12	13	14	15	16													
A Singer Must Die																				
Ain't No Cure F. L.	2					2														
Avalanche	***9***					***9***														
Bird On The Wire	4					4														
Chelsea Hotel	***10***					***10***														
Coming Back To Y.	18					18														
DanceMeT.E.O.L.I.	1					1														
DanceMeT.E.O.L.II.																				
Everybody Knows	12					12														
FWTM I	8					8														
FWTM II																				
Gypsy Wife																				
Hallelujah	15					15														
Heart With No C.	7					7														
Hey, T. N. W. T. S. G.																				
I'm Your Man	5					5														
I Can't Forget																				
I Can't Help F. I. L																				
ITriedToLeaveY.	23					24														
I Was Arrested																				
If It Be Your Will	21					23														
Jazz Police	14					22														
Joan Of Arc	13					13														
My Secret Life																				
One Of US C. B. W.	20					20														
Passin' Thru																				
Sisters Of Mercy	6					6														
So Long, Marianne																				
Story Of Isaac						21														
Suzanne	19					19														
Take This Waltz	16					16														
The Law																				
The Partisan	17					17														
The Stranger Song																				
There Is A War	22					14														
Tower Of Song	11					11														
Who By Fire	3					3														
Wither Thou Goest	24					25														
Total	**24**					**25**														

Tour- und Song-Liste Europa 1993

Ort	Holstebro	Holstebro	Odense		Helsinki		Oslo	Göteborg	Stockholm	Stockholm		Kopenhagen	Kopenhagen	Den Haag	Gent	London	London		Paris	Montpellier
Land	DK	DK	DK		FIN		N	S	S	S		DK	DK	NL	B	GB	GB		F	F
Monat	**04**						**05**													
Tag	25	26	27	28	29	30	01	02	03	04	05	06	07	08	09	10	11	12	13	14
A Singer Must Die																***19***				
Ain't No Cure F. L.					5		2		3	3				3		3	3		3	
Anthem					6				6	6				6		6	6		6	
Avalanche					***8***		***6***		***8***					***8***		***8***	***8***		***9***	
Bird On The Wire					3		3		4	4				4		4	4		4	
Chelsea Hotel #2																				
Closing Time					14		17		14	14				15		15	15		16	
Coming Back T. Y.							14			10										
Dance Me T.E.O.L.					1		12		1	1				1		1	1		1	
Democracy I					10		13		10	9				11		11	11		12	
Democracy II					21															
Everybody Knows					4		4		5	5				5		5	5		5	
First We Take M. I					7		5		7	8				8		7	7		8	
First We Take M. II																22	20			
Hallelujah					16				19	17				18		18	19		20	
I'm Your Man					12		15		12	12				13		13	13		14	
I Can't Forget					18		9		17	18										
I Tried To Leave Y.									20	20				19		21	21		22	
If It Be Your Will																			***21***	
Joan Of Arc					13		16		13	13				14		14	14		15	
One Of US C. B. W.																23	22		19	
Passin' Thru																				
Sisters Of Mercy					17		11		16	7				16		16	16		17	
So Long, Marianne					19		10		18	19				20		20	18			
Suzanne							7							9		9	9		10	
Take This Waltz					15		18		15	15				17		17	17		18	
The Future					2		1		2	2				2		2	2		2	
There Is A War																				
Tower Of Song					9		8		9	16				10		10	10		11	
Waiting F. T. M.					11				11	11				12		12	12		13	
Wither Thou Goest																				
Total					**21**		**18**		20	**20**				**20**		**23**	**22**		**22**	

Bemerkungen: Am 18. 04. 93 fand im »Complex« von Los Angeles ein Warm-Up-Auftritt statt. Während der 93er Tournee ging L. C. meist nach der ersten Version von »FWTM« in eine ca. 15minütige Pause und begann danach mit einem der ***akustischen*** Songs (solo).

Tour- und Song-Liste Europa 1993

Ort	Barcelona	Madrid		Bologna	Mailand		Zürich	Konstanz	Nijmegen		Berlin	Hamburg	Frankfurt	München	Nürnberg	Wien				
Land	E	E		I	I		CH	D	NL		D	D	D	D	D	A				
Monat	**05**																	**06**		
Tag	15	16	17	18	19	20	21	22	23	24	25	26	27	28	29	30	31	01	02	03
A Singer Must Die																				
Ain't No Cure F. L.		3			3		3	3	3		3	3	3	3	3	2				
Anthem		6			6		6		6			6	6	6						
Avalanche		***9***			***9***		***8***		***8***		***8***	***9***	***9***	***9***						
Bird On The Wire		4			4		4	4	4		4	4	4	4	4	6				
Chelsea Hotel #2					***10***		***9***					***10***								
Closing Time		16			16		15	9	14		14	16	16	16		8				
Coming Back T. Y.																				
Dance Me T.E.O.L.		1			1		1	1	1		1	1	1	1	1	3				
Democracy I		12			12		11	7	12		10	12	12	12	10	9				
Democracy II																				
Everybody Knows		5			5		5	5	5		5	5	5	5	5	7				
First We Take M. I		8			8		7	11	7		7	8	8	8	6	1				
First We Take M. II		23									19									
Hallelujah		19			19		18	14	18		16	19	20	23						
I'm Your Man		14			14		13		13		12	14	14	14						
I Can't Forget																				
I Tried To Leave Y.		21			22		19		19		18	22	22	22						
If It Be Your Will		***22***																		
Joan Of Arc		15			15		14	8	15		13	15	15	15						
One Of US C. B. W.		7			7			10			17		7	7						
Passin' Thru												18	21	18						
Sisters Of Mercy		18			18		17		17		20	20	19	17	7					
So Long, Marianne		20			21		20	6	20		6	21	23	21						
Suzanne		10			20			13	9		9		10	10	9					
Take This Waltz		17			17		16	12	16		15	17	17	19						
The Future		2			2		2	2	2		2	2	2	2	2	5				
There Is A War													18	20	8	4				
Tower Of Song		11			11		10		10			11	11	11						
Waiting F. T. M.		13			13		12		11		11	13	13	13						
Wither Thou Goest											21		24							
Total		**23**			**22**		**20**	**14**	**20**		**21**	**22**	**24**	**23**	**10**	**9**				

Tour- und Song-Liste Kanada/USA/Kanada/USA 1993

Ort		Kitchener	London	Hamilton	Ottawa		Montreal	Quebec			New York		Toronto	Toronto	Toronto	Detroit	Chicago		Minneapolis	
Land		CD	CD	CD	CD		CD	CD			US		CD	CD	CD	US	US		US	
Monat	**06**																			
Tag	04	05	06	07	08	09	10	11	12	13	14	15	16	17	18	19	20	21	22	23
A Singer Must Die																				
Ain't No Cure F. L.		3	3	3			3				3		3	3	3	3			3	
Anthem		6	6	6			6				6		6	6	6	6			6	
Avalanche		***9***	***9***	***8***			***10***				***9***		***9***	***9***	***9***	***9***			***9***	
Bird On The Wire		4	4	4			4				4		4	4	4	4			4	
Chelsea Hotel #2		***10***	***10***	***9***																
Closing Time		17	16	15			16				16		16	16	16	16			16	
Coming Back T. Y.																				
Dance Me T.E.O.L.		1	1	1			1				1		1	1	1	1			1	
Democracy I		13	12	11			13				12		12	12	12	12			12	
Democracy II																				
Everybody Knows		5	5	5			5				5		5	5	5	5			5	
First We Take M. I		8	8	7			8				8		8	8	8	8			8	
First We Take M. II																				
Hallelujah		20	20	20									21		21					
I'm Your Man		15	14	13			12				14		14	14	14	14			14	
I Can't Forget																				
I Tried To Leave Y.		23		21			21				20		20	20	20	20			20	
If It Be Your Will																				
Joan Of Arc		16	15	14			15				15		15	15	15	15			15	
One Of US C. B. W.			7																	
Passin' Thru		21					19				18		18	18	18	18			18	
Sisters Of Mercy		22	19	19			17				17		17	17	17	17			17	
So Long, Marianne							20							21						
Suzanne		18	17	16			9				10		10	10	10	10			10	
Take This Waltz		19	18	17			18				19		19	19	19	19			19	
The Future		2	2	2			2				2		2	2	2	2			2	
There Is A War		7		18			7				7		7	7	7	7			7	
Tower Of Song		12	11	10			11				11		11	11	11	11			11	
Waiting F. T. M.		14	13	12			14				13		13	13	13	13			13	
Wither Thou Goest		24	21	22			22				21		22	22	22	21			21	
Total		**24**	**21**	**22**			**22**				**21**		**22**	**22**	**22**	**21**			**21**	

Tour- und Song-Liste Kanada/USA 1993

Ort	Winnipeg	Regina	Calgary	Edmonton		Victoria	Vancouver	Seattle		San Francisco		L. A.	L. A.		San Diego	Santa Fé		Austin	Austin	Atlanta
Land	CD	CD	CD	CD		CD	CD	US		US		US	US		US	US		US	US	US
Monat	**06**							**07**												
Tag	24	25	26	27	28	29	30	01	02	03	04	05	06	07	08	09	10	11	12	13
A Singer Must Die																				
Ain't No Cure F. L.										3										3
Anthem										6										6
Avalanche										***9***										***9***
Bird On The Wire										4										4
Chelsea Hotel #2										***10***										
Closing Time										17										16
Coming Back T. Y.																				
Dance Me T.E.O.L.										1										1
Democracy I										13										12
Democracy II																				
Everybody Knows										5										5
First Me Take M. I										8										8
First Me Take M. II																				
Hallelujah																				
I'm Your Man										15										14
I Can't Forget																				
I Tried To Leave Y.										21										20
If It Be Your Will																				
Joan Of Arc										16										15
One Of US C. B. W.																				
Passin' Thru										19										18
Sisters Of Mercy										18										17
So Long, Marianne																				
Suzanne										11										10
Take This Waltz										20										19
The Future										2										2
There Is A War										7										7
Tower Of Song										12										11
Waiting F. T. M.										14										13
Wither Thou Goest										22										21
Total										**22**										**21**

Tour- und Song-Liste USA/Kanada 1993

Ort		Philadelphia	Boston		Washington		Toronto		Thunder Bay		Winnipeg		Saskatoon	Calgary		Vancouver	Victoria			
Land		US	US		US		CD		CD		CD		CD	CD		CD	CD			
Monat	**07**																			
Tag	14	15	16	17	18	19	20	21	22	23	24	25	26	27	28	29	30			
A Singer Must Die			***10***		***10***				***10***											
Ain't No Cure F. L.		3	3		3		3		3				3				3			
Anthem		6	6		6		6		6				6				6			
Avalanche		***9***	***9***		***9***		***9***		***9***				***9***				***9***			
Bird On The Wire		4	4		4		4		4				4				4			
Chelsea Hotel #2																				
Closing Time		16	17		17		16		17				16				16			
Coming Back T. Y.									19											
Dance Me T.E.O.L.		1	1		1		1		1				1				1			
Democracy I		12	13		13		12		13				12				12			
Democracy II																				
Everybody Knows		5	5		5		5		5				5				5			
First Me Take M. I		8	8		8		8		8				8				8			
First Me Take M. II																				
Hallelujah																				
I'm Your Man		14	15		15		14		15				14				14			
I Can't Forget																				
I Tried To Leave Y.		20	21		21		20		20				20				21			
If It Be Your Will																				
Joan Of Arc		15	16		16		15		16				15				15			
One Of US C. B. W.																				
Passin' Thru		18	19		19		18		20				18				18			
Sisters Of Mercy		17	18		18		17		18				17				17			
So Long, Marianne					22															
Suzanne		10	11		11		10		11				10				10			
Take This Waltz		19	20		20		19		21				19				20			
The Future		2	2		2		2		2				2				2			
There Is A War		7	7		7		7		7				7				7			
Tower Of Song		11	12		12		11		12				11				11			
Waiting F. T. M.		13	14		14		13		14				13				13			
Wither Thou Goest		21	22		23		21		23				21				22			
Total		**21**	**22**		**23**		**21**		**23**				**21**				**22**			

Quellenangaben/Copyrights

1. Kapitel: »Sommer-Haiku«: *The Spice-Box Of Earth*, © Leonard Cohen. »Die Spatzen«, »Die Fliege«, »Für Wilf und sein Haus«, »Brief«, »Lied«, »Gedicht«: *Let Us Compare Mythologies*, * Leonard Cohen.

2. Kapitel: »Für Anne«, »Fest«: *The Spice-Box Of Earth*, © Leonard Cohen. »Das Scheitern eines weltlichen Lebens«, »Der einzige Tourist in Havanna wendet seine Gedanken heimwärts«, »Teachers/Lehrer«, »Suzanne«: *Blumen für Hitler/Flowers for Hitler*, mit freundlicher Genehmigung des März-Verlags. Auszüge aus *Das Lieblingsspiel/The Favourite Game* und *Schöne Verlierer/Beautiful Losers*: mit freundlicher Genehmigung des März-Verlags. Auszüge aus *Die Energie von Sklaven/The Energy Of Slaves*: mit freundlicher Genehmigung des Verlags Zweitausendeins. »Suzanne trägt einen Ledermantel«: *Parasiten des Himmels/Parasites Of Heaven*, mit freundlicher Genehmigung des Verlags Zweitausendeins. »Chelsea Hotel No. 1«: © Leonard Cohen.

3. Kapitel: »The Bells«, »How We Used To Approach The Book Of Changes«, »Traitor Song«, »Everybody's Child«, »Storeroom«, »Heart With No Companion«: © Leonard Cohen. »I Have Taken You« und Kommentar aus *Letzte Prüfung/Death Of A Lady's Man*: mit freundlicher Genehmigung des Verlags Zweitausendeins.

4. Kapitel: »The Bells«: © Leonard Cohen. Auszüge aus *Wem sonst als dir/Book Of Mercy*: mit freundlicher Genehmigung des März-Verlags. »Take This Waltz«, »Tower Of Song«: ins Deutsche übertragen vom Autor, © Leonard Cohen. »My Secret Life«: Tape-Transkription des Autors, © Leonard Cohen.

5. Kapitel: »The Democracy«, »So Long, Marianne«: © Leonard Cohen.

Vita des Autors

Christof Graf: Dr. rer. pol., Diplom-Kaufmann und Publizist, geb. 1963, lebt in Saarbrücken. Studium der Betriebswirtschaftslehre an den Universitäten Saarbrücken und Trier. Autor zweier Prosabände (Kurzgeschichten). Seit 1989 Chefredakteur beim »LIVE Magazin Saar«. Freier Mitarbeiter der Tageszeitungen »Saarbrücker Zeitung«, »Die Rheinpfalz« und »TABOU-Saar-Lor-Lux«. Freier Journalist für zahlreiche Printmedien und Rundfunkanstalten. Marketing-Verantwortlicher der »PERSPECTIVES du Théâtre Français et de la Chanson – Das französische Theaterfestival der Landeshauptstadt Saarbrücken« (Saison 1994/95). Zur Zeit Doktorand bei Prof. Dr. Alois Hahn an der Universität Trier. Mitarbeiter/Marketing bei Living Media Culture-Cross Cultural Synergies, Köln 1996. Zahlreiche Veröffentlichungen in Büchern, Zeitungen und Zeitschriften sowie Beiträge im Hörfunk.

Veröffentlichungen (Auswahl):
LIVE-Das Buch – Rock-Highlights '90 (Saarbrücken, 1990)
So Long, Leonard (Heidelberg, 1990)
Kulturmarketing – Open Air und Populäre Musik (Wiesbaden, 1995)
Leonard Cohen – Un Hommage (Luxemburg, 1996)
Event-Marketing (Wiesbaden, 1996)
Bob Dylan – From Luxembourg to Luxembourg (Luxembourg, 1996)

Bildnachweise

CBS: 1, 2, 3 (Bob Cato), 5–9, 11–16, 18, 20, 22
Dave Downing: 4
Fotograf unbekannt: 10
Francis Prymerski: 17
RCA: 19
Dietmar Lüning: 21
Christof Graf: 23–25, 27–33, 35–37, 39–41
Sony: 26, 38
Günter Rammoser: 34

Register